Jack London

LUPO DI MARE

EDITRICE INCONTRI NAUTICI

TITOLO ORIGINALE
Sea Wolf

Editrice Incontri Nautici - Roma
www.bolina.it

Adattamento della traduzione di Eldo Brogi

In copertina: Olio di Elena Carozzi

ISBN 88-85986269

prima edizione: giugno 2000

Tipografia Città Nuova della P.A.M.O.M. - Roma - giugno 2000

I

PER dire la verità, non so da che parte cominciare il racconto delle mie avventure benché talvolta, per scherzo, io ne attribuisca la colpa, o il merito, a Charley Furuseth. Furuseth possedeva una villa estiva nella Mill Valley, ai piedi del monte Tamalpais, e l'abitava soltanto nei mesi d'inverno, quando vi si ritirava per riposarsi il cervello, diceva, leggendo e rileggendo le opere di Nietzsche e di Schopenhauer. Appena cominciava l'estate, invece, decideva di ritornarsene in città e di rimanervi a sudare, a sgobbare dalla mattina alla sera in un appartamento pieno di polvere. Se non avessi preso l'abitudine di andargli a far visita ogni sabato pomeriggio, per rimanere da lui fino al lunedì, quella famosa mattina di gennaio non mi sarei trovato nella baia di San Francisco.

Il battello su cui navigavo, il *Martinez*, solido e sicuro, era quasi nuovo, compiva allora la sua quarta o quinta traversata fra Sausalito e San Francisco. Un eventuale pericolo non poteva venire quindi che dal fitto nebbione addensatosi sulla baia e di cui, nella mia inesperienza delle faccende di mare, non mi preoccupavo gran che. Ricordo infatti lo stato di placida euforia in cui mi trovavo quando mi sistemai a prua del ponte superiore, proprio sotto la cabina del pilota, e mi misi a fantasticare sul mistero della nebbia che ci avvolgeva tutt'attorno. Una brezza leggera mi alitava sul viso e per qualche tempo rimasi solo in quella specie di semioscurità ovattata; non proprio del tutto solo, però, perché ero vagamente conscio della presenza del pilota, o di colui che doveva essere il capitano, nella cabina a vetri sopra la mia testa.

Rammento che dicevo a me stesso che era ben comoda quella divisione del lavoro, che rendeva superfluo, per me, lo studio delle nebbie, dei venti, delle maree, della navigazione, se volevo andare a far visita a un amico che abitava al di là di un braccio di mare. Bella cosa se gli uomini fossero specializzati, ognuno nel proprio lavoro, riflettevo. Le esperienze e la pratica del pilota e del capitano bastavano alla sicurezza di migliaia di individui, che non ne sapevano più di me in fatto di mare e di navigazione. Dal canto mio, invece di dover disperdere le mie energie nello studio di un'infinità di argomenti, le concentravo su poche materie particolari, come, per citare un esempio, l'analisi del posto occupato da Edgar Poe nella letteratura americana, soggetto da me trattato in uno studio pubblicato nell'ultimo numero dell'*Atlantic*. Appena salito a bordo, mentre attraversavo il salone di lettura, avevo notato con soddisfazione un signore imponente e corpulento che leggeva l'*Atlantic*, aperto proprio alle pagine che riportavano il mio articolo. Ecco che anche qui la divisione del lavoro si rivelava utile e comoda: le particolari conoscenze, in materia di navigazione, del capitano e del pilota, permettevano al passeggero di leggere il mio articolo, frutto della mia speciale esperienza a proposito di Poe, mentre lo trasportavano, rapidamente e senza pericolo, da Sausalito a San Francisco.

Un uomo dal viso acceso, sbattendo dietro di sé rumorosamente l'uscio della cabina, avanzò zoppicando sul ponte e interruppe le mie meditazioni mentre stavo prendendo mentalmente nota di alcune osservazioni da sviluppare in un articolo che mi ripromettevo di elaborare a proposito de "La libertà nell'arte come necessità vitale per l'artista". L'uomo dal viso acceso gettò un'occhiata in direzione della cabina del pilota, guardò la nebbia che ci circondava, zoppicò su e giù per il ponte (doveva avere una gamba di legno), poi si piantò di fronte a me, a gambe divaricate, un'espressione stranamente soddisfatta sul viso. Non mi ingannai pensando che dovesse aver trascorso l'intera vita sul mare.

«Sono i tempacci come questi che fanno incanutire i capelli prima del tempo», disse con un cenno del capo in direzione della cabina del pilota.

«Ma... non mi sembra che la navigazione presenti difficoltà particolari», obiettai. «Dev'essere semplice, invece, come l'*a, bi, ci*. Hanno le bussole per stabilire la direzione e conoscono la velocità, la distanza. Il loro lavoro è sicuro così come un'operazione matematica».

«Difficoltà», sbuffò lo sconosciuto. «Semplice come l'*a, bi, ci*! Operazione matematica!». Sembrò aumentare di statura e appoggiarsi indietro, contro la nebbia, mentre lanciava su di me occhiate scrutatrici. «Che ne dice della marea che in questo momento si precipita in direzione della *Porta d'Oro*?», domandò, o, piuttosto, muggì. «Qual è la sua velocità, in questo momento? Di quanto sposta la nostra rotta, eh? Ascolti!... Ha udito? È la campana di una boa e a momenti ci andavamo contro! Ecco come modificano la rotta!».

Attraverso l'impenetrabile cortina di nebbia giungevano infatti i rintocchi malinconici di una campana e potei vedere il pilota girare la ruota con grande rapidità. Il suono che prima mi sembrava provenire da prua ora mi giungeva di fianco. La sirena del nostro battello lanciava fischi stridenti e di tanto in tanto il suono di altre sirene ci giungeva attutito attraverso il nebbione.

«Ci dev'essere un piroscafo proprio qui addosso», riprese lo sconosciuto, accennando verso la direzione da cui sentivamo provenire un fischio. «Ascolti! È una tromba. Probabilmente, si tratta di una goletta. Ehi, voi a bordo della goletta, andateci piano! Eh, me l'immaginavo! Finirà male per qualcuno!».

La sirena invisibile del nostro battello lanciava fischi da lacerare i timpani, la tromba della goletta rispondeva con affanno, terrorizzata.

«Ora stanno scambiandosi convenevoli e tentano di evitarsi a tutti i costi», proseguì l'uomo col viso congestionato, mentre i fischi stridenti cessavano. Il suo viso spirava eccitazione da tutti i pori, gli occhi gli brillavano, mentre traduceva in linguaggio articolato i discorsi delle trombe e delle sirene. «Questa è la sirena di un piroscafo che sta passando a sinistra. Udite quella che, sembra avere una rana in gola? È una goletta a vapore, più vicina di quanto si possa credere, che procede contro corrente».

D'un tratto un fischio acuto, che sembrava impazzito, si udì vicinissimo a prua. I *gongs* risuonarono a bordo del *Martinez*, le nostre ruote a pala si arrestarono, il loro battito si spense; poi ripresero a funzionare. Il fischio acuto, come lo stridere di un grillo in mezzo alle grida di grandi animali, risuonò vicinissimo, nella nebbia, si allontanò, si affievolì, si spense. Fissai allora il mio compagno con espressione interrogativa.

«Una di quelle maledette scialuppe del diavolo!», disse. «Avrei quasi voluto che colasse a picco! Dannazione! Sono loro che causano la maggior parte dei guai! E a che cosa servono, poi? Qualunque gaglioffo che vi monti a bordo si crede autorizzato a filare come se fosse inseguito da cento diavoli e si mette a fischiare da trapassare i timpani per avvisare il resto del mondo di fare attenzione, perché egli sta per arrivare e non è capace di fare attenzione per suo conto! Perché sta per giungere! Tiratevi da parte, eh! Che razza di educazione! Sono gli imperatori della villania. Proprio!».

Quella sua collera sproporzionata alle circostanze mi divertiva e mentre egli zoppicava su e giù, gonfio di indignazione, ripresi a fantasticare sull'aspetto romantico della nebbia. Romantica lo era davvero, faceva pensare all'ombra grigia di un mistero infinito, avviluppante la sfera terrestre che roteava su se stessa; e gli uomini, semplici atomi, faville di luce, condannati a dover lavorare, correvano sui loro destrieri di legno e di acciaio attraverso il mistero.

La voce del mio compagno troncò il filo delle mie meditazioni. Anch'io ero andato avanti barcollando e impennandomi, mentre credevo di procedere a occhi aperti attraverso il mistero. «Ehi, qualcuno sta arrivando sulla nostra rotta», diceva. «Avanza rapidamente anche! Ci viene addosso dritto dritto. Probabilmente non ha inteso i nostri segnali perché il vento soffia in direzione contraria».

La brezza fresca veniva infatti verso di noi, e potei udire chiaramente la sirena che si avvicinava, di fianco e un poco avanti.

«È un *ferry-boat*?»,chiesi.

Il mio compagno assentì; poi aggiunse: «Altrimenti non terrebbe una simile velocità». Filò una risatina. «Stanno diventando ansiosi, ora, lassù».

Guardai in alto. Il capitano aveva sporto la testa e le spalle dal finestrino della cabina del pilota e fissava la nebbia come se con la forza della volontà avesse potuto penetrarla con lo sguardo. Il suo viso era ansioso, come quello del mio compagno, che si era avvicinato zoppicando al parapetto e guardava con la stessa intensità verso il punto da dove proveniva quell'invisibile pericolo.

Poi, tutto accadde con rapidità fulminea. La nebbia parve squarciarsi come se una lama l'avesse attraversata e apparve la prua di un piroscafo. I fianchi della nave sembravano stretti fra due altissime mure di nebbia.

Riuscii a vedere l'alta cabina del pilota dove un uomo con una barba bianca si sporgeva appoggiandosi sui gomiti. Indossava un'uniforme azzurra e ricordo di aver notato il suo atteggiamento tranquillo e sereno. La sua calma, date le circostanze, era straordinaria.

Accettava freddamente il destino, lo seguiva, lo misurava. E, chino sul parapetto della sua cabina, ci considerava con occhio calmo e pensoso come per determinare il preciso punto della collisione e sembrava non curarsi d'altro.

«Ecco!», gridò pallido di collera, il nostro pilota. «È fatta!».

Nel ripensarvi mi rendo conto che l'osservazione era troppo ovvia perché fosse necessaria una risposta.

«S'afferri a qualcosa e vi si tenga con tutta la sua forza», mi gridò l'uomo dal viso acceso.

La sua eccitazione era scomparsa e sembrava che il pilota dalla barba bianca gli avesse trasmesso la sua calma inumana.

«Senta un po' come strillano le donne», aggiunse con voce cupa, amara, come se già avesse provato quell'esperienza.

Le due navi si urtarono prima che io avessi avuto il tempo di seguire il suo consiglio di afferrarmi a qualcosa. Credo che la nave andasse a sbattere contro il centro del nostro fianco perché non mi fu possibile vedere nulla. Il *Martinez* sbandò improvvisamente e subito vi fu una pioggia di pezzi di legno spezzati. Mi sentii sbalzato verso la tolda coperta d'acqua e acute grida femminili mi giunsero alle orecchie. E sono certo che furono proprio quelle voci di terrore, quelle grida agghiaccianti che mi suggestionarono sino al timor panico. Ricordai che nel salone dei passeggeri vi erano dei salvagente disposti lungo le pareti e subito mi precipitai a prenderne uno, ma, giunto alla porta, fui respinto all'indietro da una valanga di persone che ne uscivano per raggiungere il ponte. Non ricordo con precisione ciò che accadde subito dopo. So di aver staccato dalle pareti una gran quantità di salvagente e di averne infilato uno mentre l'uomo dal viso rosso si affrettava ad agganciarli attorno alla vita di alcune donne raccolte intorno a lui. Ho quella visione davanti agli occhi come se si trattasse di un quadro e ne rivedo ancora i particolari.

Vi era uno squarcio in una delle pareti del salone e i bordi erano frastagliati. Da quella breccia una nebbia densa e grigia entrava a ondate. Si vedevano sedie rovesciate, poltrone capovolte fra un groviglio di pacchi, sacchi, ombrelli, coperte; il corpulento signore che poco prima stava leggendo il mio articolo mi domandava con una insistenza monotona se vi fosse pericolo, reggendo ancora la rivista fra le mani. L'uomo dal viso congestionato correva sulla sua gamba di legno allacciando premurosamente i salvagente a chiunque si presentasse. E il gruppo delle donne urlava. Quei suoni strozzati di terrore erano ciò che più metteva a dura prova i miei nervi e ritengo che il medesimo effetto dovessero produrre sull'uomo dal viso rosso perché ho un altro quadro davanti agli occhi che certo non dimenticherò mai.

Il signore corpulento aveva messo in tasca la rivista e si guardava attorno con un'espressione perplessa. Una massa confusa di donne con i visi pallidissimi e le bocche spalancate gridavano come se le scannassero. E d'un tratto l'uomo dalla faccia rossa, divenuto quasi paonazzo per la collera, levò le braccia sopra il capo come per scagliare un fulmine, urlando di tacere.

La scena mi strappò un nervoso scoppio di risa e subito compresi che anch'io venivo assalito dall'isterismo. Quelle donne erano esseri simili a me, della mia razza, come mia madre e le mie sorelle, e avevano un incontrollabile terrore della morte: non volevano morire. E quegli strilli mi richiamavano alla mente l'urlo disperato del maiale sotto il coltello del macellaio e la chiarezza dell'analogia mi colpì lugubremente tanto da farmi inorridire. Quelle donne capaci della più sublime abnegazione, dei più teneri affetti, delle emozioni più soavi non erano che un branco di topi in trappola e urlavano, disperate, di voler vivere. Sentendomi nuovamente suggestionare dal panico, feci ritorno sul ponte e sedetti su uno sgabello. Ero sconvolto e stordito edavvertivo vagamente sul ponte la presenza di uomini che si urtavano e gridavano nel tentativo di far scendere in mare le scialuppe di salvataggio. Tutto si svolgeva esattamente come nei racconti di mare che avevo letto. Ma i bozzelli dei paranchi rimasero immobili: non funzionavano. Infine una scialuppa venne calata in mare; era colma di donne e bambini ma i fori di scarico dell'acqua piovana non erano stati otturati cosicché l'imbarcazione si riempì subito d'acqua e colò a picco. Poi un'altra barca si abbassò rimanendo però attaccata al paranco a un'estremità e penzolando nel vuoto. Nessuna traccia del misterioso piroscafo che ci aveva investiti causando il disastro, ma fra gli uomini correva voce che, senza dubbio, avrebbe mandato le sue scialuppe in nostro soccorso.

Discesi sul ponte inferiore e constatai che l'acqua saliva sempre più rapidamente lungo i fianchi della nave. Presto il *Martinez* sarebbe affondato. Molti passeggeri si buttavano in mare, altri che si trovavano già in acqua, urlavano per essere aiutati a risalire a bordo. Ma nessuno si curava di loro.

D'un tratto le grida si levarono altissime: si affondava. Fui travolto dal panico che immediatamente s'impadronì di tutti i passeggeri che ancora si trovavano a bordo e, spinto dalla folla pazza di terrore, presi a correre verso il bordo. A questo punto i miei ricordi si fanno nuovamente confusi: mi ritrovai in mare senza sapere come, ma compresi immediatamente perché coloro che vi si erano lasciati cadere prima, avessero tanta smania di tornare a bordo. L'acqua era gelida e mordeva il corpo sino a farlo dolere. Una sofferenza acuta, straziante, simile a quella che può dare il fuoco, simile alla stretta agghiacciante della morte. Fui subito sommerso da un'ondata e come aprii la bocca istintivamente per gridare, l'acqua mi invase i polmoni. Poi tornai alla superficie e rimasi a galla sostenuto dal salvagente: avevo la bocca bruciante per l'acqua salata inghiottita e mi sembrava di soffocare. Ma il freddo era spaventoso, tanto che mi resi conto che non avrei potuto resistere più di qualche minuto. Una marea di corpi si agitava e lottava intorno a me. Udii invocazioni, grida strazianti, poi uno sciacquio di remi. Evidentemente il misterioso piroscafo aveva finalmente ammainato le sue scialuppe.

Ogni minuto che passava mi meravigliavo sempre più di essere ancora vivo: avevo le membra inferiori come atrofizzate e mi sembrava che un gelido torpore mi giungesse fino al cuore. Piccole ondate fastidiose e spumeggianti rompevano di continuo sul mio corpo riempiendomi la bocca di acqua salata e aumentando il senso di soffocazione che provavo. Poi i suoni divennero indistinti. Quando udii un coro di disperate invocazioni in lontananza, compresi che il *Martinez* era colato a picco.

Dopo non so quanto tempo di incoscienza tornai in me con un sussulto di terrore e mi ritrovai solo. Non udivo né grida, né richiami: solo il cupo scroscio delle ondate che si accavallavano, reso ancor più lugubre dalla pesante nebbia che le avvolgeva.

Il terrore che assale la folla non è così terribile come quello che un essere solo può provare sentendo incombere su di sé la morte. Dove mi trascinava la corrente? L'uomo dalla faccia congestionata mi aveva assicurato che la marea si stava abbassando rifluendo attraverso la *Porta d'Oro*. Venivo dunque trascinato verso l'alto mare? E il salvagente che mi stringeva la vita avrebbe resistito o c'era da temere che si sfasciasse da un momento all'altro? Sapevo che conteneva soltanto carta e paglia che presto, saturi d'acqua, avrebbero perso la loro proprietà di galleggianti. Non sapevo nuotare. Ero solo in mezzo a una immensità primordiale.

A un certo punto dovetti perdere la ragione perché iniziai a urlare come poco prima avevo sentito fare le donne, e ad annaspare nell'acqua con le mani intirizzite e quasi insensibili. Non so quanto tempo trascorse in realtà, perché a un tratto mi parve che una scura cappa mi calasse sul capo e non vidi che tenebre. Quando ripresi conoscenza mi parve che fossero trascorsi secoli. E vidi emergere quasi sopra il mio capo la prua di una nave con le vele triangolari gonfie di vento. Dove la nave tagliava l'acqua si levava una spuma bianchissima, un'ondata alta e terribile. Mi accorsi che mi trovavo esattamente sulla rotta della nave e tentai di gridare, ma senza riuscirvi: ero troppo esausto. La prua mi raggiunse e passò mancandomi di pochi centimetri, lanciandomi addosso un'ondata violenta e altissima. Poi vidi passare accanto a me il fianco della nave, tanto vicino che avrei potuto toccarlo solo allungando un braccio. Tentai di farlo, nella folle speranza di potermi afferrare al legno, con le unghie, ma le mie braccia erano pesanti, come senza vita. Tentai nuovamente di urlare, ma nessun suono uscì dalla mia gola.

La poppa della nave passò davanti a me e io mi trovai nella conca spumeggiante della scia. Ebbi la rapida visione di un uomo, accanto alla ruota del timone, e di un altro vicino a lui che sembrava non avere null'altro da fare che fumare un sigaro. Vidi una voluta di fumo uscirgli dalle labbra, mentre volgeva lentamente e con noncuranza il capo nella mia direzione. Fu un caso, un movimento non premeditato, uno sguardo distratto senza ragione. Ma la vita e la morte erano in quegli occhi. Vidi la nave allontanarsi e sparire lentamente ingoiata dalla nebbia, vidi la schiena del timoniere, vidi lo sguardo dell'altro uomo scivolare sull'acqua, muoversi piano all'intorno. Quel volto aveva un'espressione assente come se nascondesse un pensiero talmente profondo, che tremai d'angoscia all'idea che se anche i suoi occhi fossero giunti su di me non avrebbero potuto vedermi. La nave andava scomparendo quando quegli occhi si fissarono nei miei e subito l'uomo mi vide, balzò presso il timoniere e, appoggiando le mani sulla ruota, prese a girare con rapidità sovrapponendo una mano sull'altra e gridando ordini che non potei afferrare. La nave sembrò tracciare una tangente sulla rotta precedente e sparì nella nebbia.

Io mi sentii nuovamente scivolare nell'incoscienza e tentai di combattere con tutte le forze della mia volontà per non ricadere in quelle tenebre angosciose e soffocanti. Poco dopo udii lo sciacquio di remi che si avvicinavano sempre più e una voce d'uomo lanciò un richiamo. Doveva trovarsi vicinissimo a me, perché potei afferrare distintamente ogni parola.

«Ehi! Perché diavolo non apre quel suo becco?». Ce l'aveva con me? In quel momento fui di nuovo sommerso dalle tenebre.

II

Mi sembrava di oscillare violentemente nelle tenebre, rotte soltanto da alcuni bagliori che si accendevano e si spegnevano attorno a me. Pensai che fossero comete che popolavano la via verso gli astri. E mi sembrava che, come raggiungevo il limite della traiettoria dell'oscillazione e mi preparavo al ritorno, si udisse il suono di un gong enorme, potente. Per un tempo lunghissimo vidi sfilare secoli e secoli, felice e conscio della mia spaventosa fuga attraverso lo spazio.

Poi un cambiamento si verificò nel mio sogno, quando parve che mi rendessi conto di non vivere una realtà. L'oscillazione si fece più ampia, il ritmo più rapido e il mio volo verso il vuoto era talmente violento che riuscivo a malapena a respirare. E io attendevo, sconvolto dal terrore, l'orribile e terrificante suono del gong.

Poi mi parve di essere trascinato su un terreno roccioso arroventato dal sole e sentii che la pelle si scorticava producendo un dolore lancinante che attraversava il corpo come una scarica elettrica. I rintocchi del gong erano lugubri, ossessionanti, i punti lucenti delle stelle mi correvano dinanzi agli occhi in una scia interminabile come se interi sistemi *siderei* precipitassero nel vuoto. Trassi faticosamente un lungo sospiro e, riprendendo subito a respirare quasi normalmente, aprii gli occhi. Due uomini stavano inginocchiati accanto a me e mi prodigavano le loro cure. Capii che la ritmica oscillazione non era che il beccheggio di una nave sulle onde e il rimbombo del gong che mi aveva tanto terrorizzato era prodotto da una padella appesa a una parete e che dondolava a ogni scossa della nave sbattendo contro il muro. E le rocce che nel sonno mi era sembrato che mi scorticassero la pelle non erano che le ruvide, scabre mani di un uomo che mi stava praticando un brutale massaggio sul petto nudo. Alzai un poco il capo e vidi che avevo la pelle lacerata in più punti e che sanguinava qua e là.

«Va bene così, Johnson», disse uno degli uomini. «Non vedi che gli hai scorticato tutta la pelle?».

L'interpellato, un uomo vigoroso dal tipo scandinavo, smise di massaggiarmi e si alzò. L'altro, ch'era un tipico personaggio dei sobborghi londinesi, aveva lineamenti regolari e delicati, quasi femminei. E si sarebbe detto che, insieme al latte materno, avesse assorbito da piccolo il suono delle campane di Bow. Il sudicio berretto bianco che portava in capo e un grembiule, non meno sudicio, che gli cingeva i fianchi mi dissero subito che doveva essere il cuoco della nave sulla quale mi trovavo.

«Come si sente, signore?», mi chiese con un sorriso che doveva avere ereditato da antenati abituati a ricevere mance.

Mi sollevai a sedere sul giaciglio, aiutato da Johnson che mi stava accanto e non risposi. Il rimbombo della padella contro la parete mi innervosiva e mi impediva di ragionare. Mi alzai e, appoggiandomi al tavolato della cucina coperto da uno strato di grasso disgustoso, raggiunsi quell'utensile ossessionante e, sganciatolo dall'uncino sulla parete al di sopra di un fornello acceso, lo gettai nella cassa del carbone. Il cuoco sogghignò osservando il mio gesto così evidentemente dettato dal nervosismo e mi porse una tazza fumante.

«Ecco prenda», disse. «Questo le farà bene».

Non si trattava che di una disgustosa brodaglia, ma il suo calore riuscì a rianimarmi. Mentre trangugiavo l'intruglio mi osservai il petto arrossato e scorticato e mi volsi vivamente verso l'uomo che mi sembrava uno scandinavo.

«Grazie, signor Yonson», dissi. «Non crede però che il suo trattamento fosse un po' troppo energico?».

Più che le mie parole furono il mio tono, e il gesto con il quale le avevo accompagnate, a fargli comprendere che intendevo fargli un rimprovero. Allora egli tese la mano verso di me e mi mostrò la palma notevolmente callosa. Passai leggermente le dita su quella pelle simile a cuoio, sentendomi rabbrividire al contatto con quella specie di raspa umana.

«Mi chiamo Johnson, non Yonson», disse l'uomo in un ottimo inglese e solo un leggerissimo accento straniero.

Aveva occhi azzurro chiaro dall'espressione mite e ingenua, ma sul suo viso si leggevano fermezza e lealtà, tanto che m'ispirò subito simpatia e fiducia.

«Allora grazie, signor Johnson», corressi tendendogli la mano.

Egli esitò imbarazzato e intimidito dondolandosi sulle gambe e arrossendo. Poi mi afferrò la mano e la strinse energicamente con cordialità.

«Non ci sarebbe un abito asciutto che io possa indossare?», chiesi al cuoco.

«Certo, signore», rispose allegramente. «Corro giù a dare un'occhiata al mio guardaroba e, se desidera, le sceglierò qualcosa che possa andare».

Uscì, o meglio, volò fuori dalla porta della cucina con un'agilità e un'eleganza di movimenti quasi feline. Dovevo scoprire più tardi che l'untuosità era la caratteristica più notevole della sua personalità.

«Dove mi trovo?», chiesi a Johnson, che ritenni e giustamente uno dei marinai dell'equipaggio. «Dov'è diretta questa nave e come si chiama?».

«Siamo fuori dei Farallones, diretti verso sud-ovest», rispose l'uomo, lentamente, come scegliendo le parole nel suo vocabolario inglese e seguendo l'ordine delle domande. «Siamo diretti in Giappone sullo schooner *Fanthom* armato per la pesca delle foche».

«E il capitano dov'è? Vorrei vederlo non appena mi sarò vestito».

Johnson mi guardò perplesso e parve cercare ancora le parole per rispondermi adeguatamente.

«Il capitano è Lupo Larsen», disse esitando. «O meglio, tutti i marinai lo chiamano così e io non conosco l'altro suo nome, se esiste. Dovrebbe cercare di parlargli con calma e di stare in guardia. Stamattina è fuori di sé. Il secondo...».

Lo interruppe il cuoco che rientrava con il suo passo silenzioso.

«Invece di startene a chiacchierare, Yonson», lo apostrofò, «faresti bene ad andare sul ponte. Il vecchio potrebbe aver bisogno di te e se non ti trovasse subito...

Johnson obbedì e si diresse verso la porta ammiccando furbescamente verso di me come per ricordarmi l'avvertimento che mi aveva dato poco prima e cioè che parlassi al capitano con molta circospezione. Il cuoco portava sulle braccia alcuni indumenti in pessimo stato, rattoppati e sgualciti e che esalavano un odore tutt'altro che gradevole.

«Sono stati ripiegati e riposti ancora bagnati», spiegò con un sorriso. «Ma temo che dovrà adattarsi a indossarli fino a quando i suoi non saranno asciutti».

Mi appoggiai al tavolo, vacillando di continuo per il rollio della nave e, aiutato dal cuoco, tentai di infilarmi una maglietta di lana ruvida che subito, non appena a contatto con la pelle screpolata del petto mi procurò un brivido doloroso per tutte le membra da capo a piedi. Il cuoco parve notare la smorfia involontaria sul mio viso e sorrise di nuovo.

«Le auguro di non dover indossare spesso indumenti di questo genere, signore», mi disse. «Lei ha la pelle troppo liscia e delicata. Sa, appena l'ho vista ho capito subito di aver a che fare con un gentlemen».

Quell'uomo mi era parso antipatico fin dal primo momento e con il passare del tempo la mia avversione per lui aumentava. Vi era un non so che di repulsivo in lui che mi rendeva odioso il suo contatto. Mi ritrassi quando fece per aiutarmi a vestirmi. E un po' per la presenza di quell'essere disgustoso, un po' per gli odori che le pentole bollendo sul fornello emanavano, provai un vivo desiderio di uscire all'aperto, all'aria fresca e pura. Desideravo inoltre parlare al più presto con il capitano per accordarmi con lui, affinché mi sbarcasse senza attendere il prossimo scalo.

Una camicia di cotone con il collo frangiato e letteralmente coperta di macchie scure che sul momento ritenni fosse sangue scolorito, mi fu infilata sulla maglietta e il tutto venne accompagnato da una sequela di scuse e commenti. Infilai ai piedi un paio di vecchie scarpe di corda e indossai un paio di calzoni color azzurro pallido, stinti qua e là per i troppi lavaggi. Una delle gambe dei calzoni era assai più corta dell'altra, come se il diavolo avesse un giorno cercato di afferrare l'anima del cuoco da quella parte e gli fosse rimasto fra le mani il pezzo di calzone mancante.

«Chi devo ringraziare per tanta cortesia?», chiesi quando il mio abbigliamento fu completato da una buffa giacchetta di cotone, strappata in vari punti, che mi giungeva a metà circa della schiena e le cui maniche riuscivano a malapena a coprirmi i gomiti, e da un berretto da marinaio.

Il cuoco mi sorrise con una disgustosa umiltà dipinta sul viso. Avevo una certa esperienza, per quanto riguardava il contegno dei camerieri di bordo alla fine di una traversata, e avrei giurato che quell'uomo fosse in attesa di una mancia. Ma quando lo conobbi più profondamente, mi resi conto che il servilismo era innato in lui, come per ereditarietà, e senza che egli ne fosse responsabile.

«Mugridge, signore», rispose con voce quasi carezzevole e sempre sorridendo servilmente. «Thomas Mugridge, signore, ai suoi ordini».

«Benissimo, Thomas», dissi. «Non mi dimenticherò certo di lei quando i miei abiti saranno asciutti».

Il viso dell'uomo s'illuminò di gioia e gli occhi scintillarono come se, nelle profondità del suo essere, i suoi antenati si fossero agitati ai vaghi ricordi di laute mance ricevute nelle loro vite trascorse.

«Grazie, signore», disse con tono molto umile e riconoscente.

Silenziosamente, come scivolando sul pavimento, Thomas si fece da parte e io uscii sul ponte della nave. Ero ancora molto debole a causa del tempo che avevo trascorso immerso nell'acqua e quando un soffio di vento mi colpì in viso barcollai e dovetti aggrapparmi alla parete della cabina. La goletta, piegata su un fianco, s'inchinava a ogni ondata come per rendere omaggio alla vastità e alla maestà del Pacifico. Se veramente facevano capo a sud-ovest come mi aveva assicurato Johnson, il vento doveva, secondo i miei calcoli, soffiare da sud. La nebbia si era del tutto dileguata e il sole faceva scintillare la superficie del mare. Mi volsi verso est dove avrebbe dovuto trovarsi la California, ma non mi riuscì di vedere altro che bassi banchi di nebbia, la stessa, probabilmente, che aveva causato il naufragio del *Martinez* e che aveva gettato me in quella tremenda situazione. A nord, e non troppo lontano, vidi alcune rocce scure e nude una delle quali era dominata da un alto faro. A sud-ovest, quasi sulla linea della nostra rotta, riuscii a distinguere la sagoma triangolare di un veliero. E finita l'ispezione dell'orizzonte, volsi lo sguardo e presi a osservare la nave. Quel tratto di ponte, a eccezione del marinaio alla ruota del timone che mi stava fissando con curiosità, era deserto. Mi colpì il pensiero che un uomo, che era appena stato salvato da un naufragio e che aveva sfiorato la morte, meritasse un poco più di attenzione di quanto non ne avessi avuta. Tutti sembravano molto interessati da ciò che accadeva verso il centro della nave dove, accanto allo sportello di un boccaporto, un uomo grande e grosso era steso a terra con la camicia aperta sul petto coperto da una folta massa di peli neri simile a una pelliccia. Il viso e il collo dell'uomo erano nascosti da una barba nera brizzolata qua e là, folta, ispida e gocciolante d'acqua come gli abiti che l'uomo indossava. Aveva gli occhi chiusi come se fosse svenuto, ma il petto villoso si alzava e si abbassava, come se l'aria entrasse a fatica nei polmoni, attraverso la bocca spalancata. Un marinaio calava ogni tanto un secchio di tela impermeabile nel mare con una lunga corda e, come lo ritraeva, ne rovesciava con violenza il contenuto sul corpo dell'uomo. Si comportava con estrema indifferenza come se stesse compiendo un lavoro abituale e di nessuna importanza.

Vidi l'uomo, che per primo mi aveva scorto fra le onde della scia, passeggiare su e giù accanto al boccaporto masticando nervosamente un sigaro che teneva tra le labbra. Doveva misurare non meno di un metro e ottanta di altezza ma ciò che mi colpì maggiormente in lui fu la vigoria eccezionale del corpo. Aveva le spalle ampie, il petto possente, massiccio, per quanto la sua andatura rivelasse una certa agilità. Ricordava più un gorilla che un toro. Non che assomigliasse a un gorilla come fisico: si sarebbe detto in possesso di una forza primitiva da animale selvaggio, quella forza delle creature che noi immaginiamo essere state i nostri prototipi, una forza feroce, essenza di vita nella potenza di movimento, che fa contorcere il corpo di un serpente decapitato, che si attarda in un pezzo informe di carne di tartaruga che ancora freme al contatto.

Tale fu l'impressione che provai, osservando l'uomo che continuava la sua nervosa passeggiata camminando con energia e sicurezza, solidamente piantato sulle gambe. Il movimento di ogni suo muscolo, dall'oscillazione delle spalle alla contrazione delle labbra strette attorno al sigaro, sembrava la manifestazione di una forza traboccante, incontenibile e si sarebbe detto che nascondesse un'altra forza, ancora più possente, sopita e celata nell'intimo, ma che avrebbe potuto destarsi improvvisamente, terribile come la furia di un leone o la violenza di una tempesta.

Il cuoco sporse il capo dalla porta della cucina e, rivolgendomi un sorriso incoraggiante, mi indicò con un gesto della mano l'uomo vigoroso che avevo osservato.

Compresi così che si trattava proprio del capitano, il "vecchio", per dirla nel gergo del cuoco, colui al quale avrei dovuto rivolgermi per chiedere di essere sbarcato.

Stavo per muovermi e mi preparavo ad affrontare un colloquio che immaginavo tempestoso e violento, quando mi accorsi che l'uomo che giaceva supino accanto al boccaporto veniva assalito da un parossismo di soffocamento e che si contorceva convulsamente levando in alto il mento irsuto e gocciolante, mentre il petto gli si gonfiava e i muscoli della schiena gli si contraevano nello sforzo di inspirazione. Sapevo che sotto la nera barba il suo viso era certamente congestionato.

Il capitano, o Lupo Larsen come gli uomini dell'equipaggio lo chiamavano, cessò di camminare su e giù e guardò con interesse il morente. Anche il marinaio che sino a quel momento gli aveva versato l'acqua addosso si arrestò ed osservò attentamente quella furibonda lotta per la vita, mentre il secchio di tela s'inclinava di lato versando tutto il suo contenuto sul ponte.

Il moribondo cominciò a battere con i talloni lo sportello del boccaporto, allungò le gambe irrigidendosi nello sforzo e agitando violentemente il capo da una parte all'altra. Poi i muscoli si rilassarono, il movimento del capo si arrestò e, mentre la mascella gli ricadeva, il labbro superiore si sollevò mostrando due lunghi incisivi neri di tabacco. L'uomo trasse un lungo sospiro, come di sollievo, e sembrò che tutti i lineamenti si fossero irrigiditi in un ghigno diabolico di derisione verso il mondo che aveva abbandonato.

Poi accadde un fatto per me incomprensibile. Il capitano si precipitò sul cadavere con l'irruenza di un fulmine, vomitando un torrente di bestemmie volgari e brutali. Non erano frasi stereotipate o semplici espressioni indecorose, ma ogni parola era una studiata imprecazione e scoppiava come una scarica elettrica. Non avevo mai udito nulla di simile e non avrei mai ritenuto possibile che un essere umano civilizzato potesse esprimersi a quel modo.

Compresi che la ragione di quell'ira violenta era stata provocata dal fatto che il morto, secondo ufficiale del veliero, si era dato alle orge prima di lasciare San Francisco per imbarcarsi e aveva avuto il cattivo gusto di morire all'inizio del viaggio lasciando la nave priva di ufficiali.

È superfluo aggiungere che mi sentivo disgustato per il modo di esprimersi estremamente volgare di Lupo Larsen. Il cuore mi si strinse: per me la morte aveva sempre rivestito un carattere di solennità e di rispetto. La morte rappresentava la pace e, per me, tutto ciò che vi concerneva era sacro. Non l'avevo conosciuta ancora sotto quell'aspetto sordido e terribile.

Come ho detto, mentre giudicavo la potenza e l'eloquenza del linguaggio spaventoso di Lupo Larsen, ero anche molto disgustato. Il brutale sfogo di maledizioni che il capitano lanciava sul viso immobile del cadavere era talmente irruento e rovente che pareva volesse incenerirlo. Non mi sarei meravigliato se la barba gocciolante del morto si fosse sollevata e arricciata e avesse preso fuoco.

Ma il cadavere si mostrava indifferente a quell'esplosione di collera primitiva e continuava a ghignare beffardamente, cinicamente, con espressione fredda e provocante. Era il padrone della situazione.

III

Lupo Larsen smise di imprecare con la stessa rapidità con la quale aveva cominciato. Riaccese il sigaro che stringeva tra le labbra e girò lo sguardo attorno a sé. Gli occhi gli caddero subito sul cuoco ancora affacciato alla porta della cucina.

«Dunque, Cooky?», disse con voce calma, ma fredda e tagliente come una lama.

«Sì, signore», s'affrettò a rispondere il cuoco in tono servile. «Eccomi!».

Lupo Larsen lo fissò con espressione minacciosamente ironica. «Non credi di aver teso un po' troppo il collo?», disse sempre con voce pacata. «Non fa bene alla salute, lo sai. Non vorrei perdere anche il cuoco dato che sono già rimasto senza secondo, ma devi avere molto, molto riguardo per la tua preziosa pelle, hai capito?».

Lo stridente contrasto fra l'espressione del viso e il tono di voce del capitano fecero impallidire e rabbrividire il cuoco.

«Sì, signore», rispose umilmente, mentre ritraeva in fretta il capo all'interno della cucina.

L'equipaggio tornò con indifferenza al proprio lavoro ma un gruppetto di uomini che non si sarebbero detti marinai, si fermò presso una scaletta tra la porta della cucina e il boccaporto discorrendo a voce bassa. Si trattava, come venni a sapere in seguito, di cacciatori di foche, categoria assai superiore a quella dei soliti marinai.

«Johansen!», gridò Lupo Larsen.

Subito un marinaio si avanzò.

«Prendi ago e corda e cuci in un sacco quella carogna», continuò il capitano indicando il corpo esanime ai suoi piedi. «Troverai della vecchia tela nel ripostiglio delle vele. Presto!».

«Cosa devo legargli ai piedi, capitano?», chiese l'uomo dopo aver assentito.

«Ci penseremo dopo». Lupo Larsen gli volse le spalle e: «Cooky!», chiamò a voce alta.

Thomas Mugridge scattò fuori dalla cucina come un pupazzo da una scatola a sorpresa.

«Va' giù e riempi un sacco di carbone», ordinò il capitano. Poi si rivolse al gruppo dei cacciatori di foche che si attardava presso la scaletta accanto al boccaporto. «Qualcuno di voi possiede un libro di preghiere?», chiese con voce burbera.

Gli uomini del gruppo scossero il capo e vi fu qualche osservazione salace che non riuscii ad afferrare, ma che provocò un generale scoppio di risa.

Lupo Larsen si rivolse ai marinai dell'equipaggio e ripeté la domanda, ma bibbie e libri di preghiere sembravano oggetti non troppo conosciuti su quella nave. Uno degli uomini scese sotto coperta a interrogare i compagni che stavano riposando, ma tornò a mani vuote.

Lupo Larsen si strinse nelle spalle. «Lo butteremo in mare senza tante chiacchiere», disse. «A meno che il nostro naufrago dall'aspetto ascetico non conosca a memoria le preghiere per i defunti».

Aveva voltato le spalle ai propri uomini e si rivolgeva verso di me.

«Lei è un predicatore, non è vero?».

I cacciatori, sei in tutto, mi guardarono e io mi resi conto che gli abiti che indossavo e l'aspetto sofferente dovevano rendermi simile a uno spauracchio. Infatti si levò uno scoppio di risa e tutti gli occhi mi si piantarono addosso. Era una risata rude, aspra come l'acqua salsa, una risata che non rispettava la presenza del cadavere disteso poco lontano con il viso atteggiato a un ghigno orribile, una risata degna di uomini dai sentimenti grossolani, privi di sensibilità che non conoscevano né considerazione né cortesia.

Lupo Larsen non rise, ma ebbe un lampo d'ilarità e di sarcasmo negli occhi. E, avvicinandomi a lui, lo considerai con attenzione ricevendone la prima impressione dell'uomo in se stesso.

Il volto largo, dai lineamenti massicci, grossolanamente disegnati, appariva freddo, scialbo, inespressivo a prima vista; solo in un secondo tempo la forza intellettuale, l'energia spirituale che si celavano in lui apparivano evidenti. La mascella, il mento, la fronte alta e convessa dominante due occhi singolarmente acuti parlavano di una vitalità intensa, di una forza di volontà indomabile. Classificare, per così dire, quello spirito, assegnargli scopi, delimitarlo, sarebbe stato impossibile. Gli occhi erano grandi e belli, incassati profondamente nelle orbite, giustamente distanti l'uno dall'altro sotto l'arco delle sopracciglia nere. L'iride era di un grigio mutevole che cangiava dalla più chiara alla più scura sfumatura di colore, balenante di riflessi come una seta ai raggi del sole e passava dal grigio della cenere al verde intenso, all'azzurro turchese del mare profondo. Erano occhi che rivelavano un animo complesso, capace di bontà e di durezze, occhi che lanciavano scintille come una lama brandita nel sole, occhi freddi come un blocco di ghiaccio in un paesaggio polare, occhi che blandivano, che minacciavano, che carezzavano, che affascinavano e che dominavano imperiosi.

Ma torniamo al nostro racconto. Gli dissi che mi dispiaceva per il servizio dei defunti, però non ero predicatore; e allora mi domandò, seccamente:

«Che cosa fate per vivere?».

Dichiaro che prima di quel momento nessuno mi aveva mai rivolto quella domanda: non me l'ero rivolta neppur io. Colto alla sprovvista, balbettai la prima frase che mi venne alla mente: «Ma... sono... sono un gentiluomo, io».

La bocca del capitano Larsen si piegò in una smorfia beffarda.

«Ma ho lavorato e lavoro!», aggiunsi in fretta, come se mi trovassi dinanzi a un giudice e dovessi difendermi e comprendendo nel tempo stesso l'inutilità di discutere un simile argomento.

«Per guadagnare di che vivere?».

Il tono della sua voce era imperativo come se, invece di una domanda, avesse espresso un ordine. Rimasi sconcertato e perplesso come uno scolaretto di fronte a un maestro severo.

«Chi la mantiene?», chiese ancora Lupo Larsen.

«Vivo di rendita», risposi avventatamente e rendendomi conto di aver detto una sciocchezza. «Ma, scusi la franchezza, non capisco che cosa le può interessare tutto questo e che cosa desideri da me».

Il capitano parve non rilevare la protesta.

«Chi l'ha guadagnata questa rendita?», chiese. «Suo padre? Già, l'immaginavo che lei si reggeva sulle gambe di un morto. Non ne possiede di sue, lei? Può andare a zonzo ogni giorno a fare ciò che più le aggrada, sempre sicuro di trovare il pranzo servito al suo ritorno, eh! Mi mostri una mano».

Prima che avessi il tempo di rendermi conto di quanto accadeva, egli aveva fatto due passi avanti, s'era impadronito d'una mia mano e ora la sollevava verso il viso per osservarla. Tentai di ritrarla, ma egli serrò con forza le mie dita tra le sue, tanto che pensai intendesse stritolarle.

Come potevo conservare una posizione decorosa in una simile circostanza?

Non potevo certo divincolarmi e dibattermi come un ragazzetto spaurito, né potevo cercare di lottare contro quell'essere erculeo che avrebbe potuto, con una sola mossa e senza la minima fatica, spezzarmi in due il braccio. Non potevo far nulla e dovetti restarmene fermo e ingoiare l'affronto.

Notai intanto che le tasche dei calzoni che il morto indossava erano state vuotate e rovesciate e che l'orribile viso sogghignante era stato coperto da un lembo di sacco. Il marinaio Johansen era accanto al cadavere e cuciva gli orli del sacco, lavorando con grande indifferenza e spingendo l'ago nel tessuto spesso con il palmo della mano. E l'intero corpo sparì ben presto alla mia vista e non rimase che un ammasso informe coperto di grossa tela scura.

Poi Lupo Larsen lasciò cadere la mia mano con un rapido gesto di disprezzo.

«Il lavoro del padre morto le ha conservate morbide e delicate, eh!», disse sdegnoso. «Capaci solo di lavare i piatti e di sbrigare i lavori da sguattero».

Lo guardai fissamente e ritrovai subito il mio sangue freddo. «Desidero essere sbarcato», dissi. «Pagherò la somma che lei stesso vorrà fissare per il suo disturbo».

Lupo Larsen mi osservò sorpreso, poi gli occhi gli lampeggiarono ironici. «Ho qualcosa come controproposta e le assicuro che le converrà accettare, per il suo bene. Il mio secondo è morto e vi saranno promozioni a bordo. Uno dei marinai prenderà il posto del secondo, un *boy* di cabina prenderà quello del marinaio promosso ufficiale e lei potrebbe benissimo diventare *boy* di cabina. Venti dollari al mese e il vitto, naturalmente. Firmerà il contratto per l'intera crociera. Che ne dice? Si renda conto che un simile viaggetto le farebbe bene al fisico e all'anima, che sarà la sua fortuna. Imparerà a reggersi da solo sulle gambe, senza l'aiuto di nessuno, e farà un passo avanti come uomo».

Ma io non ascoltavo le sue parole. Potevo vedere le vele di una nave avanzare da sud-ovest e farsi sempre più grandi e nette. La goletta assomigliava molto al *Fanthom* nell'alberatura, ma aveva lo scafo più piccolo. Era interessante osservare come filasse velocemente alla nostra volta per passare, evidentemente, molto vicino a noi. Il vento soffiava gagliardo e il sole, dopo aver brillato pallido e incerto, era scomparso definitivamente dietro un fitto banco di nubi.

Il mare era divenuto grigiastro, increspato e lanciava contro il cielo alti nembi di spuma. La nostra nave aveva assai aumentato la velocità e ora correva rapida piegata su un fianco, tanto che a un certo punto il parapetto s'immerse in mare e il ponte da quel lato fu letteralmente spazzato da un'ondata. Un paio di cacciatori si levarono rapidamente in piedi e cercarono riparo dietro un boccaporto.

«Quella nave passerà presto vicino a noi», dissi al capitano indicando la goletta che veniva alla nostra volta. «Dato che avanza nella direzione opposta alla nostra, penso che abbia come destinazione San Francisco».

«Molto probabilmente», rispose laconicamente l'uomo. Volse il capo e chiamò a gran voce: «Cooky! Ehi, Cooky!».

Il cuoco sporse il capo dalla porta della cucina. «Sì, signore».

«Dove s'è cacciato quel *boy*?», chiese Lupo Larsen. «Trovalo e digli di venire qui subito».

«Bene, signore».

Thomas Mugridge scivolò rapidamente verso poppa e scomparve dietro a un boccaporto, vicino alla grande ruota del timone. Ricomparve di lì a poco seguito da un ragazzo di diciotto o diciannove anni, robusto e vigoroso, con un viso irregolare e spiacevole dal colorito acceso.

«Eccolo, capitano», disse il cuoco.

Lupo Larsen non gli prestò la minima attenzione e si rivolse direttamente al ragazzo. «Come ti chiami?», gli chiese.

«Giorgio Leach, capitano», rispose il *boy* con prontezza, lasciando trasparire dal contegno che conosceva la ragione per cui era stato chiamato.

«Leach non è un nome irlandese», scattò il capitano con un moto d'impazienza. «O'Toole oppure MacCarthy sono nomi che si adatterebbero meglio al tuo tipo, mi pare. O forse tua madre aveva una particolare tendenza a simpatizzare con qualche irlandese?».

Notai che i pugni del ragazzo si contraevano spasmodicamente sotto il volgare insulto e che il viso gli diveniva scarlatto.

«Lasciamo perdere», continuò Lupo Larsen con noncuranza. «Forse tu hai ottime ragioni per voler dimenticare il tuo vero nome e non sarà questo, credimi, che potrà nuocerti presso di me, se filerai diritto. Capito? Di' un po', ragazzo, chi ti ha arruolato?».

«MacCready e Swanson», rispose il ragazzo distogliendo lo sguardo.

«Signore!», tuonò Lupo Larsen. «Con chi credi di parlare?».

«MacCready e Swanson, signore». Gli occhi del boy scintillavano di collera repressa.

«Chi ha ritirato gli anticipi?».

«Loro, signore».

«Già, lo sapevo». Lupo Larsen sogghignò. «E tu sei stato ben contento di piantarli in asso, eh? Scommetto che avevi una gran fretta di sgomberare, non appena hai saputo di avere i gentiluomini alle calcagna!».

Sul viso del ragazzo apparve un'espressione di collera selvaggia e il suo corpo si tese come per spiccare un balzo. «È un...», ringhiò.

«Un... che cosa?», chiese il capitano con voce dolce. Sembrava fosse ansioso di udir pronunciare quella parola al più presto possibile.

Il ragazzo esitò poi riuscì con uno sforzo a padroneggiarsi. «Niente, signore. Ritratto ciò che ho detto».

«E così dimostri che ho ragione». Lupo Larsen sorrise soddisfatto. «Quanti anni hai?». chiese.

«Sedici compiuti, signore».

«Davvero? Potrei giurare che hai già compiuto i diciotto da un pezzo. Sei molto sviluppato per la tua età e hai certi muscoli da cavallo da tiro. Be', raccogli gli stracci che ti appartengono e fila al castello di prua: sarai rematore su di un canotto, adesso. Sei promosso, capito?».

Senza attendere la risposta del *boy*, Lupo Larsen si volse verso il marinaio che aveva finito il macabro compito di cucire il cadavere nel sacco di tela.

«Johansen», disse, «te ne intendi di navigazione?».

L'uomo scosse il capo. «No, signore».

«Be', non importa. Sei ugualmente promosso secondo ufficiale. Porta la tua roba a poppa, nella tua nuova cabina».

«Certo, signore», rispose allegramente Johansen dirigendosi verso prua a passo veloce.

Il ragazzo nel frattempo era rimasto immobile.

«Be', che aspetti?», chiese il capitano.

«Io non ho accettato di fare il rematore di canotto, signore», fu la risposta. «Ho firmato come *boy* di cabina e tale voglio essere».

«Ti ho detto di raccogliere i tuoi stracci e di andare a prua!», Il tono di Lupo Larsen era freddamente imperativo e non ammetteva replica. Il ragazzo arrossì violentemente, ma non si mosse.

Allora la terribile, selvaggia forza di Lupo Larsen si manifestò in un movimento inatteso e rapido come un lampo. Con un balzo, attraversò la distanza che lo separava dal boy e lo colpì allo stomaco con un pugno micidiale. E nello stesso momento, mi parve di avvertire un dolore acuto alla cavità del torace, come se fossi stato colpito a mia volta. Ciò dimostra come fosse sensibile, a quel tempo, il mio sistema nervoso e come fossi poco abituato a spettacoli di violenza e di brutalità.

Il ragazzo, che non pesava meno di settantacinque chili, si piegò in due, il suo corpo parve avvolgersi attorno al possente pugno del capitano come un panno bagnato attorno a un bastone. Poi descrisse una breve parabola e andò a sbattere con il capo e le spalle sulla tolda vicino al sacco che conteneva il cadavere, contorcendosi fra atroci spasimi.

«Dunque?», disse il capitano volgendosi verso di me. «Ha considerato la mia proposta?».

Lanciai per caso un'occhiata verso la goletta che s'avvicinava e vidi che ora si trovava a non più di duecento metri di distanza. Era un piccolo battello chiaro e pulito e vidi, su una delle vele, dipinto in nero un numero.

«Che nave è?», chiesi.

«Il battello pilota *Lady Mine*», rispose Lupo Larsen cupamente. «Si è liberato dei suoi piloti e fila alla volta di San Francisco. Con questo vento giungerà a destinazione entro cinque o sei ore».

«La prego allora di fare i segnali, capitano», dissi. «Desidero tornare a terra».

L'uomo mi considerò sorridendo. «Spiacente, ma abbiamo smarrito il manuale con i segnali», disse, mentre il gruppo dei cacciatori faceva udire una risatina sarcastica.

Lo fissai dritto negli occhi e cercai di riflettere e di raccogliere le idee. Avevo assistito al trattamento inflitto al *boy* di cabina e mi resi conto che, per me, ne avrebbe forse riservato uno peggiore. Riflettei dunque per qualche minuto e alla fine compii un gesto che ancora oggi ritengo il più eroico della mia esistenza. Corsi verso il parapetto della nave, gridando a gran voce e agitando freneticamente le braccia.

«Ehi, della *Lady Mine*!», urlai con tutta la mia forza. «Voglio tornare a terra. Mille dollari se mi ci portate!».

Attesi, osservando i due uomini che si trovavano presso la ruota del timone. Uno di loro doveva essere il timoniere, l'altro aveva un grosso megafono fra le mani. Io non volsi il capo, sebbene fossi certo di ricevere da un momento all'altro un colpo violento dall'essere selvaggio che avevo alle spalle. Infine, dopo un periodo di tempo che mi parve eterno, non riuscii più a sopportare la tensione nervosa e volsi attorno lo sguardo.

Lupo Larsen non si era mosso. Era rimasto nella medesima posizione seguendo, con il corpo saldo sulle gambe, il rollio e si accendeva un sigaro.

«Che c'è? È accaduto qualcosa?». Il grido giunse chiaro dalla *Lady Mine*.

«Sì!», risposi con tutto il fiato. «Una questione di vita o di morte! Mille dollari se mi portate a terra!».

«Mi sono trattenuto forse un po' troppo a S. Francisco», gridò dietro di me Lupo Larsen, «e il mio equipaggio ne ha risentito. Questo qui», aggiunse indicandomi con il pollice, «sogna serpenti di mare e scimmie che si arrampicano sugli alberi».

L'uomo della *Lady Mine* rise attraverso il megafono e la goletta ci oltrepassò.

«Per me se ne vada pure al diavolo!», fu il grido che accompagnò il loro gesto di saluto.

Mi chinai sconvolto sul parapetto osservando la linda goletta che si allontanava rapidamente aumentando sempre più la distanza che ci separava. Mi sembrava di avere la testa in fiamme, che il cervello mi stesse per scoppiare da un momento all'altro e la gola mi doleva come se un nodo la stringesse senza pietà. Un'ondata violenta colpì il fianco della nave e mi lanciò in pieno viso spruzzi d'acqua salata. Il vento aveva ancora aumentato la violenza e il *Fanthom* filava sempre più piegato su un fianco con il parapetto sottovento che sfiorava le onde. Mi giungeva all'orecchio lo sciacquio dell'acqua che correva lungo il ponte.

Quando un attimo dopo mi volsi, vidi il *boy* di cabina che si stava alzando faticosamente in piedi. Il suo viso era pallidissimo, spettrale e contratto ancora per l'acuta sofferenza. Si sarebbe detto che soffrisse in modo atroce.

«Dunque, Leach, andrai a prua?», chiese Lupo Larsen con voce cortese.

Il ragazzo abbassò il capo. «Sì, signore», rispose in tono abbattuto.

«E lei?», chiese il capitano rivolgendosi a me.

«Le darò mille...».

«Basta!», m'interruppe bruscamente. «Accetta il compito di *boy* di cabina o preferisce passare attraverso le mie mani?».

Che potevo fare? Pensai che le brutali percosse, che forse mi avrebbero ucciso, non avrebbero comunque migliorato la mia situazione. Fissai con lo sguardo fermo quei crudeli, selvaggi occhi grigi che avrebbero potuto essere di ghiaccio o di granito, privi com'erano di umanità. Erano grigi, freddi, terribili come il mare che ci circondava.

«Dunque?».

«Va bene», dissi.

«Dica "sì, signore"!», ingiunse minaccioso.

Continuavo a fissarlo. «Sì, signore», dissi.

«Come si chiama?».

«Van Weyden, signore».

«E il nome?».

«Humphrey, signore. Humphrey Van Weyden».

«Età?».

«Trentacinque anni, signore».

«Bene. Vada in cucina dal cuoco e si faccia dire ciò che dovrà fare».

Così, contrariamente alla mia volontà, passai alle dipendenze di Lupo Larsen, soltanto per il fatto che egli era più forte di me. In certi momenti mi sembrava quasi di sognare e perfino ora che rivedo la mia avventura con gli occhi della mente tutto mi appare irreale, mostruoso, simile a un incubo.

La voce del capitano mi fermò, mentre mi stavo dirigendo verso la porta della cucina.

«Aspetti un momento!».

Rimasi immobile e lo guardai con stanca espressione di attesa.

«Johansen!», chiamò l'uomo. «Ora che abbiamo sistemato l'equipaggio, possiamo fare il funerale e sgombrare il ponte dell'inutile ingombro. Chiama gli uomini in coperta, presto!».

Mentre il marinaio chiamava a raccolta i compagni che riposavano sottocoperta, due uomini sollevarono il corpo chiuso nel sacco e lo distesero su uno sportello di boccaporto, tolto dai cardini. A ciascun lato del ponte erano accumulati, contro il parapetto, alcuni canotti rovesciati. Alcuni uomini sollevarono l'asse su cui si trovava il cadavere e la posero sull'ammasso dei canotti, in modo che i piedi del povero secondo toccassero il parapetto. E all'estremità dell'asse legarono il sacco di carbone che il cuoco aveva raccolto nella stiva. Mi ero sempre figurato un funerale a bordo come una cerimonia solenne ed emozionante, ma rimasi deluso. Uno dei cacciatori, un uomo di bassa statura e dagli occhietti neri e vivacissimi soprannominato Smoke, prese a raccontare barzellette volgari in cui non mancavano né le imprecazioni né le oscenità più repulsive, provocando risate sgangherate fra i compagni e l'equipaggio. I marinai si riunirono a poppa chiacchierando rumorosamente; quelli che avevano il turno di riposo e che erano stati svegliati per presenziare al funerale sbadigliavano senza ritegno, si stropicciavano gli occhi assonnati e parlottavano tra loro. L'espressione di quei visi era bieca, sinistra: evidentemente l'idea di intraprendere un viaggio iniziato a quel modo, e sotto il comando di Lupo Larsen, non garbava troppo a nessuno. Infatti, di tanto in tanto, lanciavano in direzione del capitano occhiate cariche d'odio e di timore.

Poi Lupo Larsen si diresse verso la salma e tutti gli uomini si tolsero il copricapo. Io li guardai uno per uno: erano venti, ventidue con il timoniere e me. Pensavo, osservandoli, a ciò che mi sarebbe accaduto in quelle settimane o forse mesi che avrei dovuto, contro la mia volontà, trascorrere a bordo del *Fanthom* come uno dell'equipaggio. Quelli che stavo osservando sarebbero stati i miei compagni per tutto il tempo in cui il mondo sarebbe stato rappresentato per me da quel piccolo legno galleggiante. I marinai erano per la maggior parte inglesi e scandinavi e avevano visi volgari e inespressivi. I cacciatori, invece, avevano i lineamenti duri, vivaci, e occhi parlanti.

Feci subito, strano a dirsi, la constatazione che il viso di Lupo Larsen non esprimeva alcunché di malvagio, né di feroce o di vizioso. Era un viso aperto, franco, con profonde rughe nette, decise. Non riuscivo a credere che l'uomo che aveva quel viso potesse essere lo stesso che aveva agito con tanta brutalità nei riguardi del *boy* di cabina.

Mentre il capitano si accingeva a parlare e a svolgere il rito funebre, un impeto di vento violentissimo s'abbatté sulla goletta scaraventando in mare la banda sottovento. Sembrava che le folate cantassero una canzone selvaggia e primitiva attraverso l'alberatura della nave.

Qualcuno dei cacciatori volse verso il cielo uno sguardo ansioso e interrogativo. Il parapetto sottovento sul quale giaceva il cadavere fu del tutto sommerso e, come la goletta si raddrizzò, l'acqua invase il ponte bagnandoci fino alle caviglie. Poi un improvviso scroscio di pioggia s'abbatté rapido su di noi, con gocce pungenti come grani di grandine.

Appena la raffica cessò, Lupo Larsen cominciò il suo discorso mentre tutti gli uomini davanti a lui se ne stavano a capo chino e, tenendo i berretti fra le mani, oscillavano seguendo con il corpo il rollio della nave.

«Non ricordo che una frase del servizio funebre», disse Lupo Larsen. «"E il corpo verrà sepolto in mare". Ecco tutto: buttatelo!».

Gli uomini accanto all'asse che reggeva la salma esitarono perplessi come se fossero meravigliati della brevità della cerimonia. Il capitano li squadrò minacciosamente, poi si slanciò contro di loro imbestialito.

«Ubbidite, cani maledetti!», urlò stringendo i pugni. «Sollevate l'asse! Che diavolo vi prende?».

I marinai afferrarono l'estremità e la sollevarono con fretta riluttante. Il cadavere, trascinato dal sacco di carbone che gli era stato legato ai piedi, scivolò in avanti e scomparve nell'oceano. Era finita.

«Johansen!», ordinò Lupo Larsen al nuovo secondo ufficiale. «Trattieni tutti gli uomini sul ponte già che vi si trovano. Fa' ammainare le vele di gabbia, il fiocco e il controfiocco e bada che il lavoro venga fatto a dovere. E sarà meglio dare i terzaruoli anche al gran fiocco e alla maestra, già che ci siete».

In un batter d'occhio il ponte si animò. Sotto la sorveglianza di Johansen che lanciava ordini concitati e rabbiosi, gli uomini si misero al lavoro tirando o allentando corde di varie specie e diametro che naturalmente, da uomo nato e vissuto sempre sulla terra ferma, non riuscivo a distinguere.

Il contegno dell'equipaggio mi colpì profondamente per l'indifferenza e la serenità con le quali essi si muovevano, parlavano, ridevano. Un uomo, un loro compagno, era da pochi istanti disceso negli abissi del mare, ma per loro non si trattava che di un episodio ormai appartenente al passato, un incidente il cui ricordo era caduto in mare insieme a un cadavere e a un sacco di carbone. La nave proseguiva il viaggio senza alterare la velocità e il lavoro continuava a fervere a bordo come se nulla fosse accaduto. Nessuno si era commosso o aveva provato una punta di rimpianto per l'infelice secondo. I cacciatori di foche sogghignavano ascoltando l'ultima barzelletta di Smoke, due marinai si arrampicavano rapidamente sull'alberatura, il capitano studiava con lo sguardo il cielo nuvoloso e la direzione del vento mentre il cadavere del secondo, morto in modo orribile, sepolto come un cane, scivolava sempre più verso le inesorabili profondità del mare.

Mi appoggiai al parapetto sopravento accanto alle vele e fissai lo sguardo sull'infinita immensità grigiastra di quel mare crudele, spaventoso; guardai attraverso la terribile distesa increspata da onde biancheggianti di schiuma i bassi banchi di nebbia che nascondevano ai miei occhi San Francisco e la costa della California. Scrosci di pioggia improvvisi e violenti mi investivano di tanto in tanto accecandomi, mentre la nave sulla quale mi trovavo forzatamente faceva capo verso sud-ovest navigando nell'immenso, misterioso oceano Pacifico.

IV

Durante i primi giorni che trascorsi a bordo del *Fanthom* dovetti subire una serie di umiliazioni e di soprusi, mentre cercavo con tutta la mia buona volontà di adattarmi al nuovo ambiente e alla nuova vita. Il cuoco, chiamato "dottore" dai componenti l'equipaggio, "Tommy" dai cacciatori di foche e "Cooky" da Lupo Larsen, aveva cambiato contegno nei miei riguardi. Il cambiamento che si era verificato a causa della mia situazione a bordo che aveva portato l'uomo a considerarmi a sua volta sotto un altro punto di vista. Io per lui non ero più il simpatico, distinto gentiluomo con le mani morbide e delicate com'è quelle di una dama, ma un volgare *boy* di cabina. E se prima egli si era dimostrato servile e pronto a ogni mio ordine, ora era divenuto prepotente e villano. Mi impose di rivolgermi a lui chiamandolo "signor Mugridge" e si comportava in un modo esasperante, mentre sorvegliava strettamente lo svolgimento dei compiti affidati a me.

Oltre al lavoro di mia spettanza nella sala comune e nelle quattro piccole cabine laterali, era mio dovere, a quanto mi disse, dargli una mano in cucina e la mia assoluta inesperienza nel pelare patate o lavare piatti e stoviglie unti, era per lui oggetto di una continua, irritante ilarità. Non teneva in considerazione alcuna la mia posizione sociale, o almeno, quella che era stata prima di allora e assunse nei miei confronti un atteggiamento di superiorità e di arroganza che mi portò in poco tempo a odiarlo a morte.

Il primo giorno che passai a bordo fu particolarmente duro e difficile, perché il *Fanthom* con i terzaruoli serrati (termini questi di cui dovevo poi conoscere il significato e imparare a usare), si preparava a passare attraverso una tempesta e fu appunto in quel giorno che io subii la mia prima, amara esperienza marinara. Alle cinque e mezzo, sotto la direzione di Mugridge, apparecchiai la tavola nella sala comune mettendo al posto di ogni commensale una scodella e una tazza per il tè. Stavo uscendo dalla cucina recando una grossa teiera tra le mani e una fila di larghe fette di pane sotto un braccio quando Mugridge, sporgendosi dalla porta, mi ingiunse:

«Ehi, fai attenzione, se non vuoi fare un bagno!». Uno dei cacciatori di foche, un tipo alto e dinoccolato che si chiamava Henderson, stava dirigendosi verso poppa dove si trovava la sala comune e dove Lupo Larsen stava fumando uno dei suoi inseparabili sigari.

La voce del cuoco mi giunse all'orecchio concitata.

«Eccola che arriva! Attento!».

Naturalmente non compresi ciò che il cuoco intendesse dire e mi volsi perplesso per chiedere spiegazioni, appena in tempo per scorgere la porta della cucina che si richiudeva con un colpo violento. Vidi improvvisamente Henderson precipitarsi verso le sartie di maestra e arrampicarvisi con una fretta frenetica fino a che i suoi piedi non si trovarono all'altezza del mio capo. Vidi infine un'enorme ondata spumeggiante sollevarsi dal mare simile a una muraglia assai più alta del parapetto della nostra nave.

Non seppi agire, non riuscii a pensare: tutto era troppo nuovo e sconosciuto per me. Mi resi conto di essere in pericolo ma rimasi fermo immobile, come paralizzato.

«Si aggrappi a qualcosa, Hump!», mi gridò Lupo Larsen che aveva notato il mio strano contegno. Ma era troppo tardi. Feci un balzo verso il sartiame al quale avrei potuto afferrarmi, ma la massa d'acqua si abbatté su di me con una violenza inaudita, prima che potessi raggiungerlo. Ho soltanto un ricordo confuso di quanto accadde dopo. Roteavo come un fuscello, soffocando, con la bocca colma di acqua, urtando di continuo contro oggetti solidi che, ritengo, dovessero trovarsi sul ponte. A un certo punto ricevetti un colpo violento al ginocchio che mi fece stringere i denti e lacrimare gli occhi per il dolore. Poi finalmente la valanga d'acqua parve ritrarsi e io mi ritrovai, senza quasi rendermene conto, all'asciutto. Il dolore al ginocchio era divenuto insopportabile, tanto che ritenni si fosse spezzato: non riuscivo ad appoggiarmici sopra e, tanto meno, a camminare senza sforzo.

«Ehi, dico!», mi urlò la voce brutale del cuoco, attraverso la porta della cucina, «conti di startene lì tutta la sera? Dove è finita la teiera? Scommetto che te la sei lasciata sfuggire di mano, eh? Sarebbe stato meglio che ti fossi rotto l'osso del collo».

Feci uno sforzo enorme per potermi tenere in equilibrio sulle gambe e portarmi fino alla porta della cucina. Tenevo ancora tra le mani la grande teiera e gliela porsi, ma l'uomo sembrava in preda a una collera irragionevole.

«Pezzo d'idiota!», mi urlò furibondo. «Mi sai dire a che serve un essere come te? Non sei nemmeno capace di portare una teiera senza versarne il contenuto! Ora mi toccherà per colpa tua far bollire di nuovo l'acqua!». Mi guardò biecamente e proruppe ancora più rabbiosamente: «E si può sapere che hai da sbuffare? Ti sei fatto male alla gambetta, poverino, cocco di mamma?».

Dovevo avere il viso contratto dalla sofferenza, ma ebbi la forza di stringere i denti e di fare più volte il percorso dalla cucina alla sala comune senza mai ribellarmi.

Quell'incidente mi procurò, oltre alla dolorosa contusione al ginocchio, anche il soprannome di "Hump", con il quale Lupo Larsen mi aveva interpellato e che in breve divenne l'unico appellativo usato nei miei riguardi a bordo, tanto che anch'io finii per accettarlo del tutto e dimenticare di possedere un nome vero.

Il mio compito non era facile. La sala comune dove dovevo servire Lupo Larsen, Johansen e i sei cacciatori di foche che sedevano a tavola, era un locale stretto e angusto e io, tra il continuo rollio della goletta e la gamba dolorante, facevo non poca fatica a destreggiarmi, servendo ora questo, ora quello, senza perdere l'equilibrio. Ma ciò che mi colpì più profondamente fu l'assoluta mancanza di cameratismo o di simpatia da parte degli uomini che servivo. Sentivo sotto la stoffa dei calzoni il mio povero ginocchio pulsare violentemente e gonfiarsi e provavo una sensazione insopportabile di nausea e di capogiro per il dolore lancinante che mi procurava. Nello specchio appeso alla parete della cabina potevo scorgere di tanto in tanto il mio viso sconvolto e terreo, contorto per la sofferenza e certo tutti i presenti avevano notato il mio stato. Ma nessuno si curò di me, nessuno ebbe per me una parola di incoraggiamento o un'espressione di interesse per le mie condizioni, tanto che fui quasi riconoscente a Lupo Larsen quando, raggiuntomi in cucina dove stavo lavando i piatti, mi rivolse la parola in tono burbero.

«Non si preoccupi troppo per una cosa tanto da nulla», mi disse. «Con il passare del tempo non le farà più male. Forse la lascerà un poco zoppo, ma in compenso lei avrà imparato a camminare meglio di quanto non facesse prima.» Mi osservò con un sorrisetto canzonatorio all'angolo della bocca. «Questo è ciò che voi usate chiamare un paradosso, non è vero?», chiese.

Accennai di sì con il capo e il "Sì, signore" che pronunciai, come mi aveva ingiunto di fare, parve fargli piacere.

«Credo che lei s'intenda un poco di letteratura, non è vero?», soggiunse. «Bene! Potremo fare due chiacchiere insieme, qualche volta».

E senza aggiungere parola, senza più curarsi di me, mi volse le spalle e raggiunse il ponte.

Quella notte, dopo aver sbrigato un'infinità di lavori faticosi di ogni genere, fui mandato a dormire nella timoniera dove vi era una cuccetta a disposizione. Ero soddisfatto di poter distendere finalmente le mie povere gambe, ma soprattutto ero felice di non dover più subire l'odiosa presenza del cuoco di bordo. Con mia grande sorpresa notai che gli abiti mi si erano del tutto asciugati addosso e che non avvertivo il minimo sintomo di raffreddore, nonostante la prolungata immersione nell'acqua, in seguito al naufragio del *Martinez* e al bagno involontario subìto nella giornata. In circostanze normali, quegli incidenti mi avrebbero costretto a letto per almeno una settimana di seguito.

Il ginocchio mi doleva sempre orribilmente: mi pareva che la rotula si fosse spezzata in due e mi sembrava di toccarne l'orlo rivolto in su sotto il gonfiore. Mentre i cacciatori di foche se ne stavano sul ponte a chiacchierare e a fumare, Henderson mi si accostò e dette un'occhiata alla mia gamba.

«Ha un brutto aspetto», commentò. «Provi a legarvi attorno una benda e vedrà che guarirà».

Questo fu tutto. Se mi fossi trovato a terra, avrei certamente avuto accanto un medico che mi avrebbe raccomandato speciali cure e un assoluto riposo ma, per rendere giustizia a quegli esseri rudi e brutali, devo aggiungere che essi erano altrettanto indifferenti alle proprie sofferenze quanto a quelle altrui. Ciò era dovuto al fatto che probabilmente l'abitudine li aveva resi meno sensibili di fronte al dolore, perché certo un organismo normale non avrebbe potuto sopportare con altrettanta indifferenza simili sofferenze.

Ero assai stanco, ma per il dolore alla gamba non mi riuscì di chiudere occhio. Se mi fossi trovato nella mia casa avrei certo dato libero sfogo ai gemiti che mi urgevano alla gola, ma dato l'ambiente in cui vivevo dovetti frenarmi e reprimere ogni lamento. Mi trovavo fra gente primitiva, che si comportava con una ingenua naturalezza, e quasi puerilmente, davanti alle piccole cose ma che sapeva agire virilmente nelle grandi. Ricordo di aver visto durante quel viaggio Kerfoot, uno dei cacciatori di foche, perdere un dito in modo terribile. La falange gli si era schiacciata, maciullata come una gelatina, pure egli non si lasciò sfuggire un gemito, l'espressione calma del suo viso non si alterò, non un muscolo gli si contrasse. E ricordo di aver visto lo stesso uomo abbandonarsi a colpi violenti d'impulso per cose di ben misera importanza.

Come ora, ad esempio, che vociferava, gridava, agitava le braccia imprecando e maledicendo in una discussione con un compagno che sosteneva che la foca non sapeva nuotare nei primi giorni di vita. Latimer, un tipo magro dall'aspetto americano e dagli occhi acuti e assai vicini l'uno all'altro, discuteva animatamente sostenendo che la foca nasceva appunto sulla terra per la semplice ragione che non sapeva nuotare e che più tardi l'animale apprendeva il nuoto dalla madre, come gli uccelli imparano a volare dopo parecchi giorni di vita.

Gli altri quattro uomini se ne stavano appoggiati al tavolo o distesi sulla loro cuccetta osservando con apparente indifferenza i due contendenti, ma in realtà assai interessati alla discussione tanto che, di quando in quando, intervenivano per prendere le parti dell'uno o dell'altro e spesso parlando tutti insieme in modo che le loro voci risuonavano nello spazio ristretto simili a scoppi di temporale. Se l'argomento della discussione era puerile e banale, ancor più fanciullesche e inutili erano le loro parole: essi discutevano a base di urla, di minacce, di affermazioni categoriche. Volevano provare che la foca sapeva nuotare fin dai primi giorni di vita proclamando la versione con affermazioni più violente e bellicose dell'avversario, accompagnando ogni espressione con apprezzamenti poco lusinghieri sul luogo d'origine dell'oppositore, sulla sua nazionalità e il suo passato. E identico era il contrattacco.

Ho ricordato questa discussione soltanto per spiegare la mentalità delle persone che mi circondavano: intellettualmente non erano che fanciulli ingenui e impulsivi. Fumavano di continuo un pessimo tabacco di poco prezzo che rendeva l'aria irrespirabile e che emanava un odore aspro e sgradevole. E tutto ciò, unito al continuo beccheggio della nave, mi avrebbe certamente procurato un violento mal di mare, se fossi soggetto a questo disturbo. Comunque l'odore disgustoso di quel tabacco mi dava una opprimente sensazione di nausea, dovuta forse alla sofferenza acuta che mi provocava il ginocchio contuso.

Mentre giacevo a occhi spalancati nella mia cuccetta, riflettevo naturalmente sulla mia bizzarra situazione e ancora non riuscivo a rendermi del tutto conto della realtà. Mi sembrava assurdo che io, Humphrey Van Weyden, uno studioso sia pure dilettante di cose artistiche e letterarie, dovessi per uno strano, crudele scherzo della sorte, trovarmi a bordo di una goletta armata per la caccia delle foche in qualità di *boy* di cabina.

Boy di cabina! Non avevo mai svolto un qualsiasi lavoro manuale e tanto meno un lavoro da sguattero in tutta la mia vita. Avevo condotto sempre un'esistenza tranquilla, comoda, sedentaria: la vita di uno studioso, di un eremita, quasi, fornito di una rendita sicura e ragguardevole. Nemmeno la vita movimentata degli ambienti sportivi o mondani mi aveva attratto: ero sempre stato quello che si definisce un topo di biblioteca, almeno mio padre e le mie sorelle mi chiamavano così durante la mia fanciullezza. Avevo preso parte in tutta la mia esistenza a una sola gita e anche quella volta avevo abbandonato la comitiva a metà del viaggio e me ne ero tornato tranquillamente a casa, alle mie comodità, ai miei libri. E ora mi trovavo con la fosca, disgustosa prospettiva di dover servire a tavola, lavare i piatti e pelare patate per chissà quanto tempo.

Non possedevo un fisico robusto. I medici avevano sempre sostenuto che la mia costituzione fisica, pur essendo sana e normale, non era abbastanza sviluppata per mancanza di esercizio e di sport. Avevo i muscoli deboli e molli come quelli di una donna e appunto per questo i medici avevano spesso insistito per convincermi a praticare qualche sport e a fare un po' di ginnastica. Ma io avevo sempre preferito usare il cervello, anziché i muscoli, e non avevo ascoltato i loro consigli. Così ora mi trovavo nelle condizioni meno favorevoli per affrontare un'avventura simile a quella che mi attendeva, per poter sopportare la rude vita che avrei dovuto condurre.

Riflettei a lungo quella notte. Anche il pensiero del dolore di mia madre e delle mie sorelle mi sconvolgeva e opprimeva. Ero fra gli scomparsi del naufragio del *Martinez* e già mi sembrava di vedere i miei amici dell'*University Club* e del *Bibelot* leggere le testate dei giornali e scuotere tristemente il capo ripetendo fra loro: «Povero disgraziato!». E potevo vedere anche Charley Furuseth come l'avevo salutato quella mattina, mentre si attardava in vestaglia davanti alla finestra con i gomiti appoggiati al davanzale ricoperto da un cuscino e borbottando massime pessimistiche.

E intanto il *Fanthom* rollava, s'inchinava alle onde, s'arrampicava lungo le muraglie spumeggianti e si apriva lentamente la via verso il Pacifico.

Potevo udire sopra di me il sibilo musicale del vento che soffiava fra le vele e le sartie. Di tanto in tanto udivo un rumore di passi che mi giungeva dal ponte mentre tutta la nave scricchiolava e gemeva di continuo in mille toni diversi e nuovi.

I cacciatori di foche stavano ancora discutendo fra loro e l'aria risuonava di imprecazioni violente e di espressioni indecenti ruggite più che pronunciate. Mi sembrava di vedere i loro visi accesi e sconvolti dalla collera la cui brutalità veniva accentuata dalla luce giallognola delle lampade che oscillavano secondo i movimenti della nave. Attraverso la nebbia opaca prodotta dal fumo, le cuccette apparivano simili a tane d'animali. Impermeabili e alti stivali erano appesi alle pareti e carabine e fucili erano disposti in bell'ordine sulle rastrelliere. L'ambiente ricordava quello degli antichi corsari e la mia immaginazione ne era eccitata al punto di impedirmi di prender sonno.

Fu una notte lunga, penosa, interminabile.

V

Fu la prima e ultima notte che io passai in compagnia dei cacciatori di foche. Il giorno seguente Johansen, il nuovo secondo, fu cacciato dalla cabina situata accanto a quella del capitano e rispedito a dormire nella timoniera e io fui sistemato in una piccola cabina insieme ad altri due uomini dell'equipaggio. Il ritorno del secondo nella timoniera fu oggetto di commenti e di discussioni da parte dei cacciatori di foche che lo accolsero con risate e motteggi salaci. Johansen aveva l'abitudine di rivivere nel sonno gli avvenimenti della giornata e, agitandosi e rigirandosi, urlava ordini e invettive. Ciò era stato veramente troppo per Lupo Larsen che, dopo una notte insonne, aveva senz'altro rispedito il disturbatore fra i cacciatori di foche.

La mia giornata ebbe inizio alle cinque e mezzo quando, dopo una notte trascorsa in un dormiveglia affannoso, Mugridge venne a svegliarmi scuotendomi brutalmente e cominciando subito a strapazzarmi. Ma ebbi la soddisfazione di vedere il cuoco subito punito per la sua violenza. Uno dei cacciatori si svegliò per il baccano e lanciò attraverso la cabina una pesante scarpa che colpì in pieno Mugridge. Il cuoco lanciò un urlo di dolore e si scusò per il disturbo arrecato. Più tardi, mentre lavoravo in cucina, mi avvidi che l'orecchio del cuoco era gonfio e tumefatto in modo impressionante; non riprese più le sue normali proporzioni tanto che divenne oggetto di scherno da parte di tutto l'equipaggio che lo battezzò "il cavolfiore".

I miei abiti erano ormai del tutto asciutti e la prima cosa che feci quella mattina fu di indossarli e restituire al cuoco quelli che mi aveva prestato. Poi guardai nel portamonete che, prima del naufragio, conteneva, oltre a pochi spiccioli, centottantacinque dollari in oro e biglietti di banca e constatai che, a eccezione degli spiccioli, il danaro era scomparso. Ne parlai con il cuoco e, per quanto fossi preparato a sentirmi rispondere come d'abitudine in modo brusco e villano, fui sorpreso ugualmente dalle sue parole violente e dal tono minaccioso della voce. Egli mi considerò con una luce cattiva negli occhi e le parole più che pronunciate mi vennero sputate in viso.

«Ehi, dico, vuoi che ti riduca la faccia come una frittata? Se hai il coraggio di accusarmi di furto, ti avverto che ti farò cambiare opinione riempiendoti il viso di pugni.» Sogghignò amaramente continuando a fissarmi con uno sguardo bieco. «Bella gratitudine, accidenti!», continuò. «Arrivi qui nelle condizioni di un povero pezzente morto di fame, io ti accolgo nella mia cucina, mi prendo cura di te, ti tratto con ogni riguardo e questo è il ringraziamento, eh!». Si diresse verso di me con il pugno teso e me lo agitò sotto il mento. «Come ti ributterei volentieri in quell'inferno dal quale malauguratamente ti ho tolto! Bada che un giorno o l'altro non lo faccia, imbecille, brutto...».

Davanti a quel pugno minaccioso e all'espressione bestialmente incollerita di quel viso proteso verso di me non seppi fare altro che tentare di evitare il colpo fuggendo dalla cucina. Che altro avrei potuto fare nelle condizioni in cui mi trovavo? Su quella nave di gente primitiva la persuasione di un ragionamento, la logica non contavano nulla, erano del tutto sconosciute: soltanto la forza bruta aveva ragione, la violenza e soltanto i muscoli potevano vincere. Io non ero che un uomo di statura normale con la figura sottile, la costituzione delicata, i muscoli deboli e poco sviluppati. Affrontare il cuoco sarebbe stato per me come cercare di combattere contro un toro infuriato. Non è senza vergogna che ammetto di essere fuggito davanti a quella bestia umana e di averne provato un agghiacciante terrore. Non è senza arrossire che ricordo quell'episodio che, in alcuni momenti, ho l'impressione abbia bollato per sempre la mia dignità di uomo per quanto la situazione fosse del tutto fuori dell'ordinario e la logica non possa che darmi ragione o perlomeno assolvermi.

La rapidità concitata con la quale avevo lasciato la cucina mi aveva causato una fitta dolorosa al ginocchio, tanto che, fatti pochi passi sul ponte, caddi malamente. Ma fortunatamente il cuoco non mi aveva inseguito.

«Guardate come scappa!», l'udii urlare sogghignando. «Come scappa! E con quella gamba fessa, per giunta!». Scoppiò a ridere sgangheratamente. «Torna pure indietro, povero cocco di mamma», continuò. «Non ti farò nulla, sta' tranquillo».

Tornai in cucina e ripresi il mio lavoro senza fiatare e l'episodio per il momento parve dimenticato.

Nella sala comune apparecchiai la tavola per la prima colazione del mattino e alle sette ero già in attesa del capitano, del secondo e dei cacciatori di foche, pronto a servirli. La tempesta era evidentemente cessata durante la notte o almeno doveva essersi un poco placata benché un vento violento soffiasse ancora e la nave continuasse a danzare su di un mare grosso e agitato. Nel primo mattino tutte le vele erano state spiegate a eccezione delle vele di gabbia, del parrocchetto e della trinchettina le quali, come appresi durante la conversazione degli ufficiali a tavola, dovevano venir spiegate dopo poco. Seppi anche che Lupo Larsen aveva una gran fretta di allontanarsi dalla tempesta che ci stava trascinando verso sud-ovest in una zona dove era facile incontrare gli alisei di nord-est. Sperava di poter percorrere, sotto la spinta di venti costanti, la maggior parte del tragitto verso il Giappone piegando a sud ai tropici e tornando verso nord all'approssimarsi della costa asiatica.

Dopo colazione dovetti subire la seconda amara esperienza. Quando ebbi finito di lavare i piatti, ricevetti l'ordine di ripulire la stufa della sala comune. Terminato il lavoro, raccolsi la cenere e la fuliggine in un secchio e mi recai sul ponte con l'intenzione di buttarle in mare. Lupo Larsen e Henderson erano ritti accanto alla barra del timone assorti in una animata conversazione mentre il marinaio Johnson governava il timone. Come mi stavo dirigendo sopravento lo vidi fare un cenno col capo nella mia direzione, cenno che attribuii a un riconoscimento e a un saluto. In realtà egli aveva voluto avvertirmi di non buttare la cenere da quel lato ma sottovento. Senza rendermi conto di compiere un errore, oltrepassai Lupo Larsen e il suo compagno e rovesciai il contenuto del mio secchio dal lato sopravento. Subito il vento impetuoso ricacciò indietro le ceneri che investirono non me soltanto ma anche Lupo Larsen e Henderson. L'istante successivo, il capitano mi era addosso e mi prendeva violentemente a calci sfogando tutta la sua ira. Non avrei mai creduto che un calcio potesse causare tanta sofferenza. Mi allontanai dall'uomo e, quasi svenuto, mi appoggiai al parapetto della nave. Lupo Larsen non mi inseguì: dopo essersi ripuliti gli abiti e aver scosso via la cenere, aveva ripreso la sua conversazione con Henderson come se nulla fosse accaduto. Johnson che aveva assistito alla scena chiamò due marinai e ordinò loro di spazzare il ponte dove la cenere era caduta.

Più tardi nella mattinata, ricevetti una sorpresa per fortuna di genere del tutto diverso. Secondo gli ordini del cuoco mi ero recato nella cabina del capitano per riassettarla e rifare il letto. Vidi così, presso la testata della cuccetta e appoggiato alla parete, uno scaffale di libri. Li osservai notando non senza un certo stupore gli autori che vi spiccavano. C'erano Shakespeare, Tennyson, Poe e De Quincy, vi erano opere scientifiche di Tyndall, Proctor e Darwin. Vi erano pure rappresentate l'astronomia e la fisica con *L'età della favola* di Shaw e *La storia naturale* di Johnson in due grossi volumi. Vi erano grammatiche linguistiche, e la vista di una copia del *Decano dell'inglese* mi fece sorridere.

Non capivo che relazione vi potesse essere fra quei libri e l'uomo brutale che avevo conosciuto e mi chiesi se egli potesse leggerli e comprenderli. Ma mentre rifacevo il letto rinvenni fra le lenzuola un libro che certamente era sfuggito dalle mani del capitano mentre prendeva sonno. Era un volume contenente le opere di Browning. Era aperto e io potei scorgere alcune righe sottolineate. E quando per una scossa della nave il libro mi sfuggì e cadde per terra, vidi uscire da quelle pagine un foglio coperto letteralmente di diagrammi geometrici e di calcoli complicati.

Era dunque evidente che quell'uomo non era un essere grossolano e ignorante come appariva a causa delle sue manifestazioni di incomprensione e di brutalità. Era un enigma: un lato o l'altro della sua bizzarra natura era incomprensibile ma la fusione di entrambi era per lo meno sorprendente. Avevo già osservato che il suo linguaggio era corretto e che la sua grammatica era colma di errori e di idiotismi soltanto quando egli conversava con i marinai e i cacciatori di foche, errori che, del resto, appartenevano al dialetto che egli usava. Le poche parole che aveva rivolto a me erano state chiare e corrette.

Questa scoperta mi incoraggiò tanto che decisi di parlare con lui del denaro che avevo perduto. Lo trovai più tardi che passeggiava tutto solo sul castello di poppa.

«Sono stato derubato», gli dissi senza preamboli.

Egli mi guardò. «Signore», corresse senza asprezza nella voce, ma con tono deciso.

«Sono stato derubato, signore», ripetei.

«Com'è accaduto?».

Gli narrai come avessi dovuto lasciare ad asciugare in cucina i miei abiti e come avessi corso il rischio di essere battuto dal cuoco quando mi ero accorto che il mio portamonete era stato svuotato.

Egli sorrise: «Un'appropriazione», commentò. «Una semplice appropriazione da parte di Cooky. Non crede che la sua povera esistenza valga almeno quel prezzo?». Scosse il capo e soggiunse: «Consideri tutto questo una lezione: imparerà così ad aver più cura del suo danaro. Suppongo che fino a oggi sia stato un amministratore o un avvocato a occuparsi dei suoi interessi, non è vero?».

Intuii il sarcasmo sotto quelle sue parole insolitamente cortesi.

«Che debbo fare per riaverlo?», chiesi.

«Questo è affar suo», rispose con noncuranza. «Qui non ci sono né amministratori né avvocati che possano difendere i suoi interessi. Imparerà così che quando si possiede un dollaro bisogna tenerselo ben stretto: che chi lascia in giro il proprio danaro merita soltanto di perderlo. Ha inoltre commesso un peccato ponendo in tentazione uno dei suoi simili. Cooky è caduto per colpa sua e la sua anima immortale è ora in pericolo. O forse nemmeno lei crede all'immortalità dell'anima?».

Mentre mi rivolgeva quella domanda le sue palpebre si sollevarono lentamente e io, fissandolo, ebbi l'impressione di poter scorgere la sua anima. Ma non era che un'illusione: nessuno poteva capire Lupo Larsen, nessuno poteva scrutare nelle profondità del suo spirito solitario ed enigmatico.

«Io vedo l'immortalità nei suoi occhi», risposi omettendo il "signore". Avevo l'impressione che l'intimità della conversazione e il tono confidenziale con il quale mi aveva parlato mi consentissero di agire a quel modo. Infatti Lupo Larsen parve non farvi punto caso.

«Devo credere che lei vede in me qualcosa che vive e che sicuramente dovrà vivere eternamente?».

«Leggo assai di più», continuai con baldanza, meravigliandomi quasi del mio coraggio.

«Allora lei legge nella coscienza, in ciò che si rende conto di esistere, non di più. Non vede l'eternità di questa esistenza».

Era sorprendente constatare come quell'uomo pensasse chiaramente ed esprimesse con parole tanto scelte le sue idee. Egli smise di osservarmi attentamente come aveva fatto fino ad allora e portò lo sguardo sulla distesa agitata del mare. Il suo viso aveva assunto un'espressione glaciale e le rughe accanto alla bocca divennero più dure e decise. Egli era evidentemente pessimista. Si rivolse di nuovo e improvvisamente verso di me.

«E poi, per quale scopo?», chiese pacatamente. «Se sono immortale... perché...».

Rimasi muto. Come avrei potuto esprimere a parole ciò che provavo, come trovare i termini adeguati per illustrare ciò che misteriosamente convinceva, ma che trascendeva ogni possibilità di espressioni verbali?

«In che crede allora?», mi limitai a domandare.

«Credo che la vita non sia che un movimento», rispose con prontezza, «che possa muoversi per un attimo, per un'ora, per un anno o per un secolo ma che prima o poi dovrà fermarsi. Il grande mangia il piccolo con il solo scopo di poter continuare a muoversi, il forte mangia il debole per poter conservare la sua forza. Il fortunato mangia più di tutti e per questa ragione si muove più a lungo di ogni altro. Questo è tutto». Tese il braccio e m'indicò un gruppo di marinai affaccendati presso un rotolo di cavo verso il centro della nave. «Si muovono come esseri inferiori, come embrioni, larve e con l'unico scopo di procacciarsi il cibo per continuare quella che chiamiamo vita. Ecco tutto. Vivono per la propria pancia e infine si giunge all'abulia, quando non ci si può muovere più, si è morti».

«Quegli uomini hanno i loro sogni, le loro illusioni», interruppi. «Sogni meravigliosi, sublimi...».

«...di cibo», concluse Lupo Larsen.

«Non solo! C'è dell'altro...».

«Sognano cibo, e forse un appetito migliore e una fortuna maggiore per poterlo soddisfare.» La sua voce era divenuta aspra e le sue parole erano aspre. «Guardi», continuò, «sognano di fare un viaggio fortunato e di tornare alle loro case ben forniti di denaro che possa loro permettere di mangiare bene, di dormire pacificamente l'intera notte. Sognano di trovare una ricchezza, di divenire ufficiali solo per avere qualcuno che lavori al loro posto mentre essi riposano e mangiano. Io e lei non costituiamo un'eccezione: siamo esattamente simili a loro. Senonché noi abbiamo finora mangiato meglio e assai più di loro e lei anche più di me e meglio. Lei ha dormito in letti soffici, ha indossato begli abiti eleganti e consumato pasti raffinati e vini di pregio. Chi ha fatto quei letti? E quegli abiti? Chi ha fatto quei pasti? Non lei». Sogghignò con amarezza. «Lei non ha mai fatto nulla con il sudore della sua bianca fronte», continuò. «Lei vive con la rendita che suo padre ha guadagnato in vita e che ha lasciato a lei morendo: è uno dei tanti che mangiano il cibo che altri hanno procacciato, altri che forse hanno avuto fame per non farla soffrire a lei. Lei indossa abiti di lana morbida e calda; altri che hanno fabbricato quegli abiti per lei tremano di freddo nei loro stracci sudici e si rivolgono a lei o al suo amministratore o avvocato per ottenere un aiuto, un lavoro».

Continuavo a fissare profondamente gli occhi di Lupo Larsen. «Tutto ciò esula dall'argomento», esclamai come tacque.

«Niente affatto.» Gli occhi dell'uomo brillavano ed egli parlò ancora con rapidità e sicurezza. «È vita da bestie ma è sempre vita. E lei vorrebbe che le bestie fossero immortali? Quale ne sarebbe l'utilità e lo scopo? Lei non ha prodotto nulla in tutta la sua vita, ma il cibo che lei ha mangiato e sprecato avrebbe forse potuto salvare la vita di almeno una ventina di esseri umani che hanno prodotto quel cibo, ma che non hanno potuto consumarlo. Quale fine immortale serve lei? E quale loro? Consideri per un attimo noi due. A che le serve la sua vantata immortalità, quando la sua strada s'incrocia con la mia? A lei farebbe comodo far ritorno sulla terraferma, luogo assai più adatto alla vita da bestia di questa nave, ma per un mio capriccio lei è obbligato a rimanere a bordo con me, nel luogo dove io conduco la mia esistenza pure bestiale. E io voglio che lei rimanga qui. Posso trasformarla o spezzarla: lei potrebbe morire domani, fra una settimana o un mese. Potrei anche ucciderla subito, qui, con la forza del mio pugno e per il solo motivo che lei non è che una debole femminuccia. Se siamo immortali qual è la ragione di tutto ciò? Condurre un'esistenza bestiale come lei e io fino a ora abbiamo fatto non mi sembra la missione più adatta per esseri destinati all'immortalità. Dunque, a che serve tutto ciò? Perché l'ho trattenuta a bordo di questa nave?».

«Perché lei è il più forte».

«Ma perché sono più forte?», chiese ancora. «Perché ho un campo di movimento più vasto del suo? Perché sono una parte vitale più grande di lei?».

«Ma questo è un concetto di vita che esclude ogni speranza», protestai.

«Infatti.» La sua voce era pacata, l'espressione del viso benevola. «Noi vogliamo vivere e muoverci non perché dobbiamo raggiungere uno scopo, ma perché è nella natura stessa della vita vivere, muoversi e desiderare di farlo. E se non fosse per questo la vita sarebbe la morte. E lei sogna l'immortalità a causa appunto della vita che è in lei e che desidera continuare a essere vita per sempre.» Atteggiò il viso a una smorfia di disgusto ed ebbe un gesto vago come d'impazienza. «Un'eternità di vita bestiale!».

Si volse bruscamente e si allontanò verso poppa fermandosi dopo pochi passi e rivolgendomi nuovamente la parola.

«A proposito», disse, «quanto le ha preso Cooky?».

«Centottantacinque dollari, signore», risposi.

Fece un cenno con il capo in silenzio e si allontanò. Un attimo dopo, mentre stavo per scendere nella sala comune dove dovevo apparecchiare la tavola per il pranzo, lo udii imprecare brutalmente contro qualcuno dell'equipaggio che si trovava sul ponte.

VI

La mattina dopo la tempesta era cessata del tutto e il *Fanthom* navigava tranquillamente su un mare calmo e in un atmosfera immobile. Di quando in quando, però, qualche leggero soffio di vento si faceva udire fra le sartie e Lupo Larsen se ne stava di continuo a poppa frugando con lo sguardo l'immensità del mare verso nord-est da dove spiravano gli impetuosi venti alisei. Gli uomini si trovavano tutti sul ponte intenti a preparare le loro lance per il periodo della caccia. A bordo c'erano sette imbarcazioni: le sei lance dei cacciatori di foche e quella del capitano Tre uomini, un timoniere, un rematore e un cacciatore compongono l'intero equipaggio di una lancia e in genere il cacciatore ne diviene il comandante, per quanto sia sempre soggetto agli ordini del capitano della nave. Imparai tutto ciò e un infinità d'altre cose a bordo del *Fanthom* considerato lo *schooner* più veloce della flotta di San Francisco e di Victoria. Infatti un tempo quella nave era stata un veliero privato, costruito per le grandi velocità.

Nel corso di una conversazione, durante il quarto, Johnson mi parlò a lungo della nave con un entusiasmo e un sentimento pari a quelli che molti provano nei riguardi di un focoso purosangue. Il marinaio si dichiarò disgustato del modo in cui procedevano le cose a bordo e mi lasciò intendere che Lupo Larsen non godeva di una buona reputazione presso i cacciatori di foche. Era stata soltanto quella bella nave ad attirare Johnson, ma si era pentito di essersi arruolato.

Seppi da lui che il *Fanthom* aveva una stazza di ottanta tonnellate, che era lungo ventisette metri e largo sette. La chiglia di piombo rendeva la nave stabile e le vele erano enormi. Dal ponte alla testa d'albero di maestra vi era un'altezza superiore ai trenta metri, mentre l'albero di trinchetto era di due o tre metri più basso.

Scrivo questi particolari per illustrare meglio questo piccolo mondo che racchiudeva in sé ventidue uomini, un mondo veramente minuscolo. È sorprendente pensare come gli esseri umani osino avventurarsi sul mare infinito e ostile su un legno tanto fragile e precario.

La particolare reputazione di Lupo Larsen era anche dovuta al modo in cui egli affrontava temerariamente le tempeste con tutte le vele spiegate. Seppi ciò ascoltando una conversazione tra Henderson e un altro cacciatore di foche, Standish, un californiano. Lupo Larsen perse due anni prima gli alberi del *Fanthom* durante un uragano nel mare di Bering e in seguito a quell'incidente egli fece sostituire la vecchia alberatura con quella attuale, più robusta e solida di quella precedente sotto ogni punto di vista. E quella volta dichiarò che avrebbe preferito che la nave si capovolgesse piuttosto che perdere di nuovo l'alberatura.

Ogni membro dell'equipaggio, a eccezione di Johansen troppo eccitato per l'inaspettata promozione, sembrava desiderasse giustificarsi presso i compagni per essersi imbarcato sul *Fanthom*. Metà degli uomini di prua erano marinai d'alto mare e dichiaravano di essersi arruolati non sapendo assolutamente nulla né della nave né del comandante. In quanto ai cacciatori di foche si sussurrava che, pur essendo abilissimi nel loro mestiere, fossero noti per la loro turbolenza e disonestà, qualità che toglievano loro qualsiasi possibilità di venir arruolati su una nave decente.

Feci poi conoscenza con un altro membro dell'equipaggio, un certo Louis, irlandese della Nuova Scozia dal viso rubicondo e gioviale. Amava la compagnia ed era disposto a fare due chiacchiere ogni volta che trovava qualcuno che si adattava ad ascoltarlo. Nel pomeriggio, mentre il cuoco si trovava sotto coperta a riposare e io pelavo interminabili patate, Louis compariva in cucina e chiacchierava instancabilmente. Diceva che era a bordo per il semplice fatto che qualcuno gli aveva fatto porre la firma sotto il contratto di arruolamento, mentre egli si trovava in stato di ubriachezza. Altrimenti, assicurava, nessuno sarebbe mai riuscito a convincerlo a commettere una simile pazzia. Egli partecipava alla caccia delle foche da anni, regolarmente a ogni stagione, e seppi che era ritenuto uno dei migliori timonieri delle flotte da pesca.

«Ah, ragazzo mio!», esclamava scuotendo il capo tristemente. «Questa è la peggiore nave che io abbia mai conosciuto e non riesco a capire come lei abbia potuto firmare il suo arruolamento, a meno che, come me, non fosse ubriaco in quel momento. Quando si naviga su una buona goletta, la caccia delle foche è un vero paradiso per un marinaio.» Sospirava amaramente e continuava: «L'ufficiale in seconda è stato il primo ad andarsene ma, ricordi ciò che dico, vi saranno altri incidenti simili a bordo prima che questa crociera sia terminata. Che la cosa rimanga tra lei e me, mi raccomando, ma le assicuro che quel Lupo Larsen è un essere diabolico e il *Fanthom* è un vero inferno, una nave maledetta, per quanto ho sentito dire. Come se non lo sapessi! Ero ad Hokodata due anni fa a bordo dell'*Emma L.*, a meno di trecento metri dal *Fanthom* quando Lupo Larsen prese a revolverate quattro dei suoi uomini in seguito a una discussione. E nello stesso anno sferrò un tale pugno a un marinaio che l'uccise sul colpo. La testa del disgraziato si spezzò come un guscio d'uovo».

Parlava, parlava senza mai stancarsi mentre io pelavo le patate.

«Si figuri che una volta Lupo Larsen invitò a bordo del *Fanthom* il governatore dell'isola di Kura, il capo della polizia e altri due pezzi grossi giapponesi che condussero con sé le proprie mogli, sa, quelle figurine minute, delicate, graziose che si vedono dipinte sui ventagli. Terminata la visita, quando gli ingenui mariti erano già discesi a bordo dei loro canotti, Lupo Larsen con il pretesto di una manovra levò l'ancora e s'allontanò. Una settimana dopo sbarcava le povere signore sul lato opposto dell'isola obbligandole a raggiungere a piedi le loro case e cioè a percorrere non so quanti chilometri fra le montagne con certi minuscoli sandaletti di corda che non avrebbero potuto resistere a un'ora di marcia».

A questo punto l'uomo parve furioso. «Sa chi è Lupo Larsen?», chiese accendendosi in viso per la collera. «È la bestia infernale di cui parla l'Apocalisse. E finirà male prima o poi: dovrà scontare i suoi misfatti! Le raccomando, eh! Acqua in bocca! Io non ho detto nulla, si ricordi! Perbacco! Voglio riportare a casa la pelle intatta, voglio sopravvivere a questo maledetto viaggio, anche se la maggior parte dell'equipaggio finirà nello stomaco dei pesci. Lupo Larsen non è un essere umano, è un vero Lupo. Avrebbe il cuore nero come la notte e duro come la pietra se possedesse un cuore!».

«Ma se questa è la sua reputazione», obiettai, «come può riuscire a trovare i marinai disposti a imbarcarsi con lui?».

«E chi lo sa! Mi dica un po' lei: come mai esistono sulla terra certi uomini disposti a fare qualsiasi lavoro? Io davvero non sarei qui, se non mi avessero ubriacato prima di farmi firmare. Certi uomini, come i cacciatori di foche, sono obbligati a limitarsi all'unico lavoro per il quale sono tagliati, ed esistono anche gli ingenui che si lasciano convincere da belle parole e da abili promesse. Temo che presto tutto l'equipaggio del *Fanthom* dovrà maledire il giorno della sua nascita e io avrei compassione di questi uomini, se non fossi occupato a compiangere me stesso. Ehi, le raccomando! Silenzio su quanto ho detto! Discrezione assoluta!».

Louis tacque per qualche minuto forse per riprendere fiato, poi quella lingua simile a un mulino a vento riprese a lavorare in modo instancabile e rapido. «Tutti i cacciatori che si trovano a bordo sono mascalzoni senza scrupoli come il loro padrone. Ma quando giungerà il momento propizio, Lupo Larsen penserà a raddrizzarli e a inculcare in loro, per quanto corrotti siano, il timore di Dio! Guardi Horner, quello che chiamano "Jack". Ha un aspetto dolce e un modo di fare e di esprimersi degno di una signorina, non è vero? Ebbene, ciò non gli ha impedito di uccidere un uomo l'anno scorso. Un deplorevole incidente, a quanto si dice, ma a Yokohama conobbi un uomo dell'equipaggio che aveva assistito all'accaduto e posso dire di essere al corrente di ogni particolare. E Smoke, quel piccolo demonio nero! Fu deportato in Siberia a lavorare nelle saline perché aveva rubato il rame dalle miniere dello stato. Gli incatenarono mani e piedi e lo legarono insieme a uno dei suoi complici. Non si sa bene che accadde un giorno nella salina, forse i due litigarono. Si sa soltanto che Smoke uccise il compagno e che il corpo del disgraziato fu trovato a pezzi in diversi sacchi di sale. In uno una gamba, in uno un braccio...».

Lo guardai inorridito. «È... impossibile, assurdo!», esclamai sconvolto.

«Impossibile? Be', faccia come se non le avessi detto niente. Da oggi in poi mi comporterò con lei come con tutti gli altri: come se fossi cieco e muto. E lei farà bene a imitare il mio esempio: non apra mai il becco se non per fare un'apologia di tutte queste canaglie che ci circondano. E che possano essere dannati e scaraventati nel più profondo dell'inferno da quel diavolo che è stato il degno maestro della loro esistenza!».

Johnson, il marinaio che mi aveva massaggiato il petto a sangue dopo il naufragio del *Martinez* e il mio arrivo a bordo della goletta, sembrava, a eccezione di Louis, l'essere meno losco ed equivoco fra tutti i componenti l'equipaggio. Il suo viso esprimeva una dirittura morale e una modestia che lo rendevano subito simpatico; una modestia che non aveva nulla a che vedere con la timidezza o la dabbenaggine perché non gli mancavano né il coraggio né l'intelligenza. Louis formulò nei suoi riguardi un giudizio sicuro, profetico.

«È un buon diavolo quel Johnson», mi disse. «Un ottimo marinaio e un uomo leale e quadrato. Ma finirà per attirarsi l'antipatia di Lupo Larsen e le noie non gli mancheranno. Io sento l'atmosfera che lo circonda farsi minacciosa e ho cercato di parlargli da amico per metterlo in guardia. Non sa tenere a freno la lingua ed esprime la sua opinione con naturalezza, come se si trovasse a casa sua. E ci sarà certo qualche spia che riporterà a

Lupo Larsen quei discorsi imprudenti e le conseguenze saranno tutt'altro che piacevoli per il povero Johnson. Il lupo è forte ed è nella sua natura odiare gli esseri in cui intravede una certa forza. Johnson non si abbassa davanti a lui, non gli lecca i piedi come tutti gli altri che lo temono e quando viene ingiuriato o malmenato non si comporta come un cane, non risponde "Sissignore, mille grazie, signore" come Lupo Larsen pretende. Oh, io sento che la tempesta si approssima, non passerà molto tempo... E ha la mania di protestare quando qualcuno gli si rivolge chiamandolo Yonson. Che testardo! Un giorno ebbe il coraggio di far rimarcare la cosa a Lupo Larsen e di sillabare il suo nome per farglielo ben comprendere. "Il mio nome è Johnson, signore, Johnson, mi spiego?". Avrebbe dovuto vedere l'espressione del vecchio! Per un momento ho creduto che si precipitasse su Johnson e lo facesse a pezzi e, se allora non l'ha fatto, si può star certi che un giorno o l'altro gli farà ringoiare quelle parole e romperà quella testa dura! Conosco il tipo».

In quanto a Thomas Mugridge la vita accanto a lui era per me un vero inferno. Mi costringeva a chiamarlo "signore" ogni volta che gli rivolgevo la parola ed era di un'insolenza insopportabile. Si faceva forte del fatto che era riuscito a entrare nelle simpatie di Lupo Larsen. La confidenza e la familiarità fra loro era forse inverosimile ma innegabile.

Due o tre volte durante quel pomeriggio, Lupo Larsen si affacciò alla porta della cucina e rivolse al cuoco qualche frase scherzosa, e passarono più tardi un buon quarto d'ora chiacchierando tranquillamente e familiarmente sopracoperta. Terminata la conversazione con il capitano, Mugridge ritornò in cucina con il viso radioso per la soddisfazione e prese a lavorare canticchiando allegramente una canzoncina popolare con una voce lamentosa e stonata che urtava l'orecchio e i nervi.

«Ho l'abitudine, quando mi trovo a bordo», mi spiegò in tono confidenziale, «di mettermi subito in buoni rapporti con gli ufficiali. Conosco un'infinità di sistemi per farmi apprezzare e guadagnarmi le simpatie. Anche con il capitano della nave sulla quale ho navigato in precedenza ero entrato in intimità e mi ero accattivato la sua benevolenza. Andavo spesso a fare quattro chiacchiere nella sua cabina e a bere un bicchiere alla sua salute. "Mugridge", mi diceva, "tu hai sbagliato carriera". Ed io: "Come sarebbe a dire?". "Eri nato per essere un gentiluomo", mi rispondeva, "non per sudare in cucina fra pentole e fornelli!", che Dio mi fulmini se tutto ciò non è pura verità, Hump. Mi parlava proprio così mentre io sedevo accanto a lui nella sua cabina in allegra conversazione, fumando sigari e bevendo rum».

Non potevo sopportare quella sua boria, quella voce odiosa dalle intonazioni insinuanti e untuose, quel sorriso sornione, quella mostruosa vanità. Mugridge era l'essere più ripugnante e disgustoso che io avessi mai conosciuto. A volte mi esasperava a tal punto da farmi tremare e temere per la mia ragione. Il sudiciume che regnava nella cucina era addirittura indescrivibile e dato che davanti ai miei occhi si preparava tutto ciò che veniva consumato a bordo, potevo cercare di scegliere fra tutti i sordidi intingoli che il cuoco ammanniva i meno disgustosi e nauseanti. Le mie mani, non abituate al lavoro, mi tormentavano: avevo le unghie spezzate e nere e la pelle screpolata e incrostata di sudiciume che neppure una spazzola avrebbe potuto togliere. Poi sul palmo mi si formarono tante vesciche che di continuo si rompevano e di nuovo si formavano. Soffrivo inoltre per una brutta scottatura all'avambraccio che mi ero prodotta cadendo violentemente sulla stufa accesa, per un balzo della nave sulle onde. Nemmeno il mio ginocchio dava segni di miglioramento: era sempre gonfio in modo impressionante e la rotula sembrava sempre spostata. Dovevo trascorrere l'intera giornata in movimento e ciò non era certo il miglior modo per guarire: avevo invece bisogno di riposo.

Riposo! Ora capivo il vero significato di questa parola! Senza rendermi conto non avevo fatto che riposare in tutta la mia vita. Ma ora sentivo che se avessi potuto trascorrere una mezz'ora seduto senza far nulla, senza nemmeno pensare, ne avrei provato una sensazione indimenticabile di piacere e di sollievo. Tutto ciò era per me una rivelazione inaspettata e straordinaria e fu da allora che incominciai ad apprezzare meglio il lavoro e a comprendere la vita e i sentimenti del popolo lavoratore.

Non avrei mai immaginato che la fatica fosse tanto pesante e terribile. Dalle cinque del mattino fino alle dieci di sera io dovevo essere al lavoro, a disposizione di tutti come uno schiavo e non mi veniva concesso un attimo di tregua fuorché in quei pochi attimi che riuscivo a rubare dopo il secondo quarto. Ma se mi attardavo un secondo per dare un'occhiata alla distesa scintillante del mare o per osservare distrattamente un marinaio che si arrampicava agilmente sul picco di gabbia, potevo star certo che una voce odiosa mi sarebbe presto risuonata all'orecchio per richiamarmi ai miei doveri.

«Ehi, fannullone, hai finito di grattarti la pancia? Bada che ti sto osservando!».

Smoke, quel giorno, comparve nella sala comune con un occhio gonfio e tumefatto e subito fra gli uomini dell'equipaggio circolò la voce che fosse venuto alle mani con Henderson, il pacifico, equilibrato cacciatore di foche che si era insolitamente eccitato e riscaldato durante una discussione nella timoneria. E prima di cena si verificò un incidente che mise in evidenza tutta la brutalità e la durezza di cuore di quegli uomini.

Vi era a bordo, imbarcato per la prima volta e certamente spinto dallo spirito d'avventura, Harrison, un mozzo, un ragazzo di campagna dall'espressione poco intelligente. Il *Fanthom* navigava rollando su un mare piuttosto grosso e, a causa di un forte vento contrario, era costretto a numerose virate. La manovra necessaria a far passare le vele da un lato all'altro della nave veniva disimpegnata da Harrison che, salendo lungo le sartie, raggiungeva il picco di gabbia. Accadde che, durante la manovra, la vela s'impigliò in un bozzello e al mozzo venne ordinato di salire sull'alto pennone per districarla. Il povero ragazzo era in preda a una evidente crisi e fissava la cima sottile sulla quale avrebbe dovuto salire lungo ventiquattro metri sopra il ponte. L'impresa, specialmente per un principiante come Harrison, era decisamente rischiosa, tanto più che gli alberi oscillavano ad ogni scossa della nave e le vele sbattevano con violenza, mentre le drizze si tendevano e si allentavano di continuo con uno scatto secco, un colpo che, investendo un uomo, avrebbe potuto certamente scaraventarlo nell'aria come un fuscello.

Il mozzo esitò a lungo: era probabilmente la prima volta che si trovava di fronte a un simile pericolo. Johansen ripeté l'ordine in tono minaccioso e, come se avesse subìto il contagio delle abitudini di Lupo Larsen, proruppe rabbiosamente in imprecazioni e maledizioni.

Il capitano gli si accostò subito. «Basta così, Johansen!», ordinò bruscamente. «Qui comando io e a me solo spetta imprecare e dare ordini. Se ne vada: la chiamerò se avrò bisogno della sua opera».

Il secondo abbassò lo sguardo. «Sì, signore», borbottò umilmente.

Nel frattempo Harrison si era avventurato sulle drizze e io che lo stavo osservando, affacciato alla porta della cucina, potevo vederlo tremare di paura e di nervosismo come se il ragazzo fosse stato assalito da una violenta febbre. Procedeva lentamente, cautamente, e la sua sagoma, sullo sfondo azzurro del cielo, ricordava quella di un grosso ragno intento a tessere la sua tela. Si arrampicava quasi a picco perché la vela di trinchetto era alta ed egli cercava appoggi per le mani e i piedi presso le drizze che, sostenute da numerosi bozzelli, si tendevano sull'alberatura. Quando si trovò a circa metà della salita, il *Fanthom* fu scosso da una violenta ondata e sbandò. Harrison si aggrappò alle corde con tutta la sua forza e rimase immobile. Io consideravo con compassione il suo volto contratto dallo sforzo e dal terrore e la dolorosa tensione di tutti i suoi muscoli. In quel momento, sotto una violenta raffica di vento, la grande vela sbatté producendo un suono secco e sonoro mentre le tre file di gaschette crepitarono contro la tela con un rumore simile a una scarica di fucileria. Harrison aveva ripreso a salire quando il vento cadde improvvisamente, la vela si allentò, i cordami si distesero con una brusca scossa e il ragazzo dovette perdere la presa di una delle mani. L'altra mano resisté disperatamente: la immaginai artigliarsi, vidi le nocche delle dita divenire bianche nello sforzo. Poi Harrison lasciò la presa e, avvitandosi strettamente con le gambe attorno alla corda, lasciò che il corpo cadesse nel vuoto rimanendo con il capo all'ingiù. Con la forza della disperazione, riuscì, con uno sforzo immane, a riprendere la posizione precedente e rimase immobile aggrappato alla corda.

«Johansen!», chiamò Lupo Larsen. «È inutile stare a domandarsi se cadrà o non cadrà. Sono certo che quest'avventura avrà già tolto l'appetito a quel ragazzo. Non stia lì sotto!».

Il mozzo era livido, terreo come sotto un attacco di mal di mare. Johnson era accanto a me e brontolava con il suo inglese lento e stentato.

«Quel ragazzo è pieno di buona volontà», disse a un tratto. «Imparerà il suo nuovo mestiere come hanno sempre fatto tutti gli altri, se gliene daranno la possibilità. Questo è...».

Si arrestò con la parola "omicidio" sulle labbra e Louis gli strinse il braccio come per trattenere quella parola terribile.

«Taci!», gli mormorò sottovoce, ma in tono concitato. «Per l'amor di Dio, chiudi il becco!».

Ma Johnson continuò a brontolare con lo sguardo rivolto verso l'alto.

Il cacciatore Standish si rivolse risolutamente a Lupo Larsen. «È un rematore della mia barca», disse. «Badi che non voglio perderlo!».

Lupo Larsen non lo degnò di uno sguardo. «D'accordo, Standish», disse in tono pacato. «È un suo rematore quando si trova nella sua barca, ma ora si trova a bordo della mia nave ed è un mio marinaio. Ed io gli posso far fare ciò che credo».

«Ma questa non è una buona ragione...», cominciò il cacciatore con decisione.

Ma il capitano lo interruppe con tono che non ammetteva replica. «Ho detto che farò ciò che mi pare! Lo schiaccerò se così mi farà piacere, lo spezzerò in due. Capito?».

Il cacciatore gli voltò le spalle e si diresse verso la timoneria, dove si fermò guardando sempre in alto e lanciando di quando in quando un'occhiata rovente d'odio verso il capitano.

L'intero equipaggio si trovava sul ponte e tutti gli occhi fissavano smarriti il ragazzo che, aggrappato al sottile cavo, lottava con tutte le proprie energie contro la morte che stava per afferrarlo. Ma l'insensibilità, l'apatia di quegli uomini che potevano dominare la vita di altri era mostruosa. Non avrei mai potuto immaginare, durante la mia tranquilla esistenza, che potesse esistere un simile modo di "lavorare". La vita era sempre stata per me una cosa sacra, preziosissima e ora mi rendevo conto che, nel nuovo mondo nel quale vivevo, non aveva importanza alcuna, non era che una cifra nella matematica fredda dell'interesse. Potevo vedere la trepidazione e la pietà su alcuni visi dei marinai, di Johnson, per esempio. Ma i nostri superiori, i nostri padroni si dimostravano ed erano del tutto indifferenti alla sorte che attendeva il povero ragazzo terrorizzato che agonizzava lassù. Anche la protesta di Standish non era stata dettata che dal desiderio di non perdere un rematore che avrebbe potuto essergli utile in avvenire ed egli, se Harrison fosse appartenuto a uno dei suoi colleghi, si sarebbe certamente divertito a osservare l'insolito spettacolo come tutti gli altri cacciatori.

Trascorsero almeno dieci minuti prima che il mozzo, spinto dalle invettive e dai minacciosi incitamenti di Johansen, riprendesse la salita lungo la corda. Egli giunse finalmente all'estremità del picco e, stando a cavalcioni sul pennone, districò la vela. Poteva ora lasciarsi scivolare lungo le drizze fino all'albero e discendere sul ponte, con facilità, lungo le sartie. Ma sembrava che egli avesse del tutto perso il controllo dei propri nervi e certo la discesa doveva apparirgli ben più spaventosa della salita. Per quanto precaria e pericolosa fosse la posizione che occupava, gli appariva assai preferibile a un salto nel vuoto. Invano Johansen gli urlava di scendere: a ogni momento egli avrebbe potuto essere sbalzato dal picco da una scossa della nave o da un colpo di vela, ma il povero ragazzo sembrava paralizzato dal terrore e rimaneva immobile.

Lupo Larsen che passeggiava sul ponte chiacchierando con Smoke pareva non si curasse più di ciò che stava accadendo. Si limitò a imprecare contro il timoniere maldestro.

«Ehi, tu!», gridò. «Non ti accorgi di essere fuori rotta? Fa' attenzione, se non vuoi un paio di carezze sulle orecchie!».

Il timoniere girò la ruota affrettatamente. «Sì, signore», rispose.

Egli aveva deviato di parecchi gradi la rotta della nave per fare in modo che tutto il vento soffiasse sulla vela di trinchetto gonfiandola e mantenendola immobile. Aveva tentato di aiutare il povero Harrison con il rischio di incorrere nella collera di Lupo Larsen.

Il tempo intanto passava e io mi trovavo in uno stato di tensione nervosa veramente insopportabile, mentre Mugridge considerava la cosa allegramente affacciandosi di tanto in tanto alla porta della cucina e commentando la scena con frasi sarcastiche e risate di scherno. Lo odiavo e il mio odio per quell'essere disgustoso divenne sempre più rovente e cieco, durante quegli attimi di angoscia e di orrore. Per la prima volta nella mia vita provavo il desiderio di uccidere, un desiderio che quasi mi offuscava la vista e mi intorpidiva la mente. La vita per me era sacra, lo era sempre stata. Ma Thomas Mugridge non era un uomo, non aveva il diritto di vivere come un essere normale!

D'un tratto mi resi conto con orrore di ciò che stavo provando e fantasticando e mi chiesi se la brutalità dell'ambiente che mi circondava avesse potuto contagiarmi fino a fare anche di me un sanguinario senza scrupoli. Come potevo pensare di uccidere, io che avevo sempre negato persino alla legge, alla giustizia il diritto di condannare un uomo alla pena capitale, che avevo sempre considerato con orrore l'istituzione della pena di morte?

Passò mezz'ora. Ad un tratto volsi lo sguardo verso Johnson e vidi che stava discutendo animatamente con Louis e che questi lo teneva strettamente per un braccio. Poi Johnson si liberò con una scossa dalla stretta del compagno e corse velocemente verso prua, attraversò il ponte, balzò sul sartiame e prese a salire agilmente e rapidamente. L'occhio vigile di Lupo Larsen aveva seguito ogni movimento dell'uomo.

«Ehi, tu!», gridò. «Dove stai andando?».

Johnson si arrestò e guardò il capitano profondamente negli occhi.

«Vado ad aiutare quel ragazzo a scendere», spiegò con voce calma.

Lupo Larsen ebbe uno sguardo minaccioso. «Scendi subito dalle sartie, sbrigati!», disse. «Hai capito?».

Il marinaio ebbe un attimo di esitazione, ma l'abitudine di anni all'obbedienza assoluta ebbe in lui il sopravento e si lasciò cadere lentamente e pesantemente sul ponte.

Alle cinque e mezzo cominciai ad apparecchiare la tavola nella sala comune muovendomi come un automa, il pensiero fisso al ragazzo stretto all'alto pennone, e davanti agli occhi la visione terribile di quell'essere invaso dal freddo terrore della morte, simile a un insetto a tutti indifferente, attaccato disperatamente al picco oscillante e instabile.

Alle sei, servendo il pranzo, attraversai il ponte per recarmi in cucina a prendere il piatto con la pietanza e vidi Harrison sempre nella medesima posizione. La conversazione a tavola era vivace e si aggirava su molti argomenti, ma nessuno fece il minimo cenno all'essere umano che stava vivendo ore di angoscia mortale, forse le sue ultime ore di vita.

Solo più tardi, quando ritornai nuovamente in cucina, ebbi la consolazione e il sollievo di vedere Harrison scendere dalle sartie e dirigersi verso il boccaporto del castello di prua. Finalmente aveva trovato la forza per scendere.

Più tardi in una conversazione con Lupo Larsen, mentre sparecchiavo la tavola nella sala comune, mi chiese:

«Aveva uno strano aspetto, oggi». «Sembrava soffrisse di nausea. Che aveva?».

Capivo che egli si rendeva perfettamente conto del motivo del mio estremo pallore di quel pomeriggio, della mia aria sofferente mentre Harrison si trovava sul pennone.

«Ero sconvolto a causa del trattamento ingiusto e brutale verso quel povero ragazzo», risposi.

Lupo Larsen filò una risatina ironica. «Mal di mare, eh?», si schernì. «Molti ne soffrono».

«Non è precisamente così», obiettai.

«È così, invece!». Lupo Larsen mi parlava in tono pacato e con un lieve sorriso sulle labbra. «Il mondo è colmo di brutalità come il mare è tutto movimento. Vi sono uomini che soffrono per l'una e per l'altra cosa, ma la malattia è la stessa. Tutto qui».

«Ma lei che prende tanto alla leggera la vita umana», dissi con calore, «lei che lascerebbe morire un suo simile per un capriccio... mi dica: non attribuisce nessun valore alla vita?».

«Valore? Che valore?». Mi fissò e nonostante i suoi occhi rimanessero immobili io vidi passare nelle sue pupille un lampo di cinismo. «Che genere di valore?», chiese ancora. «Come lo misura? Chi lo pesa? Chi può valutare la vita?».

«Io», risposi.

«Sentiamo allora!», disse con aria di sfida. «Sentiamo che valore ha per lei la vita di un uomo, un essere umano come lei. Mi dica, qual è questo valore?».

Come potevo rispondere? Come potevo attribuire un valore tangibile alla vita? Non riuscivo a rendermi conto del motivo per cui io che possedevo una discreta eloquenza e una grande padronanza del dizionario, alla presenza di quell'uomo formidabile, non trovavo più le parole per discutere l'argomento che mi stava a cuore. Forse quella insolita pigrizia della mia mente era dovuta al fatto che avevo a che fare con un essere del tutto diverso da me. Avevo già avuto occasione di discutere varie volte con dei materialisti e degli scettici ma non mi ero mai trovato di fronte a un uomo che negasse in un modo tanto intransigente qualunque valore alla vita umana.

O forse era la sua mente primitiva, la sua straordinaria ed elementare semplicità che mi paralizzavano talmente e mi mettevano in imbarazzo. Egli aveva l'abitudine di denudare letteralmente la questione che si stava discutendo, di spogliarla di ogni suo particolare e di toccarne così direttamente l'essenza, che avevo l'impressione di lottare in un mare profondo e di non sapere dove aggrapparmi.

Valore della vita? Come potevo rispondere? Il carattere sacro della vita io l'avevo accettato come assiomatico e, sentendo mettere in dubbio ciò che avevo sempre considerato una verità evidente per se stessa, rimasi senza parola.

«Ne abbiamo parlato ieri», continuò Lupo Larsen. «La vita è un fermento che divora gli altri più piccoli. C'è troppa vita intorno a noi. La natura è stata prodiga d'acqua, di terra, d'aria. Ma di vita ce n'è veramente troppa, le assicuro. Pensi ai pesci e alle loro uova: milioni di uova! E pensi a me, a lei stesso: abbiamo in noi stessi la possibilità di milioni di vite. Non le pare?». Sorrideva fissandomi con soddisfazione. «La vita? Non ha valore! Fra le cose a buon mercato è la meno cara di tutte. C'è vita dappertutto e dove c'è posto per una sola ne nascono mille. Per questo la vita divora la vita e lascia vincere il più forte».

«Lei ha letto Darwin», dissi gravemente. «Evidentemente l'ha frainteso, però, se dichiara che la lotta per l'esistenza sanzioni la sua libera distruzione».

Egli si strinse nelle spalle. «Lei difende solo sulla vita umana», obbiettò. «Di buoi, pesci, uccelli ne distrugge anche lei come tutti gli altri. La vita umana non differisce dalle altre: lei vuole vedere una differenza per una questione di sentimento e di presunzione. Perché dovrei risparmiare questa vita che si trova tanto a buon mercato e che non ha valore? Ci sono più marinai di quanti ne occorrono per equipaggiare tutte le navi in navigazione, ci sono più lavoratori di quanti ne occorrono per lavorare nelle fabbriche e nelle officine. Lei che ha sempre vissuto sulla terraferma non ignora certamente che in molte case delle città e dei paesi molta gente soffre la fame. Ci sono troppi esseri continuamente distrutti dalla mancanza di cibo e dalle malattie, ma ne rimangono sempre ancora troppi in cerca di pane o di un pezzo di carne che rappresenta a sua volta una vita distrutta. Lei non ha mai visto a Londra gruppi di operai lottare selvaggiamente fra loro per disputarsi un lavoro?».

Si mosse verso la scaletta che conduceva sul ponte, ma si fermò di nuovo e volse il capo verso di me.

«L'unico valore della vita è quello che essa si attribuisce da sé», affermò gravemente. «E naturalmente si sopravvaluta. Prenda per esempio l'uomo che poco fa stava aggrappato sul pennone come se la sua vita fosse stata un tesoro inestimabile, oro e diamanti, una cosa preziosissima. Per chi è preziosa quella vita? Per me? Per lei? Preziosa per chi, allora? Solo per lui stesso, no? Ma io allora non accetto la sua stima come buona, obiettiva. Quell'uomo si sopravvaluta. Creda, c'è molta più vita di quanto ne occorra. Se quell'uomo fosse precipitato dal pennone e si fosse schiacciato il cervello sul ponte, il mondo non avrebbe risentito di quella perdita. Per il mondo come per me, quell'uomo non ha valore. La provvista è vasta: esuberanza di vita! E per dimostrare quanto sia fittizio questo valore soggettivo basta pensare che, se quell'uomo fosse morto, egli sarebbe stato all'oscuro della propria fine, non avrebbe saputo di non esistere più. Diamanti, oro e rubini sono sparsi sul ponte in attesa che un mozzo porti un secchio d'acqua e una scopa e li spazzi via ed egli non si rende nemmeno conto della fine miseranda che fa il suo tesoro inestimabile. Non perde nulla, dunque, dal momento che con la fine di se stesso cessa anche la conoscenza della perdita.» Rise del mio imbarazzo «Be', e allora?».

«Lei non pecca certo di incoerenza», fu tutto ciò che riuscii a rispondere, prima di raggiungere la cucina dove iniziai tristemente e pensierosamente a lavare i piatti.

VII

Dopo tre giorni di navigazione con venti variabili, incontrammo finalmente i grandi alisei. Quando il mattino del quarto giorno salii sul ponte dopo una notte di riposo nonostante il dolore al ginocchio mi tormentasse ancora di continuo, vidi che il *Fanthom* filava rapidamente con tutte le vele spiegate, tranne i fiocchi, sotto una brezza leggera ma veloce che soffiava da poppa. Che meravigliosa sorpresa fu per me!

Filammo per molti giorni spinti da quella brezza amica che soffiava costante sempre in poppa. La goletta navigava ora da sola e non vi erano più paranchi o scotte da manovrare, non più vele da issare o da ammainare. Bastava badare alla barra e allentare le scotte alla sera, verso il tramonto, per tornare a tenderle di nuovo al mattino, dopo che la rugiada notturna le aveva del tutto rilassate. Ed era tutto.

La media della nostra velocità era di dieci, undici nodi e, aiutati da quel vento ideale, compivamo circa duecentocinquanta miglia ogni giorno. Ero contento e rattristato a un tempo al pensiero di allontanarmi tanto da San Francisco e di avvicinarmi ai tropici.

Il caldo aumentava giorno dopo giorno. Al secondo quarto di due ore, i marinai salivano sul ponte, si toglievano gli abiti e si buttavano addosso a vicenda dei secchi pieni di acqua di mare. Cominciammo presto a vedere i pesci volanti e, durante la notte, gli uomini di servizio correvano all'inseguimento di quelli che venivano a cadere sul ponte. Il mattino, Thomas Mugridge, in cambio di una mancia, cucinava quei pesci riempiendo la cucina di buon odore di frittura. Un'altra variante alla cucina di ogni giorno era rappresentata dai delfini ogni volta che Johnson, all'estremità dell'albero di bompresso, riusciva ad arpionarne uno.

Johnson appariva in quei giorni come il più felice degli uomini. Nelle ore di riposo se ne stava costantemente sul bompresso o sui pennoni a osservare il *Fanthom* che fendeva l'acqua sotto la spinta del vento. Il suo sguardo era appassionato, adorante. Andava in estasi guardando le vele che si gonfiavano di vento, le onde spumeggianti che sollevavano la nave come se fossero state montagne liquide allineate in una ordinata processione. L'alba, il giorno, il tramonto, la notte, che spettacoli superbi! Benché fossi sfinito dal lavoro e ben poco tempo libero mi rimanesse, tuttavia cercavo di continuo di eludere, per qualche istante, la vigilanza del cuoco per osservare il meraviglioso mondo che mi circondava, per estasiarmi nella contemplazione del mare e del cielo, entrambi di un azzurro smagliante. L'acqua, sotto il tagliamare della nave che la fendeva, ricordava la lucentezza e la morbidezza del raso. L'orizzonte era sfumato, pallido e alcune nuvolette di un candore eccezionale, simili a piume leggere e soffici, formavano una specie di festone di pizzo sullo sfondo turchese del cielo.

Ricordo la notte in cui, non riuscendo a prendere sonno nella mia cuccetta, ero salito sul ponte e, disteso davanti al castello di prua, osservavo appena sotto di me il vorticoso turbine d'acqua e di spuma che il tagliamare della nave lanciava ai suoi lati. Lo scroscio dell'acqua ricordava il mormorio imbronciato di un torrente in piena, serpeggiante fra le pietre sul fondo di una vallata, e quella monotona ma armoniosa canzone accarezzava la mia fantasia trasportandola lontano. Non ero più Hump, il *boy* di cabina, né Van Weyden, l'uomo che aveva trascorso trentacinque anni della sua vita chino sui libri a sognare. Divenivo un personaggio del tutto irreale e mi sembrava di vagare nello spazio e di far parte di quella magica, incredibile bellezza che mi circondava.

Udii a un tratto una voce dietro di me e, senza possibilità di dubbio, la riconobbi immediatamente. Era di Lupo Larsen.

Notti d'oriente, calme e affascinanti,
cieli in cui lenta va la luna piena,
aurore pigre e vespri fiammeggianti,
acque in cui guizza dolce la balena...

Il sol getta sul ponte lame d'oro,
sulle cime scintilla la rugiada;
lavorando cantiam, sereni, in coro,
e la rotta seguiam come una strada.

La rotta eterna percorriamo, amica,
nei giorni caldi, nella notte fonda,
la rotta sempre nuova e sempre antica,
sotto le nubi che riflette l'onda...

Aveva parlato con voce dolce e vibrante, infine si volse verso di me.

«Che ne dice, Hump?», chiese.

Lo considerai per un attimo in silenzio: Lupo Larsen non era più l'uomo che avevo conosciuto, non era più il brutale capitano del

Fanthom. Sembrava che nei suoi occhi si riflettesse lo scintillio delle stelle, che il suo viso raggiasse di una luce interiore e misteriosa.

«L'entusiasmo che l'anima mi sorprende», risposi con freddezza. «Non mi sarei mai aspettato di trovare in lei un ammiratore della natura e, tanto meno, un poeta. Questo è tutto ciò che posso dire».

L'uomo parve sorpreso e accennò un gesto vago. «Perché?», chiese. «La natura è vita, tutto questo è ciò che si chiama vivere!».

«È una cosa senza alcun valore», risposi con sarcasmo. «L'articolo più a buon mercato che si possa trovare in ogni istante».

Egli scoppiò in una risata franca e gaia, la prima da quando l'avevo conosciuto. «Lei non mi ha compreso», disse. «Come posso farle intendere cosa è questa vita? Vede, in se stessa non è nulla, ma per noi ha valore. Ed io le assicuro che in questo momento, per me stesso, la mia vita è veramente preziosa».

Tacque un istante come per cercare le parole più adeguate a esprimere il suo pensiero. «C'è una strana, inspiegabile esaltazione in me», continuò in tono ispirato. «È come se io fossi il padrone del mondo intero, del tempo stesso. In questo momento posso vedere chiaramente la verità, la giustizia, distinguere perfettamente il bene dal male. E potrei credere in Dio...».

La sua voce divenne sommessa e leggermente roca e il suo sguardo parve spegnersi come la fiamma di una candela investita da una folata di vento. «Ma cos'è, come si spiega questo mio stato d'animo? Cos'è questa gioia di vivere, quest'esultanza, questa ispirazione? Lo sa lei? È una conseguenza del fatto che il mio stomaco è soddisfatto, che la mia digestione e il mio appetito sono regolari. È il mio stato fisico che ispira la mia mente, inebria il mio sangue e solo a questa condizione gli uomini trovano i pensieri ottimistici, cercano e riescono persino a vedere il loro Dio, a raggiungere la fede. Questo è tutto. È la gioia, l'ebbrezza della vita che s'esalta e gode di vivere. È come... l'ubriaco, dopo una notte di riposo, smaltisce la sbornia, così io domani ritornerò alla realtà e dimenticherò questi attimi in cui ho vissuto quasi fuori del mondo, ebbro di vita. Ricorderò ancora di essere un condannato a morte e che il mio destino mi porterà a ingrassare, dopo morto, i pesci del mare. La mia vita diverrà lucentezza di scaglie, i miei muscoli forza nelle pinne, il mio cervello silenzio. E quella specie di vino spumeggiante che questa sera mi ha esaltato diverrà un liquido insapore».

Balzò sul ponte con un movimento felino, leggero e agile, e si allontanò così, improvvisamente come mi si era accostato.

Il *Fanthom* proseguiva instancabile nella sua rotta e il mormorio dell'acqua tagliata dalla chiglia parve farsi più cupo e grave. Ascoltando quel suono regolare mi sembrava di essere cullato da una dolce ninnananna e, a poco a poco, la visione di Lupo Larsen scomparve davanti ai miei occhi: Lupo Larsen, l'uomo che si esaltava nella poesia e nell'ideale per ricadere improvvisamente con un balzo brusco nel materialismo più assoluto e pessimistico.
Poi un'altra voce si levò nell'aria incantata della notte, la voce tenorile, nostalgica di un marinaio. Era la canzone dei venti alisei.

Rude vento son io, forte e sincero
che soffia nelle vele, nella poppa;
le nubi spazzo, su nel cielo nero
e i canti e le speranze porto in groppa.

Di giorno o sotto il chiaro della luna
seguo il guscio che danza in cima all'onda
lo seguo all'alba o quando l'aria imbruna
in alto mare oppur presso la sponda.

Il mio apparir saluta il marinaio
che scioglie il canto della nostalgia
o una strofa all'amor dedica, gaio...
L'ultima nota me la porto via.

VIII

Pensavo a volte che Lupo Larsen fosse un pazzo o almeno un infermo di mente per quei suoi continui, sconcertanti mutamenti d'umore e di stato d'animo e per le sue stravaganze. In altri momenti mi appariva come un essere superiore, un genio allo stato potenziale. Finii col convincermi che fosse semplicemente un uomo primitivo, nato mille anni o mille generazioni troppo tardi e in assoluto anacronismo con il nostro secolo dominato dalla civiltà moderna. Egli era inoltre un individualista, un solitario, chiuso in se stesso come in una fortezza. Non vi era alcuna affinità fra lui e gli altri uomini a bordo, forse a causa della sua forza mentale, della sua esuberante virilità che lo rendevano tanto diverso da tutti. Perfino i cacciatori di foche sembravano bambini accanto a lui ed egli li trattava come tali, spesso imitandoli e giocando con loro come un uomo può divertirsi con un cucciolo goffo e buffo. Altre volte li metteva alla prova con vera crudeltà, come se volesse vivisezionarli ed esaminare i loro cervelli per poter capire la loro mentalità e scoprire di che fosse composta un'anima.

Parecchie volte lo osservai mentre a tavola, nella sala comune, insultava premeditatamente uno dei cacciatori e rimaneva freddo e fermo a considerare le reazioni che le sue parole avevano prodotto. Osservava i loro gesti, le loro espressioni, pesava le loro parole con una curiosità assurda, con un interesse che non riuscivo a classificare. Sono certo che i suoi frequenti scoppi di violenta collera non fossero assolutamente spontanei e sinceri. Egli amava studiare gli effetti e spesso la sua ira non aveva altro scopo che un nuovo esperimento. Spesso, nella maggior parte dei casi, era una posa voluta, un atteggiamento che egli riteneva necessario assumere davanti ai propri dipendenti per ottenerne, forse, l'assoluta obbedienza e forse per ispirare terrore. Veramente in preda alla collera non lo vidi che il giorno della morte del secondo, a causa appunto di quell'incidente, e mi augurai di non doverlo vedere mai più in preda a un furore simile, quando la forza di quell'uomo formidabile era scatenata come quella di una tempesta.

Accadde inoltre in quei giorni un incidente che mise in risalto la bizzarria del temperamento di Lupo Larsen e che mi lasciò sconcertato e perplesso.

Era appena terminata la colazione del mezzogiorno e io stavo sparecchiando la tavola nella sala comune, quando vidi Lupo Larsen e Mugridge scendere insieme la scaletta del boccaporto. Benché il cuoco godesse del privilegio di dormire in una cabina tutta per sé, egli non aveva sino a quel momento mai osato penetrare, per rimanervi, nella sala comune, riservata agli ufficiali e ai cacciatori.

«Dunque sai giocare al *nap*?», chiedeva Lupo Larsen con tono gioviale. «Bene! Avrei dovuto immaginarlo che conoscevi il gioco, dato che sei un inglese. Io stesso l'ho imparato a bordo di una nave britannica da un ufficiale».

Thomas Mugridge, da perfetto imbecille quale era, era fuori di sé dalla soddisfazione per le parole familiari del capitano. Egli faceva uno sforzo enorme per assumere il contegno disinvolto di un uomo nato per occupare un posto notevole e dignitoso, ma non riusciva ad apparire che goffo e grottesco. Fece finta di non vedermi o forse non mi vide occupato com'era ad atteggiarsi a gentiluomo, mentre i suoi occhi pallidi e acquosi lampeggiavano di superbia e di esaltazione.

«Porti le carte, Hump», mi ordinò Lupo Larsen sedendo presso il tavolo accanto al cuoco. «E prenda anche i sigari e il whisky che troverà nella mia cabina sul tavolo».

Tornai recando fra le mani la bottiglia e la scatola di sigari, appena in tempo per udire il cuoco che stava narrando al capitano come la sua nascita fosse circondata dal mistero, come egli fosse con ogni probabilità il figlio naturale di un autentico gentiluomo e come godesse di una segreta rendita in cambio della quale egli aveva consentito a vivere lontano dall'Inghilterra.

«È così, signore», diceva. «Ricevetti una bella sommetta quando accettai di sloggiare e di tenermi al largo...».

Avevo portato e posato sul tavolo comuni bicchierini da liquore ma Lupo Larsen li considerò aggrottando le sopracciglia e mi fece capire, unendo le mani a coppa, che desiderava grandi bicchieri da acqua. Quando li ebbi portati, egli li riempì per tre quarti di whisky puro.

«Un vero brindisi da gentiluomo», commentò soddisfatto Mugridge.

Il capitano e il cuoco vuotarono allegramente i loro bicchieri in onore del meraviglioso gioco del *nap*, accesero un sigaro ciascuno e cominciarono a mescolare e a distribuirsi le carte.

Giocavano a denaro, aumentando di continuo la posta e bevendo whisky, tanto che poco dopo ebbi l'ordine di andare a prendere un'altra bottiglia. Non potrei dire con sicurezza se Lupo Larsen barasse o meno, comunque lo ritenevo capace di farlo. Vinceva di continuo, e il cuoco era costretto a ripetuti viaggi fino alla sua cuccetta per rifornirsi di denaro per le puntate. Ogni volta si alzava spavaldamente e allegramente dal tavolo, ma non ritornava nella sala che con pochi dollari in tasca. La testa cominciava a girargli e la vista gli si annebbiava sotto l'effetto dell'alcool, tanto che ritengo riuscisse a malapena a distinguere le carte e a reggersi dritto sulla sedia. E diventava sempre più confidenziale, più espansivo. A un certo punto introdusse un dito sudicio attraverso una delle asole della giubba di Lupo Larsen con gesto familiare.

«Io ho del denaro», proclamò con aria da spaccone, «molto denaro da parte. Gliel'ho detto, no? Sono figlio di un gentiluomo...».

L'alcool non aveva prodotto la minima alterazione in Lupo Larsen, benché egli bevesse quanto il suo compagno e spesso di più. Conservava un contegno impassibile e freddo e non aveva nemmeno avuto un sorriso per le stupidaggini che il cuoco andava scodellando.

Infine, fra le proteste di Mugridge che si dichiarava capace di perdere come un vero gentiluomo, l'ultimo denaro del cuoco venne posto sulla tavola come posta e immediatamente vinto dal capitano. Il londinese guardò il tavolo dal quale Lupo Larsen faceva sparire le monete, volse attorno uno sguardo smarrito e infine si strinse il capo fra le mani e scoppiò in un pianto dirotto. Lupo Larsen lo considerò in silenzio con uno sguardo incuriosito e io mi chiesi se egli stava per iniziare un nuovo esperimento. Ma certo egli dovette rendersi conto che nulla avrebbe potuto ottenere da quella nullità, perché rimase silenzioso e dai suoi occhi sparì ogni fiamma d'interesse.

«Hump», disse infine rivolgendosi a me, «sia tanto gentile da prendere per un braccio il signor Mugridge e aiutarlo a raggiungere il ponte. Ho l'impressione che non si senta bene». Si chinò al mio orecchio e aggiunse come in un sussurro: «Dica a Johnson di propinargli una buona doccia con qualche secchio d'acqua di mare».

Eseguii l'ordine e, accompagnato il cuoco sul ponte, lo lasciai nelle mani di due marinai, in assenza di Johnson, passando loro la consegna.

Mugridge continuava imperterrito a farfugliare con voce pastosa dichiarando di essere in effetti figlio di un gentiluomo ma, mentre scendevo la scaletta per far ritorno nella sala comune e riordinare la tavola, lo udii lanciare un urlo: probabilmente era stato investito dal contenuto del primo secchio. Nella sala trovai Lupo Larsen intento a contare le sue vincite.

«Centottantacinque dollari in totale», annunciò appena mi vide. «Esattamente come pensavo. Quell'imbecille si è imbarcato senza un quattrino in tasca.» Affrontai arditamente l'argomento. «D'accordo, signore», dissi. «È così. Il denaro che lei ha vinto mi appartiene».

Lupo Larsen mi lanciò uno sguardo e un sorriso beffardi. «Ho studiato la grammatica, ai miei tempi», disse in tono ironico, «e credo di conoscere bene l'uso dei verbi. Se non erro, lei avrebbe dovuto dire "mi apparteneva" e non "mi appartiene"».

«Non è una questione grammaticale», risposi, «ma di etica».

Lupo Larsen tacque per qualche minuto osservandomi pensosamente. «Sa, Hump», disse infine in tono quasi triste, «è la prima volta che sento pronunciare la parola "etica" e posso assicurarle che a bordo di questa nave non vi siamo che lei ed io a conoscerne il significato». Accese un sigaro e continuò: «Durante un certo periodo della mia vita ho desiderato vivamente di poter avere a che fare e discorrere con persone che usassero un simile linguaggio, che conoscessero parole scelte, non comuni. Ho desiderato di potermi elevare dalla condizione sociale in cui ero nato, solo per poter conversare con qualcuno che mi parlasse di argomenti profondi, che sapesse essere chiaro e facondo. E questa è la prima volta che ho udito pronunciare quella parola: "etica". Comunque, per quanto riguarda la nostra faccenda, le assicuro che lei ha torto: non si tratta forse di una questione grammaticale e nemmeno di etica, ma di fatto».

«Capisco», obiettai. «Il fatto è che è lei che in questo momento ha il denaro».

Egli mi sorrise e parve sinceramente compiaciuto della mia perspicacia.

«Lei cerca di evitare la vera questione», continuai sicuro di me. «Qui si tratta di diritto».

Egli atteggiò la bocca a una piega sprezzante. «A quanto pare, lei crede ancora in cose come il diritto, il dovere, il torto e la ragione, crede ancora nella giustizia insomma».

«E lei?», chiesi. «Lei non ci crede?».

«Nemmeno per sogno. Il diritto è la forza e chi è debole ha sempre torto. Come vede, è bene per se stessi esser forti e un male esser deboli. O meglio, è comodo esser forti per i profitti, penoso esser deboli a causa delle penalità. In questo momento il possesso di questo denaro è piacevole, comodo, è bene. E, dato che sono in grado di possederlo, farei un torto a me stesso, e alla vita che è in me, se lo dessi a lei e mi privassi del piacere di tenermelo».

«Ma, conservandolo, lei manca nei miei riguardi».

«Niente affatto. Nessun uomo può mancare verso un altro: può solamente fare un torto a se stesso. Dal mio punto di vista io manco verso me stesso, quando prendo in considerazione l'interesse degli altri. Non capisce? Come possono due particelle di vita commettere qualche torto l'una a danno dell'altra, dato che non fanno altro che cercare di divorarsi a vicenda? È questa la legge della vita, no? Divorare e cercare di non essere divorati. Si sbaglia soltanto quando ci si allontana da questo principio».

«Lei non crede nemmeno nell'altruismo, nella generosità verso il prossimo?», chiesi.

Egli parve considerare pensosamente le mie parole prima di rispondere. «Altruismo?», disse infine. «Significa qualcosa come cooperazione, no? Come scambievole aiuto?».

«Be', è così in certo qual modo», risposi senza stupirmi per la poca conoscenza che Lupo Larsen dimostrava per il vocabolario. Quell'uomo aveva studiato da solo: nessuno lo aveva istradato, diretto, seguito nella formazione dell'educazione. Era un uomo che aveva pensato molto, letto molto, ma che aveva sempre dovuto tenere per sé ciò che andava apprendendo, che non aveva mai avuto l'occasione di poter parlare, discutere e usare le parole che aveva imparato a conoscere sui testi. «Un gesto altruistico viene sempre compiuto a favore di terzi. È l'opposto di un gesto compiuto soltanto per sé, per il proprio benessere, il contrario dell'egoismo».

Lupo Larsen annuì lentamente. «Già, ora ricordo», esclamò. «Ne ho trovato la definizione in Spencer».

«Spencer!», proruppi stupito. «Lei ha letto Spencer, dunque?».

«Oh, non posso dire di conoscerlo profondamente», egli ammise. «Non ho trovato difficoltà nei suoi *Principi* basilari, ma la *Biologia* mi ha lasciato un po' perplesso e la *Psicologia* del tutto scoraggiato. Decisamente la mia scarsa educazione e gli studi compiuti erano insufficienti per tali letture. Ma posso dire di aver trovato qualche brano interessante nei suoi *Elementi di etica*».

Mi chiesi stupito come mai un simile uomo avesse potuto trovare qualcosa di appassionante o di interessante nelle teorie di Spencer che, ricordavo perfettamente, proclamavano l'altruismo come l'ideale assoluto della vita umana. Lupo Larsen aveva probabilmente scelto in Spencer le teorie che gli erano apparse convenienti e respinto o ignorato le altre.

«Insomma», cercai di concludere, «lei è un materialista, un individualista e un edonista».

Egli mi guardò sorridendo. «Belle parole!», esclamò. «Ma che significa edonista?».

Annuì con aria compiaciuta quando gli ebbi spiegato il significato e io continuai: «Lei è anche una persona della quale nessuno può fidarsi, se vi è di mezzo una questione nella quale potrebbe manifestarsi un qualsiasi interesse egoistico».

«Direi che lei comincia a capirmi», disse Lupo Larsen con un sorriso di compiacimento.

«Dunque lei è del tutto amorale?».

«Esattamente».

«Un uomo di cui non si può avere che paura...».

«Ecco, proprio così».

«La stessa paura che può ispirare una tigre, un serpente, un pescecane...».

«Lei mi conosce adesso», disse con calma. «Così sono conosciuto e in genere vengo chiamato "Lupo"».

«Lei è un mostro», dissi con audacia. «Lei nei momenti di noia agisce lasciandosi guidare solamente dal suo capriccio e dal desiderio di divertirsi. Un Calibano».

La sua fronte parve rannuvolarsi all'allusione ed egli mi guardò con espressione interrogativa. Compresi che non conosceva il poema.

«Sto leggendo Browning», disse, «ma lo trovo pesante e proseguo lentamente. Temo di smarrirmici».

Poi mi mandò nella sua cabina a prendere il volume delle opere di Shakespeare e io gli lessi quanto riguardava Calibano, mentre mi ascoltava con un sorriso di soddisfazione e l'espressione attenta. Comprendeva perfettamente e ogni tanto mi faceva interrompere la lettura per commentare e criticare. Quando ebbi finito, mi chiese di rileggere il brano, cosa che feci per ben tre volte consecutive.

Ci addentrammo poi in discussioni di filosofia, scienza, religione. Egli tradiva spesso con inesattezze la sua cultura di autodidatta e dimostrava una sicurezza e una dirittura da mente primitiva. La sua grande chiarezza e semplicità di ragionamento erano assai convincenti e il suo materialismo avvinceva molto di più di quello complesso e sottile di Charley Furuseth. Non che io, idealista ostinato per temperamento, potessi venir convinto o affascinato dalle teorie materialistiche di Lupo Larsen, ma egli attaccava le mie idee con una veemenza e con un vigore che meritavano rispetto e ammirazione, anche se non riuscivano a convincermi.

Il tempo passava. Il pranzo era pronto e la tavola non ancora apparecchiata, tanto che cominciai a divenire nervoso e irrequieto. Quando Thomas Mugridge si affacciò alla porta del boccaporto e mi lanciò un'occhiata furibonda di collera, mi allontanai dal capitano e presi a compiere coscienziosamente i miei doveri di *boy* di cabina.

Lupo Larsen si rivolse al cuoco. «Ehi, Cooky», gridò, «devi cavartela da solo questa sera. Hump è occupato con me e non potrà esserti d'aiuto».

Accadde così un fatto senza precedenti a bordo del *Fanthom.* Quella sera io sedetti a tavola con gli ufficiali e i cacciatori, mentre Mugridge ci serviva e lavava i piatti da sé. Era un capriccio da Calibano di Lupo Larsen, un capriccio che, ne ero certo, mi avrebbe in seguito causato guai e noie non indifferenti.

La mia conversazione con il capitano, intanto, continuava con grande sorpresa e noia da parte dei cacciatori che non comprendevano una parola di quanto andavamo dicendo.

IX

Tre giorni di riposo, tre meravigliosi, benedetti giorni di riposo ottenni da Lupo Larsen, che mi voleva a tavola con lui, e che io trascorsi senza fare assolutamente nulla, se non discutere continuamente di filosofia, di letteratura, di vita mentre Thomas Mugridge sbuffava e imprecava in cucina dove doveva sbrigare, oltre al suo, anche il mio lavoro.

«Attento alla tempesta!», mi disse Louis, sul ponte, in un momento in cui Lupo Larsen era occupato a sedare un piccolo tumulto fra i cacciatori di foche. «Attento! Sento il dovere di avvertirla!».

Rimasi perplesso e chiesi all'uomo di essere un poco più esplicito. «Lei non può, nessuno può prevedere ciò che accadrà», spiegò Louis. «Quell'uomo è simile al vento: cambia di continuo. Non si può indovinare ciò che gli passa nella mente. Proprio nel momento in cui si ritiene di essere entrati nelle sue grazie e di aver conquistato la sua benevolenza, il vento cambia direzione e allora occorre fare attenzione alle vele».

Dopo quell'avvertimento non rimasi troppo sconcertato, quando la predetta burrasca si scatenò improvvisa sul mio capo.

Dopo un'animata discussione durante la quale la mia familiarità con il capitano era assai aumentata, stavo audacemente facendo un vero e proprio processo a Lupo Larsen e alla sua vita. Stavo vivisezionandolo, esaminandolo vivacemente come egli stesso aveva l'abitudine di fare con gli altri. Ho sempre avuto un modo incisivo di esprimere il mio pensiero, la mia stessa voce diventa spesso, contro la mia volontà, fredda e tagliente. Quel giorno ruppi ogni indugio, dimenticai ogni freno e tagliai e lanciai stoccate fino a che il vero essere di Lupo Larsen balzò fuori ringhiando ferocemente. Il suo viso abbronzato impallidì, divenne di gesso per la collera mentre gli occhi gli ardevano sanguigni.

Non vi era nulla di umano in quegli occhi, nulla fuorché la cieca, spaventosa ira di un folle.

Vedevo in lui il lupo, il vero lupo e per giunta idrofobo.

Egli mi balzò addosso con un ruggito minaccioso e mi afferrò strettamente il braccio. Io m'irrigidii cercando di dominare il tremito nervoso che mi aveva assalito, ma l'estrema, straordinaria forza muscolare di quell'uomo era troppo possente per la mia forza d'animo. Egli mi aveva attanagliato il bicipite con una mano di ferro e, come cominciò a premere e a stringere, presi a gridare e cercai di divincolarmi. Poi le gambe mi si piegarono e mi parve a un certo punto di non essere più in grado di sopportare quel dolore lancinante e quel mortale terrore. I miei muscoli sembravano rilassarsi, cedere del tutto e avevo l'impressione che il mio braccio venisse stritolato.

A un tratto Lupo Larsen parve dominare la collera, perché una fiamma di lucidità gli comparve nello sguardo ed egli allentò la stretta con una breve, secca risata che suonò al mio orecchio simile a un grugnito.

Come mi lasciava, io caddi al suolo sul punto di perdere i sensi, mentre egli tornava a sedere sulla sedia e si accendeva tranquillamente un sigaro guardandomi con la stessa espressione con cui un gatto considera un topo. Mentre, disteso sul pavimento, mi contorcevo e agitavo per il dolore che mi procurava il braccio malconcio, vidi passare sul suo viso e nei suoi occhi quell'espressione di curiosità, d'interesse che ben conoscevo e che avevo spesso sorpreso in lui, quando compiva uno dei suoi esperimenti su qualcuno. Era un'espressione interrogativa, perplessa: sembrava che Lupo Larsen si chiedesse il perché di quanto accadeva.

Finalmente riuscii a rimettermi in piedi e mi diressi barcollando verso la scaletta del boccaporto. La bonaccia era finita: non mi rimaneva che far ritorno in cucina alle prese con pentole e piatti, con patate da pelare e Mugridge da sopportare.

Avevo il braccio sinistro del tutto intorpidito come se fosse stato paralizzato e veramente trascorsero alcuni giorni prima che fossi in grado di usarlo di nuovo. E trascorsero intere settimane prima che il dolore sparisse del tutto. Lupo Larsen non aveva scosso il mio braccio, non l'aveva né storto né tirato: si era limitato ad afferrarlo e a stringerlo con le dita.

Ciò che quell'uomo avrebbe potuto fare di me lo compresi in tutta la sua spaventosa esattezza il giorno seguente quando egli, in segno di immutata amicizia e dimostrando di non serbarmi rancore, si affacciò alla porta della cucina e mi chiese, sorridendo e con cortesia, notizie del mio braccio.

«Non va troppo bene», risposi.

Egli scoppiò in una risata. «Avrebbe potuto andar peggio», assicurò.

Ero intento a pelare patate ed egli ne prese una dal canestro colmo. Era grossa, senza bitorzoli e non era ancora stata pelata. Egli chiuse la mano intorno alla patata e senza sforzo evidente la strinse. Vidi uscire dalle fessure delle sue dita, simili a uno zampillo, fili umidi e giallastri. Poi egli lasciò cadere nel paniere quel poco di polpa che gli era rimasta nella mano e, senza dire una parola, mi volse le spalle e se ne andò. Compresi senza difficoltà in quali condizioni si sarebbe trovato il mio braccio se egli, il giorno prima, avesse fatto uso di tutta la sua forza.

Ma quei tre giorni di riposo mi avevano veramente giovato: il gonfiore al ginocchio era assai diminuito e la rotula sembrava aver ripreso la posizione normale. Pur tuttavia mi resi presto conto, come del resto avevo previsto, che quei tre giorni d'intimità con Lupo Larsen mi avrebbero causato noie non indifferenti. E mi accorsi subito che Thomas Mugridge era ben deciso a farmeli pagare a caro prezzo.

Egli prese a trattarmi più brutalmente ancora di quanto non avesse fatto in passato, imprecando contro di me di continuo e scaricandomi tutto il lavoro della cucina. Giunse fino al punto di minacciarmi con il pugno teso, ma fortunatamente il periodo passato a bordo del *Fanthom* aveva indurito un poco il mio animo e anch'io avevo assunto da qualche tempo un atteggiamento di resistenza del tutto involontario. Così, quando vidi il pugno del cuoco roteare sotto il mio viso, ringhiai contro quell'essere odioso con un tale furore negli occhi e in tono tanto minaccioso, che egli indietreggiò impaurito.

Certo doveva essere un quadro del tutto nuovo e interessante, vedere il signor Humphrey Van Weyden che, in un angolo di una sordida cucina di una nave, sfidava con lo sguardo e la voce la disgustosa creatura che stava per colpire.

Avevo la bocca contratta, simile a quella di un cane ringhiante e gli occhi lucidi e iniettati di sangue. Il mio coraggio altro non era che una reazione alla paura. Una scena orribile di violenza in cui io rappresentavo la parte del topo preso in trappola. Ma, comunque, la mia resistenza e il mio aspetto ottennero l'effetto atteso e il brutale pugno si abbassò senza aver colpito.

Da quel momento, Thomas Mugridge e io vivemmo come animali feroci chiusi nella medesima gabbia e non cessammo mai di lanciarci occhiate cariche di un odio mortale e di scambiarci parole aspre e taglienti come stilettate, a ogni occasione. Thomas Mugridge era un vigliacco e non avrebbe mai osato, per timore di avere la peggio, misurarsi con me al pugilato.

Egli trovò dunque, per spaventarmi e per riprendere il dominio su di me, un altro genere di minaccia più perfido.

C'era nella cucina un grosso coltello per tagliare la carne, un vecchio utensile logorato dal troppo uso, ridotto a una sottile lama luccicante dall'aspetto tanto minaccioso che io rabbrividivo ogni volta che il cuoco ne faceva uso. Egli si fece dare da Johansen una pietra per affilare e si pose davanti a me ad affilare la lama del coltello, passandola e ripassandola lentamente sulla pietra e lanciando di continuo occhiate significative di odio e di minaccia verso di me. Ripeteva quel gesto ogni giorno, non appena trovava qualche minuto libero, tanto che la lama del vecchio coltello divenne tagliente come un rasoio. Egli ne provava ogni volta il filo passandovi sopra leggermente il pollice o infilando piano la punta sotto le unghie. Se ne serviva in mia presenza per radersi la peluria sul dorso della mano e si chinava sulla lama fissandola con attenzione estrema fino a quando trovava o fingeva di trovare una microscopica disuguaglianza. Allora riafferrava la pietra e riprendeva ad affilare la lama con tanta costanza che spesso il lato umoristico della scena non mancava di farmi scoppiare in una risata.

Ma sfortunatamente quell'operazione era assai più seria e pericolosa di quanto non credessi e mi resi conto che Mugridge sapeva usare quell'arma e che sotto la sua vigliaccheria covava il coraggio della viltà, esattamente come quello che io avevo trovato contro di lui in quel momento di ribellione.

I cacciatori di foche stuzzicavano di continuo il cuoco con motteggi e scherzi per la lentezza della sua decisione. «Ecco Cooky che affila il suo coltello!», ghignavano. «Il coltello per Hump!».

Thomas Mugridge accettava di buona grazia quei motteggi e spesso ne sembrava perfino lusingato. Per tutta risposta si limitava a scuotere il capo con un'espressione misteriosa sul viso e tranciava nell'aria un gesto vago che però non preannunciava nulla di buono. Poi accadde che Giorgio Leach, il *boy* di cabina di cui avevo ereditato le funzioni, lanciasse qualche facezia un po' troppo salata su quello scabroso argomento.

Leach era uno dei marinai che il giorno della partita a carte con Lupo Larsen aveva fatto smaltire la sbornia a Mugridge con una doccia d'acqua di mare. Egli aveva svolto il compito con molto zelo e il cuoco non aveva né dimenticato né perdonato. In quell'occasione, Mugridge rispose agli scherzi del ragazzo con un torrente di ingiurie e di parolacce e lo minacciò col lucente coltello che aveva affilato per me. Leach non si dimostrò impaurito dal gesto del cuoco e continuò a schernirlo nel suo pittoresco gergo appreso al mercato del pesce a Londra. Ma prima che lui e io ci rendessimo chiaramente conto di ciò che stava accadendo, il ragazzo si trovò il braccio destro attraversato da una profonda fenditura dal gomito al polso. Il cuoco aveva fatto un balzo all'indietro e si era posto sulle difensive con il coltello teso minacciosamente. Leach mantenne una calma ammirevole e, nonostante il braccio ferito gli dolesse e il sangue zampillasse abbondante come da una fontana, egli si rivolse verso Mugridge e parlò con voce serena.

«Te la farò pagare cara, Cooky», disse fissando profondamente il cuoco. «Sceglierò la mia ora: quando io verrò a cercarti, non avrai più, stai certo, quel tuo coltello».

Poi si volse e se ne andò tranquillamente, come se nulla fosse accaduto. Thomas Mugridge era divenuto terreo per lo spavento. Si rendeva conto della gravità del gesto impulsivo che aveva commesso e tremava al pensiero di ciò che l'aspettava, della vendetta che certamente l'avrebbe raggiunto, prima o poi, e che gli avrebbe fatto rimpiangere amaramente quell'atto di violenza.

Nei miei riguardi egli divenne di una crudeltà senza limiti, simile a una bestia feroce. Nonostante lo spavento che lo assaliva ogni volta che rifletteva sulle conseguenze del gesto compiuto ai danni di Leach, egli parve considerare la cosa come una lezione che avrebbe dovuto servire di avvertimento per me e divenne più insolente e superbo. Inoltre egli era dominato da una vera brama di distruzione e la vista del sangue sembrava aver eccitato la sua mente sino al punto di sconvolgerla. Vedeva rosso dovunque guardasse, e benché la sua psicologia fosse confusa e la sua mente alterata, io potevo leggere in lui come in un libro aperto.

Passarono così vari giorni. Il *Fanthom* filava sempre velocemente spinto da costanti alisei e ogni giorno che passava io vedevo una vera pazzia omicida rivelarsi sempre più evidente negli occhi acquosi di Thomas Mugridge. Confesso che ne ero atterrito. Ogni volta che il cuoco affilava la sua orribile lama sulla pietra e mi fissava con quello sguardo folle e sanguinario, avevo l'impressione che il sangue mi si congelasse nelle vene. Avevo il terrore di voltargli le spalle per timore di essere assalito di sorpresa e quando uscivo dalla cucina per esigenze del mio lavoro, camminavo a ritroso, indietreggiando. I cacciatori di foche e i marinai dell'equipaggio sembravano divertirsi molto a quell'insolito spettacolo e si raggruppavano accanto alla porta della cucina per assistere alle mie uscite.

La tensione nervosa a cui dovevo sottopormi era divenuta spasmodica.

A volte mi chiedevo se la ragione non stesse per abbandonarmi, se la follia che regnava a bordo di quella nave maledetta non mi avesse inesorabilmente contagiato. In ogni ora del giorno e della notte, in ogni minuto la mia vita era in pericolo. Avevo bisogno di aiuto, di conforto, di comprensione: ma non vi era un essere umano, da poppa a prua, che provasse per me abbastanza simpatia o compassione per aiutarmi.

Talvolta prendevo la decisione di recarmi da Lupo Larsen, di raccontare l'accaduto e di richiedere la sua protezione, ma il ricordo delle sue parole, del suo sguardo beffardo e cinico durante la discussione sulla vita umana e sul suo valore mi tratteneva dal muovere quel passo. Altre volte giungevo al punto di desiderare la morte, di pensare freddamente, seriamente, al suicidio e mi ci volevano tutta l'energia che possedevo ancora, tutte le mie teorie ottimistiche, tutte le mie speranze non ancora morte per trattenermi sul punto di lasciarmi cadere in mare durante certe notti di burrasca.

Varie volte Lupo Larsen tentò di portare in campo nuove discussioni con me, però le mie risposte erano brevi, incerte, spesso cercavo persino di eludere le sue domande. Finalmente un giorno mi ordinò di riprendere il posto che avevo occupato durante i tre giorni di discussione nella sala comune e ordinò a Mugridge di sbrigare da solo tutto il lavoro. Allora mi decisi e parlai a lungo al capitano narrandogli tutto ciò che avevo dovuto sopportare da Mugridge, invidioso dei tre giorni che avevo passato nelle grazie del capitano. Lupo Larsen mi guardò con un sorriso divertito.

«Dunque lei ha paura, eh?», disse sogghignando.

«Sì», risposi sinceramente. «Ho paura».

Egli assunse un'espressione incollerita. «Ecco dove dimostrate, voi idealisti, voi ottimisti, la debolezza delle vostre teorie!», gridò. «Decantate tanto l'immortalità dell'anima e tremate come vigliacchi davanti alla morte. Le basta vedere la lama luccicante e ben affilata del coltello di Cooky e subito il suo istinto di conservazione, l'attaccamento che lei ha per la vita prevale sulla sua fede, sulla sua presunzione colma di retorica. Lei proclama di essere una creatura di Dio, una sua emanazione, una parte di lui. Dio non può morire, naturalmente, e di conseguenza lei è certo della sua immortalità, di resuscitare, comunque, dopo la morte corporale. Di che cosa ha paura se ha davanti a sé la vita eterna? Secondo le sue teorie, lei possiede qualcosa che non ha limiti né di spazio né di tempo, che non può esserle tolto. L'immortalità non ha principio né fine e l'eternità è l'eternità. Che importanza può avere, per lei, morire qui, in questo momento, se lei è certo di continuare a vivere in un altro luogo dopo la morte? Non le sembra invece che l'occasione che le si presenta di liberare il suo spirito dalla prigione della materia sia opportuna e accettabile? Cooky non può farle alcun male, può soltanto aiutarla a raggiungere l'immortalità, spingerla sulla strada.» Non sembrava più adirato e parlava con tono sarcastico, non del tutto malevolo. «E se non desidera fare subito il suo salto nell'immortalità, perché non vi spinge Mugridge al suo posto? Non è anche lui un immortale? Dunque, uccidendolo, non abbrevierà certo la sua vita che è senza fine, non gli toglierà che un impiccio di carne che lo imprigiona. Avanti, senza paura!», continuò quasi divertito. «Prenda lei il coltello e aspetti che Cooky le volti le spalle per spedirlo senza indugio nell'al di là. Liberi una povera anima desiderosa di raggiungere l'eternità, spezzi la porta della sua odiosa prigione. E chissà! Forse sarà uno spirito candido ed eletto quello che uscirà da quella ripugnante carcassa per librarsi nell'azzurro e ricongiungersi a Dio. Avanti, non esiti! Dopo la promuoverò al posto che Mugridge occupa e le darò una paga di quarantacinque dollari al mese».

Dopo quelle parole mi resi conto che da Lupo Larsen non avrei potuto attendermi alcun aiuto. Così presi la decisione di contare unicamente sulle mie forze e progettai di battere Thomas Mugridge con le sue stesse armi. Andai da Johansen e mi feci prestare una pietra per affilare.

Louis mi aveva chiesto più volte di procurargli di nascosto una certa quantità di latte condensato e di zucchero: il magazzino dove venivano conservate le provviste era situato sotto il pavimento della sala comune. Colsi il momento favorevole, mi insinuai nello stanzino del deposito e trafugai cinque scatole di latte condensato che la notte stessa consegnai a Louis, mentre questi faceva il suo quarto, ottenendone in cambio un pugnale affilato non certo meno di quello di Thomas Mugridge e in apparenza non meno minaccioso. La lama arrugginita divenne subito luccicante non appena l'ebbi passata e ripassata sulla pietra da affilare.

Quella notte dormii un sonno profondo e perfettamente tranquillo.

L'indomani, dopo la prima colazione, mentre ero inginocchiato sul pavimento intento a ripulire il fornello e a togliere la cenere, il cuoco iniziò, come d'abitudine, il suo sadico, minaccioso lavoro guardandomi di sottecchi e ghignando. Gli lanciai un'occhiata di sfida e, alzandomi dal pavimento con il secchio della cenere tra le mani, uscii dalla cucina con un atteggiamento sprezzante e provocatore. Tornando, trovai il cuoco in conversazione animata con Harrison il cui viso onesto e aperto di contadino manifestava una viva e meravigliata curiosità.

«Già!», berciava Mugridge. «Ho dovuto sorbirmi due anni di galera in seguito a quella faccenda, ma non li ho rimpianti davvero. Se tu avessi assistito allo spettacolo, Harrison! Come l'ho servito bene quel tizio! Tenevo il coltello così...» Impugnò l'arma minacciosamente e la tenne sollevata in aria come se stesse per colpire. «La lama entrò nella carne come avrebbe potuto penetrare nel burro, mentre quel bastardo urlava come un porco scannato».

Mi ero fermato sulla porta della cucina e osservavo la scena con uno sguardo incurante, d'indifferenza. Il cuoco mi lanciò un'occhiata bieca e, certo che la sua voce sarebbe giunta fino a me, continuò:

«Mi chiedeva di risparmiargli la vita, mi supplicava di fargli grazia. Oh, ricordo bene le parole! "Se t'ho offeso, Tommy, ti giuro, non l'ho fatto apposta." Ma io non ebbi pietà, non ascoltai quelle suppliche da vigliacco, non badai al terrore folle che il suo viso esprimeva. Ci provai un gusto infinito, un piacere voluttuoso a farlo a pezzi! Che spettacolo eccitante!».

Proprio allora la voce del secondo ci raggiunse dal ponte obbligando Harrison ad accorrere e mettendo così fine a quella sanguinaria, orribile narrazione.

Mugridge sedette sul primo gradino della scaletta ricominciando ad affilare il suo coltello mentre io, con la più assoluta indifferenza, finivo di riordinare la cucina. Poi sedetti sulla cassa del carbone di fronte al cuoco che di continuo mi lanciava occhiate bieche, cariche d'odio. Mi dominavo, cercavo con tutte le mie forze di mantenere un atteggiamento calmissimo, freddo, mentre nel mio intimo combattevo una lotta disperata con la paura. Trassi di tasca il pugnale che avevo avuto da Johnson e presi a mia volta ad affilare la lama sulla pietra. Ero preparato a essere investito da un'esplosione di collera da parte del cuoco, aspettavo una sequela d'ingiurie, di minacce. Ma, con mia somma sorpresa, parve che Mugridge non badasse minimamente a ciò che stavo facendo. Continuò imperterrito ad affilare il suo coltello mentre io, di fronte a lui, facevo altrettanto. Passammo così due ore senza smettere un attimo di affilare le lame lucenti dei nostri coltelli.

Quando fummo visti dal di fuori e la notizia si sparse sulla nave, più della metà dell'equipaggio si assiepò presso la porta della cucina lanciando consigli, incoraggiamenti, esortazioni. Jack Horner, il cacciatore di foche dalla voce dolce da signorina, dall'aspetto distinto e delicato tanto che si sarebbe detto incapace di far male a una mosca, mi consigliava di non colpire vicino alle costole dove la lama poteva facilmente venir deviata dall'osso. Il metodo infallibile consisteva, diceva, nel colpire dal basso all'alto nel ventre facendo subito girare la lama "alla spagnola". Leach, indicandomi il proprio braccio fasciato e ricordandomi l'incidente di poco tempo prima, mi pregò di lasciargli qualcosa di vivo da poter uccidere in Mugridge. Lupo Larsen passò una volta o due davanti alla porta della cucina per lanciare un'occhiata interessata su ciò che per lui doveva rappresentare un'insolita fermentazione di vita.

E devo confessare che in quel momento la vita aveva assunto per me il medesimo, materialistico, orribile valore che Lupo Larsen le attribuiva. Non vi era nulla di nobile, nulla di degno, nei due uomini che, sotto l'impulso dell'odio e della vigliaccheria, affilavano le loro armi per potersi colpire e negli esseri che stavano a osservare con interesse e morboso divertimento la scena. Sapevo che la maggior parte di quegli uomini non aspettava che il diversivo mostruoso di poter vedere colare il sangue sia mio che del cuoco. Che novità, che bella occasione di divertirsi un poco! Ero certo che, se Mugridge ed io ci fossimo impegnati in un duello mortale, quegli uomini sarebbero rimasti a guardare la scena senza intervenire e impedire un inutile omicidio.

Ma da un altro punto di vista la scena era puerile e persino umoristica.

Affila, affila, affila... Humphrey Van Weyden, coraggio! Affila la tua arma in questa sordida cucina e prova, come il tuo compagno e avversario, il filo della lama sulla peluria del dorso della mano!

Era la situazione più assurda e inconcepibile in cui mi fossi trovato dopo il naufragio della nave che mi trasportava a San Francisco. Nessuno, fra le persone che conoscevo e frequentavo, avrebbe creduto possibile che una simile circostanza potesse davvero verificarsi. Era per me una rivelazione, costatare il cambiamento straordinario avvenuto in me, chiamato dagli amici e forse non a torto "signorina Van Weyden". E non sapevo se essere fiero, se inorgoglirmi per quella profonda trasformazione o arrossire di vergogna e di umiliazione.

Non accadde nulla. Dopo due ore, Thomas Mugridge ripose il coltello e la pietra e mi tese la mano.

«Perché dare spettacolo e divertire questa gentaglia?», disse con un tono di voce insolito. «Sarebbero felicissimi di vederci sgozzare a vicenda e non avrebbero una parola di rimpianto per noi, dopo la nostra morte». Sorrise e mi fissò negli occhi. «Sei un bravo ragazzo, Hump», continuò. «Hai un cuore nel petto come un vero buon americano e per questo mi piaci. Avanti, qua la mano!».

Benché fossi in realtà tutt'altro che coraggioso, ero comunque meno vile del cuoco. Compresi subito che avevo riportato una vittoria decisiva e non volli comprometterne il frutto stringendo quella detestabile, odiosa mano che mi veniva tesa.

«Va bene», dichiarò Mugridge umilmente. «Non stringerla, se non vuoi, ma non mi piacerai meno per questo.» Si rivolse verso il gruppo di marinai presso l'uscio e, forse per salvare la propria dignità, urlò incollerito: «Via, sgombrate la porta della mia cucina, bricconi, strofinacci della malora!».

L'invito all'ordine fu rinforzato dalla minaccia di un bricco d'acqua bollente che il cuoco agitava nell'aria e davanti alla quale tutti gli uomini se la svignarono rapidamente. Ciò rappresentò per Mugridge una consolante vittoria che calmò il bruciore della sconfitta subita con me e gli permise di accettare la situazione con una certa disinvoltura. I cacciatori di foche che non si erano lasciati intimidire dalla minaccia del cuoco, si allontanarono per ultimi dall'uscio della cucina. Potei afferrare alcune parole che Smoke ed Horner si scambiavano tra loro.

«Ora, finalmente, il cuoco è servito».

«Puoi scommetterci, ora sarà Mugridge a ballare e Hump a dirigere la danza!».

La rapida, furtiva occhiata che il cuoco mi lanciò mi fece intuire che egli aveva udito quelle parole. Ritenni prudente e saggio fingere di nulla e ripresi, come se nulla fosse accaduto, il mio lavoro di cucina.

Con il passare dei giorni la profezia di Smoke si andava avverando. Il cuoco assunse lentamente nei miei riguardi un atteggiamento servile e umile, più cortese e sottomesso di quello che egli assumeva nei confronti di Lupo Larsen. Smisi così di chiamarlo "signor Mugridge", di lavare piatti e casseruole, di riordinare la cucina e mi rifiutai di pelare patate. Il mio lavoro consisteva nell'apparecchiare la tavola per i pasti nella sala comune, servire i convitati e tenere in ordine la cabina del capitano. Mi limitai a svolgere unicamente quelle faccende.

Portavo sempre, secondo l'abitudine dei marinai, il mio pugnale legato al fianco e mantenevo, nei riguardi di Thomas Mugridge, un atteggiamento di superiorità in cui il disprezzo e l'insulto erano evidenti.

X

La mia intimità con Lupo Larsen andava aumentando di giorno in giorno, se possono essere definiti "intimità" i rapporti confidenziali che possono sussistere fra un capitano e un membro dell'equipaggio, fra sovrano e buffone. Agli occhi di Lupo Larsen non rappresentavo che un giocattolo ed egli mi trattava e valutava esattamente come tale. Il mio compito consisteva nel divertirlo, nel tenergli compagnia nei momenti di noia. E tutto andava a gonfie vele finché riuscivo veramente a divertirlo. Ma se accadeva che mi trovasse noioso, se una mia parola lo irritava, se egli si trovava in una delle sue giornate di umor nero, il che accadeva piuttosto spesso, venivo senz'altro rispedito in cucina e dovevo ritenermi fortunato di essere ancora una volta sfuggito alla collera di quell'uomo formidabile e irascibile.

Tutti, a bordo del *Fanthom,* lo odiavano e lo temevano e egli disprezzava tutti senza eccezione. Sembrava che in quel sentimento egli trovasse uno sfogo alla propria enorme potenza, alla forza straordinaria che possedeva. Probabilmente, se il demonio avesse un giorno deciso di scendere sulla terra fra i comuni mortali, avrebbe scelto le spoglie di Lupo Larsen.

L'isolamento, la solitudine assoluta nella quale si chiudeva, e di cui si compiaceva, avevano sicuramente un'influenza dannosa sulla sua personalità, spesso oppressa dalla caratteristica malinconia innata della natura scandinava. Riuscivo a comprendere, conoscendo sempre più profondamente Lupo Larsen, gli antichi miti della religione di Odino: i selvaggi esseri dai capelli biondi, dalla statura atletica, dalla pelle bianca che avevano creato quel pantheon misterioso e terribile, erano della sua medesima fibra, possedevano la sua forza spaventosa.

Gli era del tutto sconosciuta la spensierata allegria della razza latina e la sua risata risuonava ben di rado. E ridendo egli non faceva che esprimere in modo differente dal solito la propria forza, che manifestare diversamente la sua ferocia selvaggia e primitiva. Rideva troppo di rado. Sembrava oppresso da una cupa ipocondria, da una tristezza latente, fanatica, che derivava dalla sua indole. Ma possedeva la natura mistica che provocò, presso gli inglesi, la riforma della chiesa, anche se consiglio e conforto religioso gli erano sconosciuti e, forse per la sua assoluta mancanza di fede, era tanto spesso assalito dal suo cupo umore che lo rendeva simile a un essere diabolico.

Se non si fosse trattato di Lupo Larsen, forse, durante quei giorni, avrei provato per lui pietà e umana simpatia per la sua sorte.

Quella mattina, entrai nella cabina del capitano per riempire d'acqua la bottiglia che egli teneva sul tavolino accanto al letto e lo trovai bocconi sulla cuccetta con il capo celato fra le mani e con le spalle scosse da singulti continui e laceranti. Quale dolore aveva colpito tanto profondamente quell'uomo insensibile? Mi ritirai in punta di piedi dalla cabina e, mentre richiudevo la porta, la voce di Lupo Larsen mi raggiunse rotta e lamentosa.

«Dio, Dio! Oh, mio Dio!».

Non chiamava un essere supremo in aiuto, non chiedeva pietà, non conforto. La sua non era che una qualsiasi, banale esclamazione che gli sfuggiva in un attimo di dolore, di profondo, terribile sconforto.

Durante la colazione lo udii chiedere ai cacciatori di foche informazioni su di un rimedio contro l'emicrania. Egli doveva certamente soffrire in modo atroce tanto che, verso sera, non era quasi più in condizioni di intendere e, nonostante la sua forza fisica e volitiva, camminava barcollando sul ponte come un ubriaco. Mi accostai a lui, e sostenendolo, lo accompagnai fino alla sua cabina.

«Che strano!», borbottò. «Non ho più sofferto di dolore al capo da quella volta in cui la sbarra di un argano mi asportò la cute per sei pollici di lunghezza. È molto strano, Hump!».

La crisi durò tre giorni durante i quali Lupo Larsen sembrava avere del tutto perso la vista. Egli soffrì orribilmente con la rassegnazione e la passività di un animale selvatico e come, a quanto sembrava, era abitudine su quella nave. Non si lamentò, non cercò conforto: rimase solo il più possibile fino a quando una mattina, entrando nella sua cabina per riassettare il letto e riordinare la stanza, lo trovai del tutto rimesso. Il tavolo e la cuccetta erano letteralmente ricoperti di fogli pieni di cifre e di grafici ed egli, con la bussola tra le mani, ricopiava quella che sembrava una carta geografica su di un foglio di carta trasparente e molto sottile.

Mi salutò in tono gaio.

«Salve, Hump! Sto dando gli ultimi ritocchi al mio lavoro. Vuol darci un'occhiata?».

Rimasi un poco perplesso. «Di che si tratta?», chiesi. «È un nuovo metodo per facilitare il compito dei navigatori», spiegò Lupo Larsen. «Riduce quasi a nulla il lavoro necessario a condurre una nave, tanto che vi riuscirebbe anche un bambino. Basta saper riconoscere una sola stella in una notte buia, collocare una linea retta sopra una carta astrale e riportare, sulla mia tavola, la cifra dei gradi che si rilevano. Così si ottiene l'esatta posizione della nave».

Aveva parlato con una nota trionfante di soddisfazione nella voce e i suoi occhi azzurri come il mare brillavano vivamente, in maniera insolita.

«Lei conosce molto bene la matematica, a quanto sembra», dissi in tono conciliante. «In che scuola l'ha studiata?».

«Non ho mai visto l'interno di una scuola, purtroppo», fu la risposta. «Ho sempre dovuto arrangiarmi da solo.» Mi fissò e subito la sua voce si fece aspra. «Non creda che io abbia lavorato per filantropia», disse, «e tanto meno per lasciare una mia impronta sulla terra!». Scoppiò in una delle sue risate beffarde e colme d'amarezza. «Nemmeno per sogno! Ho lavorato solo per poter aver il brevetto che mi frutterà denaro sonante. Così potrò concedermi un giorno maggior benessere, potrò regalarmi un bel periodo di orge e starmene in ozio, mentre i meno furbi di me continueranno a faticare. Questo soltanto è il mio scopo e inoltre mi sono molto divertito con questo lavoro».

Lo considerai sorridendo. «La gioia creatrice», mormorai quasi inconsapevolmente.

«Già, probabilmente è così. Nient'altro che una diversa manifestazione della gioia della vita, il trionfo del movimento sull'immobilità della materia, l'orgoglio del fermento».

Espressi con un gesto vago la mia incapacità a controbattere rendendomi conto dell'inutilità di una discussione su quel tema con Lupo Larsen e mi accinsi a rifare il letto.

Il capitano riprese il suo lavoro riportando sul foglio di carta trasparente linee e misure con un'abilità e una rapidità nella mano sicura che ammirai sinceramente e che erano senz'altro in contraddizione con la sua brutalità abituale. E quando, finito il mio lavoro, levai gli occhi su di lui, mi accorsi improvvisamente e con meraviglia della bellezza di quell'uomo e della sua estrema serenità d'espressione. Si sarebbe detto che il suo viso riflettesse la tranquillità di una coscienza pura e candida, che quegli occhi fossero lo specchio di un'anima incapace di violenza, di egoismo, della minima malvagità. Forse non si trattava che di una coscienza muta, o forse Lupo Larsen non possedeva una coscienza. Egli rappresentava ciò che l'uomo doveva essere stato prima che nell'umanità si sviluppasse la natura morale, un essere primitivo e ancora inconscio di ciò che è bene e di ciò che è male. Non era affatto immorale ma amorale semplicemente, ingenuamente.

Contemplai come affascinato quel colosso dal colorito abbronzato, dall'incredibile profilo da cammeo, maschio e purissimo con le labbra sensuali e carnose nonostante la durezza della piega, dal naso da dominatore, forte, simile a un rostro ma di una regolarità classica. Quel viso esprimeva forza, malinconia, crudeltà, orgoglio.

Chi era quell'uomo? Che era venuto a fare sulla terra? Studiavo attentamente quel viso e il mio interesse e la mia curiosità aumentavano indescrivibilmente. Perché quell'uomo che sembrava avere in sé una simile forza e un potere sovrumano non era che l'oscuro padrone di una goletta da caccia e, fra i cacciatori di foche, godeva una pessima reputazione?

D'un tratto mi parve di non poter più resistere agli interrogativi che mi andavo ponendo.

«Perché lei non ha fatto grandi cose durante la sua vita?», chiesi come parlando a me stesso. «Come si spiega che, con il potere di dominazione che lei possiede, con la sua forza e la sua volontà, non è divenuto il padrone del mondo, non è salito alle più alte vette, non tiene popoli interi stretti nel suo pugno?». Parlavo con veemenza, con tono appassionato. «Lei è giunto all'apogeo della sua esistenza», continuai, «al punto della parabola dove si comincia a declinare verso la fine, ha trascorso una vita oscura e non certo ammirevole, una vita da bestia, per usare una sua espressione. Perché, con la sua meravigliosa forza, lei non ha fatto qualcosa di splendido, di eccezionale? Che cosa l'ha fermata, quale forza sovrumana ha potuto ostacolarlo?». Lupo Larsen mi guardava fissamente con uno sguardo strano, compiaciuto forse.

«Mi dica cosa le è accaduto per impedirle di diventare qualcuno, mi dica quale potenza ha potuto smorzare in lei l'umano desiderio di arrivare, di salire più in alto».

Parve cercare le parole e tacque per alcuni minuti fissandomi sempre gravemente, pensierosamente.

«Hump», disse infine, «conosce la parabola del seminatore che gettò le sementi a caso, sia su zolle pietrose, coperte da un leggero strato di terra arida, sia fra le spine e i rovi? Ricorda? Quando i semi germogliarono le pianticelle crebbero poco e presto morirono, una parte per insufficienza di terreno, l'altra per soffocamento».

Tacque e parve immergersi in riflessioni cupe.

«Sì», dissi. «Ebbene?».

Alzò lo sguardo su di me con espressione mutata.

«Ecco», disse tristemente, «io sono proprio uno di quei semi».

Riabbassò il capo e riprese il lavoro che aveva interrotto chiudendosi in un mutismo che non volli turbare. Ripresi a riordinare la cabina ma, quando aprii la porta per andarmene, la forte voce di Lupo Larsen mi arrestò.

«Ehi, Hump, senta. Se lei prende una carta geografica della Norvegia e dà un'occhiata alla costa occidentale, noterà subito un'insenatura chiamata Romsdal Fiord. Bene, io sono nato a centocinquanta chilometri di distanza da quella striscia d'acqua. Ma non sono norvegese, sono danese come mia madre e mio padre. Non so perché i miei genitori andarono a stabilirsi su quella terra gelata e inospitale prima della mia nascita, non ne ho mai udito parlare e non ho mai fatto domande. Era come se esistesse un segreto da tenere celato ma, all'infuori di questo, non c'era in loro nulla di misterioso o complesso. Erano due poveri esseri in miseria e analfabeti che discendevano da generazioni di poveri e analfabeti che, come loro, avevano lavorato sul mare e vi avevano lasciato molti dei loro figli. Ecco, le ho detto tutto ciò che so di me», concluse con un sorriso amaro. «Non ho più nulla da raccontarle».

Lo guardai perplesso. «Veramente questo è tutto?», chiesi incredulo.

«Che vuole che le dica?», disse con una nota di tristezza nella voce. «Vuole che le parli della mia miserabile, amara infanzia quando non possedevo che un pesce crudo per nutrimento e conducevo un'esistenza durissima di lavoro continuo, faticoso, di patimenti snervanti? Vuole che le descriva come, appena fui in grado di camminare, cominciai subito a condurre barche, a remare e, quando compii i dieci anni, mi imbarcai su una nave di piccolo cabotaggio come *boy* di cabina? Vuole che le parli dei miei fratelli che s'imbarcarono giovanetti e non tornarono mai più? O di me stesso, incapace di leggere, di scrivere, quasi persino di esprimermi e del trattamento che dovevo subire? Vuole che le dica che calci, pugni e schiaffi tenevano per me il posto di un letto e della colazione, che valevano come parole, come ordini? Che l'odio mortale e la sofferenza più acuta furono le mie prime esperienze, che non conobbi che violenza e disprezzo, miseria e fame, solitudine e dolore?». Lupo Larsen si passò la mano sulla fronte e parve ritrovare con la memoria i patimenti subiti. «Oh, sono ricordi che preferirei non rievocare», disse. «Anche ora mi sembra d'impazzire nel ricordare quel periodo della mia vita. Ho conosciuto capitani di navi da piccolo cabotaggio, uomini che ho odiato al punto di desiderare d'incontrarli di nuovo per ucciderli quando avessi posseduto l'età e la forza di un uomo. Non l'ho fatto soltanto perché la vita mi ha portato lontano. Non potei ritornare in quei luoghi che molto tempo dopo e seppi che i capitani che avrei desiderato rivedere erano morti tutti, meno uno, un vecchio secondo. Quando lo ritrovai, era un capitano storpio, per sempre incapace di camminare».

«Ma lei che dice di non aver mai visto l'interno di una scuola e che ha letto Spencer e Darwin come ha fatto ad imparare?», chiesi.

«Imparai nel servizio mercantile inglese dove fui *boy* di cabina a dodici anni, mozzo a quattordici, marinaio comune a sedici, scelto a diciassette. Ero dominato da un'ambizione violenta e vivevo nella più assoluta solitudine senza mai ispirare né pietà né simpatia. E senza l'aiuto di nessuno, studiai, lessi, feci tutto da me. Ma a che è servito?». Sogghignò amaramente e continuò. «Padrone e comandante di una goletta all'apogeo della mia vita, come lei dice, al punto dove la parabola scende verso la fine. Pietoso, no? Esattamente come il seme gettato nel terreno pietroso, sono stato arso dal sole per mancanza di spazio, di radici, di nutrimento».

«Ma la storia racconta di schiavi che si elevarono dalla loro condizione, che salirono fino al trono».

«Ma parla anche delle fortunate occasioni che si presentarono a quegli schiavi», rispose stringendo i denti come se fosse stato assalito da un accesso di furore. «Nessun uomo può creare da sé le proprie occasioni! I grandi uomini non fecero che riconoscere la fortuna quando se la videro passare dinanzi agli occhi e non dovettero che afferrarla. Il corso che divenne imperatore di Francia la riconobbe e l'afferrò ben strettamente! Io ho architettato sogni, ho avuto aspirazioni, ho creduto in ideali grandiosi quanto i suoi. Ma l'occasione fortunata non è mai giunta per me! Le spine mi hanno circondato, avvolto, soffocato». Sedette pesantemente sullo sgabello dal quale, durante la conversazione, si era alzato. «Le assicuro, Hump», continuò, «che lei ora sa di me più di qualsiasi altro essere vivente, eccetto mio fratello».

«Suo fratello?», chiesi stupito. «Chi è? Dov'è?».

«È il comandante della nave *Macedonia* e si dedica, come me, alla caccia delle foche. Lo incontreremo molto probabilmente lungo le coste del Giappone. Gli uomini lo chiamano "Morte Larsen"».

«Morte Larsen», ripetei colpito. «E le somiglia?».

«Non molto», rispose il capitano. «È una specie di animale senza cervello ma possiede tutta la mia...».

«Brutalità», suggerii.

«Già», disse ammiccando, «brutalità, ecco la parola! Sa appena leggere e scrivere, però».

«Naturalmente non avrà mai dissertato sui valori della vita».

«Infatti». Lupo Larsen sembrava nuovamente assalito dalla tristezza. «È certo più felice di me: è troppo occupato a vivere, per riflettere sui problemi dell'esistenza. È stato un errore per me aver imparato a leggere e aver aperto i libri».

XI

Il *Fanthom* aveva raggiunto la punta più meridionale della curva che stava descrivendo attraverso l'oceano Pacifico e cominciava a modificare la linea della sua rotta dirigendosi verso nord-est per raggiungere, a quanto mi era stato detto, un'isola deserta dove avremmo potuto rifornire i nostri serbatoi di acqua dolce prima di iniziare, lungo le coste del Giappone, la stagione di caccia. I cacciatori erano occupati in quei giorni a riordinare le loro armi, a sperimentarle, a verificare che il loro funzionamento fosse soddisfacente. I rematori e i timonieri avevano preparato le vele mobili per i canotti, avevano ricoperto di cuoio le impugnature dei remi per poterli manovrare, senza alcun rumore, all'avvicinarsi delle foche.

La ferita prodotta dal coltello di Mugridge al braccio di Leach si era del tutto rimarginata lasciando una lunga cicatrice biancastra che non si sarebbe mai più cancellata. Forse per la vista di quella striscia ammonitrice, il cuoco non osava mai avventurarsi sul ponte, durante la notte, e viveva in un terrore continuo e ossessionante.

Louis mi aveva confidato che, fra gli uomini del castello di prua, non regnava il buon accordo e che le burrasche sarebbero giunte da un momento all'altro. Sembrava che alcuni di loro avessero denunciato a Lupo Larsen i responsabili di alcune irregolarità di servizio e che avessero ricevuto dai compagni traditi una dura lezione che desideravano ardentemente restituire. Louis non presagiva nulla di buono per Johnson, rematore nel suo medesimo canotto, che si ostinava a esprimere la propria opinione su tutto e su tutti e a riprendere e correggere Lupo Larsen, quando questi gli si rivolgeva chiamandolo "Yonson". La sera prima egli si era scagliato furiosamente con i pugni minacciosi sul secondo, per quella ragione, e Johansen ora pronunciava esattamente il suo nome, ma, dato che non si poteva usare il medesimo trattamento con Lupo Larsen, la situazione era rimasta tesa ed incerta.

Louis mi fornì inoltre molte informazioni su Morte Larsen e ciò che appresi non era certo in contrasto con le parole di Lupo Larsen. L'avremmo incontrato presto, assicurava Louis, e profetizzava: «Attenzione alla tempesta! Quei due fratelli si odiano a morte come veri figli di lupi!».

Morte Larsen comandava l'unico piroscafo della flotta peschereccia, il *Macedonia*, che recava a bordo quattordici canotti anziché sei come tutte le altre navi e che, a quanto dicevano, era armato di un cannone, arma non certamente inutile nel corso di certe spedizioni misteriose e pericolose come il contrabbando dell'oppio per gli Stati Uniti, quello delle armi per la Cina, la tratta dei negri come schiavi e la pirateria.

Mi sembrava incredibile che ai nostri tempi simili cose potessero ancora accadere, ma dovevo senz'altro fidarmi delle parole di un uomo affidabile le cui informazioni si erano sempre rivelate esatte.

Mi accorsi che nella timoneria e al castello di poppa accadevano le medesime cose che in cucina e al castello di prua. L'odio prorompeva selvaggio, liti e lotte scoppiavano di continuo e i cacciatori di foche attendevano che le rivoltelle cominciassero a crepitare da un momento all'altro fra Smoke e Henderson che continuavano a odiarsi ferocemente e si lanciavano ripetutamente insulti e provocazioni. E Lupo Larsen aveva dichiarato con voce pacata che avrebbe ucciso di sua mano colui che dei due sarebbe sopravvissuto, se ci fosse stata fra loro una battaglia mortale.

«I cacciatori di foche godono il pieno diritto di scannarsi a vicenda e di divorarsi, se credono», aveva aggiunto come commento. «Ma, per quanto mi concerne, ho bisogno di cacciatori vivi. Perciò, se Smoke ucciderà Henderson o viceversa, il colpevole dovrà vedersela con me e vi assicuro che la pagherà cara».

Aveva poi aggiunto che, finita la stagione della caccia, ciascuno avrebbe potuto agire come meglio gli fosse piaciuto, e gettare, se ne avesse avuto voglia, il proprio rivale nell'oceano. Egli stesso si sarebbe poi fatto garante, davanti alla legge, delle fandonie che avrebbero inventato per far apparire come periti, in incidenti di navigazione, gli uomini mancanti.

Il freddo cinismo di Lupo Larsen non mancava di colpire i cacciatori di foche che, per quanto privi di senso morale e dominati da sentimenti primitivi e malvagi, avevano certamente trovato nel capitano un maestro di perfidia. Perciò lo odiavano, ma molto più lo temevano.

Thomas Mugridge continuava a comportarsi nei miei riguardi come un verme strisciante e mi dimostrava una deferenza e un rispetto che non riuscivano a convincermi completamente sullo scampato pericolo. Temeva evidentemente che io non considerassi chiuso l'incidente e avrebbe potuto, nonostante la sua vigliaccheria, essere spinto a uccidermi per la paura.

Il mio ginocchio era quasi del tutto guarito, benché avvertissi ancora di tanto in tanto qualche fitta dolorosa, e anche il braccio che Lupo Larsen aveva stretto con tanta violenza aveva quasi perso la sua rigidezza. Per il resto, le mie condizioni fisiche erano splendide e i miei muscoli divenivano di giorno in giorno più vigorosi. Ciò che mi preoccupava invece era l'aspetto delle mie mani un tempo bianche e curate e ora ridotte a un ammasso di carne deforme. Le unghie erano spezzate, annerite, e quasi ricoperte, alla sommità, da cuscinetti di carne sporgente. Cominciavo inoltre a soffrire di sfoghi cutanei, conseguenza naturale della dieta liquida a cui venivo sottoposto, dato che mai avevo sofferto di quella noiosa malattia.

Una sera scoprii Lupo Larsen che leggeva la Bibbia, cosa che mi stupì molto: seppi poi che, dopo le infruttuose ricerche del libro di preghiere il giorno del funerale del secondo, se ne trovò finalmente uno nella cassetta del morto. Mi chiesi che mai poteva trovare di interessante in un simile libro un uomo come Lupo Larsen e mi stupì vivamente il tono con cui egli lesse ad alta voce un passaggio dell'*Ecclesiaste*. Sembrava che stesse esponendo idee del tutto sue, tanto il tono della sua voce era sicuro ed espressivo. Nonostante l'educazione insufficiente che aveva ricevuto, Lupo Larsen sapeva esprimere con eccezionale efficacia il significato di ciò che leggeva.

«Ho ammassato oro e argento e i tesori dei re e delle province, ho acquistato cantanti e cantatrici e ho assaggiato le delizie dei figli degli uomini insieme al vino e alla musica. E ho superato in ricchezza e potenza tutti coloro che mi precedevano in Gerusalemme conservando però anche la mia sapienza. Ma avendo poi riflettuto su tutto ciò che le mie mani avevano fatto e sulle fatiche per le quali avevo inutilmente sudato, vidi che ogni cosa non era che vanità e tormento dello spirito e non vi è profitto sotto il sole». Lupo Larsen voltò qualche pagina e proseguì in tono sicuro. «Tutto avviene ugualmente al giusto e all'empio, al buono e al cattivo, al puro e all'immondo, a chi immola vittime e a chi disprezza il sacrificio; l'onesto e il peccatore, il giusto e lo spergiuro vengono trattati ugualmente. Questa è la peggior cosa che avviene sotto il sole e i cuori degli uomini si riempiono di malizia, di male e di follie e sono trascinati verso la morte. Chi è dunque l'eletto? Non v'è nessuno che possa sempre vivere o ne abbia la speranza ed è meglio dunque un cane vivo che un leone morto. Poiché i vivi sanno che dovranno morire, ma i morti non sanno più nulla di loro né vi è alcuna ricompensa perché perfino la loro memoria è dimenticata. Anche il loro amore, il loro odio e la loro invidia è perita con loro, né prenderanno mai più parte ad alcuna cosa che accada sotto il sole».

Lupo Larsen richiuse il libro sul dito e levò lo sguardo verso di me. «Ecco, Hump», disse. «Questo è per lei. L'oratore, e forse lo stesso figlio di David re d'Israele, la pensavano esattamente come me. Lei mi definisce materialista, pessimista, vero? Ma non è questo il più nero dei pessimisti? "Non v'è profitto sotto il sole..." "Tutto avviene ugualmente...". Sia al saggio che all'ignorante, sia al peccatore che al santo! La morte, no? E l'oratore dice che la morte è la cosa peggiore che avviene sotto il sole, perché probabilmente egli amava la vita e non voleva morire e affermava che la condizione di un cane vivo è preferibile a quella di un leone morto». Riaprì il libro e puntò il dito sull'espressione che l'aveva colpito. «Io sono proprio di questa opinione», continuò. «Strisciare come vermi su questa terra corrotta è da vili, forse, ma è sempre meglio che l'immobilità che ripugna alla vita che ha bisogno di movimento».

«Lei è peggio di Omar», obiettai. «Egli almeno, dopo essersi torturato la mente durante la sua giovinezza con i problemi sul nostro ultimo fine, seppe trovare e credere nella sua filosofia ottimistica e visse felice i suoi ultimi anni».

Lupo Larsen mi guardò interessato. «Chi era mai Omar?», chiese.

Per quel giorno, e per i due successivi, io non lavorai più. Al capitano non era mai capitato fra le mani il *Rubâiyât*, una raccolta di quartine di Omar, e conoscerlo rappresentò per lui la scoperta di un vero tesoro. Io ricordavo benissimo a memoria almeno due terzi dell'opera e potevo riassumere con chiarezza il rimanente. Discutemmo per ore e ore su ogni frase ed egli vi scoprì una tristezza e una specie di doloroso rimpianto che io, forse per lo stato d'animo in cui mi trovavo quando mi ero dedicato a quella lettura, non avevo mai notato.

Imparò a memoria con una rapidità sorprendente le quartine che io gli andavo recitando e le declamava con un accento appassionato di ribellione e di enfasi che mi toccava profondamente.

Gli chiesi quale fra tutte le quartine fosse la sua preferita e non fui sorpreso dalla sua risposta. Mi indicò subito quella che certo era stata scritta in un momento di scoraggiamento e di malumore e in assoluto contrasto con la gaia filosofia del poeta persiano.

Senza rischiare mai, amici, senza
domandare di dove provenite,
in tazze colme, in tazze proibite
per sempre annegherem quell'insolenza...

«Grande!», esclamò Lupo Larsen entusiasta. «Enorme! *insolenza*! Non credo che si possa trovare un'espressione più efficace, più incisiva!».

Cercai invano di ribattere e discutere: venni sopraffato con la sua eloquenza, la sua convinzione radicata.

«Tutto questo è vita. E la vita si ribella e si ribellerà sempre davanti alla morte, davanti all'ineluttabilità della fine. Vita e opere, dice l'oratore, non sono che vanità e ragione di tormento, aspirazioni e sogni fatui e malvagi. Ma la morte che pone fine al tormento, alla vanità, alla malvagità è ancora più crudele, più tragica. Così dice Omar, così credo io, così pensa lei e lo dimostra la paura che lei ha provato davanti al coltello affilato di Cooky. Malgrado la sua pretesa fede nell'immortalità, la vita che è in lei, che è più forte e più potente di lei, si rifiuta di morire. Lei ha ancora paura di Mugridge, del suo coltello, e ha paura anche di me, non può negarlo. Se io la prendessi per la gola e stringessi così...».

La mano di Lupo Larsen mi tolse il respiro per quanto egli si limitasse a una leggerissima pressione.

«E se cominciassi a stringere sempre più forte, più forte», continuò il capitano, «e lei sentisse la vita che sta per sfuggirle, la sua fede nell'immortalità sarebbe sopraffatta, sommersa dal suo istinto di conservazione, dal suo attaccamento alla vita e lei lotterebbe per difendersi, si ribellerebbe. Non è vero?». Mi fissò con espressione ironica e soddisfatta. «Vedo la paura della morte nei suoi occhi», proseguì. «Ed ecco che lei si dibatte, che lotta con la sua povera debole forza contro la mia. La sua mano aggrappata al mio braccio mi procura la medesima sensazione che avrei provato se una farfalla vi si fosse posata... Mi sembra di sentire il suo respiro affannoso, di vedere il suo viso congestionarsi, gli occhi uscire dalle orbite, la lingua dalla bocca... È come se tutto il suo essere gridasse: "Vivere, vivere, vivere!" all'infinito, ma quell'invocazione non riguarda la vita eterna, non la vita d'oltre tomba, ma questa, quella di adesso, la vita della carne! Comincia a dubitare della sua immortalità?». Scoppiò in una risata feroce. «Non è più tanto sicuro delle sue teorie, eh? E non le sorride l'idea di aver l'occasione di verificare la loro esattezza! Anche per lei di vero, di reale, di certo, non c'è che questa vita!». Sentivo la sua mano premere sempre più pesantemente sulla mia gola e mi sentivo sempre più soffocare. La voce di Lupo Larsen mi giungeva velata e lontana. «E lentamente le tenebre scendono davanti ai suoi occhi, le tenebre della morte, della cessazione della sensibilità, del movimento. Le tenebre la sommergono, i suoi occhi divengono fissi, vitrei, non riesce più a vedere il mio viso, a udire la mia voce ma lotta ancora, benché si renda perfettamente conto dell'inutilità della sua resistenza, contro la stretta della mia mano. Si dibatte, si contorce come un serpe, il suo petto si tende, si solleva cercando aria, cercando vita. Vivere! Vivere! Vivere!».

Non udivo più. Le tenebre tanto efficacemente descritte da Lupo Larsen erano scese su di me e la mia coscienza ne era stata assorbita. Quando tornai in me, mi trovai sdraiato sul pavimento e la prima cosa che vidi fu il suo viso. Egli fumava un sigaro e mi guardava pensosamente con l'espressione che ben conoscevo sul suo viso severo.

«L'ho convinta?», mi chiese. «Su, beva un po' di whisky: vorrei rivolgerle alcune domande».

Scossi faticosamente il capo senza rialzarmi. «I suoi argomenti sono... troppo convincenti ed energici perché si possano discutere», cercai di articolare provando un acuto dolore alla gola.

«Si sentirà meglio fra una mezz'ora», assicurò Lupo Larsen in tono benevolo. «E le prometto che eviterò d'ora in poi questo genere di argomenti. Si alzi ora, si sieda».

Ero come un giocattolo nelle mani di quell'essere selvaggio: obbedii. La discussione su Omar e l'oratore della Bibbia fu ripresa e a mezzanotte eravamo ancora alzati a parlare.

XII

Quelle ultime ventiquattr'ore, durante le quali a bordo del *Fanthom* la brutalità e la violenza si scatenarono da prua a poppa come se una bestiale tempesta avesse travolto gli animi insieme alla nave, si impressero nella mia mente a fuoco, indimenticabilmente. La causa di ciò che accadde era senz'altro da attribuirsi a Lupo Larsen. Molti uomini dell'equipaggio nutrivano sordi rancori nei confronti dei loro compagni, i rapporti fra uomo e uomo erano tesi, instabili e l'odio regnava dovunque sulla nave. Era evidente che sarebbe bastata la minima scintilla, perché il fuoco divampasse.

Thomas Mugridge non era solamente un vigliacco, era anche una spia, un delatore. E per ottenere qualche favore ed entrare nelle grazie del capitano, non esitò a denunciare i compagni di prua. Riferì pure a Lupo Larsen alcune parole roventi e accusatrici pronunciate da Johnson. Sembrava che egli avesse acquistato dal magazzino della nave un impermeabile rivelatosi poi di pessima qualità e comunque inferiore al prezzo di vendita. E in quell'occasione, Johnson, secondo la propria abitudine, non aveva esitato ad esprimere la sua opinione. Il magazzino di bordo, esistente su tutte le navi e specie su quelle armate per la caccia delle foche, era fornito di merce varia, oggetti ed indumenti utili ai marinai. L'importo degli acquisti veniva trattenuto alla fine del viaggio sui guadagni ottenuti dal marinaio nelle zone di caccia. I cacciatori, i rematori e i timonieri non percepivano un salario fisso, ma un tanto per ogni foca catturata dal battello di cui essi facevano parte al momento.

Non ero a conoscenza del malcontento di Johnson a causa dell'impermeabile e non sapevo nulla delle parole da lui usate per esprimere la propria irritazione. Non ero perciò minimamente preparato alla scena orribile alla quale dovetti assistere.

Avevo appena finito di riordinare la cabina del comandante e stavo discutendo con Lupo Larsen su Amleto, il personaggio shakespeariano che egli prediligeva forse per il suo pessimismo, quando vidi Johnson che, accompagnato dal secondo, stava scendendo la scaletta e si dirigeva verso di noi.

Johnson, secondo il regolamento di bordo, si tolse il berretto e rimase in piedi davanti al capitano in atteggiamento rispettoso e deferente, dondolandosi, seguendo il rollio della goletta per mantenere l'equilibrio. Lupo Larsen lo considerò con un'espressione bizzarra e che io non compresi.

«Chiuda la porta con il catenaccio», mi ordinò.

Obbedii stupito e colsi improvvisamente un lampo di inquietudine nello sguardo del marinaio. Non immaginavo assolutamente ciò che stava per accadere davanti ai miei occhi, ma egli, probabilmente, sapeva ciò che l'attendeva e si preparava ad affrontare la situazione con tutto il coraggio e la volontà. Nell'atteggiamento di quel semplice marinaio vi era più dignità e superiorità morale che in Lupo Larsen, il capitano. Egli aveva i suoi principi di lealtà, di moralità, di dirittura. Era pronto a sostenerli a costo di soffrire atrocemente: lo spirito in lui dominava la carne. Notando il suo turbamento, credetti si trattasse di imbarazzo, di timidezza di trovarsi dinanzi a Lupo Larsen, suo superiore, e non vi attribuii molta importanza.

Poi Johansen si allontanò da noi di qualche passo e Lupo Larsen si mise a sedere in una poltrona girevole davanti al marinaio, a circa tre metri di distanza. Mentre chiudevo la porta e tiravo il catenaccio, un penoso, opprimente silenzio dominava la sala. Fu rotto da Lupo Larsen dopo pochi istanti.

«Yonson...», cominciò.

«Mi chiamo Johnson, signore», corresse arditamente il marinaio.

«Come vuoi, che il diavolo ti porti! Dunque, Johnson, sai perché ti ho fatto chiamare?».

«Sì e no, signore», fu l'esitante risposta. «Svolgo coscienziosamente il mio lavoro e non è certo la buona volontà che mi manca. Il secondo lo sa e credo che lo sappia anche lei, signore. Non vedo proprio per quale ragione lei possa lamentarsi di me».

La voce di Lupo Larsen era bassa e pacata. «È tutto?».

«So che lei non mi vede di buon occhio», continuò Johnson lentamente. «Direi anzi che non mi può soffrire...».

«Continua!», lo incoraggiò Lupo Larsen. «Non aver paura di urtare la mia sensibilità!».

«Non ho paura», ribatté il marinaio, arrossendo leggermente sotto l'abbronzatura. «Se mi esprimo con difficoltà la ragione è che, come lei, ho lasciato da molto tempo il mio paese e la mia istruzione... Intendevo dire che lei non mi può soffrire, perché io ho uno spiccato sentimento della dignità dell'uomo, perché rispetto una personalità. Ecco la ragione, signore».

«Questo significa, se non erro, che non sai sottometterti alla disciplina di bordo, che non sai piegarti davanti a un regolamento».

«Non esattamente. Ma purtroppo non sono in grado di trovare parole diverse e più adeguate a esprimere ciò che intendo».

Così dicendo arrossì di nuovo e violentemente quasi mortificato per la sua inferiorità intellettuale.

Lupo Larsen parve voler eludere ulteriori preliminari e attaccare l'argomento principale. «Mi hanno riferito, Johnson, che non sei soddisfatto dell'impermeabile che hai acquistato al magazzino di bordo».

«È la verità, è di infima qualità».

«E ne hai parlato con tutti facendo un'infinità di critiche e provocando un vero vespaio di chiacchiere».

«Dico sempre ciò che penso, signore», rispose il marinaio in tono cortese, ma fermo e deciso. «È mia abitudine».

Lanciai un'occhiata a Johansen e vidi che il secondo osservava Johnson con un'espressione di odio feroce, stringendo i pugni, serrando le mascelle. Un solco bruno, appena percettibile, gli ombreggiava l'occhio destro e io ricordai che, alcune sere prima, egli aveva avuto un diverbio con il marinaio e ne aveva avuto la peggio. Allora cominciai a comprendere e mi resi conto che qualcosa di terribile stava per accadere.

Lupo Larsen parlava sempre con voce pacata. «Sai che succede a coloro che hanno l'ardire di parlare di me e del magazzino di questa nave come tu hai fatto?», chiese.

«Sì, signore, lo so».

«Dillo, dunque!»n ingiunse Lupo Larsen cambiando tono di voce e lanciando al marinaio uno sguardo bieco e aggressivo.

«Ciò che lei medita in questo momento per punirmi».

Lupo Larsen si rivolse a me. «Guardi, Hump!», esclamò. «Guardi questo pulviscolo animato, questo ammasso di vile materia, questo essere basso e misero che si crede un'essenza superiore e osa sfidarmi, provocarmi». Puntò un dito minaccioso contro il marinaio e continuò: «Ha la mente infarcita di un'infinità di sciocchezze come la morale, il diritto, il rispetto per l'individuo e pretende di vivere secondo questi principi idioti, a costo di sacrificarsi. Che ne dice di quest'uomo, Hump? Che ne pensa?».

«Penso che valga assai più di lei», risposi sperando di sviare la collera di Lupo Larsen da quel povero diavolo anche a costo di subirne le conseguenze. «Con i principi che lei definisce idioti, egli ha un ideale, uno scopo, un'anima. Nei suoi confronti, lei non è che un animale, un povero essere inutile».

Lupo Larsen annuì ridendo, ma l'espressione del suo viso era estremamente feroce e furibonda.

«Vero, Hump!», esclamò beffardo. «Verissimo! Io non mi perdo in sogni vaghi, nebulosi, io non mi lascio trasportare da una nuvola! Come l'oratore dell'*Ecclesiaste*, sono convinto che un cane vivo abbia più valore di un leone morto e la mia dottrina è sopravvivere a qualsiasi costo, vincere i tranelli della vita, il buio della morte. Questo microscopico fermento che chiamiamo Johnson quando non possiederà più la forza di muoversi, quando non sarà più che polvere e cenere e la sua nobiltà sarà ridotta a quella della polvere e della cenere, sarà certo soddisfatto del premio ottenuto in cambio della sua vita colma di princìpi, di morale, di ideale. Ma io sarò ancora vivo e vegeto». Si chinò in avanti e chiese con voce sommessa: «Sa che cosa sto per fare, Hump?».

Scossi il capo, incerto.

«No? Sto per far valere la mia forza, per provare la mia potenza e per mostrarle come si comporta, in una simile occasione, un idealista, un essere impastato di nobiltà e principi. Stia a osservare!».

Era seduto a tre metri di distanza da Johnson e improvvisamente lo vidi balzare dalla poltrona con un movimento felino, senza quasi levarsi in piedi. Un balzo da animale delle foreste, e invano Johnson cercò di scansarsi, di evitare che quella valanga feroce gli piombasse addosso. Egli abbassò un braccio per proteggersi lo stomaco e levò l'altro per ripararsi il capo, ma il pugno enorme e micidiale del capitano lo raggiunse colpendolo al torace è producendo un rumore cupo e sinistro. La violenza del colpo parve mozzare il respiro del marinaio ed egli emise violentemente dalla bocca l'aria che gli riempiva i polmoni provocando un sibilo acuto simile a quello di una frusta nell'aria. Oscillò sforzandosi di mantenere l'equilibrio e barcollò come un ubriaco.

Seguì una scena indescrivibile, ripugnante, orrenda. Johnson cercava coraggiosamente di resistere, ma nulla potevano i suoi sforzi contro la formidabile collera e la forza di Lupo Larsen e di Johansen che si era unito al capitano contro di lui. E veramente non avrei mai creduto che un essere umano potesse resistere a una simile lotta continuando strenuamente a difendersi senza la più piccola speranza di scampo. Egli lottava per la sua dignità una battaglia perduta a priori con la morte.

Io mi sentivo male e temevo veramente per la mia ragione. Mi sentivo mancare, le gambe mi tremavano e, facendomi forza, corsi vacillando verso la scaletta con l'intento di raggiungere il ponte e di allontanare da me quella visione spaventosa. Ma Lupo Larsen parve indovinare ciò che avevo in animo di fare. Lasciò per un attimo la propria vittima, balzò verso di me e mi respinse violentemente verso l'angolo opposto della sala.

«Rimanga, Hump!», ingiunse ghignando. «Rimanga e guardi! Potrebbe raccogliere nuove idee sul fenomeno della vita».

E la lotta riprese furiosa, spaventosa. Durò ancora circa dieci minuti, minuti che mi parvero eterni durante i quali Lupo Larsen e il secondo non smisero di accanirsi sul malcapitato con tutta la loro ferocia. I pugni pesantissimi dei due uomini piombavano sul marinaio simili a mazze di ferro, le loro scarpe chiodate lo colpivano di continuo. Il disgraziato cadeva sul pavimento esausto, malconcio per essere subito risollevato dai suoi persecutori e nuovamente colpito.

Era ormai sfinito, accecato dal sangue che gli colava copioso sul viso dal naso, dalla bocca, dalle orecchie. Il pavimento della cabina era spruzzato di sangue. Quando ai due uomini non fu più possibile reggere in piedi il marinaio si chinarono su di lui e lo colpirono ancora, ancora, ancora, sul pavimento dove egli era caduto. Infine Lupo Larsen si rialzò.

«Basta, Johansen!», ordinò. «Basta così».

Ma come una furia scatenata il secondo sembrava incapace di smettere, sembrava non udire. Lupo Larsen lo afferrò per un braccio e, con una mossa in apparenza tutt'altro che violenta, lo trasse indietro e lo spinse verso la parete contro cui la testa del secondo batté con un rimbombo sordo.

«Apra la porta Hump!», mi ordinò Lupo Larsen. «La spalanchi!».

Obbedii e allora i due uomini afferrarono il corpo inerte del marinaio e, dopo averlo fatto dondolare un paio di volte in avanti e indietro, lo scagliarono sul ponte. Johnson descrisse una parabola e cadde davanti al timoniere, Louis, suo compagno di canotto. Il sangue che sgorgava dal viso dell'uomo come una fontanella, colò sul ponte fino a bagnare le scarpe del timoniere che, senza allontanare lo sguardo dalla bussola, continuò tranquillamente il proprio lavoro come se nulla fosse accaduto attorno a lui.

Giorgio Leach, invece, si comportò in modo da stupire tutti i presenti. Si avvicinò al ferito e, di sua iniziativa, lo trasportò verso prua dove si diede da fare a fasciargli le ferite, a ripulirlo del sangue, a curarlo come meglio poteva. Johnson era ormai irriconoscibile: il suo viso gonfio e deformato dai colpi non aveva più nulla di umano.

Quando rimisi un po' d'ordine nella sala comune, teatro di ciò che era accaduto, risalii sul ponte sentendo un bisogno irresistibile di respirare una boccata d'aria fresca e con la speranza di trovare un po' di riposo per i miei nervi esasperati. Leach stava finendo di fasciare le ferite di Johnson, Lupo Larsen fumava a poppa il suo eterno sigaro osservando con occhio indifferente un canotto che il *Fanthom* stava rimorchiando e che, per uno scopo a me sconosciuto, era stato calato in mare. D'un tratto mi giunse all'orecchio la voce di Leach alterata dalla collera, rauca, colma di ribellione che il ragazzo non riusciva a contenere. Mi volsi sgomento e vidi l'ex *boy* di cabina in piedi sul ponte di fronte a Lupo Larsen. Aveva il viso terreo, gli occhi di fiamme esprimenti un'ira diabolica, irrefrenabile ed entrambi i pugni levati in alto verso il punto dove si trovava il capitano.

«Che tu sia maledetto da Dio, Lupo Larsen!», gridò il ragazzo. «Che tu sia dannato, che la tua anima venga gettata nel più profondo dell'inferno! Ma purtroppo l'inferno è una pena troppo misera per te, assassino, farabutto, vigliacco. Oh, tu, brutta carogna infetta...».

Rimasi pietrificato dal terrore e strinsi i denti in attesa di veder nuovamente la furia che si scatenava. Ma Lupo Larsen fece qualche passo avanti, si appoggiò con noncuranza al tetto della cabina e fissò con espressione assorta e incuriosita il giovane rematore che ancora teneva il pugno chiuso levato verso di lui. Ascoltò con indifferenza gli insulti che sgorgavano inesauribili, taglienti, sibilanti d'odio dalle labbra frementi del ragazzo. I marinai raccolti attorno al castello di prua osservavano spaventati la scena con i visi pallidi per lo sgomento e il terrore. I cacciatori di foche erano usciti dalla timoniera non appena si erano resi conto di ciò che stava accadendo, ma dato che la sequela di ingiurie che Leach sciorinava all'indirizzo di Lupo Larsen non sembrava voler cessare e che le invettive si facevano di continuo più offensive, i sorrisi morirono presto sulle loro labbra e anche i loro visi assunsero l'espressione di terrore che sconvolgeva i marinai. Erano spaventati dalla straordinaria audacia di quel ragazzo: sembrava veramente impossibile, infatti, che potesse esistere un essere capace di sputare con tanta freddezza insulti simili sul viso di un uomo brutale e possente come Lupo Larsen.

Guardavo e ascoltavo quel ragazzo con ammirazione e soddisfazione infinite. Vedevo in lui la forza sublime, invincibile dell'immortalità che vinceva la carne, la paura, l'istinto, per condannare, per fare giustizia.

Finalmente la giustizia e quale condanna per Lupo Larsen! Il ragazzo svelò la sua anima, la trascinò nuda davanti al disprezzo degli uomini, invocò su di essa la maledizione di Dio e dell'umanità, la coprì di invettive roventi che assumevano il significato di una scomunica, un anatema medioevale. Accusò, insultò con una collera a volte sublime, a volte primitiva e selvaggia. Ingiurie complicate, efficaci, ricercate assieme a insulti osceni, volgari. Non era collera, era follia. Il ragazzo le pronunciava balbettando, con voce rotta, con una schiuma biancastra sulle labbra contratte e frementi, soffocando, sprizzando saliva.

Lupo Larsen, con il gomito appoggiato al tetto della cabina e lo sguardo assente, perduto in lontananza, sembrava immerso in una profonda meditazione. Quella folle ribellione scatenata, quella sfida della materia, quello sfogo selvaggio e primordiale della vita, lo rendevano perplesso e lo incuriosivano enormemente. Egli ascoltava assorto, ma sembrava non udire o non capire a chi quelle parole fossero dirette. Aspettavamo tutti da un momento all'altro di vederlo balzare su Leach ed eravamo pronti ad assistere alla morte del ragazzo, alla morte più terribile. Ma egli rimaneva immobile con il sigaro ormai spento fra le labbra e lo sguardo calmo, distratto, lontano.

Leach era giunto al parossismo della sua collera impotente.

«Porco!», urlava con tutta la forza dei suoi polmoni. «Porco, porco! Perché non mi ammazzi, delinquente? Uccidimi dunque, chi te l'impedisce? Non ho paura, sai, né di te né della morte! Meglio, mille volte meglio morire che vivere vicino a te, che sopportare la tua compagnia, che respirare l'aria che tu infetti con la tua presenza. Avanti, vigliacco, carogna! Uccidimi, uccidimi!».

In quella fece la sua comparsa sul ponte Thomas Mugridge che sino a quel momento aveva assistito alla scena, fermo sulla porta della cucina. Usciva dal suo antro con il pretesto di dover gettare in mare un secchio d'immondizie ma con il solo, vero scopo di assistere da vicino e comodamente all'uccisione del suo nemico che riteneva imminente e sicura. Alzò lo sguardo e rivolse un sorriso servile a Lupo Larsen che parve non accorgersi nemmeno della sua presenza.

Il cuoco non si sgomentò per quell'indifferenza del capitano nei suoi confronti e, rivolgendosi verso Leach, lo squadrò da capo a piedi con espressione di disprezzo.

«Che linguaggio!», esclamò in tono di rimprovero. «È volgare, scandaloso!».

Il furore di Leach aveva trovato finalmente uno sfogo, non era più impotente, vano. E, caso strano, il cuoco era uscito sul ponte senza il suo inseparabile coltello. Mugridge aveva appena pronunciato il rimprovero, che il ragazzo gli si era lanciato addosso e l'aveva atterrato. Egli tentò tre volte consecutive di liberarsi e di raggiungere la cucina, ma per tre volte consecutive cadde sotto i colpi dell'ex boy di cabina.

«Oh, Dio!», urlava il cuoco terrorizzato. «Aiuto, aiuto! Fermatelo!».

I cacciatori di foche scoppiarono in una nervosa risata di sollievo e si preparavano a godersi lo spettacolo. La tragedia era finita: aveva inizio la farsa. L'equipaggio ora si affollava a poppa; urtandosi e pigiandosi, gli uomini cercavano di raggiungere una posizione da cui poter assistere alla fine della superbia dell'odiato cuoco. I loro visi avevano ripreso colore ed espressione normali: molti ghignavano, erano soddisfatti, sollevati. Io stesso trassi un profondo respiro di sollievo e presi a osservare la scena con una certa dose di buon umore. Devo confessare, anche se la cosa non torna a mio onore, che benché il trattamento che Leach somministrava a Mugridge, e la scarica di pugni che si abbatteva su di lui fossero non certo meno spaventosi di quelli che la delazione del cuoco aveva procurato a Johnson, c'era in me qualcosa di gioioso, qualcosa che cantava.

Intanto l'espressione del viso di Lupo Larsen non aveva subito alterazioni. Egli aveva conservato la medesima posizione e osservava la scena con l'indifferenza e la calma di poco prima. Come un chimico che osserva attentamente il liquido in ebollizione nella provetta, così egli considerava il processo dell'esperienza che, a causa sua, prendeva forma. Quale ne sarebbe stato il risultato?

Tutto si svolgeva come poco prima nella sala comune. Thomas Mugridge cercava inutilmente di sfuggire alle percosse di Leach e di strisciare fino nella cucina o nella cabina. Cercava di proteggersi, di evitare la pioggia di colpi che si abbatteva su di lui con una rapidità e una violenza inaudite. Si girava e rigirava sotto le percosse brutali come una banderuola mossa da un vento incostante e violento. Leach colpiva con furia scatenata ma con metodo, con volontà di vendetta. E la lotta non ebbe termine fino a che Mugridge non cadde inerte, sanguinante, malconcio sul ponte. Nessuno era intervenuto a separare i contendenti o a richiamare Leach e il ragazzo avrebbe potuto uccidere il suo nemico; ma egli ritenne sufficiente la vendetta che si era preso e si allontanò lentamente mentre Mugridge si contorceva spasimando e lanciava di continuo lamenti dolorosi che ricordavano il guaito di un cane.

Ma quello non fu che l'inizio di tutto ciò che, quel giorno, doveva avvenire a bordo del *Fanthom*.

Nelle prime ore del pomeriggio fu la volta di Smoke e Henderson fra i quali, da tempo, non regnava certo il buon accordo. Si videro quattro dei cacciatori di foche uscire precipitosamente sul ponte mentre una scarica di detonazioni giungeva dalla timoneria. Lungo la scaletta invasa da un fumo scuro e acre prodotto dai colpi d'arma da fuoco. Lupo Larsen scese rapidamente per raggiungere i contendenti e per somministrare loro una severa punizione, avendo essi infranto il regolamento. Lupo Larsen aveva avvertito i cacciatori che sarebbe intervenuto severamente nel caso che fossero venuti alle mani prima della caccia e ora manteneva la promessa, a carico dei due cacciatori entrambi feriti. Grida e strepiti si levarono dalla timoneria ma cessarono presto. Le ferite infatti erano decisamente serie e Lupo Larsen si diede da fare a medicare i cacciatori con le risorse di una chirurgia rudimentale ed empirica, mentre io lo assistevo nelle vesti di infermiere. Lupo Larsen ripulì i fori, tagliò le lacerazioni prodotte dalle pallottole e io osservai con stupore i pazienti che subivano con stoica calma e senza fiatare la rude chirurgia del capitano, che non era ricorso all'aiuto di anestetici prima di operare. Per sostenerli durante l'estrazione delle pallottole, non fu dato loro che un bicchierino di whisky.

Poi, durante le due ore del primo quarto, un nuovo tumulto ebbe luogo sul castello di prua. Fu provocato dalle chiacchiere e dalla delazione che erano state la causa della punizione inflitta a Johnson e, dal baccano che si udì e dai volti gonfi, contusi, bluastri che apparirono il giorno dopo sul ponte, conclusi che i marinai se le erano date di santa ragione a vicenda e che ognuno aveva avuto qualcosa da dire che non andava troppo d'accordo con il parere del compagno.

La giornata terminò con una rissa fra Johansen e Latimer, uno dei cacciatori di foche, alto e dinoccolato, che si lagnava spesso del disturbo che il secondo gli arrecava durante il sonno con le sue grida e le sue smanie. Johansen ebbe la peggio e si coricò malconcio dormendo, forse per la fatica della rissa, assai profondamente ma costringendo l'intera timoneria a rimanere desta, per tutta la notte, poiché continuava in sogno la lotta sostenuta contro Latimer.

Io non riuscii a chiudere occhio, oppresso com'ero dal ricordo di ciò che era avvenuto durante la giornata: le scene orrende a cui avevo assistito mi passavano davanti agli occhi come una ossessionante persecuzione. Ora conoscevo la vera violenza, la più spietata crudeltà, la brutalità cieca, sapevo che un uomo trascinato dall'odio può, con pretesti futili commettere le azioni più indegne, ferire, storpiare, uccidere. Sapevo che la vista del sangue può accendere la fantasia degli uomini, può renderli simili a belve feroci, affamate, idrofobe. I miei nervi erano troppo scossi perché io potessi abbandonarmi al riposo, la mia mente era troppo sconvolta, tutto il mio essere fremeva al ricordo. Sino ad allora non avevo conosciuto che il lato intellettuale della vita, e comprendevo la violenza soltanto attraverso il tagliente sarcasmo di Charley Furuseth, gli aneddoti e gli occasionali frizzi maligni dei miei amici del *Bibelot*, le osservazioni brusche e un poco rudi di qualche mio professore durante gli anni della scuola. Era stata per me una ben terribile esperienza venir a conoscenza e in modo tanto feroce della crudeltà umana, della sua perfidia. Non per nulla mi avevano soprannominato "signorina Van Weyden". Mi rendevo sempre più conto che, fino al giorno in cui ero salito a bordo di quella nave maledetta, la mia ignoranza sulla vera vita era stata assoluta, completa. E d'un tratto mi scoprii a pensare che nella terribile, ripugnante filosofia materialistica di Lupo Larsen vi era veramente una più logica, adeguata spiegazione della vita di quanta non ve ne fosse nelle teorie che avevo sempre professato. Mi spaventai dell'abisso verso cui i miei pensieri mi facevano scivolare e mi resi conto che l'atmosfera che mi circondava stava per contagiare anche me, stava per distruggere i miei sentimenti più elevati, la serenità del mio spirito.

Mi ripetevo di continuo che Leach, battendo a sangue Mugridge, aveva compiuto un'azione indegna, vile, crudele. Ma non riuscivo a impedire a me stesso di goderne al solo pensiero, come se l'accaduto mi avesse liberato da un peso insopportabile, come se, nella vendetta di quel ragazzo, ritrovassi la mia vendetta, che avevo atteso. Mi rimproveravo, cercavo di vincere quel pensiero malvagio. Ma ridevo, ridevo felice e soddisfatto.

Non c'era più traccia in me di Humphrey Van Weyden: non ero che Hump, boy di cabina sul *Fanthom* dove dovevo obbedire agli ordini di Lupo Larsen, mio capitano, e dove Mugridge e tutti gli altri uomini dell'equipaggio erano miei compagni.

XIII

Durante i tre giorni che seguirono, dovetti svolgere, oltre al mio lavoro di sempre, anche ciò che era compito di Thomas Mugridge che non era assolutamente in condizioni di lasciare la sua cuccetta. L'equipaggio si dimostrò più che soddisfatto di quel cambiamento e Lupo Larsen stesso si complimentò con me per le mie inattese qualità di cuoco.

«Finalmente si può mangiare qualcosa di decente», mi disse Harrison dalla porta della cucina, mentre stava per riportare al castello di prua brocche e scodelle. «I manicaretti che Tommy ci ammannisce puzzano spaventosamente di grasso, e rancido per giunta. Certo non c'è da meravigliarsi se tutto ciò che tocca finisce col puzzare: non si può dire che lui sia profumato. Che individuo sudicio e repellente quel cuoco! Scommetto che, da quando siamo salpati, non si è ancora cambiata la camicia».

«Vero!», risposi. «È così».

«E scommetterei che dorme con addosso quella stessa camicia», aggiunse Harrison.

«Oh, non perderebbe di certo la scommessa», risposi malignamente. «Se l'è tolta di dosso una sola volta in vita sua».

Lupo Larsen giudicò infine che tre giorni di riposo erano stati più che sufficienti alla completa guarigione del cuoco e si recò personalmente, il quarto giorno, nella cabina di Mugridge per scrollare il cuoco dalla sua cuccetta e rispedirlo in cucina a lavorare.

Mugridge si lamentò, gemette, pianse ma non riuscì a commuovere il capitano.

«E bada di smetterla di ammannirci le tue puzzolenti porcherie a tavola», ingiunse minaccioso Lupo Larsen. «E cambiati quella lercia camicia se non vuoi fare un bagno a rimorchio della nave, capito? Lo sai, vero, che cosa intendo dire?».

Thomas Mugridge ritornò riluttante e mortificato in cucina e, mentre l'attraversava con passo ancora debole e incerto, una improvvisa scossa della nave lo fece barcollare.

Egli brancolò un poco e tentò, nella speranza di reggersi in piedi, di afferrarsi alla sottile ringhiera di ferro che correva tutto intorno al fornello per impedire alle casseruole di cadere sul pavimento a ogni ondata, ma perse l'equilibrio e la mano gli scivolò in avanti sulla piastra rovente del fornello. Egli lanciò un urlo rauco mentre l'odore della carne bruciata invadeva la cucina e si accasciò sulla cassa del carbone agitando in aria la mano dolorante.

«Oh Dio mio!», gemeva. «Oh, che ho fatto di male? Perché tutti i mali accadono a me? Nemmeno a farlo apposta!». Si guardò la mano resa paonazza dalla scottatura e tremò per il dolore. «Oh Dio!», continuò. «E pensare che non saprei far soffrire una mosca io, che mi dò tanto da fare per non arrecare danno a nessuno!».

Le lacrime scorrevano copiose su quel viso disfatto dalla sofferenza, lungo quelle guance rese gonfie e livide dai pugni di Leach. Poi, improvvisamente, i lineamenti contratti del cuoco parvero distendersi mentre un'espressione feroce gli appariva sul viso tumefatto.

«L'odio!», gridò selvaggiamente. «Oh, come l'odio!».

Lo guardai perplesso. «Chi?», chiesi.

Senza rispondere il cuoco riprese a piangere e a lamentarsi senza curarsi di me. Certo sarebbe stato più difficile riuscire a comprendere chi quel miserabile non odiasse.

Ma quei gemiti pietosi a lungo andare sciolsero in me ogni rancore verso quell'uomo e lo considerai a lungo con compassione. Forse egli non aveva colpa dell'odio che portava in sé verso il mondo intero, forse non ne era che una vittima. Certo odiava anche se stesso per quella sua natura vile e debole, per la miseria e le sofferenze che la vita gli aveva riservato. E arrossii ricordando la mia durezza, la mia incomprensione assoluta verso quell'essere diseredato che, fin dall'infanzia, aveva condotto una vita crudele di miseria e solitudine. La natura che gli aveva dato quel fisico sproporzionato, quella figura goffa, quel viso grottesco era stata la prima a colpirlo. E in seguito la sorte si era accanita contro di lui sotto mille diversi aspetti, senza tregua, senza pietà. Di chi era veramente la colpa se Thomas Mugridge era divenuto quell'essere repellente ed odioso che mi stava davanti?

I gemiti di sofferenza del cuoco sembravano voler rispondere alla mia domanda.

«Non ho mai avuto nulla, nulla! Chi si è preso cura di me quando ero bambino? Chi mi ha educato, chi mi ha insegnato ciò che è bene e ciò che è male? Chi mi ha voluto bene da piccolo? Da chi, su questa terra, ho avuto un poco d'affetto, una parola buona, un aiuto?».

Mi sentivo vincere dalla commozione e, con mano tremante, gli battei un leggero colpo sulla spalla nel tentativo di confortarlo.

«Suvvia, Tommy», mormorai con tono amichevole, «si faccia coraggio! Lei ha ancora tutta la vita dinanzi a sé e non può sapere che cosa le riservi il futuro. Forse tutte le cose si accomoderanno, forse la fortuna si volterà dalla sua parte, forse potrà fare ciò che vorrà, un giorno».

Mugridge respinse bruscamente la mano che, parlando, gli avevo teso in segno di simpatia. «Non è vero! So di non essere più giovane e mi rendo conto di non essere che un povero straccio, un essere miserabile e finito». Alzò il viso lacrimoso e gonfio verso di me con espressione disperata. «Lei è un gentiluomo, Hump, lei non può capire queste cose. Lei non sa che significhi la fame, quella vera, quella che fa gemere durante il sonno, che attanaglia le viscere, che strappa lo stomaco. Oh no, non c'è nulla da fare per me: nessuna speranza! Supponga che, per assurdo, mi eleggessero domani presidente degli Stati Uniti e che io diventassi una persona come si deve, un benestante. Ciò non potrebbe cancellare il fatto che ho sofferto troppa fame da piccolo, non potrebbe farmelo dimenticare, cancellare dalla mia mente l'orribile, ossessionante parola "fame". Oh, Hump, è il mio destino questo: sono nato solo per soffrire, per essere maltrattato, tormentato, vilipeso, per odiare ed essere odiato». Tacque per pochi minuti e si passò la mano sul viso bagnato con un gesto goffo e puerile che mi strinse il cuore. «Credo di aver sofferto più di qualsiasi altra creatura al mondo», continuò. «Ho trascorso la metà della mia esistenza in ospedale. Ho sofferto di febbri ad Aspinwall, all'Avana, a New Orleans. Giunsi quasi in punto di morte per lo scorbuto che presi nelle Barbados e che mi afflisse per mesi e mesi. Poi a Honolulu mi beccai il vaiolo, a Shangai mi spezzai le gambe, presi la polmonite nell'Alaska, ebbi tre costole spezzate e una lesione al ventre a S. Francisco. E mi guardi, adesso, mi guardi! Mi hanno quasi sfondato il petto a calci e si può star certi che entro la mattinata perderò sangue dalla bocca. Che debbo fare, che posso fare per salvarmi, per sfuggire a questa vita miserabile, a questo destino infame? Come deve avermi odiato Dio per destinarmi a una simile esistenza, per condannarmi a questa traversata crudele in un mondo orribile!».

Mugridge si nascose il volto tra le mani e continuò per circa un'ora a lamentarsi della propria sorte, poi si alzò zoppicando e barcollando dalla cassa del carbone e si mise al lavoro. Il suo viso esprimeva sempre un odio senza limiti per tutto e per tutti.

Le sue previsioni sul suo stato di salute si dimostrarono esatte. Di quando in quando egli era costretto a cessare il lavoro e veniva assalito da dolori acuti al petto e al ventre. Pareva dovesse soffocare da un momento all'altro e sputava di continuo una schiuma rossastra e vischiosa. Ma, come egli aveva asserito, Dio l'odiava troppo per concedergli la liberazione della morte. In poco tempo, Mugridge si rimise del tutto e divenne più insopportabile e malvagio di prima.

A Johnson occorsero vari giorni prima che riuscisse a trascinarsi sul ponte ed era ancora in uno stato pietoso il giorno in cui lo vidi tentare penosamente di arrampicarsi sull'alberatura e appoggiarsi infine affranto e sfinito alla barra del timone. Ma ciò che più mi colpì fu il dover costatare che, insieme al corpo, anche il suo spirito era stato vinto, spezzato. Non aveva più coraggio, né dignità, né volontà. Davanti a Lupo Larsen tremava, abbassava il capo e avrebbe leccato le scarpe al secondo se questi glielo avesse ordinato. Ben diversamente invece si comportava Leach che andava e veniva sopra coperta con l'andatura e il portamento di una tigre e con gli occhi lucenti di odio che non si dava pena di dissimulare, nemmeno davanti a Lupo Larsen e a Johansen.

Una notte udii la sua voce nell'oscurità e compresi che stava parlando al secondo.

«Vedrai, sudicio, lercio svedese!», diceva in tono minaccioso. «Lascia fare a me, brutta carogna, e quando sarà giunto il momento propizio regolerò il mio conto con te. Non hai che da aspettare».

Il secondo lanciò un'imprecazione volgare e, come risposta, un corpo pesante venne scagliato attraverso il buio e andò a sbattere contro la parete della cucina. Si udirono allora imprecazioni, maledizioni e lo scoppio di una risata beffarda e minacciosa.

Quando tornò il silenzio e tutto parve tranquillo, uscii sul ponte e trovai un grosso coltello conficcato nella parete esterna della cucina. La lama era penetrata di almeno un tre centimetri nello spesso, durissimo legno.

Poco dopo, vidi il secondo avvicinarsi alla parete e cercare a tastoni il coltello; l'indomani restituii l'arma a Leach che la prese sogghignando senza una parola. Ma in quella risata io sentii una riconoscenza più sincera che in quelle parole banali che le persone della mia categoria avrebbero potuto esprimere.

Diverso com'ero sia fisicamente che moralmente da ogni uomo che componeva l'equipaggio, ero entrato nelle simpatie di tutti e non avevo mai avuto l'occasione di litigare con nessuno. Forse i cacciatori di foche si limitavano a tollerarmi senza prendermi eccessivamente in considerazione, ma Smoke ed Henderson che se ne stavano sotto una tenda, sul ponte, a dondolarsi nelle amache e godendosi l'ozio della convalescenza, mi assicuravano che un'infermiera diplomata non avrebbe potuto curarli meglio di me e mi promettevano di continuo che, alla fine del viaggio, quando avrebbero ricevuto la paga, non mi avrebbero dimenticato. E benché sapessi che, una volta a terra, avrei potuto acquistare l'intera goletta con tutto ciò che vi era a bordo, equipaggio compreso, quei discorsi mi facevano piacere.

Pochi giorni dopo, Lupo Larsen fu assalito da un nuovo attacco d'emicrania violenta che durò due giorni. Mi chiese consiglio e mi ubbidì con una docilità e una precisione stupefacenti e, quando gli prescrissi di astenersi dal fumo e dall'alcool non protestò. Ma il dolore al capo non smise, le mie cure non ottennero alcun risultato. E a mia volta osservai con curiosità l'effetto delle sofferenze in quell'animale forte e potente.

Louis scuoteva il capo ogni volta che il discorso cadeva sulle sofferenze del capitano. «È la giustizia di Dio che scende su di lui», commentò una volta. «È la punizione del cielo per la sua malvagità. Certo dovrà presto accadergli qualcosa di ben più grave, altrimenti...».

«Altrimenti?», chiesi.

«Con tutto il rispetto da parte mia, dovrei pensare che Dio sta dormendo, che non fa il suo dovere».

Credevo che i dissapori fra me e Mugridge fossero cessati, ma dovetti ricredermi e ammettere che a bordo del *Fanthom* c'era un uomo che mi odiava e che, recentemente, aveva inventato una ragione nuova per detestarmi sempre di più. Scoprii con facilità quella nuova ragione d'odio e rimasi perplesso. Mugridge si rodeva d'invidia perché la mia vita era stata più fortunata della sua, perché ero un gentiluomo, perché ero nato negli agi e nel benessere.

Il giorno in cui Henderson e Smoke fecero la loro prima passeggiata sul ponte camminando l'uno accanto all'altro in amichevole e allegra conversazione, guardai sorridendo Louis e gli feci notare che le sue profezie disastrose non si erano per nulla avverate.

«Nessuno è morto sino a ora!», esclamai.

Louis mi fissò con i suoi occhi grigi colmi di astuzia e scosse il capo pensierosamente. «La morte verrà, glielo assicuro», affermò in tono sommesso. «Io avverto la sua presenza poco lontana, la sento come odo il vento soffiare nel sartiame durante la notte. È vicina e, quando giungerà, si scatenerà con macabra, orribile furia su questa nave colpirà. La morte è vicina, molto vicina».

«E chi afferrerà per primo?», chiesi ironico.

«Oh, non certo il vecchio Louis, le assicuro!», fece ridendo. «So badare alla mia pelle, io! E sono certo, certissimo che fra un anno esatto, in questa medesima epoca, potrò guardare gli occhi lacrimosi e teneri della mia vecchia mamma, quegli occhi stanchi che da anni non fanno che fissare il mare in attesa del ritorno dei cinque figli che ella gli ha dato».

Poco dopo scesi in cucina e vi trovai Mugridge che mi attendeva imbronciato accanto al fornello.

«Che le stava raccontando Louis?», mi chiese incuriosito.

«Che un giorno tornerà al proprio paese per riabbracciare sua madre», risposi evasivamente e con diplomazia.

Il cuoco mi guardò con occhi cupi, spalancati, disperati. «Io non ho mai avuto una madre», mormorò lentamente.

XIV

Mi rendevo conto, rammaricandomene, di non aver mai apprezzato nel suo giusto valore la femminilità. Per quanto non mi fosse mai accaduto di vivere del tutto al di fuori dell'atmosfera femminile, non avevo mai veramente compreso l'intima essenza della donna. Mia madre e le mie sorelle mi avevano sempre addirittura sommerso con la loro tenerezza e sollecitudine tanto che io avevo spesso tentato di evitare la loro compagnia.

Ma quanta nostalgia provavo ora! Come avrei goduto della loro presenza, delle loro parole gentili, della loro voce dolcissima e morbida, del fruscio delle loro vesti che un tempo mi innervosiva. Ero certo che, se un giorno mi fosse stato concesso di tornare a casa, non avrei potuto più dimenticare quanto, durante quel periodo, avevo sentito la loro mancanza; ero certo che non sarei stato mai più scortese e irritabile con loro. Avrei ingoiato senza protestare; sorridendo, tutte le medicine efficaci e inutili che mi avessero presentato in qualsiasi momento. Avrebbero potuto invadere il mio studio a loro piacimento, riordinarlo, spolverare, cambiare posto a carte e a libri. E mentre avrebbero lavorato, io me ne sarei stato seduto ben comodo nella mia poltrona a osservarle beatamente, ringraziando la provvidenza di avermi concesso una madre tanto tenera e sorelle tanto premurose.

Mi chiedevo a volte dove mai si trovassero in quei giorni le madri, le sorelle, le spose di quei venti e più uomini che vivevano sul *Fanthom*. Mi sembrava innaturale che quegli uomini fossero tanto staccati dalle loro donne da potersene allontanare con tanta indifferenza per mesi e mesi e andarsene per il mondo abbandonati a se stessi. Certo la brutalità, la violenza, la volgarità ne erano le inevitabili conseguenze. Se quegli uomini avessero avuto spesso accanto mogli, madri e sorelle sarebbero stati certo capaci di provare sentimenti umani, avrebbero saputo essere gentili, affettuosi, avrebbero provato la simpatia, il cameratismo, l'amore per il prossimo.

Ma nessuno degli uomini del *Fanthom* era ammogliato. Da molto tempo, nessuno di loro era stato a contatto con una donna buona, dai sentimenti delicati, elevati, che avesse saputo con la propria influenza addolcire i loro animi duri, crudeli. Non vi era equilibrio nella loro esistenza. La loro virilità bruta si era eccessivamente sviluppata soffocando, uccidendo l'altro lato della loro natura, quello spirituale. Non erano che un gruppo di uomini soli con se stessi che non facevano che urtarsi l'uno contro l'altro aspramente, brutalmente, che non conoscevano la dolcezza della carezza femminile, che non sapevano cosa fosse l'affetto di una madre. E spesso mi sembrava persino impossibile che essi avessero avuto una madre, quasi fossero appartenuti a una diversa specie di animali, fra l'uomo e la belva, senza cervello né sesso. Mi sembrava che fossero nati per generazione spontanea e che il sole avesse covato le loro uova come quelle delle tartarughe o che avessero ricevuto la vita in un modo sordido, inconfessabile, che dovessero vivere la loro esistenza come belve, abbrutendosi sempre più per morire un giorno miseramente e per sempre.

Spinto dai numerosi interrogativi che mi andavo continuamente ponendo, mi decisi a fare due chiacchiere sull'argomento con Johansen e in quell'occasione scambiai con il secondo le prime parole superflue concessemi durante l'intero viaggio dal mio superiore. Seppi così che egli aveva lasciato la Svezia a diciotto anni, che ne aveva da poco compiuti trenta e che, dal giorno che se n'era andato da casa, non vi aveva più fatto ritorno. Aveva avuto le ultime notizie di sua madre due anni prima da un marinaio che aveva incontrato nel Cile in una taverna e che veniva dal suo paese. E così aveva saputo che sua madre viveva ancora.

«Dev'essere decrepita», aggiunse quella sera con espressione pensosa, osservando la bussola e lanciando un'occhiata di rimprovero ad Harrison che era al timone e che aveva lasciato deviare la nave di un punto dalla sua rotta.

«Le ha scritto ultimamente?», chiesi.

Fece ad alta voce un lento calcolo stentato.

«Ottantuno... cioè, nell'ottantadue... No, fu nell'ottantatré», concluse. «Le ho scritto precisamente nell'ottantatré l'ultima lettera, dieci anni fa, da un porto del Madagascar. Allora ero nella marina mercantile». Fece un gesto vago guardando pensosamente il mare. «Progettavo di continuo di tornare a casa per vederla e non avevo nessuna ragione per scriverle. Ma ogni volta qualche contrattempo interveniva a impedirmi il viaggio deciso: forse adesso che sono stato promosso secondo ufficiale potrò finalmente concedermi di rivedere mia madre. Quando torneremo a S. Francisco e avrò riscosso la mia paga di cinquecento dollari, mi arruolerò su un veliero inglese con il quale potrò raggiungere Liverpool o qualche altro porto britannico da dove, con il mio gruzzoletto, potrò giungere fino a casa. Se allora mia madre sarà ancora in vita, potrà smettere di lavorare, finalmente!».

Lo guardai stupito. «Ma lavora ancora?», chiesi. «Quanti anni ha?».

«Dovrebbe essere sui settanta», rispose. E aggiunse con sussiego: «Al mio paese si lavora di continuo dal giorno della nascita fino alla morte. E questa è la ragione della nostra longevità, suppongo. Io, ne sono certo, camperò fino a cent'anni».

Non dimenticai mai quelle sue parole, le ultime che egli mi rivolse e forse le ultime che pronunciò in vita.

Scesi nella cabina a coricarmi ma, giuntovi, costatai che vi regnava un calore insopportabile, soffocante. Era una nottata serena, eravamo da poco usciti dalla zona dei venti alisei e il *Fanthom* filava lentamente su un mare calmissimo. Presi una coperta e un cuscino e risalii sul ponte proponendomi di passare la notte all'aperto.

Mentre passavo accanto ad Harrison fermo accanto alla barra, notai che la rotta era deviata di tre punti e, ritenendo che il timoniere si fosse addormentato, gli rivolsi la parola per evitargli un rimprovero o una punizione da parte del secondo. Ma Harrison non dormiva: teneva gli occhi spalancati, fissi dinanzi a sé e appariva estremamente turbato, incapace perfino di rispondere alle mie parole.

«Che succede?», chiesi stupito. «Si sente male?». Scosse il capo e trasse un respiro profondo come se si destasse in quel momento.

«Farebbe bene a badare alla rotta, allora», lo avvertii risentito.

L'uomo girò lentamente la ruota e io vidi che l'ago della bussola si spostava leggermente verso nord-ovest e si fissava oscillando. Stavo per allontanarmi tenendo sempre coperta e cuscino sotto il braccio quando, volgendo il capo, lo sguardo mi cadde sulla distesa calma del mare e vidi, aggrappata al parapetto, una mano gocciolante e salda. Poi una seconda mano apparve accanto alla prima e stetti a osservare la scena come affascinato. Chi era quell'essere che sorgeva come per incanto dalla profondità del mare? Chi stava per apparire? Appoggiandosi con forza al canotto che rimorchiavamo, qualcuno si stava issando a bordo. Poi una testa dai capelli appiccicati e gocciolanti apparve sopra il parapetto e io riconobbi meravigliato il viso di Lupo Larsen, senza possibilità d'errore. Mi accorsi che la guancia del capitano era rossa del sangue che sgorgava certo da una ferita al capo. Lupo Larsen scavalcò il parapetto con un balzo, si rialzò in piedi e lanciò un'occhiata sospettosa all'uomo che si trovava al timone quasi ad assicurarsi che si trattasse di Harrison e che nulla vi fosse da temere. Dai suoi abiti colava l'acqua e, scivolando sul ponte, produceva una specie di gorgoglio che attrasse la mia attenzione. Guardai il capitano e, come egli prese ad avanzare nella mia direzione, indietreggiai terrorizzato dal bagliore di quegli occhi minacciosi e crudeli.

Egli parlò con voce sommessa. «Bene, Hump», fece. «Dov'è il secondo? Lo sa, lo ha visto?».

Scossi il capo in silenzio.

«Johansen!», chiamò a gran voce. «Johansen!». Poi si rivolse ad Harrison. «Dov'è?».

Il timoniere sembrava aver ritrovato il proprio sangue freddo perché, quando parlò, la sua voce risuonò ferma e pacata. «Non so, signore. Ma poco fa l'ho visto dirigersi verso prua».

«Già, anch'io vi sono andato», disse Lupo Larsen, «ma, come hai potuto costatare, non vi sono ritornato dalla medesima strada. Come potresti spiegare la faccenda?».

«È caduto in mare, signore?».

Intervenni perplesso. «Se desidera che vada a cercare il secondo, signore, darò un'occhiata nella timoneria».

Egli scosse il capo. «Non lo troverebbe, Hump, ma io sì, lo troverei. Venga con me e lasci qui la sua coperta. Non le occorre per il momento».

Lo seguii: le tenebre e il silenzio ci circondavano.

«Quei cacciatori della malora!», egli commentò. «Sono troppo grassi e pigri per poter sopportare un turno di guardia di quattro ore».

Sul castello di prua trovammo tre uomini dell'equipaggio immersi nel sonno e Lupo Larsen li volse e li guardò in viso. Era usanza della nave che, se il tempo era bello i marinai addetti alla vigilanza potevano dormire mentre l'ufficiale, il timoniere e la vedetta vegliavano.

Lupo Larsen girò attorno lo sguardo. «Dov'è la vedetta?», chiese ad alta voce.

«Eccomi, signore», rispose Holyoak, uno dei marinai, con un leggero tremito nella voce. «Mi ero addormentato in questo preciso momento, signore. Mi... dispiace veramente, non... accadrà mai più, signore».

Lupo Larsen ebbe un gesto d'impazienza. «Hai visto qualcuno sul ponte? Hai udito qualcosa?».

«No, signore, io...».

Lupo Larsen gli voltò le spalle borbottando fra sé e lasciandolo in preda a uno stupore pieno di sollievo per essersela cavata così a buon mercato.

«Silenzio, adesso!», mi ordinò con voce sommessa, mentre si chinava sul boccaporto del castello di prua e stava per discendere lungo la piccola scala. Lo seguii con la mente in subbuglio e scosso da un tremito nervoso. Ignoravo ciò che era accaduto e non potevo prevedere ciò che sarebbe successo. Immaginavo soltanto che, probabilmente, vi era stata una rissa sanguinosa poco prima perché certamente Lupo Larsen non avrebbe fatto un bagno, ritornando poi ferito a bordo, per semplice divertimento. Inoltre non vi era traccia del secondo. Era la prima volta che scendevo nel castello di prua e, quando vi giunsi, mi resi conto che non avrei mai più dimenticato la visione che mi comparve dinanzi. Il locale della prua della nave era di forma triangolare e lungo i tre lati, allineate in doppia fila, vi erano dodici cuccette. In quello spazio incredibilmente ristretto, dodici uomini dormivano, mangiavano, compivano tutte le normali funzioni della vita. Certo la mia camera da letto a San Francisco non era molto vasta, ma avrebbe potuto contenere almeno una dozzina di quei locali e, prendendo in considerazione anche l'altezza delle pareti, perfino una ventina.

L'atmosfera era pesante, soffocante. Vi aleggiava un tanfo acre di muffa e di sudore che pungeva le narici. All'incerta luce giallognola della lampada che oscillava, vidi che la parete, fra una cuccetta e l'altra, era letteralmente ricoperta di stivaloni, di impermeabili, d'indumenti vari d'ogni specie e che tutti quegli oggetti, a ogni scossa della nave, dondolavano avanti e indietro producendo un fruscio simile a rami agitati dal vento. Un grosso stivale batteva sonoramente contro la parete a intervalli regolari e per quanto la notte fosse silenziosa e calmissima, si udivano incessanti scricchiolii del legno, mormorii di sartiame e, sotto di noi, lo sciacquio cupo del mare.

Gli uomini non si mossero al nostro sopraggiungere. In quell'atmosfera da forno, otto uomini respiravano rumorosamente, tranquillamente, alcuni con un lieve russare monotono Ma dormivano veramente? E soprattutto dormivano tutti? Era ciò che evidentemente Lupo Larsen cercava di scoprire girando lentamente osservando attentamente ogni marinaio.

Egli afferrò la lampada e me la tese perché la sostenessi mentre svolgeva le proprie indagini. Cominciò dalle prime cuccette di sinistra e considerò a lungo il marinaio che giaceva sulla prima superiore. Era Oofty-Oofty, un *kanaka* dal tipo classico e dal corpo vigoroso e ben proporzionato, così battezzato dagli altri marinai. Giaceva supino e respirava leggermente, serenamente come un bambino tenendo un braccio piegato sotto il capo e l'altro abbandonato sulla coperta. Lupo Larsen gli afferrò leggermente il polso fra le dita e contò le pulsazioni. Ad un tratto, il kanaka si destò senza muovere il corpo, aprendo soltanto le palpebre, spalancando gli occhi nerissimi e stupiti su Lupo Larsen.

Il capitano si portò un dito alle labbra per raccomandargli il silenzio ed egli, senza far parola, richiuse prontamente gli occhi.

Nella cuccetta sottostante dormiva Louis. Era sudato fino all'inverosimile e immerso in un sonno di piombo. Mentre Lupo

Larsen gli stringeva il polso, si mosse arcuando il corpo e mormorando fra i denti parole incomprensibili.

«Uno scellino vale un quarto... Ma accendete le lampade per i pezzi da tre *pence* se non volete che i baristi ve li rifilino per monete da sei». Si rotolò sul fianco, emise un sospiro profondo e continuò farfugliando: «Sei *pence* è un *tenner*, uno scellino è un *bob* ma non so proprio cosa sia un *pony*».

Soddisfatto dalle due prime ispezioni, Lupo Larsen passò alle cuccette seguenti occupate rispettivamente da Leach e da Johnson e, mentre gli facevo luce reggendo sopra il suo capo la lampada, egli si chinò a tastare il polso di Johnson. Allora vidi Leach sollevarsi furtivamente sulla cuccetta superiore e osservare le mosse del capitano con la fronte corrugata. Egli senza dubbio indovinò il movente di Lupo Larsen e ne immaginò le conseguenze perché, improvvisamente, la lampada si spense fra le mie mani e ci trovammo immersi nell'oscurità. Nello stesso momento, il ragazzo balzò con decisione su Lupo Larsen.

Seguì un breve tramestio, poi la cabina risuonò del ruggito rauco di Lupo Larsen e dell'ululato di Leach. Era come se si fosse impegnata una lotta mortale tra un toro infuriato e un lupo affamato. Mi sentii gelare il sangue nelle vene. Poi ebbi la sensazione che Johnson si fosse unito a Leach contro il capitano e allora compresi che l'eccessiva umiltà del marinaio nei riguardi di Lupo Larsen non era che un'astuzia premeditata, un'abile messa in scena.

Sconvolto e turbato profondamente da quella lotta mortale che si stava svolgendo nelle tenebre, mi nascosi accanto alla scaletta del boccaporto, scosso da un violento tremito nervoso e incapace di salire e di rifugiarmi sul ponte. Inoltre, l'opprimente dolore alla bocca dello stomaco che sempre provocava in me la vista della violenza, mi aveva assalito più lancinante del solito. Frugavo le tenebre con gli occhi spalancati senza vedere nulla, ma le mie orecchie erano veramente tormentate dagli orribili suoni della lotta: udivo i colpi continui, instancabili, il tonfo molle che produce la carne abbattendosi sulla carne, lo scricchiolio dei corpi che si serravano, l'anelito rumoroso, affannoso, rotto; e udivo i gemiti soffocati, le imprecazioni rauche, esasperate, i singulti prodotti da un'intensa e intollerabile sofferenza improvvisa. Senza dubbio, più di due uomini si erano uniti al ragazzo che aveva dato il via a quell'agguato, certamente organizzato in precedenza contro Lupo Larsen e il secondo con l'intento di ucciderli. Doveva trattarsi, infatti, di una cospirazione: di continuo voci nuove si aggiungevano a quelle che sino ad allora avevo udito, i colpi si facevano più frequenti, i gemiti, l'ansimare più rumorosi. La voce di Leach si levò alta e stridula.

«Un coltello! Datemi un coltello!».

«Sulla testa!», risuonò la voce di Johnson quasi a risposta alle parole del ragazzo. «Picchiate sulla testa e spaccategliela!».

Lupo Larsen aveva taciuto dopo il primo, spaventoso ruggito di belva. Lottava in silenzio, ferocemente per la vita, accerchiato, schiacciato, assalito da ogni parte. Atterrato fin dal principio della lotta dal balzo di Leach del tutto inaspettato, non era ancora riuscito ad alzarsi dal pavimento e, nonostante la sua formidabile forza taurina, non potevo che ritenerlo perduto, vinto.

A un tratto, fui investito dalla massa dei corpi avvinghiati, caddi malamente al suolo e venni calpestato brutalmente. Riuscii a fatica a strisciare sul pavimento e, fra quella impressionante confusione di corpi umani bestialmente scagliati l'uno contro l'altro, raggiunsi una delle cuccette basse sulla quale salii trovandomi al riparo dai violenti colpi che i marinai scagliavano alla cieca in tutte le direzioni.

«Correte, correte!», gridò a un tratto la voce affannosa di Leach. «Ce l'abbiamo, adesso! L'abbiamo preso!».

I pochi marinai che non avevano preso parte alla lotta e che erano stati destati dal baccano, stavano seduti sulle loro cuccette in attesa, cercando di comprendere ciò che accadeva.

«Abbiamo chi?», chiese una voce.

«Quel porco del secondo», rispose astutamente Leach con voce roca.

Dagli uomini si levò un unanime grido di gioia accompagnato da volgari imprecazioni e maledizioni e altri uomini si buttarono nella mischia urlando. Lupo Larsen giaceva ancora al suolo con le spalle schiacciate da sette robusti marinai; sette, perché sapevo che Louis non avrebbe preso parte alla mischia. Il castello di prua ricordava un alveare disturbato da un ladro campestre.

«Ehi, che succede laggiù?», urlò Latimer dal boccaporto senza scendere la scaletta. Probabilmente la prudenza gli diceva di non scendere in quell'inferno di demoni scatenati e furibondi.

«Un coltello!... Chi mi dà un coltello?».

In quel caos, aggravato dalla mancanza di spazio e dall'oscurità, l'unico a non perdere la testa, a formulare un piano, fu Lupo Larsen. Non potevo, a causa delle tenebre, seguire i suoi movimenti, ma li avvertivo, li indovinavo, aiutato dall'udito. Nessun uomo, fuorché Ercole in persona, avrebbe potuto agire come

Lupo Larsen ai piedi della scaletta. Egli si aggrappò saldamente alle sbarre e con la sola forza delle braccia potenti riuscì a sollevare con sé il gruppo di uomini attaccato al proprio corpo e che si sforzava di abbatterlo nuovamente, di tenerlo disteso sul pavimento. Centimetro per centimetro, egli si alzò in piedi e cominciò a salire la scaletta che rappresentava per lui la salvezza. Nel frattempo, Latimer era tornato all'imboccatura del boccaporto con una lanterna che sporse all'interno e allora potei assistere alla scena straordinaria che si stava svolgendo sulla scala. Lupo Larsen, seppellito sotto un grappolo di uomini che gli si erano avvinghiati addosso, era del tutto invisibile. Era un mostruoso grappolo umano, simile a un ragno enorme che si torceva, si dondolava al rollio della nave con ritmo regolare, che si agitava muovendo le sue multiple zampe di carne. E senza arrestarsi, gradino per gradino, impercettibilmente ma inesorabilmente, il grappolo umano saliva. Vi fu un istante in cui vidi la massa informe esitare, vacillare, quasi stesse per precipitare sul pavimento della cabina, ma Lupo Larsen dovette ritrovare la presa e la forza perché la salita riprese subito.

«Chi è?», urlò Latimer dal ponte, sporgendo all'interno del boccaporto il viso ansioso e perplesso e agitando la lanterna che teneva tra le mani.

Dal grappolo mostruoso uscì una voce cavernosa, affannosa, roca. «Larsen!».

Latimer tese la mano libera verso il capitano e vidi un braccio che si tendeva fuori dalla massa confusa dei marinai e la mano di Lupo Larsen afferrò saldamente quella tesa di Latimer. Il cacciatore tirò con tutta la sua forza e gli ultimi due gradini furono superati con un balzo felino di Lupo Larsen che, giunto in cima, si afferrò all'orlo del boccaporto. E, a poco a poco, vidi che il grappolo di uomini si staccava dal nemico ormai sfuggito. Lupo Larsen si dibatteva sferrando pugni e calci in tutte le direzioni contro i più accaniti avversari che non volevano lasciare la presa e si ostinavano a rimanergli attaccati alle spalle. L'ultimo a lasciarlo fu Leach che cadde riverso dall'alto della scaletta abbattendosi con un tonfo sordo sul mucchio dei compagni che si divincolavano.

Poi Lupo Larsen scomparve, la lanterna venne ritirata dal boccaporto e di nuovo fummo avvolti dall'oscurità più assoluta.

XV

I marinai si alzarono dal pavimento lentamente, lanciando imprecazioni e maledizioni.

«Ho un dito slogato», disse Parsons, un marinaio dal colorito bronzeo, e dal carattere melanconico, timoniere del canotto di Standish in cui Harrison era rematore. «Accendete la luce!».

Gli uomini si diedero da fare, a tentoni, per ritrovare la lampada.

«Dev'essere caduta a terra», disse Leach sedendo pesantemente sulla cuccetta dove io stavo rannicchiato. «Cercatela!».

Si udì uno strofinio di fiammiferi, qualche rumore di passi, poi la lampada venne accesa e subito una luce tenue e fumosa invase la cabina. A quella debole luce, gli uomini presero a esaminare attentamente le loro ferite, osservandosi tutto il corpo dai piedi nudi fino ai visi congestionati e grondanti sudore. Oofty-Oofty afferrò il dito slogato di Parsons e prese a tirare con tutta la sua forza perché l'osso riprendesse il suo posto e, durante quell'operazione, osservai che egli aveva le giunture delle dita aperte fino all'osso. Il *kanaka* le esibiva con orgoglio facendo smorfie buffe e ghignando mentre metteva in mostra il candore dei denti perfetti e forti. Spiegò che quelle ferite dipendevano dal fatto che egli aveva più volte colpito Lupo Larsen sulla bocca.

Kelly, un americano di origine irlandese che faceva parte dell'equipaggio della barca di Kerfoot e che era al suo primo viaggio in mare aperto dopo aver fatto per anni il marinaio di piccolo cabotaggio, si scosse alle parole del *kanaka* e gli si accostò con aria minacciosa.

«Dunque eri tu, canaglia di un negro!», disse sputando una boccata di schiuma sanguigna e qualche dente e alzando i pugni con atteggiamento minaccioso. Oofty-Oofty raggiunse con un balzo la propria cuccetta e ritornò con un altro balzo reggendo fra le mani un affilato, luccicante coltello.

«Sta buono, Kelly!», intervenne Leach che, benché giovane era evidentemente il comandante riconosciuto ed eletto dagli uomini del castello di prua. «Stai tranquillo e lascia in pace Oofty-Oofty. Come poteva al buio distinguere un uomo dall'altro? Come poteva sapere di battere te?».

Kelly brontolò a lungo ma obbedì e il *kanaka* ringraziò Leach con un sorriso di gratitudine che mise nuovamente in mostra la perfetta chiostra dei denti smaglianti.

Anche il marinaio irlandese, che aveva la reputazione di uomo rude e battagliero, era un bel ragazzo con i lineamenti fini e delicati, grandi occhi profondi, dolci, contrastanti stranamente con la durezza dei modi.

Johnson sedette sull'orlo della sua cuccetta in atteggiamento di estremo abbattimento e di disperazione. «Come ha fatto a sfuggirci?», esclamò con voce lamentevole.

Il largo petto dell'uomo si alzava e abbassava ancora per lo sforzo sovrumano che aveva sostenuto durante la lotta. Aveva la camicia ridotta a brandelli e, da una ferita profonda sulla guancia, il sangue gli sgorgava copioso sul petto nudo, scendendo fino alle gambe e gocciolando sul pavimento dove aveva formato una pozza oscura.

«Ce l'ha fatta perché lui è il diavolo in carne ed ossa!», gridò furibondo Leach scoppiando improvvisamente in un pianto di disappunto e di rabbia. «E nessuno, nessuno di voi mi ha dato il coltello!».

I marinai non sembravano prestare attenzione a quello sfogo di furore, preoccupati com'erano a considerare, ora che l'aggressione era finita, le conseguenze spaventose che avrebbero dovuto affrontare.

«Un fatto è certo», disse a un tratto Kelly, «il capitano non può sapere con sicurezza chi di noi ha preso parte alla lotta e chi se n'è astenuto. A meno che...». Lanciò attorno a sé un'occhiata bieca, minacciosa. «...a meno che non ci sia qualche traditore che faccia la spia!».

«Fammi il piacere!», esclamò Parsons. «Basterà che ci dia un'occhiata e saprà la verità. E per te sarà sufficiente quella bocca!».

«Puoi dirgli che il ponte si è sollevato improvvisamente e ti ha affibbiato un colpo tale da farti saltare i denti», sogghignò Louis. Era l'unico che non si era mosso dalla propria cuccetta e ora esultava al pensiero che sul suo corpo non vi era la minima traccia di combattimento, neanche una scalfittura. «Non avete altro da fare che aspettare domani», continuò ridendo, «quando Lupo Larsen comincerà a esaminare i vostri ceffi malconci».

«Possiamo dire di averlo scambiato per il secondo», propose qualcuno.

Ed un altro aggiunse: «Io so che cosa dirò. Stavo dormendo quando ho udito il rumore di un tafferuglio e, non sapendo di che si trattasse, sono sceso dalla cuccetta ricevendo subito un pugno alla mascella. Naturalmente non potevo vedere nulla a causa del buio e, così, alla cieca, ho cominciato a dare botte a destra e a sinistra con il solo scopo di difendermi. Se non avessi ricevuto quel colpo alla mascella non avrei picchiato a mia volta e avrei ripiegato le vele. Ecco trovata la mia versione!».

Leach e Johnson non prendevano parte alla discussione e sedevano immobili e pensierosi sulle loro cuccette. D'un tratto, tutti gli uomini presero a inveire contro di loro accusandoli di aver provocato l'agguato al capitano, di essere stati gli istigatori della lotta per la quale avrebbero pagato l'indomani con la vita. Non vi era speranza per loro, dicevano, era come se fossero già morti.

Leach ascoltò apparentemente indifferente quei rimproveri e quelle inventive e infine si ribellò.

«Che noia!», proruppe. «Basta! Siete una bella collezione di vigliacchi, di lerce carogne. Se foste stati capaci di far lavorare le vostre mani contro Lupo Larsen come ora sapete muovere la lingua contro di me, non avreste di queste preoccupazioni. Non uno di voi è stato capace di darmi il coltello che chiedevo! Mi fate schifo, voi». Sputò sul pavimento con espressione di estremo disgusto. «Perdete il vostro tempo a lamentarvi e a gemere come se dovesse ammazzarvi tutti quanti! Ma rendetevi conto che questo non è un lusso che possa concedersi tanto facilmente. Come farebbe a sostituirvi? Non ci sono ufficiali di arruolamento in alto mare, per fortuna, e a bordo c'è bisogno di voi! Saremo Johnson e io ad affrontare l'uragano, se sarà necessario. Quanto a voi, smettetela con le vostre lamentele e dormite in santa pace, perché non avete nulla da temere, ve lo dico io. E lasciate dormire anche me: ne ho bisogno».

«Va bene, va bene», borbottò Parsons. «Può darsi che sia come dici tu e che ci lasci continuare a vivere. Ma da stanotte in poi, questa nave diventerà rovente e in confronto l'inferno sembrerà una ghiacciaia; ve lo dico io e so di non sbagliare».

Durante quelle conversazioni, io mi ero tenuto nascosto e tremavo per la mia incolumità. Che sarebbe avvenuto di me, quando quegli uomini si fossero accorti della mia presenza? Non avrei certo potuto raggiungere la scaletta e liberarmi degli uomini che mi assalivano come Lupo Larsen!

Proprio in quel momento il viso di Latimer si affacciò al boccaporto e chiamò:

«Hump, ehi, Hump! Il vecchio ha bisogno di lei!».

«Qui non c'è!», rispose Parsons con malagrazia.

Uscii dal mio nascondiglio dominandomi e facendo uno sforzo enorme per non apparire spaventato. «Sì che c'è!», dichiarai.

I marinai mi fissarono costernati con occhi colmi di una paura minacciosa ed aggressiva.

«Vengo!», gridai a Latimer avvicinandomi alla scaletta.

Kelly si fece avanti e si interpose tra me e la scala. «No, non andrai!», urlò furibondo. «Penserò io a farti tacere per sempre, sudicio spione!».

Così dicendo tese verso la mia gola le mani ad artiglio come per strangolarmi.

«Lasciatelo stare!», ordinò Leach con tono perentorio.

«Mai!», fu la rabbiosa risposta.

Leach guardava la scena immobile, sempre seduto sulla sua cuccetta. «Lascialo stare, ti dico!», ripeté con una strana voce aspra e metallica.

L'irlandese esitò e io, precipitandomi verso di lui, lo spinsi di lato e, raggiunta la scaletta, mi volsi a considerare i visi ansiosi e contratti che mi fissavano nella penombra. Quei disgraziati mi fecero veramente pietà.

«Non abbiate paura», dissi con calma e decisione. «Io non ho visto nulla, non ho udito nulla...».

Mentre salivo lungo la scaletta udii la voce di Leach.

«Ve lo dicevo io che è un buon diavolo...».

Lupo Larsen mi attendeva nella sua cabina, nudo fino alla cintola e grondante sangue. Come apparvi, mi rivolse uno dei suoi bizzarri sorrisi.

«Su, dottore, al lavoro!», esclamò allegramente. «Si direbbe che la sua scienza faccia un buon esercizio durante questo viaggio e probabilmente avrà sempre modo di esercitarsi. Senza di lei che avverrebbe del *Fanthom e* del suo equipaggio? Se fossi il tipo da provare riconoscenza, direi che le sono grato».

Misi dell'acqua a bollire, aprii la cassetta del pronto soccorso veramente troppo rudimentale e preparai medicinali, disinfettanti e bendaggi mentre Lupo Larsen andava e veniva attraverso la cabina ridendo, chiacchierando ed esaminandosi con attenzione le ferite che gli ricoprivano interamente il corpo

Osservai Lupo Larsen alzare un braccio per tastarsi una ferita e vidi il bicipite gonfiarsi nella sua candida guaina come un fascio di corde d'acciaio. Era lo stesso braccio che, poco tempo prima, era stato per annientarmi, per uccidermi, lo stesso che avevo visto tanto spesso sferrare colpi feroci e selvaggi. Rimasi a bocca spalancata con un rotolo di cotone idrofilo fra le mani, non riuscendo a staccare lo sguardo da quell'uomo meraviglioso e superbo che non mi stancavo di ammirare. Lupo Larsen parve comprendere i miei pensieri e mi guardò senza chiedermi il motivo del mio strano contegno.

«Dio l'ha costruita alla perfezione», dissi in un tono che lasciava trasparire l'ammirazione.

«Le pare?», rispose pacato. «Veramente l'ho notato anch'io e mi sono spesso domandato il perché».

«Per uno scopo...» cominciai, ma egli m'interruppe. «...utilitario. Mi ha dato un corpo come questo, perché faccia il dovuto uso. I miei muscoli sono stati creati per afferrare, rompere, distruggere tutto ciò che si interpone tra me e la vita che mi appartiene. Ma ha pensato agli altri esseri viventi? Tutti abbiamo i nostri muscoli per afferrare, rompere, distruggere, soltanto che, quando attaccano me, sono sempre io ad avere il sopravvento. Tutto questo può essere spiegato solo dal fatto che, così come sono, posso essere utile in qualche modo alla natura».

«Ma è meschino!», protestai. «Non è tutto così brutto come lei sostiene!».

«Certo che lo è: la vita stessa non è bella». Mi guardò sorridendo tristemente. «Lei dice che sono ben costruito», continuò. «Guardi qui!». Irrigidì le gambe e si alzò sulla punta dei piedi che poggiavano nudi sul pavimento della cabina. Vidi i muscoli che si tendevano e si gonfiavano sotto la pelle. «Avanti!», ordinò. «Li tocchi!».

Quei muscoli erano d'acciaio e io considerai ammirato quel corpo teso e vibrante e quegli occhi penetranti e incisivi in cui brillava il desiderio della lotta. Poi egli si rilassò e la sua muscolatura riprese la posizione normale del riposo.

«Stabilità, equilibrio», disse sempre sorridendo. «Ho buone gambe che mi portano avanti, piedi solidi che mi sostengono, braccia, mani, unghie, denti per lottare quando è necessario, per difendermi, per uccidere. Ecco lo scopo!».

Rinunciai a discutere. Avevo visto nell'uomo il bruto, la bestia, primitiva ed ero scosso, impressionato, come se avessi veduto il funzionamento delle macchine di una corazzata o di un incrociatore nell'Atlantico. La lotta sostenuta da Lupo Larsen, di cui ero stato testimone, si era svolta con una tale ferocia che fui sorpreso di notare che le sue ferite erano del tutto superficiali. Erano graffiature, più che ferite. Mi impegnai a fasciarlo secondo le regole e spero di essermela cavata con sufficiente abilità e destrezza.

La sola ferita di qualche entità, interessava il cuoio capelluto; sotto la direzione di Lupo Larsen la disinfettai e dopo aver ben bene pulito gli orli praticai qualche punto. Anche il polpaccio sembrava lacerato dai denti di un mastino: uno dei marinai, mi spiegò il mio paziente, al principio del combattimento si era attaccato proprio in quel punto con i denti ed era poi stato trascinato fino in cima alla scala: appena allora, con un calcio ben assestato ed energico, Lupo Larsen era riuscito a liberarsene.

«Be'», mi disse quando terminai di medicarlo. «Lei è davvero un uomo che sa il fatto suo, un uomo in gamba. Me ne ero già reso conto, del resto. Ora, come sa, ci manca il secondo: prenda quindi lei il suo posto. Le saranno versati settantacinque dollari al mese e d'ora in avanti non la chiamerò che con il suo nome di Van Weyden».

«Quanto alla navigazione non me ne intendo, sono a zero a questo proposito», obiettai.

«Non è necessario essere esperti di navigazione», assicurò.

«Non ci tengo a occupare posti di responsabilità», protestai ancora. «Giudico la vita abbastanza piena di problemi anche nella mia situazione presente, che non è di preminenza. La mediocrità offre molti vantaggi, secondo me».

Egli sorrise, come per suggellare un accordo.

«Non voglio diventare secondo, su questa carcassa!», gridai in tono di sfida. Vidi che aggrottava la fronte e che negli occhi gli balenava la luce crudele che conoscevo bene. Si diresse verso la porta della cabina e disse:

«Ed ora, signor Van Weyden, le auguro buona notte».

«Buona notte, signor Larsen», dissi debolmente.

XVI

La mia nuova carica non mi aveva portato vantaggi notevoli, tranne il fatto che ero ormai esonerato dal lavare le stoviglie sudicie. Ignoravo tutto quanto concerneva le funzioni di un secondo e se l'equipaggio non si fosse mostrato particolarmente indulgente nei miei confronti, più di una volta mi sarei trovato a mal partito. I marinai mi insegnarono a manovrare gli attrezzi, a governare le vele; e soprattutto Louis si dedicò alla missione di istruirmi e mi evitò noie e grane. I cacciatori di foche invece, dal canto loro, si rifiutarono di prendermi sul serio: considerarono una cosa ridicola che io ricoprissi la carica di secondo, e benché fra me riconoscessi che avevano ragione, mi sentii più volte seccato di venir preso in giro senza pietà. Non mi lagnai, in proposito; ma Lupo Larsen pretese che le regole dell'etichetta marinara venissero strettamente osservate, assai più di quanto non fosse stato fatto nei confronti del povero Johansen, e ridusse i cacciatori di foche alla ragione a forza di discussioni, minacce, scenate, borbottamenti. Sia a prua che a poppa dovevo esser considerato come il “signor Van Weyden”, aveva decretato, e solo nei nostri rapporti privati mi chiamava “Hump”. La cosa era divertente. Se ad esempio, mentre eravamo a tavola, il vento mutava all'improvviso direzione, mi diceva:

«Signor Van Weyden, per favore, vogliate provvedere a sistemare le vele!».

Non dava altre spiegazioni e allora io andavo sul ponte, chiamavo Louis e gli chiedevo di insegnarmi quel che dovevo fare. Quando avevo capito le istruzioni e mi sentivo capace di dirigere la manovra, mi affrettavo a urlare i miei comandi in tutte le direzioni.

Una volta, ricordo, Lupo Larsen salì sul ponte proprio in uno di quei momenti; si fermò al mio fianco fumando il sigaro e rimase lì fin quando la manovra fu terminata; poi si mise a passeggiare e io mi misi al suo fianco.

«Hump», disse, «chiedo scusa, signor Van Weyden, mi permetta di congratularmi con lei. Vedo che sa cavarsela e che assimila in modo straordinario ciò che le viene insegnato. Ancora un po' di praticaccia, qualche tempesta che accresca la sua esperienza, e al termine del viaggio sarà in grado di comandare una goletta secondo tutte le regole».

Il periodo che intercorse fra la morte di Johansen e il nostro arrivo nella zona di caccia, fu il migliore che passai a bordo del *Fanthom*. Lupo Larsen mi dimostrava simpatia e considerazione, la ciurma non mi faceva mancare il suo aiuto, non ero più in contatto irritante con Thomas Mugridge. Aggiungo che mi abituavo ogni giorno più alla mia nuova condizione. Ne ero anche fiero, in un certo senso, e benché fossi in una posizione curiosa, come secondo, me la cavavo egregiamente. Finii con l'abituarmi al rollio, col gradire addirittura il beccheggio, il frusciare del vento nell'alberatura del *Fanthom* che avanzava lentamente verso l'isola dove avremmo rinnovato la nostra provvista d'acqua dolce.

Certo la mia euforia non mancava di un fondo d'amarezza. Si trattava di una felicità relativa, un intervallo di minor tristezza fra le miserie del passato e quelle che certo mi riservava l'avvenire, perché il *Fanthom*, per quanto concerneva i suoi uomini, si poteva considerare come l'anticamera dell'inferno. Per i marinai, non esisteva né pace né riposo, e Larsen si serviva contro la ciurma dell'ammutinamento e dell'attentato di cui per poco non era rimasto vittima, facendoglieli ora pagare a caro prezzo. Mattina, pomeriggio, sera, notte, sembrava non avesse altro da fare che studiare ogni mezzo per rendere la vita insopportabile ai suoi marinai. Era fertile di trovate nell'escogitare soprusi e angherie che facevano perdere la testa all'equipaggio e lo spingevano alla follia, con lentezza, ma sicuramente. Spesso in piena notte svegliava Harrison e lo costringeva ad alzarsi per andare sul ponte, a sistemare, mettiamo, un rotolo di cavi; gli altri uomini dell'equipaggio dovevano accompagnarlo e stare a osservare mentre egli lavorava. Cose senza importanza, d'accordo, ma che davano un'idea del carattere di Larsen, del piacere che provava nel mettere in opera angherie di ogni genere, del pericolo che il suo atteggiamento costituiva, tenendo in debito conto le possibili reazioni dei suoi uomini. All'ordine del giorno erano discussioni, piccole rivolte, borbottamenti, scene in cui si passava a vie di fatto: in un modo o nell'altro si vedevano uomini occupati a medicare escoriazioni e ferite prodotte dalle mani di quel tiranno violento che era il loro padrone. Un ammutinamento decisivo, una rivolta condotta secondo le regole era impossibile, dato che la cabina del capitano era un vero arsenale.

Leach e Johnson, naturalmente, erano le due vittime su cui il capitano si accaniva di più. Johnson non reagiva, era vinto da una malinconia così cupa e profonda che solo al vedere il suo viso, che era lo specchio fedele del suo stato d'animo angosciato, c'era da sentirsi stringere il cuore. Quanto a Leach, invece, la sua combattività non diminuiva e lo spirito di rivolta non era mutato. Divorato da un cupo furore, da un'ira sorda e terribile, non aveva tempo per lamentarsi, per dolersi con gli altri di quella situazione. Appena vedeva apparire Lupo Larsen, gli occhi gli si incupivano, le labbra si piegavano all'ingiù, in una smorfia d'amarezza, in gola gli si strozzava un suono che era a metà gemito a metà grido di furore; più volte l'avevo visto seguire con gli occhi il suo nemico, con lo sguardo di una tigre che segue il domatore che la tiene chiusa nella gabbia. Rammento che una volta, sul ponte, in una bella giornata di sole, dovendo dargli un ordine, lo toccai all'improvviso su una spalla. Mi voltava il dorso e al contatto della mia mano sobbalzò violentemente e si volse lanciando un grido rauco. Appena mi vide, si calmò. Aveva creduto che fossi Lupo Larsen, l'uomo che aborriva, che odiava mortalmente.

Lui e Johnson l'avrebbero ucciso senza esitazione, se si fosse presentata un'occasione: ma il loro nemico stava in guardia, non si sarebbe lasciato far la pelle facilmente, era astuto e abile: inoltre, non avevano armi adatte. Ho visto Leach avventarsi di colpo contro Larsen, senza esserne stato provocato, e i due lottare come belve, servendosi delle unghie, dei denti, dei pugni. La peggio toccava immancabilmente a Leach, che restava sul ponte vinto, esausto, sanguinante; ma il demonio che era in lui continuava a sfidare il demonio che si agitava in Lupo Larsen, cosicché appena si ritrovavano di fronte la lotta ricominciava per finire ogni volta con lo stesso risultato. Una volta Leach gli lanciò il suo coltello contro, tentando di colpirlo alla gola, e lo mancò per un pelo. Un'altra volta lasciò cadere da un pennone dell'albero maestro, e da venti metri di altezza, un arnese d'acciaio proprio mentre il suo nemico sbucava dal boccaporto della cabina. La nave rollava, danzava, si inclinava, e prendere la mira in quelle condizioni non era certo facile impresa: pure, anche quella volta Larsen fu salvo per un pelo. Pochi giorni dopo, Leach riuscì a rubare un fucile e stava per sparare un colpo contro l'uomo che odiava; fu uno dei cacciatori di foche che riuscì, afferrandogli il braccio, a far deviare il colpo.

Mi stupivo, confesso, che Lupo Larsen non prendesse l'iniziativa e non si decidesse a fargli la pelle per finirla. Invece di uccidere il suo nemico, egli rideva di quel furore impotente e lo provocava, lo sfidava, come un domatore che, sicuro della protezione delle sbarre o semplicemente del suo frustino, affronta le belve più feroci e crudeli.

«È il rischio e il pericolo che dànno valore e scopo all'esistenza che altrimenti sarebbe fredda, vuota e senza emozione né brivido», diceva. «L'uomo, per sua stessa natura, ama il brivido e le emozioni violente. Il gioco non è anche più interessante, quando per posta si mette la propria vita? Maggiore è il rischio, più intenso è il brivido. Perché, dunque, dovrei privarmi della soddisfazione di far inferocire il mio amico Leach? Lo conduco fin sull'orlo della pazzia: dovrebbe essermene grato, no? L'eccitazione, acuta e violenta, la prova anche lui. Senza forse che se ne renda conto, vive meglio di tutti gli altri uomini di bordo, perché gli ho fornito uno scopo; vive con una speranza in cuore, per concretizzare la quale darebbe qualunque cosa. Non pensa che a una possibilità, uccidermi, e si inebbria di questa speranza come di una fede, di un amore, di un vino generoso. Quando lo vedo sull'orlo della pazzia, invaso da un furore bestiale, quasi sento di invidiarlo».

«Ma tutto il vantaggio è dalla sua parte!». gli dissi. «Non le sembra di agire vilmente, provocandolo?».

«Ma senti! Chi di noi due è vile, o meglio, chi è il più vile?», domandò, fissandomi con estrema gravità.

«Se la situazione le sembra inaccettabile, insostenibile, si ricordi che quando l'ha accettata è sceso a un compromesso con la sua delicata coscienza. E se fosse davvero leale verso lei stesso, dovrebbe allearsi a Leach e a Johnson; la questione, signore mio, è che lei ha paura e che ci tiene alla sua vita. Il suo impulso vitale chiede di continuare a vivere, a qualunque costo: e così vive senza grandezza, senza eroismi, senza impulsi, sleale contro lei stesso, infedele al suo meschino codice di morale. Se l'inferno esistesse, le garantisco che starebbe allenandosi per andarvi a fare una capatina. La parte che recito io è meno meschina: io sono coerente, obbedisco agli impulsi istintivi che mi guidano. Sono sincero con me stesso, ecco tutto».

Nelle sue parole, c'era molta verità; e dopo tutto io stavo forse sostenendo la classica parte del fellone. Più riflettevo, più mi dicevo che Lupo Larsen mi aveva consigliato la via giusta da tenere e che avrei dovuto allearmi a Leach e a Johnson e tentare a mia volta di toglierlo di mezzo. Probabilmente, il ragionamento mi veniva suggerito dalla ereditarietà, per così dire, e cioè dalla voce dei miei austeri antenati puritani, che avevano avuto la lealtà come bandiera e che giustificavano talvolta anche l'assassinio, quando l'onore era in gioco.

Forse, liberare la ciurma e il mondo da Lupo Larsen non sarebbe stato un male, perché molta gente avrebbe respirato con maggior libertà e avrebbe considerato la vita più degna di esser vissuta, senza la sua presenza. Meditai a lungo i termini del problema, mentre non riuscivo a prender sonno, di notte: l'idea di uccidere Lupo Larsen si fece in me sempre più viva e assillante.

Ne parlai finalmente con Johnson e con Leach, mentre eravamo insieme di turno, una notte, e Lupo Larsen era sotto coperta. I due cospiratori avevano ormai perso la speranza di mettere in atto il loro proposito; il primo, perché si scoraggiava facilmente; il secondo perché aveva esaurito ogni velleità e ogni energia in tanti vani tentativi. Mi strinse calorosamente la mano e disse:

«Non dubito della sua sincerità, signor Van Weyden, ma le consiglio di rimanere neutrale e di tenere la bocca chiusa. Per noi finirà male, questo si sa: chissà del resto che non si presenti un'occasione in cui il suo aiuto ci possa tornare utile».

Il giorno seguente, quando l'isola Wainwright si stagliò nella bruma, a sopravento, Lupo Larsen aprì il becco per pronunciare una profezia. Aveva attaccato Johnson, era stato assalito da Leach, e aveva finito col frustarli entrambi.

«Leach», disse, «sai che ti ucciderò una volta o l'altra, vero? Lo sai o no?».

Un grugnito fu la risposta.

«Quanto a te, Johnson, non avrò bisogno di farti fuori io: sarai così disgustato dalla vita, un momento o l'altro, che vorrai gettarti in mare piuttosto che continuare a sopportarla».

Poi si rivolse a me, e aggiunse a bassa voce:

«Gli individui si possono influenzare e suggestionare facilmente. Scommetto con lei un mese di paga che Johnson seguirà il consiglio che gli ho dato».

Avevo sperato in un primo tempo che i due uomini potessero svignarsela e tagliare la corda mentre riempivamo i nostri barili d'acqua, ma Lupo Larsen aveva saputo scegliere il luogo con astuzia. Il *Fanthom* era ancorato a oltre mezzo miglio da una spiaggia deserta dove s'ergeva una rupe altissima di natura vulcanica e le pareti erano talmente a picco sul mare che sarebbe stato impossibile scalarle. Leach e Johnson riempirono i barili e li fecero rotolare lungo la spiaggia sotto la diretta sorveglianza di Lupo Larsen, sceso a terra. Era dunque impossibile, per i due marinai, tentare l'evasione su una delle barche.

Harrison e Kelly, incaricati di fare la spola tra la spiaggia e la nave portando un barile d'acqua per volta, vollero tentare comunque. Poco prima di pranzo, mentre tornavano verso terra con un barile vuoto a bordo della loro barca, cambiarono improvvisamente la rotta dirigendosi verso un promontorio che si stendeva sul mare alla sinistra dell'isola e oltre il quale si poteva scorgere un villaggio di coloni giapponesi e vallate verdeggianti che si spingevano all'interno dell'isola. Se fossero riusciti a raggiungere una di quelle valli e a penetrarvi, i due uomini avrebbero potuto sfidare Lupo Larsen ed essere finalmente liberi.

Avevo osservato, senza comprenderne il motivo, che durante l'intera mattinata Henderson e Smoke avevano di continuo passeggiato lungo il ponte, armati di carabine. Solo quando imbracciarono le armi e fecero fuoco contro i due fuggiaschi, mi spiegai la ragione del loro contegno. Fu come se due tiratori abilissimi si divertissero a esercitarsi al tiro a segno. I primi proiettili non fecero che colpire l'acqua ai due lati della barca sollevando piccoli spruzzi ma, mentre i due fuggiaschi si allontanavano sempre più remando frettolosamente, i colpi si facevano più frequenti e precisi.

«Attenzione al remo destro di Kelly!», annunciò Smoke prendendo accuratamente la mira.

Vidi, attraverso il binocolo che tenevo puntato sulla barca che si andava allontanando, il fusto del remo spezzarsi in due; poi Henderson ripeté l'esperimento del compagno prendendo di mira il remo destro di Harrison. La barca girò su se stessa mentre gli altri due remi venivano a loro volta infranti da due colpi ben centrati. Kelly e Harrison cercarono di remare con i pezzi di legno che erano rimasti tra le loro mani ma i ripetuti colpi di carabina riuscirono presto a renderli del tutto inservibili. Kelly staccò dal fondo dell'imbarcazione una lunga tavola e l'immerse nell'acqua vogando con tutta la propria forza, ma subito la lasciò cadere con un urlo di dolore. La tavola si era addirittura sbriciolata sotto i proiettili e le schegge di legno gli erano penetrate sotto la pelle delle mani.

Infine i due si rassegnarono ad abbandonare il tentativo d'evasione e si lasciarono portare alla deriva dalla corrente fino a quando una lancia, mandata a terra da Lupo Larsen, li raggiunse e li rimorchiò a bordo della nave.

Quello stesso pomeriggio levammo l'ancora e ripartimmo. Sapevamo ciò che ci aspettava: tre o quattro mesi di caccia nella zona dove si trovavano le foche. La prospettiva era decisamente cupa, senza speranza. Svolgevo i miei compiti sentendomi il cuore stretto dall'angoscia e la mente oppressa da nere considerazioni. Su tutto l'equipaggio sembrava gravare una tristezza di morte. Lupo Larsen giaceva nella sua cuccetta afflitto da una delle sue strane, dolorosissime emicranie; Harrison, appoggiato alla barra del timone come gravato dal peso del proprio corpo, guardava davanti a sé con espressione vuota e disperata. Tutti erano silenziosi, di pessimo umore. Vidi Kelly accovacciato davanti al boccaporto del castello di prua con il capo nascosto fra le braccia appoggiate alle ginocchia, in atteggiamento di sconsolata tristezza. Trovai anche Johnson, sdraiato sul castello di prua, intento a osservare pensosamente le piccole ondate che la chiglia della nave alzava ai due lati e mi sentii stringere il cuore ricordando con raccapriccio il suggerimento che Lupo Larsen aveva dato a quell'uomo e la sua predizione. Tentai di distrarre Johnson chiedendogli con un pretesto di allontanarsi dal luogo in cui si trovava, ma egli mi sorrise mestamente e non si mosse.

Mentre tornavo verso poppa, Leach mi si accostò. «Avrei bisogno di un favore, signor Van Weyden», disse in tono cortese. «Se lei avrà la fortuna di far ritorno a San Francisco dovrebbe andare a trovare il mio vecchio. Si chiama Matt MacCarthy e vive sulla collina dopo il forno Mayfar dove ha il suo negozio di calzolaio conosciuto da tutti. Non troverà alcuna difficoltà e chiunque le potrà dare le indicazioni». Si passò una mano sulla fronte e continuò con una strana voce un po' roca: «Gli dica che mi dispiace di avergli causato delle preoccupazioni e gli dica da parte mia... che Dio lo benedica».

Annuii commosso e sorrisi al ragazzo. «Torneremo tutti a San Francisco, Leach», assicurai ma senza molta convinzione. «Lei verrà con me, quando andrò a far visita a Matt MacCarthy».

«Vorrei poterle credere», aggiunse Leach tendendomi la mano che strinsi cordialmente, «ma non ci riesco. Lupo Larsen mi accopperà, ne sono certo. Tutto ciò che posso permettermi il lusso di sperare è che questa faccenda finisca presto».

Lo osservai mentre si allontanava e mi resi conto di nutrire anch'io la medesima speranza: dato che doveva accadere, accadesse almeno presto, subito! La tristezza che regnava sul *Fanthom* mi aveva vinto, prostrato. Il peggio appariva inevitabile, imminente, senza scampo e, mentre passeggiavo svogliatamente sul ponte, mi sorpresi a considerare con una buona dose di convinzione la filosofia di Lupo Larsen. Qual era lo scopo di tutto? Dov'era la potenza della vita? Perché, come poteva permettere che tante vite umane venissero spezzate, distrutte senza ragione? La vita mi appariva ora come inutile, bestiale, vuota: desideravo anch'io finisse presto.

Mi appoggiai al parapetto e, chinandomi in avanti, fissai a lungo la distesa del mare quasi con desiderio, con la convinzione che presto sarei sprofondato sotto quei mille cubiti d'acqua verd'azzurra e avrei raggiunto l'oblio disteso su quel fondo sabbioso e ineguale.

XVII

Ma nonostante l'atmosfera lugubre e pesante che gravava sull'intero equipaggio, e i mille funesti presentimenti che opprimevano il cuore e la mente di ogni uomo, sul *Fanthom* non accadde alcun fatto di particolare importanza. Filavamo rapidamente verso nord e verso ovest fino a quando, infine, vedemmo sorgere dal mare la costa giapponese e ci trovammo in una zona battuta da un numeroso branco di foche che si trasferivano da chissà quale punto dell'infinito Pacifico verso il nord. Ogni anno le foche migravano a branchi verso il nord. Le seguivamo distruggendone giornalmente un numero altissimo, le loro carcasse scuoiate si gettavano in mare ai pescecani, si salavano le pelli per conservarle morbide: avrebbero servito presto a coprire le bianche spalle di qualche bella donna.

Era una vera e propria carneficina e veniva svolta in nome e per amore delle donne perché la carne e l'olio di foca erano del tutto inutilizzabili. Dopo una buona giornata di caccia, il ponte del *Fanthom* era letteralmente ricoperto di pelli e di corpi di foche e reso sdrucciolevole dal grasso degli animali e dal sangue che scorreva a rivoli lungo gli ombrinali. Alberi, vele, sartiame erano macchiati di sangue e gli uomini con le mani e le braccia lorde fino al gomito, lavoravano di coltello scuoiando le brune creature marine che avevano crudelmente ucciso.

Il mio compito consisteva nel controllare e prendere nota di ogni pelle che veniva portata a bordo, di sorvegliare il lavoro di scorticamento, di far ripulire i ponti e badare che la nave avesse un aspetto pulito e ordinato. Non era certamente un compito piacevole per me. Mi sembrava di trovarmi in uno scannatoio e il mio stomaco si rivoltava davanti a quel continuo spettacolo sanguinario: ma sotto un certo aspetto comandare, dirigere tanti uomini e il loro lavoro temprava il mio carattere e mi procurava una certa soddisfazione. Possedevo certo per indole un poco di abilità esecutiva e quella vita dura l'aveva sviluppata. Mi rendevo anche conto che i miei nervi, la mia volontà, il mio sangue freddo si facevano ogni giorno più potenti, che si rafforzavano. Ciò non poteva che giovare alla "signorina" Van Weyden e io sapevo con sicurezza che mai più avrei potuto tornare a essere quello di un tempo. La speranza e la fede nella vita umana non erano morti in me e dominavano ancora i miei pensieri, nonostante l'eloquenza e i mille argomenti logici di Lupo Larsen, ma per certi piccoli particolari della vita si era verificato un cambiamento in me.

Lupo Larsen aveva scoperto davanti al mio sguardo una realtà che mi era stata sconosciuta e che un tempo avrei senz'altro ignorato, anche se fossi stato obbligato a guardarla. Solo ora potevo vedere la vera vita, solo così ero uscito dal mondo spirituale e intellettuale nel quale mi ero chiuso per anni, solo ora potevo attribuire il giusto valore agli uomini e alle cose che mi circondavano e alle fasi obiettive e concrete della vita. E davvero, prima, non avrei mai immaginato che potessero realmente esistere simili uomini, che simili casi potessero realmente verificarsi.

Da quando eravamo giunti nella zona della caccia, vedevo Lupo Larsen più spesso del solito. Quando il tempo era favorevole, a bordo del *Fanthom* non rimanevamo che lui e io, oltre a Thomas Mugridge ormai del tutto ignorato da Lupo Larsen e da me. Gli altri uomini erano alla caccia con le loro lance fin dalle prime ore del mattino. La manovra non era facile: le sei lance venivano calate in mare, si allontanavano a ventaglio dalla nave finché dalla prima sopravento all'ultima sottovento non si era raggiunta una distanza da dieci a venti miglia. Poi le lance proseguivano su una linea retta finché non scendeva l'oscurità o il tempo diveniva minaccioso. In quest'ultimo caso Lupo Larsen e io dovevamo da soli manovrare sul ponte combattendo contro il vento, tenendo d'occhio le lance, issando e ammainando le vele, badando al timone. Non era certo un compito facile ma fui obbligato a imparare a cavarmela il più rapidamente possibile.

La manovra che mi riusciva più difficile e gravosa era di arrampicarmi sui pennoni e affidare tutto il mio peso alle sole braccia quando ero costretto ad abbandonare le sartie per salire ancora più in alto. Ma imparai bene e rapidamente anche quella manovra soprattutto perché in quel periodo ero dominato dal desiderio di rivendicare me stesso agli occhi di Lupo Larsen, di provargli che sapevo vivere secondo le necessità del momento anche fuori della vita dello spirito. Arrivai così al punto di provare una inspiegabile gioia, un piacere indescrivibile nel salire sul pennone di maestra e nel tenermi ritto a quell'altezza senza alcun appoggio, mentre con il binocolo fissavo attentamente l'orizzonte in cerca delle lance.

Durante una bella giornata in cui i cacciatori erano partiti presto e le detonazioni dei loro fucili si erano fatte sempre più deboli e infine si erano spente mentre le lance sparivano all'orizzonte, il vento cadde improvvisamente e del tutto mentre manovravamo per portare il *Fanthom* sottovento alle imbarcazioni. La nave rimase immobile rollando leggermente sul mare liscio e tranquillo. Non potevamo seguire le lance.

Lupo Larsen era inquieto e allarmato: il barometro era sceso in modo preoccupante e il cielo aveva assunto un colore minaccioso. Il capitano fissava di continuo l'orizzonte con espressione ansiosa.

«Se arriverà da quella parte», disse a un tratto, «ci troveremo a sopravento delle lance. In questo caso nella timoneria e nel castello di prua vi saranno cuccette vuote stanotte e durante l'intero viaggio di ritorno».

Alle undici il mare era divenuto liscio come una lastra di vetro; a mezzogiorno benché ci trovassimo in una latitudine nordica il caldo divenne soffocante L'atmosfera pesante, l'afa opprimente in cui mi muovevo mi rammentavano una vecchia definizione californiana: aria da terremoto. Vi era veramente qualcosa di minaccioso, di sinistro in quell'assoluta immobilità dell'aria, in quel cielo latteo e pesante come se la natura fosse in attesa di qualcosa di terribile che stava per accadere. Lentamente il cielo si coprì di nubi scure; sembrava che un infernale cappa di piombo gravasse sulla nave. Scrutando il cielo ebbi l'impressione di vedere un'oscura catena di montagne dove mi sembrava di poter distinguere chiaramente le gole, i precipizi, i torrenti cupi, le tenebrose caverne. E intanto la nave rollava leggermente e ancora non spirava un alito di vento.

«Non sarà una comune burrasca», profetizzò Lupo Larsen scuotendo preoccupato il capo. «La vecchia madre natura sta per balzarci addosso e per urlare tutta la sua furia. Può essere certo che ce ne farà vedere di tutti i colori, Hump, che ci farà ballare! Sarà bene che lei salga a spiegare le vele di gabbia».

Lo fissai perplesso. «Ma...», protestai, «se si scatenasse un uragano mentre ci troviamo soltanto noi a bordo?».

«Be'», rispose pacato, «dovremo fare del nostro meglio alla prima folata di vento e correre alle lance prima che le vele vadano in pezzi». Sogghignò cinicamente e soggiunse: «Non mi importa niente di ciò che accadrà dopo».

La bonaccia continuava mentre consumavamo il nostro pasto nella sala comune. Mangiai in fretta e poco, preoccupato com'ero per i diciotto uomini che si trovavano sul mare, oltre la linea dell'orizzonte, mentre cupi banchi di nuvole simili a montagne si muovevano lentamente nel cielo abbassandosi sempre più su di noi. Lupo Larsen non sembrava per nulla turbato e se non avessi notato in lui una strana vivacità nei movimenti e un leggero fremito delle narici, avrei pensato che egli fosse del tutto indifferente. Il viso era fermo e rigido come se i suoi lineamenti si fossero improvvisamente induriti, ma i suoi occhi azzurri, e quel giorno particolarmente e insolitamente chiari, scintillavano stranamente come febbricitanti. E improvvisamente compresi che egli pregustava l'ebbrezza della lotta, che era eccitato dall'imminente pericolo, dalla certezza che presto si sarebbe verificato uno dei grandi, meravigliosi episodi dell'esistenza. Era invaso da una feroce, orribile gioia rendendosi conto che, da un momento all'altro, la natura si sarebbe scatenata contro di lui ed egli avrebbe potuto combattere, con la propria, quella forza primordiale e terribile. Lo udii persino sogghignare tra sé mentre fissava il cielo con espressione beffarda e provocante. Era ritto sul ponte, piantato saldamente sulle possenti gambe divaricate e mi sembrava un piccolo essere debole che osasse sfidare un mostro enorme e malefico. Non aveva paura del destino, della natura, della morte.

Poi si diresse verso la cucina e sporse il capo all'interno.

«Cooky!», chiamò. «Quando avrai finito di spignattare ci raggiungerai sul ponte perché temo che avremo bisogno di te. Tieniti pronto alla chiatta, comunque. Capito?». Si volse e incontrò il mio sguardo fisso su di lui. «Ehi, Hump!», fece con sussiego. «Non trova che tutto questo è meglio del whisky? Il suo Omar non è che un povero deficiente e sono certo che, dopo tutto, non gustò che una minima parte delle gioie della vita».

L'intera metà occidentale del cielo era divenuta fosca e oscura, il sole, dopo essere sempre più pallido a causa dei vapori che fluttuavano fra la terra e il cielo, era scomparso del tutto. Erano le due del pomeriggio e uno spettrale crepuscolo rotto qua e là da strani, rapidi bagliori sfocati era disceso sul mare. Illuminato da quei riflessi rossastri, il viso di Lupo Larsen sembrava incandescente e appariva come circondato da un alone. La quiete che ci circondava aveva qualcosa di soprannaturale, di magico, e io avvertivo attorno a noi mille segni, innumerevoli presagi del fragore e del movimento che stava per sopraggiungere. Il sudore mi colava copioso dalla fronte lungo il viso e il caldo si faceva sempre più insopportabile. Ad un tratto mi parve perfino di venir meno e mi accostai al parapetto per cercare un appoggio. E proprio in quel preciso momento un debolissimo alito di vento mi accarezzò il viso madido di sudore. Passò leggero, flebile come un sospiro e io notai che proveniva da est. Le vele erano rimaste immobili, afflosciate, ma io ero certo che quella sensazione di refrigerio che avevo provato non era stata un'illusione della mia immaginazione. Udii la voce di Lupo Larsen chiamare il cuoco in tono sommesso e subito Mugridge apparve con un'espressione sgomenta e terrorizzata.

«Allenta quella scotta e fissala bene», ordinò Lupo Larsen. «Quando avrà ceduto, lascia andare la vela. Bada che se non eseguirai l'ordine alla perfezione questo sarà l'ultimo lavoro che avrai eseguito. Capito?». Si rivolse verso di me e continuò in tono deciso e pacato: «Signor Van Weyden, aiuti a issare le vele di draglia, poi salti sulle vele di gabbia e le spieghi con la maggior rapidità possibile. Più farà in fretta, più il lavoro le sarà meno difficile e gravoso. Per quanto riguarda Cooky, se non si dimostrerà abbastanza rapido, l'autorizzo a piazzargli qualche pugno fra gli occhi».

Mi sentii soddisfatto di costatare che nessuna minaccia o insulto aveva accompagnato l'ordine che avevo ricevuto. Ciò equivaleva, su quella nave, a un complimento rarissimo, a un elogio solenne. Avevo compreso le intenzioni di Lupo Larsen: la nave si trovava con la prua verso nord-ovest e noi avremmo dovuto trovarci con il massimo della velatura spiegata al primo soffio di vento. Presi il mio posto presso le vele di draglia, mentre il capitano si dirigeva verso poppa e si accostava alla barra del timone. Passò un alito di vento, poi un altro. Le vele oscillarono, fremettero debolmente.

«Grazie a Dio non ci piomba addosso tutto in una volta, eh, signor Van Weyden!», esclamò Cooky in tono di sollievo.

Anch'io mi sentivo sollevato e rassicurato dato che, nonostante la mia inesperienza, avevo imparato abbastanza per rendermi conto esattamente del disastro a cui saremmo andati incontro, con tutte le vele spiegate, se l'uragano si fosse scatenato d'improvviso. Intanto gli aliti di vento divennero più vigorosi: le vele della nave si tesero sempre più, il *Fanthom* si mosse e, mentre Lupo Larsen girava la ruota del timone, virò lentamente. Ora il vento soffiava contro la poppa facendosi sempre più violento e le vele di draglia, che io stavo custodendo, vibravano e si tendevano con forza. Non potevo vedere ciò che accadeva attorno a me, ma avvertivo il lento virare della goletta: poi vi fu una brusca sbandata e la pressione del vento si spostò sulle vele di trinchetto e di maestra. Stringevo i cordami fra le mani con tutta la mia forza e, quando quella prima parte del mio compito fu portata a termine, il *Fanthom* filava verso sud-ovest con il vento in poppa e tutte le vele spiegate. Senza concedermi un attimo di riposo e benché il cuore mi martellasse furiosamente in gola per lo sforzo che avevo compiuto, balzai il più rapidamente possibile presso le vele di gabbia e, prima che il vento fosse divenuto troppo violento, le avevo spiegate e potevo ridiscendere sul ponte Corsi subito a poppa per ricevere ordini e Lupo Larsen, dopo un cenno di approvazione mi affidò la ruota del timone. Il vento si faceva più violento, il mare diveniva grosso e oscuro... Rimasi per un'ora al timone cercando di fare del mio meglio per cavarmela. Non avevo alcuna esperienza sul modo di governare con un simile tempo. Infine Lupo Larsen mi si accostò.

«Prenda il binocolo e salga lassù!», mi ordinò.

«Guardi se le riesce di scoprire le lance. Filiamo almeno a dieci nodi e presto raggiungeremo una velocità di dodici o tredici. Questo vecchio colabrodo sa camminare, quando vuole».

Salii sul pennone di parrocchetto a una ventina metri sul ponte e, mentre scrutavo il mare e l'orizzonte attraverso le lenti del binocolo, mi resi conto dell'estrema necessità in cui ci trovavamo di filare a tutta velocità se desideravamo salvare gli uomini che si trovavano sulle lance. Guardando il mare mi chiedevo inoltre se le nostre speranze non erano assurde, dato che sembrava veramente impossibile che quelle piccole imbarcazioni leggere potessero sostenere quel terribile assalto di vento e di ondate, rimanendo a galla. Non potevo rendermi esattamente conto della violenza delle raffiche, poiché la nave filava con il vento, ma dal mio alto osservatorio potevo vedere la prua della nave lanciarsi contro un mare spumeggiante, nero. Guardavo come se non mi trovassi a bordo ma al di fuori, separato dal piccolo legno che sembrava battersi per la vita contro una forza mille volte superiore e crudele. A volte la nave attraversava sollevandosi in modo impressionante, un'onda enorme, seppellendo in acqua il parapetto di sinistra e coprendo il ponte, fino ai boccaporti, di schiuma biancastra e ribollente. E in quelle occasioni io venivo proiettato con rapidità vertiginosa attraverso l'aria come se fossi stato sospeso all'estremità di un pendolo gigantesco il cui arco, da un'estremità all'altra, avesse una lunghezza di venti metri almeno. A un tratto fui assalito da un panico folle e rimasi aggrappato al pennone incapace di continuare a scrutare l'orizzonte alla ricerca delle lance, atterrito dalle enormi masse d'acqua che investivano la goletta minacciando di sommergerla. Ma il ricordo degli uomini che si trovavano in mezzo alla tempesta, mi fece superare quella crisi di terrore e, lentamente, mi ridiede la calma. Dimenticai allora me stesso e l'orrore che mi circondava e, accostato il binocolo agli occhi, ripresi a frugare il mare con attenzione e sangue freddo. Durante un'ora intera non vidi che mare burrascoso, deserto; poi un debole raggio di sole, facendo capolino fra una nube e l'altra, illuminò per pochi attimi l'oceano e lo fece apparire simile a una massa d'argento fuso e ribollente. Allora distinsi in lontananza un piccolo punto nero che si sollevava sulla cresta di un'onda e subito veniva di nuovo sommerso, come ringoiato dalle onde. Attesi pazientemente e di nuovo la minuscola massa scura apparve sulla superficie verdastra verso babordo. Mi resi subito conto che gridare sarebbe stato inutile e comunicai la mia scoperta a Lupo Larsen per mezzo di gesti. Egli corresse immediatamente la rotta e, quando vidi che la minuscola macchia scura si spostava verso prua, segnalai al capitano di proseguire in quella direzione. Ed ecco il punto divenire sempre più grande e così rapidamente che per la prima volta apprezzai veramente la velocità della nostra corsa. Lupo Larsen mi fece cenno di scendere e, quando mi trovai accanto a lui, mi si rivolse in tono quasi affettuoso dandomi nuove istruzioni.

«Si scatenerà un pandemonio», concluse, «ma lei non se ne preoccupi e svolga con calma e alla perfezione il suo lavoro. Si assicuri inoltre che Cooky rimanga presso la vela di trinchetto».

Cercai di raggiungere la prua e vi riuscii a fatica perché, tanto il lato sottovento quanto quello sopravento, erano di continuo sommerse dalle ondate. Dopo aver istruito Thomas Mugridge su ciò che avrebbe dovuto fare, mi arrampicai per qualche metro d'altezza sul sartiame di trinchetto. Ormai la lancia era molto vicino alla nave e riuscii a distinguerla chiaramente, mentre avanzava faticosamente sotto le raffiche di vento e le ondate alte e violente che si sollevavano senza sosta. L'albero e la vela erano stati lanciati in mare perché servissero da ancora e la lancia avanzava lentamente trascinandoli dietro di sé. Vidi che i tre uomini che si trovavano a bordo stavano lavorando di lena per vuotare l'imbarcazione dall'acqua che vi era penetrata e che vi penetrava di continuo a ogni ondata. E ogni volta che una liquida muraglia nascondeva la lancia alla mia vista, attendevo con ansia che l'ondata passasse oltre temendo di non vederla ricomparire. L'imbarcazione appariva chiaramente attraverso la cresta spumosa con la prua protesa verso il cielo, mostrandosi ai miei occhi in tutta la sua lunghezza finché raggiungeva la sommità dell'onda. Avevo allora la visione di tre uomini intenti a vuotare l'imbarcazione dall'acqua con movimenti frenetici, concitati, poi la lancia scivolava, con la prua rivolta verso il mare, nella valle liquida che si spalancava dall'altra parte. Ogni volta che la vedevo riapparire mi sembrava fosse un vero miracolo.

Mi accorsi che il *Fanthom* aveva improvvisamente modificato la propria rotta e fremetti di raccapriccio al pensiero che Lupo Larsen avesse ritenuto assurdo tentare il salvataggio dei suoi uomini e che avesse deciso di rinunciare all'impresa. Poi compresi che quella manovra era necessaria per il salvataggio dei tre uomini e scesi in fretta sul ponte per essere pronto a dare una mano. La lancia si trovava esattamente lungo la nostra linea e il vento spirava davanti a noi. La goletta ebbe uno scatto, si sollevò improvvisamente e parve che la pressione del vento cessasse repentinamente. Poi accelerò di nuovo la sua andatura mentre descriveva un quarto di giro. Come si trovò di traverso alle ondate, tutta la forza del vento con il quale sino a quel momento avevamo corso, ci investì in pieno e, sfortunatamente, io mi trovavo in quel momento proprio di fronte alla sua direzione. Mi parve che una muraglia si abbattesse su di me e i miei polmoni si gonfiarono d'aria che però non mi riusciva di espirare. Poi, mentre tossivo fino a soffocare e il *Fanthom* proseguiva per forza d'inerzia rollando violentemente sotto le raffiche di vento, scorsi con terrore un'ondata enorme che si sollevava minacciosa sul mio capo. Mi voltai di colpo, respirai profondamente e diedi un'occhiata dietro le mie spalle. L'ondata stava per riversarsi sul *Fanthom* e, dato che in quel momento un dorato raggio di sole la stava attraversando, mi apparve come una massa di un verde setoso e lucido ornata da una frangia di spuma candida. Poi tutto accadde in un attimo, prima che io stesso me ne potessi rendere conto. Una scossa spaventosa mi colpì in pieno con una violenza indescrivibile, lasciandomi stordito. Il sostegno al quale ero aggrappato mi fu come strappato dalle mani e mi trovai sommerso dall'acqua mentre il pensiero terrificante della morte assumeva nella mia mente l'aspetto più terribile che potessi immaginare: la tomba liquida. Come un fuscello, mi sentii trascinare e lanciare vorticosamente verso l'alto e quando non mi fu possibile trattenere il respiro e la mia bocca avida d'aria si spalancò istintivamente mi parve che i polmoni mi bruciassero per l'acqua salata che vi era penetrata. Poi, improvvisamente, non ebbi più paura della morte: una sola idea mi batteva nel cervello come un'ossessione. Dovevo bracciare il fiocco a sopravento. Ora ero certo che me la sarei cavata comunque da quell'inferno e mi rendevo conto della necessità di eseguire al più presto gli ordini ricevuti da Lupo Larsen. Mi sembrava di vedere quell'uomo formidabile in piedi, ritto di fronte alla barra del timone, scosso dall'incessante turbinio violento dell'acqua, mentre sfidava la tempesta e le opponeva la sua volontà, la sua forza, la sua resistenza. D'un tratto urtai contro qualcosa che mi parve il parapetto della nave, respirai di nuovo profondamente e i miei polmoni si riempirono ancora di aria pura. Tentai di rizzarmi in piedi ma fui ributtato a terra da un brutale colpo al capo: la corrente mi aveva lanciato con la sua forza all'interno del castello di prua. Uscii carponi sul ponte e incontrai subito il corpo riverso di Thomas Mugridge che giaceva sul ponte gemendo. Ma non mi fermai: dovevo bracciare il fiocco. Passai oltre e, come alzai lo sguardo, uno spettacolo terribile di distruzione si presentò ai miei occhi. Da ogni parte cadevano sul ponte grosse schegge di legno, brandelli di tela, pezzi di ferro. Sembrava che il *Fanthom* si andasse lentamente ma inesorabilmente sgretolando. Le vele di parrocchetto e di trinchetto erano state squarciate dalla manovra effettuata per virare e pendevano come stracci dagli alberi scheggiati. I cordami, strappati dalla forza dell'ondata, sibilavano nell'aria e si attorcigliavano come serpi. Tutt'intorno si udivano di continuo strani scricchiolii e rimbombi cupi. Mi lanciai in avanti con la speranza che tutto non fosse ancora perduto. Ricordavo che Lupo Larsen mi aveva esortato ad attendere con calma che la tempesta si scatenasse, ricordavo i suoi consigli, i suoi ordini. Ma ora che l'inferno si era veramente scatenato, dove si trovava Larsen? Dov'era in quel momento?

Lo vidi infine che si dava da fare attorno alla vela di maestra con i suoi muscoli formidabili tesi e gonfi. La poppa della goletta era protesa verso l'alto e il corpo atletico di Lupo Larsen si stagliava netto contro la spuma bianca di un'ondata. Tutto era accaduto in un tempo non certo superiore ai quindici secondi, durante i quali eravamo stati sommersi da un caos. Non mi fermai per rendermi conto di ciò che era avvenuto della lancia e balzai verso la scotta del fiocco che sbatteva pericolosamente gonfiandosi e sbattendo con schiocchi sonori e secchi. Con un giro di scotta e applicando tutta la forza che possedevo a ogni colpo, tentai di compiere la manovra. Sapevo che dovevo fare del mio meglio e tirai finché le mie dita furono scorticate, finché udii la vela di straglio che si squarciava. Cercai infine di fissare con un doppio giro ciò che avevo salvato della scotta e tirai ancora a ogni oscillazione della vela per averne il più possibile. D'un tratto mi trovai accanto a Lupo Larsen e, tirando con tutta la mia forza riuscii a guadagnare il punto di scotta che assicurai legandola con l'estremità della cima che era rimasta penzolante nel vuoto.

«Nodo stretto!», gridò Lupo Larsen. «E ora venga con me!».

Lo seguii guardandomi attorno e notando che, nonostante la devastazione e la rovina che l'ondata aveva procurato sulla nave, Lupo Larsen era riuscito in pochi istanti a rimettere abbastanza in ordine l'attrezzatura della nave. Il *Fanthom* era ancora in grado di affrontare il mare perché, se la maggior parte delle sue vele erano state squarciate, il fiocco bracciato a sopravento e la vela di maestra ammainata erano ancora in buone condizioni e facevano muovere la goletta mantenendone l'equilibrio. Girai lo sguardo sul mare in cerca della lancia e, mentre Lupo Larsen preparava i paranchi, vidi l'imbarcazione sollevarsi su di una grande ondata a sottovento e a non più di cinque o sei metri di distanza. I calcoli di Lupo Larsen si dimostravano perfetti tanto che noi stavamo filando esattamente nella direzione della lancia. Non avremmo dovuto fare altro che agganciare i paranchi alle due estremità dell'imbarcazione e issarla a bordo. Ma quella manovra non fu facile come in principio mi era apparsa. A prua della lancia si trovava Keffoot, Oofty-Oofty era a poppa e Kelly nel mezzo. Mentre ci avvicinavamo sempre più, la barca fu sollevata in alto da un'ondata, tanto che a un tratto si trovò sopra di noi e vidi le teste dei tre uomini che guardavano giù nella mia direzione. Poi la lancia sprofondò di nuovo mentre il *Fanthom* si sollevava a sua volta sopra di loro. Sembrava sicuro che la seguente ondata avrebbe scagliato la nave contro quel minuscolo guscio sommergendolo per sempre. Ma riuscii al momento opportuno a passare il paranco al *kanaka,* imitato da Lupo Larsen che lo passò a Keffoot. Entrambi i marinai li agganciarono immediatamente alla loro lancia e, approfittando prontamente del movimento del rollio, gli uomini balzarono agilmente a bordo della nave. E dato che il *Fanthom* continuava il suo rollio la lancia venne issata a bordo con facilità e calata sul ponte con la chiglia rivolta verso l'alto. Notai subito che dalla mano sinistra di Kerfoot colava copiosamente il sangue e che il dito medio era stato stritolato. Ma egli sembrava non farvi per nulla caso e, con la sola mano destra, aiutò ad assicurare la lancia al parapetto.

«Oofty!», ordinò Lupo Larsen. «Dai una mano ad ammainare il fiocco». Si rivolse a Kelly e continuò:

«Tu vai a poppa e sistema la vela maestra e tu, Kerfoot, corri a prua a vedere che è successo a Cooky». Poi si rivolse a me in tono cortese. «Signor Van Weyden, lei salga di nuovo sui pennoni e tagli tutti i brandelli di vela che trova».

Si diresse verso poppa con la sua caratteristica andatura agile e felina e, raggiunta la ruota del timone, riprese a governare la rotta.

Mentre mi davo da fare sulle sartie di trinchetto, il *Fanthom* prese lentamente a virare. Sebbene il mare continuasse a invadere il ponte, ormai non vi erano più vele da ammainare. Io mi trovavo fra i pennoni e la pressione del vento mi schiacciava contro l'attrezzatura: mi sarebbe stato impossibile cadere. La nave era tanto piegata di lato che gli alberi erano quasi paralleli all'acqua e io, per vedere il ponte, non guardavo in basso ma alla mia sinistra. A tratti il ponte veniva del tutto sommerso dalle ondate e allora sembrava che i tre alberi della nave sorgessero direttamente dal mare. Ma come la pressione del vento sul fianco della nave cessò, si raddrizzò e il suo ponte uscì gradatamente fuori dall'acqua.

Filavamo senza mèta su quel mare selvaggio e rabbioso mentre io, aggrappato al pennone più alto, frugavo la ribollente distesa con il binocolo in cerca delle altre lance. Fu dopo mezz'ora che avvistai la seconda. Era capovolta e Louis, Horner e Johnson vi si tenevano aggrappati con la forza della disperazione. Lupo Larsen riuscì a svolgere da solo la manovra senza incidenti, tanto che io non scesi nemmeno per dare il mio aiuto. Furono di nuovo preparati i paranchi e furono calate in mare le corde a cui i tre uomini si aggrapparono arrampicandosi come scimmie fino a bordo della nave. La lancia si fracassò contro un fianco del *Fanthom*, ma il rottame venne ugualmente issato a bordo per essere riparato e nuovamente utilizzato. Poi, ancora una volta, la nave sfuggì all'uragano, ma sommergendosi talmente che per parecchi minuti la credetti perduta. Perfino la ruota del timone, in posizione assai elevata rispetto alle murate, venne più volte sommersa. E negli attimi in cui il ponte della nave spariva completamente alla mia vista, avevo la sensazione bizzarra di trovarmi da solo di fronte a Dio e intento, con lui, a osservare lo scatenarsi della sua collera. Poi la ruota riappariva e, con questa, le possenti spalle di Lupo Larsen che stringeva saldamente i raggi mantenendo la nave sulla rotta che la sua volontà aveva stabilito e dominando la forza della tempesta, mentre correva sicuro verso la propria mèta. Sembrava incredibile, assurdo, che quei piccoli esseri che lavoravano, respiravano, si muovevano sul ponte potessero, su quel fragile, precario guscio di legno e tela, passare attraverso quella terribile convulsione degli elementi.

Erano le cinque e mezzo del pomeriggio quando, mentre il giorno moriva in un crepuscolo fosco, avvistai la terza lancia. Era anch'essa capovolta ma non vi era la minima traccia dell'equipaggio. Lupo Larsen ripeté la manovra: si allontanò dalla lancia e l'accostò sopravento ma la mancò di una dozzina di metri e l'imbarcazione ricomparve a poppa.

«È la numero quattro!», gridò Oofty-Oofty i cui occhi acuti avevano potuto leggere il numero capovolto, sul fianco della lancia nel momento in cui si era sollevata sulla cresta di un'onda. Era la lancia di Henderson che, insieme ai due marinai del suo equipaggio, Holyoak e Williams, era irrimediabilmente perduto. Ma

Lupo Larsen volle ugualmente tentare di recuperare la lancia, nonostante le proteste di Horner e di Kerfoot.

«Questa infernale tempesta non riuscirà a derubarmi della mia lancia, perdio!», lo udii gridare sebbene la sua voce mi giungesse flebile e velata come se venisse da un'enorme lontananza. «Signor Van Weyden!», chiamò. «Sorvegli quel fiocco con Johnson e Oofty. Gli altri a poppa, alla vela di maestra. E muovetevi se non volete che vi spedisca tutti quanti all'inferno! Capito?».

Mosse la ruota del timone e il *Fanthom* prese a virare lentamente: ai cacciatori di foche non rimaneva altra alternativa che tenersi pronti a correre il rischio e a lavorare facendo del loro meglio. E mi resi conto del pericolo che stavamo per affrontare solo quando mi trovai ancora sommerso dalla pesante massa liquida, tenendomi aggrappato a una caviglia ai piedi dell'albero di trinchetto. L'urto violento mi proiettò lontano dal mio sostegno e improvvisamente mi trovai in mare. Mi ritenni spacciato in quanto non sapevo nuotare, ma prima che la profondità m'inghiottisse il riflusso mi riportò a bordo. Mi sentii afferrare saldamente per un braccio e, come mi volsi, costatai che il mio salvatore era Johnson. Si guardava attorno preoccupato e notai che Kelly mancava, sebbene in quel momento avesse dovuto trovarsi a prua.

Lupo Larsen dovette ricorrere a una nuova manovra per recuperare la lancia. La nave descrisse un semicerchio navigando quasi del tutto sdraiata a sinistra con tutte le vele bracciate e ritornò al vento.

«Magnifico!», esclamò Johnson mentre tornavamo alla superficie dopo un nuovo diluvio. Non si riferiva all'abilità del capitano e all'accortezza della sua manovra, ma alla resistenza e maneggevolezza del *Fanthom.*

Intanto l'oscurità era scesa e la lancia era scomparsa alla nostra vista, ma sembrava che Lupo Larsen fosse guidato da un istinto infallibile che lo conduceva attraverso la tempesta. Piombammo improvvisamente sulla lancia capovolta e la issammo a bordo fracassandola letteralmente durante la manovra. Vi furono poi due ore di lavoro concitato, febbrile, durante le quali due dei cacciatori, tre marinai, Lupo Larsen e io lavorammo ininterrottamente ad ammainare e a prendere i terzaruoli prima al fiocco, poi alla vela di maestra. Terminata la nostra fatica, costatammo che il ponte era stato liberato quasi del tutto dall'acqua mentre il *Fanthom* proseguiva veloce danzando e inchinandosi sulle ondate. Avevo le dita scorticate, le mani gonfie e arrossate e, aiutando a prendere i terzaruoli, lacrime di sofferenza acuta mi avevano rigato le guance. D'un tratto, mi sentii mancare e, come una femminuccia, caddi riverso sulla tolda, esaurito fisicamente e moralmente. Nel frattempo, Thomas Mugridge era stato tratto simile a un topo annegato dal castello di prua dove si era vilmente nascosto per evitare il pericolo. Vidi che veniva trascinato a poppa, ma quando il mio sguardo cercò istintivamente la cucina non riuscii a trovarne traccia. Solo una specie di spiazzo sul ponte stava a indicare dov'era prima dell'uragano quel locale. Nella sala comune trovai tutti gli uomini che attendevano che il caffè fosse pronto, mentre Thomas Mugridge sorvegliava una cuccuma che era stata posta su un fornelletto. Poi mangiammo un po' di galletta e bevemmo whisky. Nella mia vita non avevo mai gustato il cibo come in quel pasto frugale e il caffè mi parve il migliore che avessi mai assaggiato. La nave intanto rollava e beccheggiava tanto violentemente che era impossibile persino ai marinai di camminare o di reggersi in piedi, senza aggrapparsi a qualche sostegno. Spesse volte, dopo un «Arriva!», lanciato da qualcuno, venivamo scagliati bruscamente contro la parete della cabina che diveniva, a causa dell'estrema inclinazione della nave, orizzontale.

«Che inferno!», borbottò Lupo Larsen dopo aver mangiato e bevuto a sazietà. E aggiunse: «Ormai abbiamo fatto tutto ciò che stava in noi per salvare la nave ed è inutile ritornare sul ponte Se sarà destino affonderemo. Andate pure a riposare nelle vostre cuccette e cercate di prendere sonno se vi riesce».

Il gruppo dei marinai raggiunse la poppa accendendo nel passare i fuochi di bordo. I due cacciatori di foche si sistemarono nella sala comune ritenendo imprudente aprire il boccaporto della timoneria. Lupo Larsen e io operammo la mano ferita di Kerfoot tagliando il dito sfracellato e ricucendo alla meglio il moncone dopo averlo abbondantemente disinfettato. Mugridge non aveva fatto che lamentarsi durante tutto il tempo in cui era stato costretto a preparare il caffè e a tenere acceso il fuoco nel fornelletto e ora diceva di avvertire forti dolori al petto e di essere certo che una o due costole erano state spezzate. Gli tastai il torace e dovetti convenire che il cuoco aveva ragione di lamentarsi: le costole fratturate erano tre. Non avevo la minima esperienza nel campo ortopedico e rimandai all'indomani il caso di Mugridge proponendomi di leggere su un manuale qualcosa sull'argomento. Prima di prendere sonno mi avvicinai a Lupo Larsen e gli sussurrai in tono di riprovazione:

«Non avrei mai creduto che una lancia sgangherata valesse la vita di un uomo come Kelly».

Lupo Larsen scosse le spalle con noncuranza. «Kelly non valeva nulla», rispose. «Buona notte».

Dopo quella giornata infernale, con le mani che mi dolevano orribilmente per le scorticature, con la preoccupazione delle tre lance perdute in mare e con la nave che continuava a rollare violentemente, credevo che non mi sarebbe stato possibile chiudere occhio. Ma nel preciso istante in cui posai la testa sul cuscino, caddi in un sonno di piombo che durò tutta la notte mentre il *Fanthom*, senza nessuno che lo governasse, filava spinto dalla furia dell'uragano.

XVIII

L'indomani, mentre la tempesta si andava calmando, Lupo Larsen e io consultammo un manuale di medicina e anatomia e cercammo di rimettere a posto le costole di Thomas Mugridge. Poi, quando l'uragano fu del tutto cessato, Lupo Larsen guidò la nave su e giù nel luogo dove aveva infuriato più violento, mentre gli uomini si davano da fare a riparare le lance e preparavano e issavano nuove vele. Avvistammo molte golette da pesca e le avvicinammo. Molte di queste battevano il mare in cerca delle lance perdute e avevano a bordo uomini raccolti durante l'uragano che non facevano parte del loro equipaggio. Tutti sapevano che il grosso della flotta si trovava a ovest e molte delle lance, assalite improvvisamente dalla tempesta, si erano dirette disperatamente verso quel rifugio.

Sul *Circo,* trovammo due delle nostre lance con l'equipaggio completo sano e salvo e, con infinita gioia di Lupo Larsen e con mio rammarico trovammo sul *San Diego* Smoke, Nilson e Leach. Esattamente dopo cinque giorni di ricerche, a bordo del *Fanthom* non mancavano che i quattro uomini che ormai dovevano essere considerati perduti: Henderson, Holyoak, Kelly e Williams. Riprendemmo così la caccia al branco di foche seguendole verso nord e presto incontrammo i temuti banchi di nebbia. Le lance sparivano alla nostra vista non appena toccavano il pelo dell'acqua, tanto che eravamo costretti a fare continui segnali con una tromba e a sparare colpi di fucile a intervalli regolari. Spesso perdevamo di vista le nostre lance per ritrovarle poi a bordo di qualche altra goletta che cacciava nella zona. E a nostra volta ospitavamo a bordo imbarcazioni e equipaggi appartenenti ad altre navi. Era infatti uso che i cacciatori che si smarrivano si rifugiassero sulla prima goletta nella quale s'imbattevano, per essere poi recuperati da quella in cui erano imbarcati. Lupo Larsen non rispettò la convenzione. Come una lancia capitò a bordo del *Fanthom* egli se ne appropriò, costringendo inoltre i cacciatori a lavorare per lui, e non permettendo che facessero ritorno alla loro goletta quando questa venne avvistata. Mentre ci passava a pochi metri di distanza e il capitano si sporgeva al parapetto per chiederci informazioni sulla lancia che aveva perduto. Lupo Larsen, con la carabina puntata contro gli uomini accolti a bordo, li obbligò a scendere sottocoperta.

Thomas Mugridge si rimise presto in salute e riprese il lavoro in cucina, svolgendo anche i compiti di *boy* di cabina. Camminava zoppicando e lamentandosi di continuo. Johnson e Leach erano sempre presi di mira da Lupo Larsen che a ogni occasione li insultava e malmenava. I due uomini erano certi, ormai, che con la fine della stagione della caccia avrebbe avuto fine anche la loro esistenza. Gli altri uomini che facevano parte dell'equipaggio, trattati come bestie dal loro spietato padrone, lavoravano in silenzio covando l'odio in cuore. Io ero in ottimi rapporti con il capitano che mi trattava con una certa considerazione e cortesia. Ma nonostante il trattamento di favore che Lupo Larsen mi riservava, e per quanto mi sentissi affascinato dalla sua forte personalità bizzarra, lo temevo e desideravo ardentemente che mi si presentasse l'occasione per ucciderlo. Ero giunto al punto di considerare un dovere eliminare dalla faccia della terra quell'essere mostruoso, quel despota sanguinario e feroce. Eppure non riuscivo a immaginarlo senza vita, immobile, rigido nella stretta della morte. Vi era in lui una tale potenza di vita, una resistenza talmente formidabile, una forza e un vigore che mi sembrava assurdo considerarlo mortale, vederlo finito. Mi sembrava che potesse sopravvivere a qualsiasi lotta, che potesse vincere qualsiasi forza, che sapesse combattere e distruggere perfino la morte.

Una delle sue distrazioni preferite era di scendere in mare con due rematori e un timoniere e recarsi a caccia quando il *Fanthom* si trovava in mezzo al branco delle foche e il mare non era abbastanza calmo per ammarare le lance. Era un ottimo tiratore e, al ritorno dalle sue spedizioni, portava a bordo un buon numero di pelli di foche catturate in condizioni di tempo tale, che gli stessi cacciatori definivano rischiosissime. Lupo Larsen aveva bisogno della lotta, del pericolo, della vittoria come dell'aria.

Nel frattempo mi impratichivo sempre più del mio compito di secondo e imparavo con rapidità l'arte nautica. In una giornata di tempo insolitamente bello, mi si presentò l'occasione di dover assumere il comando del *Fanthom* e fu con vera soddisfazione che svolsi il mio compito e diressi il recupero delle lance alla fine della giornata. Lupo Larsen era stato colpito ancora una volta da una delle sue violente emicranie e giaceva quasi accecato dal dolore nella propria cabina. Rimasi alla barra del timone per tutta la giornata filando attraverso l'oceano e riprendendo a bordo, una per una, le lance, senza istruzioni o suggerimenti da parte di chicchessia. Quel successo mi fece ritrovare la fiducia in me stesso e da allora mi sentii più forte e sicuro.

In quella fredda regione incontrammo assai frequentemente burrasche e, verso la metà di giugno, fummo assaliti da un infernale tifone che rimase impresso nella mia memoria come un fatto memorabile a causa dei mutamenti che causò nella mia vita. Ci trovammo improvvisamente al centro del tifone e Lupo Larsen tentò subito la fuga, prima con la velatura ridotta al minimo, poi con l'alberatura spoglia. Non avrei mai creduto che potessero formarsi ondate così gigantesche. Quelle che avevo visto sino a quel momento non erano che leggere increspature, se paragonate a quella specie di montagne liquide, di un duemila metri circa di larghezza fra una cresta e l'altra, e di un'altezza non certo inferiore al più alto pennone. Lupo Larsen stesso non osò affrontare quel mare spaventoso e, abbandonato il branco di foche, si lasciò trascinare verso sud. Quando il tifone cessò, ci trovammo, fra la viva sorpresa di tutti, nel mezzo del branco che, a detta dei cacciatori, doveva essere la retroguardia di quello che avevamo abbandonato. Il fatto era comunque insolito e fortunato. Durante l'intera giornata i colpi di carabina risuonarono ininterrottamente e fu compiuta una vera carneficina. Fu appunto durante quella giornata che Leach mi si accostò, appena finito il mio lavoro di carico delle pelli.

«Signor Van Weyden», mi sussurrò all'orecchio, «potrebbe dirmi quanto distiamo dalla costa ed in quale direzione si trova Yokohama?».

Compresi subito il progetto del ragazzo e, felice di poterlo aiutare, gli fornii le indicazioni richieste.

«Grazie, signore», bisbigliò Leach sparendo subito nelle tenebre.

La mattina seguente la lancia numero tre non si trovava più al suo posto abituale e Johnson e Leach erano scomparsi. Mancavano anche i barili d'acqua dolce e le provvigioni che le altre lance recavano a bordo e pure mancanti risultarono le coperte e i sacchi dei due uomini. Lupo Larsen era furibondo. Fece spiegare le vele e si diresse verso ovest-nord-ovest dopo aver collocato due dei cacciatori di vedetta sulle coffe. Egli passeggiava nervosamente sul ponte come un leone furente in trappola. Non mi ordinò di arrampicarmi su uno dei pennoni e di mettermi a mia volta in vedetta, perché conosceva da tempo la mia simpatia per i due marinai fuggiaschi. Il vento soffiava irregolarmente e cercare un'imbarcazione minuscola sulla vastità dell'oceano era come cercare un ago in un mucchio di fieno. Ma Lupo Larsen fece raggiungere al *Fanthom* la sua velocità massima per potersi quindi porre nel più breve tempo possibile fra la terra e i fuggiaschi. Giunto vicino alla costa, prese a incrociare il mare avanti e indietro attraverso la linea che egli immaginava fosse quella della rotta scelta dai disertori. La mattina del terzo giorno di quella caccia all'uomo, Smoke annunciò dall'albero maestro di avere avvistato la lancia. Tutti gli uomini si precipitarono sul ponte e si sporsero dal parapetto. Da ovest soffiava un venticello rabbioso che preannunciava una nuova burrasca e, nella scia di un raggio di sole, un piccolo punto scuro si muoveva sull'acqua. Bracciammo le vele e ci dirigemmo verso quel punto. Mi sentivo oppresso da un'angoscia mortale e quando colsi nello sguardo di Lupo Larsen un brillio di feroce soddisfazione e di bestiale trionfo, la vista quasi mi si annebbiò per la collera e mi trattenni con uno sforzo dal balzargli addosso, cercando di soffocare in me la furia omicida che mi aveva assalito. Ero talmente sconvolto, prevedendo la scena di violenza che avrebbe seguito la cattura di Johnson e di Leach, che scesi quasi fuori di me nel locale della timoneria. Preso da un impulso di ribellione, stavo per risalire sul ponte con un fucile carico, quando dal ponte mi giunse il grido della vedetta.

«Ci sono cinque uomini nella lancia!».

Mi appoggiai estenuato dall'ansia alla scaletta, mentre molte esclamazioni di sorpresa mi giungevano all'orecchio confermando la notizia. Allora, come se improvvisamente avessi compreso la gravità del delitto che stavo per compiere e ne fossi sopraffatto dalla scossa nervosa, caddi riverso sul pavimento. Quando riuscii ad alzarmi, deposi il fucile e tornai sul ponte dove costatai che la mia assenza non era stata notata. L'imbarcazione si trovava ora abbastanza vicina alla nave, tanto che riuscimmo ad appurare che si trattava di una barca un poco più grande di una comune lancia da caccia e che la struttura ne differiva in alcuni particolari. Mentre ci avvicinavamo sempre più, gli uomini che si trovavano a bordo della barca ripiegarono la vela che avevano issata e smontarono l'albero. I remi vennero ritirati e l'imbarcazione rimase ferma in attesa del nostro arrivo. Smoke era disceso dal pennone e, mentre mi si accostava, lo udii sogghignare in modo eloquente.

«Un bel pasticcio!», esclamò quasi in risposta al mio sguardo di domanda.

«Che c'è di straordinario?», chiesi.

L'uomo rise di nuovo. «Guardi un po' in fondo, verso poppa», disse puntando il dito nella direzione della barca. «Non mi riesca più di acchiappare una foca se quella non è una donna!».

Fissai attentamente il punto indicatomi, ma non mi volli convincere della cosa fino a che numerose esclamazioni di sorpresa non si levarono dagli uomini, che si trovavano sul ponte, a confermare l'asserzione di Smoke. La lancia aveva a bordo quattro uomini: la quinta persona era evidentemente una donna. Eravamo tutti estremamente eccitati da quella novità e solo Lupo Larsen, troppo deluso di non aver ritrovato i due fuggiaschi, si mantenne del tutto indifferente.

Dopo pochi secondi, la barca si trovò accanto alla nave. Ora potevo distinguere chiaramente la donna che si trovava a bordo. La mattinata era piuttosto fredda ed era avvolta in un ampio scialle. Riuscii a vederla in viso: portava in capo un berretto da marinaio, sotto il quale ondeggiava una massa di capelli castano chiari. Gli occhi erano grandi, neri, luminosi, la bocca piccola ma carnosa, il viso di un ovale perfetto e delicato. Il vento, il sole e l'aria salmastra avevano alterato la sua pelle rendendola rossastra e ruvida.

Mi apparve come una visione di sogno e mi resi conto che la osservavo con espressione avida da affamato. Ed effettivamente mi trovavo nell'identica situazione di un uomo a digiuno da vari giorni davanti a un pezzo di pane. Da quanto tempo non vedevo una donna? Ero talmente sorpreso e affascinato che dimenticai completamente i miei doveri di secondo ufficiale e non accorsi ad aiutare i nuovi venuti a salire a bordo. Una donna! Erano dunque così? Uno degli uomini della barca la sollevò verso le braccia tese di Lupo Larsen che l'aiutò a salire sul ponte, ed ella guardò i nostri visi incuriositi sorridendo dolcemente come solo le donne sanno sorridere. Da quanto tempo non vedevo quell'espressione incantevole, quelle labbra scarlatte semiaperte sui denti piccoli e candidi! Avevo quasi dimenticato che esistessero simili sorrisi meravigliosi.

«Signor Van Weyden!». La voce imperativa di Lupo Larsen mi richiamò bruscamente alla realtà. «Accompagni la signora sotto coperta e cerchi di sistemarla il più comodamente possibile. Incarichi Cooky di riordinare la cabina vuota a dritta e veda se le riesce di fare qualcosa per il viso della signora. Sembra ustionato».

Ci volse bruscamente le spalle e cominciò a interrogare i nuovi arrivati. La lancia fu abbandonata alla deriva, nonostante uno degli uomini protestasse energicamente dato che ci trovavamo a breve distanza da Yokohama.

Mentre scortavo la donna verso poppa, provavo un senso strano di timidezza e di imbarazzo. Mi rendevo conto, forse per la prima volta, della fragilità e della delicatezza femminili e, come per aiutarla a scendere la scaletta le afferrai il braccio, trasalii nell'avvertirne la morbidezza e le minute proporzioni. Aveva la normale delicatezza delle donne, ma a me appariva talmente fragile ed eterea che avevo l'impressione che il suo braccio potesse spezzarsi nella mia stretta. Quella fu la prima sensazione nuova che Maud Brewster mi procurò. La feci accomodare nella poltrona del capitano che aveva fatto portare nella sala comune.

«Non si disturbi troppo per me, la prego», protestò sorridendo. «Vede, gli uomini della barca mi avevano assicurato che avremmo raggiunto la costa entro oggi. Non crede che la nave possa giungere a terra prima di notte?».

Quella ingenua, fiduciosa domanda mi colpì profondamente e mi trovò impreparato a una pronta risposta. Come avrei potuto parlarle di Lupo Larsen? Come avrei potuto spiegarle il bizzarro carattere dell'uomo che ci comandava, i suoi orribili capricci, la sua perfidia?

«Se il capitano di questa nave non fosse Lupo Larsen», risposi lealmente, «potrei assicurarle che domani al più tardi lei potrebbe trovarsi a terra. Ma il nostro capitano è un tipo bizzarro e stravagante, purtroppo. E sento il dovere di avvertirla che dovrà tenersi pronta a tutto. A... tutto! Mi... sono spiegato?».

Mi fissò con espressione turbata ma non impaurita. «Ma... veramente devo confessare che non comprendo», rispose esitando. «Mi sbaglio, se credo sia uso mostrare una certa considerazione verso i naufraghi? Siamo così vicini alla terra che non credo si tratterà di un'eccessiva seccatura per voi...».

«Per essere sincero devo dire che non ho la minima idea di quali siano i progetti del capitano», dissi con l'intenzione di rassicurarla. «Volevo solo metterla in guardia e prepararla al peggio. Lupo Larsen è un bruto, un mostro, un essere di cui non si possono prevedere le reazioni in nessun caso».

Presi a descrivere Lupo Larsen ma ella mi interruppe subito.

«Oh, sì!», disse con voce flebile e incerta.

Compresi allora che la donna si trovava in uno stato di esaurimento fisico prossimo a un collasso e che perfino il parlare rappresentava per lei una fatica. Non mi rivolse altre domande e io non azzardai nuove osservazioni, limitandomi a eseguire gli ordini dì Lupo Larsen e a sistemarla il più comodamente possibile. Mi incaricai di far riordinare la cabina, trovai una lozione emolliente adatta per curare le scottature del suo viso e sottrassi alla provvista privata di Lupo Larsen una bottiglia di Porto. Intanto il vento aumentava di violenza mentre la nave danzava sulle onde e, quando la cabina fu riordinata, il *Fanthom* filava a una velocità rapidissima. Avevo del tutto dimenticato l'esistenza di Johnson e di Leach, quando un grido risuonò sul ponte e mi raggiunse attraverso la porta aperta del boccaporto.

«Lancia in vista!».

Era l'inconfondibile voce di Smoke che si trovava sulla coffa.

Guardai la donna: era quasi accasciata sulla poltrona e aveva un aspetto estremamente stanco. Pensai che non avesse udito il grido di Smoke e decisi di non fargliene parola per evitarle lo spettacolo di sanguinaria brutalità che sarebbe indubbiamente seguito alla cattura dei fuggiaschi. Sul ponte era un susseguirsi di rapidi, concitati comandi, di stropiccio di piedi che correvano velocemente, di crepitare di terzaruoli, mentre il *Fanthom* iniziava la bordata. La nave balzava bruscamente sulle onde tanto che a un tratto la poltrona prese a muoversi, scivolando sul pavimento della cabina. Balzai prontamente in avanti fermando la poltrona nella sua corsa e impedendo che la donna venisse proiettata fuori. Lei quasi non si mosse e io l'aiutai ad alzarsi sorreggendola fino alla sua cabina. Camminava inciampando, barcollando con gli occhi semichiusi e il viso atteggiato a un'espressione di sonnolenta sorpresa. Giunti che fummo nella cabina di dritta ordinai a Mugridge di tornare al suo lavoro di cucina. Egli mi guardò ironicamente e fece una risatina significativa. Prese poi una piccola vendetta su di me spargendo la voce fra i cacciatori di foche che io mi ero dimostrato un'ottima cameriera per signora.

La ragazza si appoggiava pesantemente contro di me, tanto che mi chiesi se non si fosse nuovamente addormentata durante il breve tragitto dalla sala comune alla cabina. Infatti, a un balzo improvviso della nave, cadde riversa sulla cuccetta. Si sollevò con uno sforzo e mi sorrise debolmente richiudendo subito gli occhi e stendendosi pesantemente sul lettino. Quando mi allontanai, era immersa in un sonno di piombo con il capo posato su un morbido cuscino che avevo sottratto alla cabina di Lupo Larsen e il corpo fasciato in due pesanti coperte da marinaio.

XIX

Risalendo sopra coperta, trovai tutti gli uomini dell'equipaggio che si assiepavano sul ponte. Tutti sapevano che, con il ritorno a bordo di Johnson e Leach, qualcosa di notevole sarebbe accaduto. Erano le quattro e Louis si diresse verso poppa portandosi al timone. L'aria era satura di umidità e notai che il marinaio aveva indossato l'impermeabile.

«Che tempo prevede?», gli chiesi.

«Un bel vento fresco, signore», rispose. «E forse una spruzzatina di pioggia, ma nulla di più».

La poppa del *Fanthom* si stava sollevando su un'ondata vigorosa e in quel momento la lancia stava balzando oltre le vele di draglia.

«È un vero peccato che siano stati avvistati», dissi quasi tra me.

Louis esitò a rispondere e tossicchiò temporeggiando. «Non sarebbero mai giunti a terra, signore», disse infine.

«Lei crede?».

«Certo, signore. Non sente?».

Una violenta raffica aveva investito la nave e Louis fu costretto a girare rapidamente la ruota per tenersi fuori dal vento.

«Quel guscio di noce non resisterebbe più di un'ora con un simile mare», continuò. «Si dovranno ritenere fortunati se riusciremo a farli salire a bordo, le assicuro».

Lupo Larsen che si trovava verso il centro della nave intento a conversare con i quattro naufraghi, si mosse improvvisamente verso poppa. Il suo passo era estremamente felino e baldanzoso, ma gli occhi erano duri come l'acciaio.

«Tre fuochisti e un macchinista», annunciò accennando ai tre uomini. «Ma ne farò, comunque, dei marinai o dei rematori. Che fine ha fatto la ragazza?».

Provai un'inspiegabile sensazione di estremo disagio quando egli pronunciò quelle parole. Era come se avessi ricevuto una stilettata in pieno petto. Attribuii la sensazione al disprezzo che provavo in quel momento nei confronti di Lupo Larsen ma, dato che tale sensazione, contro la mia volontà, persisteva in me, mi limitai a stringermi nelle spalle senza pronunciare parola.

«Come si chiama?», chiese Lupo Larsen dopo un sarcastico sibilo.

«Non so: era stanchissima e si è addormentata subito», risposi. «Mi fornisca lei qualche notizia, piuttosto. Su che nave viaggiava?».

«Su un piroscafo postale», m'informò brevemente. «La *Town of Tokio* proveniente da S. Francisco e diretta a Yokohama. Quella vecchia carcassa è stata letteralmente spaccata in due dal tifone». Sogghignò e proseguì: «Quei cinque andavano da giorni alla deriva! Dunque lei non sa chi è la ragazza? Non sa nemmeno se si tratta di una vedova, di una donna sposata o di una nubile? Bene, bene...».

Mi fissò scuotendo il capo e sorridendo in modo bizzarro.

«Senta...», cominciai con l'intenzione di conoscere i suoi progetti circa i naufraghi. Ma mi resi subito conto che stavo per commettere un errore e m'interruppi.

«Be'? Dica!», m'incoraggiò Lupo Larsen

«Che intende fare di Johnson e Leach?».

Scosse il capo con aria incerta. «Per dire la verità, non lo so con precisione, Hump», disse in tono pensoso. «Con i naufraghi che abbiamo imbarcato poco fa, l'equipaggio è al completo».

«Ma non si rende conto che non avevano alternative quei due?», proruppi con veemenza. «Provi a trattarli diversamente, come uomini e non come bestie. Li faccia salire a bordo e si comporti umanamente con loro. Se hanno tentato la fuga, l'hanno fatto solo perché vi sono stati costretti».

«Costretti da chi?», Lupo Larsen sembrava stupito. «Da me, forse?».

«Precisamente», risposi con decisione. «E l'avverto fin d'ora che, nel caso lei superasse certi limiti nel maltrattare quei due sventurati, potrei dimenticare di possedere un istinto di conservazione e sentire soltanto odio e desiderio di uccidere».

Mi guardò con occhi luccicanti. «Bene!», gridò. «Bravissimo! Lei mi dà una grande soddisfazione, Hump! Vedo che ha saputo finalmente ritrovare le sue gambe e sono lieto e fiero di costatare che lei è ormai un individuo completo. Ha avuto la sfortuna di sciupare la sua vita in stupidaggini e frivolezze da femminuccia, ma adesso si sta sviluppando in lei l'uomo. La mia simpatia per lei è aumentata, dopo queste sue parole». Il suo viso divenne improvvisamente serio e grave e la sua voce più profonda. «Lei crede alle promesse?», chiese. «Le considera sacre?».

«Naturalmente».

«Quand'è così le propongo un patto», continuò il capitano in tono insinuante. «Se io prometto di non torcere un capello a Johnson e a Leach, lei mi promette in cambio di non tentare di uccidermi?». Tacque per un attimo, ma si affrettò ad aggiungere: «Oh, non che io abbia paura di lei, intendiamoci!».

Stentavo a credere a ciò che avevo udito, tanto quel discorso sembrava incredibile pronunciato da Lupo Larsen. Che cosa era accaduto?

«D'accordo?», chiese in tono impaziente.

«D'accordo».

Mentre la sua forte mano stringeva la mia per suggellare l'accordo, avvertii una strana sensazione di panico e, come fissai lo sguardo nei suoi occhi diabolici, mi parve che in quelle pupille acute danzasse un demone crudele.

Attraversammo insieme la poppa accostandoci al lato sottovento La lancia era ora vicinissima alla nave e navigava in condizioni disperate. Leach remava, Johnson era al timone. Lupo Larsen ordinò a Louis di deviare leggermente la rotta e subito il *Fanthom* si lanciò in direzione della lancia ad appena sei metri sopravento. Così la nave si trovò esattamente di fianco al canotto e riparandolo con la sua altezza dal vento, ne fece afflosciare la vela. Il canotto sbandò costringendo i due uomini che si trovavano a bordo a mutare rapidamente direzione. In quella, la nave si sollevò sulla cresta di un'enorme ondata e la barca, perso l'abbrivo, precipitò nell'avvallamento che la seguì. I due fuggiaschi alzarono contemporaneamente lo sguardo e i loro occhi si posarono sugli uomini dell'equipaggio che si sporgevano dal parapetto verso il centro della nave. Nessuno salutò. I due uomini a bordo della lancia erano ormai, per i loro compagni, esseri finiti e fra loro stava a dividerli la barriera che separa i vivi dai morti.

Dopo poco, la lancia si trovò di fronte alla prua dove eravamo andati Lupo Larsen ed io. Si sollevava sulla cresta di un'ondata mentre il *Fanthom* scendeva nell'avvallamento. Incontrai lo sguardo di Johnson e vi lessi freddezza, ferocia e disprezzo. Gli feci un cenno con la mano ed egli rispose al mio saluto con un eloquente gesto di disperazione infinita. Leach fissava Lupo Larsen e sul suo viso c'era l'espressione dell'odio implacabile. Poi la lancia passò dietro la poppa della nave. La minuscola vela si gonfiò improvvisamente di vento, facendo impennare la piccola imbarcazione che parve dovesse sommergersi da un momento all'altro. Fu come inghiottita da un'onda spumeggiante, poi emerse colma d'acqua che Leach si affrettò a rovesciare in mare, mentre Johnson era aggrappato al timone con il viso terreo e atterrito. Lupo Larsen sogghignò e si diresse verso il lato sopravento della poppa. Attendevo che desse ordine a Louis di virare e di riaccostare alla lancia, ma egli rimase muto e il *Fanthom* proseguì la sua rotta. Louis al timone sembrava del tutto indifferente, ma vidi molti dei marinai che si trovavano al centro della nave, volgere nella nostra direzione uno sguardo di domanda, ansioso. Ormai l'imbarcazione che recava a bordo i due evasi era divenuta un punto oscuro sulla superficie del mare, quando l'ordine di virare fu lanciato e il *Fanthom* iniziò la virata. Tornammo così nuovamente accanto alla lancia sempre in lotta disperata contro il mare furioso. Johnson e Leach facevano sforzi accaniti per riuscire ad accostare alla nave navigando controvento ma a ogni istante gli alti marosi sembravano volerli sommergere e la lancia procedeva lentamente, con difficoltà. Spesso l'imbarcazione, dopo essere momentaneamente scomparsa sotto la bianca schiuma di un'ondata perdeva la direzione e veniva ricacciata indietro come un fuscello. Johnson era un marinaio d'eccezione ed aveva l'istinto del navigatore. Sapeva manovrare alla perfezione sia le piccole che le grandi imbarcazioni: infatti, dopo circa un'ora e mezzo di quella lotta, egli era riuscito a portarsi a fianco del *Fanthom.*

«Dunque avete cambiato idea?»' mormoro Lupo Larsen come parlando a se stesso. «Vorreste salire a bordo? Oh, potete star certi che l'accoglienza sarà degna di voi!». Si rivolse a Oofty-Oofty che nel frattempo aveva dato a Louis il cambio al timone. «Ehi!», gridò imperiosamente. «Avanti con quella ruota!».

Lanciò ordini in tutte le direzioni e la vela di trinchetto e quella di maestra furono mollate. Balzammo in avanti con il vento in poppa nel momento in cui Johnson, allentando la propria vela per evitare il pericolo, passò sulla nostra rotta a una trentina di metri di distanza.

Lupo Larsen, appoggiato al parapetto, fece cenno ai due marinai di seguirci e sogghignò malignamente. Era chiaro che egli si divertiva in quel gioco crudele. Ritenni si trattasse della punizione che egli aveva deciso di infliggere ai due fuggiaschi e, per quanto si trattasse di una lezione severa, dato che la lancia avrebbe potuto essere affondata da un momento all'altro, non me ne preoccupai eccessivamente. Ero certo che Lupo Larsen avrebbe salvato i due marinai.

Johnson aveva prontamente aperto la vela al vento e ora seguiva come poteva il *Fanthom.* Per i due a bordo della lancia non vi era ormai altra speranza di vita che tentare di risalire sulla nave. La morte incombeva sulla piccola, fragile imbarcazione e a ogni istante il mare minacciava di schiacciarla. Era soltanto una questione di tempo, ormai.

Il grosso Louis mi si accostò, mentre passavo a prua per dare gli ordini affinché il fiocco e la trinchettina venissero ammainati. «Vede?», mi mormorò. «Stanno assaggiando il sapore della morte, ne sentono l'orrore».

«Oh, non abbia paura», risposi gaiamente. «Fra poco prenderemo la cappa e li faremo salire a bordo. Lupo Larsen desidera soltanto dar loro una lezione, questo è tutto».

Louis mi fissò attentamente con i suoi occhi penetranti. «Crede?», chiese in tono bizzarro.

«Ma certo! Lei forse non ne è convinto?».

«Be', in questi giorni non mi preoccupo che della mia pelle», rispose. «Sono troppo occupato a pensare a me stesso per interessarmi agli altri. Il whisky di S. Francisco mi ha cacciato in un bel pasticcio e, per quanto riguarda lei, prevedo che la ragazza che sta dormendo a poppa le procurerà molti grossi guai».

Lo guardai perplesso. «Che intende dire?», chiesi mentre egli, lanciata la sua frecciata, si volgeva per allontanarsi.

«Che cosa intendo?», gridò spazientito. «E me lo chiede? Non è ciò che intendo io che ha importanza ma ciò che deciderà Lupo Larsen! Solo il Lupo conta, il Lupo!».

Mi parve che il marinaio stesse interpretando quelli che erano in realtà i miei stessi timori. «Mi aiuterà, nel caso sorgessero complicazioni?», chiesi impulsivamente.

«Aiutarla?», Louis sogghignò ironicamente. «Le assicuro che sarò già abbastanza occupato nell'aiutare me stesso. Non è accaduto ancora nulla, le dico: non siamo che all'inizio».

Sogghignai a mia volta e lo fissai con uno sguardo sprezzante. «Non avrei creduto che lei fosse tanto vile», esclamai.

«Senta...». Il tono e lo sguardo dell'uomo erano pieni di collera contenuta. Indicò con un gesto la lancia che si dibatteva fra le ondate. «Se non ho alzato un dito per aiutare quegli sciagurati, vuole che mi ficchi nei guai a favore di una ragazza che non ho mai visto prima d'ora?».

Senza rispondere gli volsi le spalle e mi diressi verso poppa dove trovai Lupo Larsen.

«Faccia ammainare le vele di gabbia», mi ordinò quando gli fui accanto.

Mi sentii sollevato, almeno per quanto riguardava Johnson e Leach. Era evidente che il capitano non intendeva allontanarsi troppo dalla lancia in pericolo. Feci eseguire l'ordine e mi stupii nell'osservare come gli uomini dell'equipaggio si mostrassero pronti a operare in fretta la manovra. Li vidi balzare agilmente alle drizze e arrampicarsi sulle sartie con un'insolita rapidità. Anche Lupo Larsen aveva osservato la scena e la commentò con una risata sinistra e feroce.

Modificando la rotta, ci trovammo presto in vista della lancia che navigava a parecchie miglia di distanza Scontrammo le vele e ci mettemmo in attesa. Tutti gli uomini dell'equipaggio tenevano gli occhi fissi sulla piccola imbarcazione ma, fra loro, il solo a mostrarsi imperturbabile era Lupo Larsen. Louis tradiva un turbamento che cercava di dissimulare, senza riuscirvi.

La lancia si avvicinava sempre più sollevandosi e abbassandosi di continuo sulle ondate e negli avvallamenti simili a precipizi, scomparendo spesso alla nostra vista e riapparendo, dopo poco, più vicino. Sembrava un vero miracolo che potesse rimanere a galla. D'un tratto, dopo essere scomparsa dietro un'onda gigantesca, l'imbarcazione si trovò accanto alla nave.

«Forza con la ruota!», urlò Lupo Larsen precipitandosi personalmente sulla ruota del timone e manovrandola rapidamente.

Di nuovo il *Fanthom* balzò in avanti e si diede alla fuga seguito dalla lancia che per ben due ore ancora dovette subire il feroce capriccio di Lupo Larsen. Si trovava a circa un quarto di miglio di lontananza quando un violento scroscio di pioggia la sottrasse alla nostra vista. Non emerse più. Quando l'acqua del mare si distese, quando il cielo si rischiarò, non vi era traccia di imbarcazioni sull'immensità liscia e placata. Inutilmente frugai il mare con il binocolo: per Johnson e Leach la lotta dell'esistenza era terminata.

L'equipaggio era rimasto raccolto al centro della nave: nessuno si era recato sottocoperta, nessuno parlava. Gli uomini non osavano nemmeno scambiarsi uno sguardo e ciascuno sembrava immerso in tenebrose considerazioni: sembrava sconvolto e stordito come se non riuscisse quasi a rendersi conto di ciò che era accaduto. Ma Lupo Larsen concesse agli uomini ben poco tempo per meditare sulla sorte dei compagni. Lanciò a destra e a sinistra ordini perché la nave riprendesse la sua rotta, e non verso il porto di Yokohama, ma verso il branco di foche da cui ci eravamo allontanati per inseguire i due fuggiaschi. Notai subito che gli uomini avevano del tutto perduto la loro prontezza di poco prima, che si muovevano con indolenza e malavoglia e li udii spesso lanciare imprecazioni e maledizioni a denti stretti volgendo all'indirizzo del capitano occhiate bieche, cariche d'odio. I cacciatori di foche erano invece di ottimo umore e Smoke, inesauribile in quell'argomento, raccontava storielle volgari accolte da scoppi di risa dai compagni, mentre scendeva con loro nella timoneria. Mentre passavo accanto alla cucina per recarmi a poppa, fui accostato dal macchinista della barca dei naufraghi. L'uomo era pallidissimo e le sue mani tremavano visibilmente.

«Santo cielo, signore!», proruppe. «Che razza di nave è questa?».

«Non l'ha capito?», risposi in tono brusco a causa dell'agitazione e dello spavento che avevo subito. «Ne tragga da solo le conclusioni».

Raggiunsi Lupo Larsen e lo fissai freddamente. «E il nostro patto?», chiesi con voce tagliente.

«Oh, non avevo alcuna intenzione di riprenderli a bordo, quando presi con lei quell'accordo», rispose cinicamente. «Mi sono limitato a prometterle che non avrei torto loro un capello e questa promessa l'ho mantenuta, no?». Scoppiò in una delle sue feroci risate. «Perbacco!», esclamò. «Non li ho nemmeno toccati!».

Non mi riusciva quasi di ordinare i pensieri che mi mulinavano nella mente e non risposi. Sapevo che, prima di riflettere sull'accaduto, avrei dovuto ritrovare la calma e l'obiettività. Dovevo anche occuparmi della ragazza e considerare a lungo quella mia nuova responsabilità. Il solo pensiero ragionevole che mi occupava il cervello in quel momento era che, se desideravo esserle di aiuto, non dovevo assolutamente agire con precipitazione.

XX

La giornata finì senza nuovi incidenti. Il vento era assai diminuito e il mare era divenuto quasi calmo. Dopo un'accesa discussione con Lupo Larsen, il macchinista e i tre fuochisti della

Town of Tokyo furono assegnati ai rispettivi compiti, alle dipendenze dei cacciatori di foche, e ai quarti sulla nave. Furono equipaggiati dal magazzino di bordo e presero alloggio nel castello di prua.

Gli uomini avevano protestato a lungo prima di cedere a quel sopruso, ma non abbastanza energicamente. Erano sbigottiti da ciò che avevano visto e si rendevano conto di aver a che fare con un uomo che sarebbe stato capace di soffocare nel più feroce dei modi qualsiasi scatto di ribellione, qualsiasi gesto insubordinato.

La signorina Brewster (il macchinista ci informò del nome della ragazza) dormiva ancora, tanto che, durante la cena, pregai i cacciatori di foche di parlare a voce bassa per non disturbare la nostra ospite. Ella non comparve che la mattina successiva. Avevo progettato di riservarle un trattamento di favore, facendole servire i pasti nella sua cabina, ma Lupo Larsen non me lo permise. Mi fece notare che quella ragazza non doveva essere considerata come una specie di principessa. Chi era, in fondo, per poter pretendere favoritismi? La tavola e la società di bordo non erano forse degne di lei?

Ma la comparsa della ragazza nella sala comune fu una scenetta divertente. I cacciatori ammutolirono di colpo e durante tutta la durata del pranzo rimasero in silenzio. Solo Smoke e Horner si mostrarono indifferenti, lanciando di tanto in tanto all'ospite sguardi furtivi e prendendo parte alla conversazione. Gli altri quattro uomini tenevano gli occhi bassi, fissi sul loro piatto e masticavano lentamente, impacciati e goffi, mentre le loro orecchie si muovevano insieme con le mascelle.

Lupo Larsen si limitava a dare qualche brusca risposta quando veniva interpellato, ma il suo modo di fare insolito non era da attribuirsi a imbarazzo per la presenza di una donna a tavola. Lei lo incuriosiva, comunque, dato che rappresentava per lui un'assoluta novità. Era diversa da tutte le donne che egli aveva conosciuto, un tipo nuovo e straordinario per lui. La studiava attentamente e di rado i suoi occhi si staccavano dal viso di lei, se non per posarsi sulle mani o sulla sua figura e osservarne i movimenti e la posa.

Anch'io non facevo che guardarla e, benché mi dessi da fare a tener viva la conversazione, mi sentivo intimidito da quella presenza femminile e non del tutto padrone di me stesso. Mi stupiva l'atteggiamento disinvolto e indifferente di Lupo Larsen. Nulla poteva scuotere quell'uomo: una donna, come un furioso uragano, non riusciva a turbarlo, a intimidirlo.

«Quando saremo a Yokohama?», chiese la ragazza volgendosi verso Lupo Larsen e guardandolo in viso.

Le mascelle smisero il loro movimento, le orecchie tornarono ferme. Gli sguardi degli uomini rimasero fissi ostinatamente sui piatti, ma ciascuno attese con ansia la risposta.

«Fra quattro mesi», rispose Lupo Larsen, «o anche fra tre se la stagione di caccia si chiuderà prima del previsto».

Ella parve trattenere il respiro. «Io...», balbettò arrossendo. «Io credevo... Mi avevano detto che Yokohama si trovava a non più di un giorno di navigazione... Tutto questo...». Si interruppe e girò lo sguardo sui commensali dai visi freddi, chini sulla tavola. «Tutto questo è ingiusto!».

«Ingiusto? È una questione che deve regolare con il signor Van Weyden qui presente», rispose Lupo Larsen, accennando nella mia direzione con un ironico ammiccare dello sguardo. «Io non sono che un marinaio mentre lui è una vera autorità in materia. E da semplice marinaio io considero la cosa da un punto di vista del tutto diverso dal suo, signorina. Forse per lei non sarà piacevole la prospettiva di rimanere per tanto tempo in nostra compagnia ma per noi, creda, la sua presenza a bordo sarà di vero gradimento».

La guardò sorridendo e gli occhi di lei si abbassarono sotto quello sguardo. Poi di nuovo si alzarono e si fissarono nei miei con espressione di sfida.

«Lei che ne dice?», chiese.

Ero perplesso e imbarazzato in modo indicibile. «Naturalmente devo convenire che la cosa per lei è piuttosto spiacevole», ammisi, «specialmente se aveva impegni per questo periodo. Ma, dato che lei sostiene che si recava in Giappone per ragioni di salute, posso assicurarle che a bordo del *Fanthom* il suo fisico si ritemprerà meglio che in qualsiasi altro luogo».

Vidi passare nei suoi occhi un lampo d'indignazione e abbassai il capo arrossendo confuso. Mi sentivo vile, abietto, ma mi rendevo conto che non avrei potuto agire diversamente.

«Il signor Van Weyden è stato ragionevole e logico», osservò ridendo Lupo Larsen. «Ha parlato con la voce dell'autorità».

Annuii lentamente, mentre la ragazza si volgeva in attesa verso il capitano.

«Non intendo asserire che sia giunto alla perfezione», continuò Lupo Larsen in tono sarcastico. «Ma è assai migliorato da quando si trova a bordo di questa nave Avrebbe dovuto vederlo il primo giorno! Credo che sia impossibile concepire un esemplare più pietoso della specie umana. Non è vero, Kerfoot?».

Il cacciatore interpellato sussultò bruscamente lasciando cadere il coltello sul pavimento. A risposta della parole di Lupo Larsen fece udire un grugnito.

«Si è sviluppato pelando patate e lavando piatti», continuò il capitano. «Dico bene, Kerfoot?».

Il cacciatore rispose con un nuovo grugnito.

«Lo guardi ora», proseguì, ridendo, Larsen. «Lo guardi. Non che sia esattamente ciò che comunemente si definisce un uomo vigoroso, non che possegga un corpo atletico e muscoli d'acciaio. Ma ora, almeno, ha i suoi muscoli, e possiede anche un paio di gambe su cui camminare. Non si direbbe, eh, guardandolo? Un tempo era del tutto incapace di tenersi ritto».

I cacciatori sghignazzavano agitandosi sulle sedie, ma la ragazza mi rivolse uno sguardo colmo di comprensiva simpatia e io mi sentii confortato del sarcasmo crudele di Lupo Larsen. Era troppo tempo che non leggevo negli occhi delle persone che mi circondavano un po' di umana comprensione, un po' d'amicizia, di solidarietà. E quello sguardo mi commosse al punto che da quel momento divenni volontariamente lo schiavo devoto della signorina Brewster. Ma ero estremamente irritato contro Lupo Larsen che, con i suoi sarcasmi grossolani, sminuiva la mia personalità, offendeva il mio amor proprio e mi sfidava, riaccendendo di continuo in me la fiamma dell'odio.

«Ho imparato infatti a reggermi in piedi», ribattei con voce tagliente, «ma non ancora a montare su quelli degli altri».

Lupo Larsen mi lanciò un'occhiata di sprezzo. «Quand'è così la sua educazione è completa solo a metà, signor Van Weyden», disse freddamente. Poi si rivolse alla ragazza. «Questa è una nave molto ospitale», continuò. «Il signor Van Weyden ha già avuto modo di apprezzare questa nostra qualità. Facciamo tutto il possibile perché i nostri ospiti si sentano a loro agio come a casa propria, non è vero, signor Van Weyden?».

«Certo!», risposi ironicamente. «E uno dei sistemi è di incaricarli di pelare patate e di lavar piatti. Un altro è quello di scannarli in segno d'amicizia».

Lupo Larsen assunse un'espressione di finta preoccupazione. «Spero che lei non si lasci sgradevolmente impressionare sul nostro conto dalle parole del signor Van Weyden», disse in tono falsamente ansioso. «Lo guardi, signorina. Porta un pugnale alla cintura. Una cosa piuttosto insolita in un ufficiale, non è vero? Per quanto il signor Van Weyden sia una persona molto apprezzabile sotto molti aspetti, egli è... come dire... un po' turbolento, attaccabrighe, al punto da rendere necessarie le misure estreme. È un tipo ragionevole e simpatico nei momenti di calma, ma quando si lascia trasportare dai propri istinti diventa pericoloso. Non negherà, spero, di avermi minacciato di farmi la pelle, ieri?».

Mi sentivo soffocare da una collera folle e certo i miei occhi dovevano esprimere in quel momento l'odio mortale che sentivo per quell'uomo. Egli rivolse lo sguardo su di me e sorrise ironico.

«Lo guardi, dunque!», proseguì. «Si controlla, si domina perché non è abituato alla presenza delle signore. Lo guardi! Credo che farei una cosa saggia se, prima di risalire con lui sul ponte, mi procurassi un'arma». Scosse il capo tristemente. «Male, male!», mormorò mentre i cacciatori mi guardavano sghignazzando.

Nello spazio ristretto della cabina, le voci e le risate degli uomini rimbombavano rauche producendo uno strano effetto sinistro. Guardando la ragazza, seduta poco lontano da me, mi resi improvvisamente conto di quanto stonasse fra quegli uomini e di quanto ormai io avessi in comune con loro. Avevo vissuto per molto tempo fra i cacciatori di foche, avevo mangiato il loro cibo, dormito in una cuccetta come loro, mi ero, in fondo, lasciato influenzare e trasportare dai loro punti di vista. Li conoscevo bene e nulla in loro mi stupiva più. Quei vestiti sporchi e strappati, quei visi grossolani, quelle parole volgari accompagnate da risate sguaiate non mi facevano alcun effetto, come mi lasciava del tutto indifferente una lampada che oscillava al rollio della nave. Ero ormai molto simile a quegli esseri brutali e primitivi. Mentre imburravo una fetta di pane, lo sguardo mi cadde sulle mie mani. Avevo le nocche delle dita scorticate e gonfie, le unghie spezzate e orlate di nero, il dorso della mano arrossato e ruvido come carta vetrata. Sapevo di avere la barba lunga, sapevo che la manica destra della mia giacca era sfilacciata, che al colletto della camicia azzurra che indossavo mancava un bottone. Il pugnale mi pendeva dalla cintura appoggiato sull'anca, chiuso nella sua guaina di cuoio e s'accordava in tutto e per tutto con il mio aspetto. Ma mi resi conto di quanto dovessi apparire bizzarro agli occhi di una ragazza completamente all'oscuro della vita che si conduceva a bordo del *Fanthom.* Parve però che lei capisse il brutale sarcasmo che si celava nelle parole di Lupo Larsen, perché mi rivolse un'altra occhiata di simpatia. Ma la sua espressione era imbarazzata e incerta. Non comprendeva la ragione di quella beffa crudele, non capiva il contegno di Lupo Larsen.

«Potrei farmi condurre a terra da qualche nave di passaggio», mormorò timidamente.

«Non incontreremo nessuna nave», rispose il capitano, «fuorché golette da caccia come la nostra».

«Ma... non ho bagaglio con me», obiettò la ragazza. «Non un abito... nulla. Lei comprenderà che non sono un uomo e che di conseguenza non sono abituata a... al genere di vita che si conduce a bordo della sua nave, né potrei adattarmici».

«Si adatterà, si adatterà», fu la risposta di Lupo Larsen. «E presto, spero. Le fornirò aghi e stoffa e sono certo che riuscirà a confezionarsi un paio di abiti senza trovare insormontabili difficoltà».

Ella ebbe un gesto di scoraggiamento. Era evidente che si sentiva spaventata dalla prospettiva di passare quattro mesi a bordo del *Fanthom*, ma tentava coraggiosamente di nascondere il proprio turbamento.

«Probabilmente», continuò Lupo Larsen, «lei è molto simile al signor Van Weyden di un tempo ed è abituata a comodità che altri le hanno procurato. Penso comunque che un po' di lavoro non le slogherà le giunture né le farà sanguinare le mani». Tacque un attimo poi chiese improvvisamente: «A proposito, che fa lei per guadagnarsi da vivere?».

La ragazza lo fissò con espressione di estrema sorpresa e non rispose.

«Oh, non intendevo offenderla, mi creda», esclamò Lupo Larsen. «In genere, la gente ha l'abitudine di mangiare e lavora per procacciarsi il cibo. Ci sono uomini che per vivere vanno a caccia di foche come è appunto il mio caso e, per la medesima ragione, comando questa nave. In quanto poi al signor Van Weyden, almeno per ora, guadagna il suo pane salato fungendo da secondo. E lei, dunque, che fa?».

La ragazza si strinse nelle spalle e rimase muta.

«Si procura da sé il cibo o c'è qualcuno che si dà da fare per farglielo avere?».

Ella scoppiò in una risata, tentando coraggiosamente di entrare nello spirito dello scherzo. «Temo proprio di dover confessare che, per la maggior parte della mia vita, sono stati gli altri a nutrirmi», disse.

Benché avesse parlato in tono gaio e apparisse calma, io avevo visto che i suoi occhi avevano assunto improvvisamente un'espressione spaventata mentre guardava Lupo Larsen.

«E suppongo che vi sia pure qualcuno che le rifaccia il letto», continuò implacabile il capitano.

«Questo è un lavoro che so fare anch'io!».

«E l'ha fatto spesso?».

La ragazza scosse il capo con espressione sconsolata.

«Sa che cosa succede negli Stati Uniti ai disgraziati che come lei non fanno nulla per guadagnarsi da vivere?», chiese ancora Lupo Larsen.

«No, sono molto ignorante», mormorò la ragazza. «Che cosa succede?».

«Vengono buttati in galera!», proruppe l'uomo. «Il delitto che commettono, non lavorando, si chiama vagabondaggio. Se fossi il signor Van Weyden, che disserta in ogni occasione su ciò che è giusto e ciò che non è giusto, le chiederei con quale diritto lei vive, se non fa nulla per meritare la vita».

«Dato che lei non è il signor Van Weyden, non sono tenuta a risponderle, vero?».

La ragazza aveva parlato con voce leggermente roca. Sapevo che era spaventata e desideravo ardentemente di poter condurre la conversazione su di un altro argomento.

«Ha mai guadagnato un dollaro con il suo lavoro?», chiese Lupo Larsen con accento trionfante, certo della risposta che lei avrebbe dato.

«Sì», rispose la ragazza lentamente, mentre il viso di Lupo Larsen esprimeva delusione. «Ricordo che, quand'ero piccola, una volta mio padre mi diede un dollaro a patto che non lo disturbassi per cinque minuti consecutivi».

Lupo Larsen ebbe un sorriso indulgente.

«Ma tutto ciò è accaduto molto tempo fa», continuò la ragazza. «Non si può certo pretendere che una bambina di nove anni si guadagni la vita. Ora, comunque, guadagno circa milleottocento dollari all'anno».

Tutti gli occhi si posarono su di lei con curiosità. Una donna che guadagnava quella cifra annua meritava senz'altro di venir presa in considerazione. Lupo Larsen non cercò di simulare la propria sorpresa ammirazione.

«Stipendio o cottimo?», chiese incuriosito.

«Cottimo».

«Milleottocento», calcolò l'uomo, «fanno... centocinquanta dollari al mese... Be', signorina Brewster, noi del *Fanthom* non siamo gretti, le assicuro. Lei si può considerare stipendiata durante il periodo che dovrà trattenersi a bordo con noi».

La ragazza parve non comprendere: non conosceva ancora il carattere bizzarro di Lupo Larsen e le sue stravaganze la lasciavano incerta.

«Oh, dimenticavo!», proseguì il capitano in tono cortese. «Qual è la sua occupazione? Che strumenti e quale materiale usa per il suo lavoro?».

Lei rise sollevata. «Inchiostro e carta», rispose. «E anche una macchina per scrivere».

La fissai per un attimo. «Lei è Maud Brewster», dissi lentamente con aria inquisitrice.

«Come lo sa?», chiese la ragazza stupita, guardandomi con attenzione.

«Non è così?».

Lei fece un cenno d'affermazione, tenendo sempre lo sguardo fisso su di me. Lupo Larsen si fece attento. Quel nome gli era del tutto sconosciuto, non gli diceva nulla. Ero orgoglioso e soddisfatto che invece significasse qualcosa per me e, per la prima volta, ebbi la sensazione della mia superiorità su di lui.

«Ricordo di aver scritto una critica piuttosto clamorosa su di un volumetto...», cominciai in tono indifferente. Ma la ragazza non mi permise di portare a termine il mio discorso.

«Lei!», esclamò. «Lei è...». Mi guardava con occhi spalancati, colmi di meraviglia e io riconobbi, annuendo, la mia identità mentre ella pronunciava il mio nome. .... Humphrey Van Weyden!».

Si volse verso Lupo Larsen ed ebbe un sospiro di sollievo. «Ne sono veramente lieta», mormorò. E, come rendendosi conto di aver pronunciato una frase che avrebbe potuto suonare poco gentile agli orecchi di Lupo Larsen aggiunse in fretta: «La sua critica era troppo lusinghiera, veramente troppo!».

«Oh, no!», protestai vivamente. «Non vorrà accusarmi di essere stato poco obiettivo! Tutti i miei colleghi, del resto, erano d'accordo con me, sa! Lang ha definito quel suo sonetto *Bacio tollerato,* uno dei quattro più belli che siano stati scritti in lingua inglese da una donna».

«Sì, ma lei mi ha definita addirittura la Meynell americana!».

«E non è giusto forse?».

«Oh, no! Ne sono rimasta molto colpita!».

«Credo che, solo attraverso ciò che conosciamo, si possa misurare l'ignoto», replicai in tono accademico. «Io, come critico, dovevo definirla, allora. Ora anche lei è divenuta ormai un termine di paragone e ben sette dei suoi volumi si trovano nella mia biblioteca. I suoi saggi sono decisamente all'altezza dei suoi versi, lo asserisco con convinzione e sono certo di non adularla. Forse un giorno, in Inghilterra, una donna calcherà le sue orme e i critici la definiranno la Maud Brewster inglese come io ho chiamato lei la Meynell americana».

La ragazza abbassò il capo e sorrise. «Lei è molto gentile», mormorò.

Quella frase convenzionale e il tono con cui fu pronunciata mi fecero fremere di nostalgia per i ricordi della vita passata che avevano saputo richiamare alla mia mente.

«E lei è Maud Brewster», dissi solennemente.

«Humphrey Van Weyden!», disse pensosa. «Davvero non riesco a capire tutto questo. Che strano! Non avrei mai creduto che lei intendesse scrivere qualcosa di romanticamente selvaggio sulla vita marinara!».

Risi. «Oh, non sto raccogliendo materiale per la mia prossima pubblicazione, le assicuro», proruppi. «Non ho il temperamento del romanziere».

«Mi dica», continuò la ragazza. «Perché lei se ne sta sempre chiuso nella sua California come in una fortezza? Non si comporta in modo cortese, sa! Abbiamo goduto troppo poco della presenza del decano della letteratura americana nell'est!».

Mi schermii con un gesto e abbozzai un inchino. «Per un vero caso non riuscii a incontrarla a Filadelfia dove lei teneva una conferenza su Browning, credo», dissi. «Purtroppo il mio treno giunse, a causa di un contrattempo, con ben quattro ore di ritardo».

La nostra conversazione continuò a lungo e noi dimenticammo quasi dove ci trovavamo. I cacciatori si alzarono da tavola e se ne andarono: rimase con noi soltanto Lupo Larsen che, appartato e silenzioso, ascoltava ciò che dicevamo e ci lanciava, di quando in quando, qualche occhiata furtiva di curiosità. Mi resi improvvisamente conto della situazione e mi interruppi di colpo nel bel mezzo di una frase. La realtà del duro presente mi aveva d'un tratto colpito, risvegliandomi dal sogno. La ragazza parve a sua volta colpita da quella improvvisa interruzione e lanciò uno sguardo ansioso nella direzione di Lupo Larsen. Egli allora si alzò di scatto e scoppiò in una risata forzata, metallica, colma di imbarazzo.

«Non fate caso a me, vi prego!», disse stringendosi nelle spalle e agitando la mano in un gesto di noncuranza. «Io non c'entro. Continuate, continuate pure!».

Ma ormai l'incidente aveva spezzato il filo della nostra conversazione, e la ragazza e io ci alzammo da tavola con un sorriso incolore e turbato.

XXI

Thomas Mugridge dovette subire le conseguenze del malumore di Lupo Larsen, provocato dal fatto di essere stato del tutto ignorato dalla signorina Brewster e da me durante la conversazione a tavola. Il sapore dei cibi che il cuoco preparava non era migliorato, come non era mutato, del resto, l'aspetto della sua camicia, per quanto egli asserisse di averla lavata più volte. La cucina era in uno stato disgustoso per l'unto che si era accumulato dovunque, sulla stufa, sulle pentole, persino sulla tavola. Lupo Larsen diede un'occhiata bieca al locale e si rivolse furibondo verso il cuoco.

«Ti avevo avvertito», gridò. «Ora avrai la medicina che ti spetta».

Il viso di Mugridge divenne terreo sotto la patina di sudiciume che lo ricopriva e, quando Lupo Larsen ordinò a due uomini di portargli una fune, egli balzò fuori dalla cucina e, precipitandosi sul ponte, corse all'impazzata inseguito dall'equipaggio schiamazzante. Era un compito insolitamente piacevole per gli uomini che da tempo desideravano dare una lezione al cuoco per le brode stomachevoli e le pietanze nauseanti e maleodoranti che preparava per l'equipaggio.

Il *Fanthom* filava a non più di tre nodi su un mare meravigliosamente calmo e sotto un cielo terso, azzurro cupo. Ma nonostante il tempo splendido, Thomas Mugridge non sembrava per nulla attratto dall'idea di un bagno, forse perché aveva assistito altre volte all'operazione e si rendeva conto di ciò che l'attendeva. Egli, inoltre, non era di costituzione molto robusta e l'acqua del mare doveva certo essere gelida. Come d'abitudine, i cacciatori di foche e gli uomini che stavano riposando sottocoperta salirono sul ponte per assistere alla punizione del cuoco che, in quell'occasione, dimostrava di detestare l'acqua come un cane idrofobo e dava prova di un'agilità e di una rapidità di movimenti, nello sfuggire ai propri inseguitori, del tutto insospettate in lui. Era quasi sul punto di essere raggiunto, quando con un balzo felino raggiunse il tetto della cabina e si diresse correndo verso poppa. Prevenuto però dagli inseguitori, dovette fare marcia indietro e, passando ancora attraverso il tetto della cabina, raggiunse quello della cucina giungendo al ponte. Partì allora con la velocità di una freccia verso prua, mentre Harrison che gli correva alle calcagna guadagnava a ogni istante terreno. Improvvisamente, Mugridge fece un balzo in avanti e si aggrappò all'asta del fiocco e, prima che gli uomini potessero rendersi conto di ciò che stava accadendo, egli, sostenendo con le braccia il peso del corpo, cominciava a scalciare nell'aria muovendo violentemente le gambe libere. Harrison che stava sopraggiungendo, ricevette un calcio nello stomaco e s'abbatté riverso sulla tolda gemendo di dolore. Risa e applausi commentarono la prodezza del cuoco che, eludendo parte dei propri inseguitori all'albero di trinchetto, corse di nuovo a poppa fra scarti e finte degni di un abile giocatore di calcio. Giunse a poppa a una velocità tale che, girando attorno alla cabina, perse l'equilibrio e cadde colpendo con il proprio corpo le gambe di Nilson, che si trovava alla ruota del timone, trascinandolo con sé nella caduta. Solo Mugridge si rialzò: per uno strano capriccio della sorte, il fragile, debole corpo del cuoco aveva spezzato, cadendovi sopra, una gamba del robusto timoniere come se si fosse trattato di un fuscello. Parsons raggiunse correndo la ruota e prese il posto del ferito, mentre l'inseguimento ricominciava. Gli uomini corsero a lungo attraverso il ponte mentre i cacciatori di foche li incoraggiavano di continuo con applausi, grida e risate rivolte a Mugridge che fuggiva disperato con un'espressione di terrore sul viso livido e sudato. A un certo punto, il cuoco cadde in avanti sul boccaporto di prua sotto il peso di tre uomini che lo stavano inseguendo ma, come un'anguilla, scivolò fuori dal groviglio di gambe e di braccia e balzò sul sartiame di maestra. Perdeva sangue dalla bocca e la camicia che gli aveva procurato tanti guai era ridotta a brandelli. Si arrampicò con l'agilità di una scimmia sulle sartie e raggiunse ben presto l'alberetto di maestra. Un gruppo di marinai lo imitarono e si slanciarono sui pennoni dove rimasero in attesa mentre Oofty-Oofty e Black, il timoniere del canotto di Latimer, continuarono la salita lungo gli stragli sottili sollevando sempre più il loro corpo a forza di braccia. L'impresa era senz'altro pericolosa dato che, sostenendosi con le sole mani da un'altezza di trenta metri sul ponte, non avevano alcuna possibilità di difendersi dai calci di Mugridge e di evitarne i colpi. Il cuoco infatti scalciava selvaggiamente nella direzione dei due uomini; infine Oofty-Oofty riuscì a sostenersi con una sola mano e afferrò strettamente con l'altra il piede che si muoveva forsennatamente davanti a lui. Un momento dopo, Black ripeteva la mossa del compagno e riusciva ad afferrare l'altro piede del cuoco. Si videro allora i tre corpi che, contorcendosi e lottando fra loro, divennero un solo groviglio di carni. Poi il gruppo scivolò e cadde fra le braccia dei compagni che l'attendevano sul pennone. La strenua lotta del cuoco era finita ed egli, con la bocca coperta di schiuma rossastra e il corpo agitato da un tremito convulso, venne ricondotto sul ponte. Lupo Larsen prese una cima, ne fece un cappio e, passandola sotto le ascelle di Mugridge, ordinò agli uomini di trasportare il cuoco a poppa e di lanciarlo in mare. Dieci, quindici... venti metri di cavo passarono sopra il parapetto, poi risuonò l'ordine di Lupo Larsen.

«A mare!».

Oofty-Oofty obbedì prontamente trattenendo e fermando la cima che subito si tese mentre il *Fanthom* avanzando riportava il corpo del cuoco alla superficie. Lo spettacolo era veramente pietoso. Il povero Mugridge non sarebbe sicuramente annegato, ma certo doveva soffrire tutte le angosce spaventose di chi sta per annegare da un momento all'altro. La nave procedeva lentamente e, quando la poppa si alzava sulla cresta di un'onda, la cima si tendeva e il disgraziato veniva riportato a galla dove poteva per un attimo gonfiarsi d'aria i polmoni. Subito dopo, mentre la poppa ricadeva in avanti, la cima si allentava di nuovo e il poveretto veniva sommerso.

Avevo quasi del tutto dimenticato la presenza a bordo di Maud Brewster e sussultai violentemente quando me la sentii improvvisamente accanto. Era la prima volta, da quando si trovava a bordo del *Fanthom* che faceva la sua apparizione sul ponte e fu accolta da un silenzio sinistro.

Mi chiese con un sorriso. «Posso conoscere la causa di tanta allegria?».

«La chieda al capitano», risposi freddamente, ma sentendomi nello stesso tempo ribollire di collera al pensiero che potesse assistere a quel brutale spettacolo di crudeltà.

Stava per seguire il mio consiglio quando, mentre si voltava, lo sguardo le cadde su Oofty-Oofty che, poco lontano da noi, teneva stretta fra le mani la cima.

«Sta pescando?», chiese ingenuamente al marinaio.

Egli non rispose continuando a tenere lo sguardo fisso sul mare. D'un tratto si volse con gli occhi brillanti e un vivace sorriso sulle labbra.

«Ehi, signore!», gridò. «Un pescecane!».

Lupo Larsen gli balzò rapidamente accanto. «Presto!», gridò. «Tutti alla cima! Tirate!».

Mugridge aveva udito l'allarme dato dal *kanaka* e urlava atterrito con tutto il fiato dei suoi polmoni. Vidi una scura pinna muoversi sul pelo dell'acqua a una velocità superiore a quella con cui il cuoco veniva tratto a bordo e mi resi conto che un secondo d'indugio poteva costargli la vita. Quando il corpo si trovò esattamente sotto la poppa della nave, ci inclinammo sul pendio di un'onda guadagnando così un lieve vantaggio sullo squalo. La pinna scura scomparve improvvisamente dalla superficie e vidi balenare nell'acqua la striscia bianca del ventre dello squalo. Lupo Larsen dette allora un rapido strattone alla cima riuscendo a far emergere del tutto il corpo del cuoco che prese a salire lungo la poppa della nave. Lo squalo fece a sua volta un balzo fuori dall'acqua e forse riuscì a raggiungere il piede del cuoco. Poi subito ricadde con un tonfo sollevando uno spruzzo e scomparendo. Thomas Mugridge aveva lanciato un folle urlo di raccapriccio, probabilmente avvertendo la presenza del pescecane accanto ai propri piedi e quando fu issato a bordo come un grosso pesce preso alla lenza, cadde sul ponte piegando le gambe e rotolando di lato come un sacco.

All'estremità della gamba destra il sangue zampillava copioso: il piede mancava, amputato di netto all'altezza della caviglia.

Istintivamente volsi gli occhi sulla signorina Brewster e vidi che il suo viso era pallidissimo, gli occhi dilatati e colmi di un orrore senza fine. Non guardava Thomas Mugridge, ma Lupo Larsen, e il capitano parve comprendere il significato di quello sguardo, perché fece una delle sue brevi, caratteristiche risate.

«Un gioco, signorina», disse, «un divertimento da uomini. Qualcosa di completamente diverso da quanto è abituata a vedere, ma sempre un gioco da uomini. Lo squalo non era naturalmente in programma e...».

Thomas Mugridge, intanto, si era sollevato, aveva costatato che quanto temeva era accaduto veramente e, rotolandosi sul ponte, aveva raggiunto Lupo Larsen immergendo i denti in uno dei suoi polpacci. Il capitano si chinò e premé fra pollice e indice la mandibola del cuoco che subito lasciò la presa. Lupo Larsen fece un passo di lato scostandosi da Mugridge.

«Stavo dicendo», proseguì come se nulla fosse accaduto, «che non avevamo previsto l'intromissione dello squalo. Forse è stata... la provvidenza a combinare tutto».

La ragazza sembrava non aver udito: solo i suoi occhi continuavano a esprimere un orrore e un disgusto incontenibili. Si mosse per allontanarsi ma, fatti pochi passi, vacillò e tese debolmente, istintivamente la mano verso di me. La sostenni appena in tempo per evitarle una caduta e l'aiutai a raggiungere la sala comune dove la feci sedere. Sembrava sul punto di svenire, ma riuscì a farsi forza.

«Signor Van Weyden!», urlò Lupo Larsen dal ponte. «Porti un tampone».

Esitavo. Le labbra della ragazza si mossero debolmente e per quanto lei non pronunciasse alcuna parola compresi dal suo sguardo che mi chiedeva di andare ad aiutare lo sventurato cuoco.

«Per... favore!», riuscì a sussurrare.

Compresi che dovevo obbedire.

Ero ormai divenuto un esperto in fatto di chirurgia tanto che Lupo Larsen, dopo avermi fornito qualche istruzione e qualche consiglio, mi lasciò solo a prendermi cura di Mugridge con due marinai come assistenti. Larsen aveva deciso il compito di prendersi una vendetta sul pescecane. Un grosso uncino, a cui era stato attaccato per esca un pezzo di carne di maiale salata, fu lanciato in mare e, mentre io ero intento a legare le arterie recise del piede del cuoco, i marinai issavano a bordo lo squalo catturato lanciando, durante l'operazione, ritmiche grida gutturali. Non volli assistere alla scena, ma i due marinai che fungevano da assistenti si allontanarono uno per volta per correre a dare un'occhiata a ciò che stava accadendo.

Lo squalo, lungo cinque metri e forse più, fu issato contro l'attrezzatura di maestra. Le sue mascelle vennero spalancate in tutta la loro estensione e un palo robusto, aguzzo alle estremità, gli venne posto fra le mandibole. E quando furono ritirate le due leve che tenevano spalancata la bocca, le mascelle si rinchiusero di colpo sopra il palo rimanendovi infilzate.

Fu recisa poi la cima legata all'uncino e il pescecane ripiombò in mare con un tonfo. Il mostro era vivo, ma atrocemente destinato a morire di fame. Una morte lenta, terribile e, più che lo squalo, l'avrebbe meritata l'ideatore di quella mostruosa punizione.

XXII

Immaginavo, mentre la guardavo dirigersi verso di me, ciò che volesse dirmi. L'avevo vista parlare concitatamente con il macchinista per dieci minuti buoni e ora, facendole cenno di tacere, la condussi fuori dalla portata d'orecchio del timoniere. Il suo viso era pallido e tirato, i grandi occhi sembravano enormi e fissavano ansiosamente i miei. Ero confuso e imbarazzato perché sapevo che lei aveva fiducia in Humphrey Van Weyden, l'uomo che, da quando si trovava a bordo del *Fanthom*, non aveva compiuto un solo gesto di cui non vergognarsi. Appena ci trovammo a una buona distanza dal timoniere, mi guardai in giro per assicurarmi che nessuno potesse ascoltare ciò che avremmo detto.

«Che c'è?», chiesi sottovoce.

L'espressione del suo viso non mutò. «Voglio credere che ciò che stamane è accaduto sia dipeso principalmente da un incidente orribile, del tutto involontario», disse con voce tremante per l'emozione. «Ma parlando con Haskins ho saputo che il giorno stesso in cui venimmo a bordo, mentre io riposavo nella mia cabina, due uomini vennero deliberatamente fatti annegare... due uomini uccisi, assassinati con premeditazione».

Mi fissò con espressione accusatrice come se io fossi stato responsabile dell'accaduto o comunque avessi preso parte alla cosa.

«Sì», risposi con voce incolore. «Ciò che ha saputo risponde a verità. Due uomini sono stati assassinati».

«E... lei ha permesso...».

«Non ho potuto impedirlo», risposi sempre con voce pacata. «Certo lei comprende la situazione e si rende conto della mia impotenza».

«Ma lei ha tentato di impedirlo?».

Avvertii una velata preghiera nella sua voce e non seppi rispondere con prontezza. Lei però parve comprendere.

«No!», proseguì. «Non ha tentato dunque! Perché?».

Mi strinsi nelle spalle. «Non deve dimenticare, signorina, che lei si trova a bordo da troppo poco tempo per comprendere del tutto le leggi vigenti sul *Fanthom*. Qui l'onestà, la dignità, la fratellanza umana sono parole senza senso e se per caso si è in possesso di queste qualità si viene trattati come tante bestie». Trassi un profondo sospiro. «L'ho appurato personalmente», conclusi.

Lei scosse il capo con incredulità.

«Che cosa avrebbe voluto che facessi allora?», proruppi. «Che prendessi un fucile, un coltello o un'ascia e uccidessi quell'uomo?».

Lei trasalì impallidendo. «No!», esclamò. «Questo no!».

«E allora? Dovrei uccidere me stesso?».

«Lei non conosce che termini materiali, a quanto pare», obiettò la ragazza. «Esiste anche qualcosa che si chiama coraggio morale e, in genere, ottiene sempre qualche successo».

«Oh, è così!», esclamai ridendo. «Lei dunque non mi consiglia di ucciderlo o di uccidermi, ma di farmi assassinare». Vidi che stava per parlare e feci un cenno, perché mi permettesse di proseguire. «Su questa nave il coraggio morale non ha valore. Leach, uno dei due uomini uccisi, ne possedeva molto, troppo. E anche il suo sventurato compagno, Johnson. Non solo il coraggio morale non è servito loro a nulla, ma li ha condotti alla morte, e che morte! E la stessa cosa accadrebbe a me se osassi esercitare quel poco che posseggo. Si convinca, signorina, quell'uomo è un mostro, un essere senza cuore, senz'anima, senza coscienza. Per lui nulla è sacro, nulla gli fa paura. E io devo a lui se sono stato trattenuto a bordo di questa nave come, del resto, devo a lui la mia vita. Non posso fare nulla perché sono suo schiavo, proprio come lei è sua schiava; voglio vivere come anche lei lo vuole; perché non posso lottare contro di lui, con la speranza, sia pure vaga, di sopraffarlo proprio come non potrebbe lei, signorina».

Mi guardava attentamente e sembrava attendesse che continuassi.

«Che cosa potrei fare?», ripetei in tono sconsolato. «La mia parte è quella del debole che deve subire tutto in silenzio, il sopruso, l'ignominia, la forza bruta. Ma è l'unica cosa che possiamo fare, se vogliamo continuare a vivere, Ma forse non si combatte sempre con la forza. Noi non possediamo la forza necessaria per poter lottare contro quest'uomo e vincere: dobbiamo simulare ciò che proviamo, fingere, mostrarci sottomessi e deboli. Potremo vincere con l'astuzia. Segua il mio consiglio, signorina, e il mio esempio. So di trovarmi in una posizione molto precaria ma posso assicurarle che la sua è ancora più pericolosa. Dobbiamo stringere fra noi, senza tradirci, una segreta alleanza. Naturalmente non mi sarà possibile prendere apertamente le sue difese e qualsiasi sorpruso egli faccia subire a me, lei dovrà mostrarsi comunque indifferente e rimanere silenziosa. Non dobbiamo provocare la collera di quell'uomo o andare contro la sua volontà, ma mostrarci invece sempre sorridenti alla sua presenza, fingendo amicizia e simpatia nei suoi confronti per quanto possa farci orrore l'ipocrisia».

La ragazza si passò la mano sulla fronte con aria perplessa. «Per essere sincera non riesco..., non capisco bene...».

«Lei deve comportarsi esattamente come io le ho detto», l'interruppi accorgendomi che Lupo Larsen, mentre passeggiava con Latimer lungo il ponte, teneva gli occhi fissi su di noi: «Mi ubbidisca e non dovrà rammaricarsene: so di avere ragione».

Lei vide lo sguardo inquieto che avevo rivolto in direzione di Lupo Larsen e parve colpita dal tono grave in cui le avevo parlato. «Che devo dunque fare?», chiese ansiosamente.

«Metta in atto tutto il coraggio morale che possiede», risposi rapidamente lanciando un nuovo sguardo furtivo verso Lupo Larsen. «Non desti in lui la collera e faccia il possibile per divenirgli simpatica. Si mostri amichevole, parli, discuta con lui d'arte, di letteratura. È addirittura fanatico per questi discorsi. E cerchi inoltre di evitare di assistere a ciò che accade di violento e brutale su questa nave, così le riuscirà più facile comportarsi secondo il mio consiglio».

Lupo Larsen si era staccato da Latimer e si dirigeva verso di noi. Mi sentivo disperato.

«Per carità, per carità, cerchi di capirmi!», supplicai abbassando la voce a un sussurro. «Tutto ciò che ha imparato sino a oggi, tutta la sua esperienza del mondo e della vita non ha valore qui. Bisogna che lei si faccia da sé una nuova educazione, signorina. Credo di capire che lei è abituata a dominare chi le sta vicino con la forza del suo sguardo, che sa trasmettere per mezzo dei suoi occhi il coraggio morale che possiede. Con me lei e già riuscita a meraviglia e più d'una volta io ho obbedito alla sua volontà, ma, per carità, non cerchi di mettere in pratica un simile metodo con Lupo Larsen! Credo che le riuscirebbe più facile dominare un leone affamato ed egli certo la prenderebbe in giro per i suoi sforzi. Sarebbe...». M'interruppi vedendo Lupo Larsen che si avvicinava e cambiai argomento della conversazione. «I direttori di riviste diffidavano e gli editori non volevano prenderlo in considerazione. Ma io ero certo del suo ingegno e mi sentii ripagato nel mio giudizio quando creò quel piccolo capolavoro che è *La fucina*».

«Un... poema da giornali», rispose ella prontamente.

«Fu pubblicato su un giornale, ma non certo perché i direttori di rivista l'avessero rifiutato». Mi rivolsi verso Lupo Larsen che nel frattempo ci aveva raggiunto. «Parlavamo di Harris», dissi.

«Oh, sì!», esclamò. «Conosco *La fucina*. Poesia di lodevoli sentimenti e di fiducia senza fine nelle umane illusioni». Sogghignò e aggiunse: «Signor Van Weyden, sarà bene che lei vada a dare un'occhiata a Cooky. È agitato e continua a lamentarsi».

Fui così allontanato da poppa e, quando mi trovai accanto alla cuccetta di Mugridge, constatai che il ferito era profondamente addormentato sotto l'azione della morfina che gli era stata somministrata. Non mi affrettai a ritornare sopra coperta e, quando vi risalii, fui lieto di vedere la signorina Brewster in animata conversazione con Lupo Larsen. La ragazza aveva dunque seguito il mio consiglio. E mi stupii accorgendomi di provare una punta di contrarietà e di delusione nel constatare che era ben capace di mettere in atto il mio consiglio che, in un primo tempo, aveva esplicitamente respinto e considerato ignobile.

XXIII

Un vento favorevole e gagliardo condusse rapidamente il *Fanthom* verso nord, in mezzo al branco di foche che incontrammo al quarantaquattresimo parallelo, in una zona umida e burrascosa, attraverso la quale il vento spingeva vasti e densi banchi di nebbia. Vi furono molte giornate in cui il sole non si mostrava e in cui ci sembrava di navigare alla cieca in mezzo alla nebbia. Poi il vento giungeva a spazzare la superficie del mare, l'acqua brillava sotto i raggi del sole e finalmente potevamo renderci conto della nostra posizione. Seguivano uno o due giorni di bel tempo, poi la nebbia tornava a impedirci la visuale, piombandoci addosso improvvisamente più densa che mai. La caccia era divenuta pericolosa, ma ogni giorno le lance venivano calate in mare, sparendo immediatamente alla nostra vista non appena giungevano a toccare l'acqua e s'immergevano nella nebbia grigia e umida non ricomparendo che al crepuscolo. Spesso non giungevano che a notte inoltrata e sembravano spettri che uscivano dalle tenebre e dalla nebbia circostante. Wainwright, il cacciatore che Lupo Larsen aveva costretto a rimanere a bordo insieme ai due uomini del suo equipaggio, approfittò delle condizioni di tempo favorevoli per fuggire. Con i suoi due uomini scomparve una mattina nella nebbia e non ricomparve più. Venimmo a sapere in seguito che era passato da una goletta all'altra per lungo tempo fino a che non aveva raggiunto la propria. Da molto tempo avevo anch'io progettato una simile fuga, ma purtroppo non mi si era ancora presentata l'opportunità di metterla in atto. Non faceva parte dei compiti del secondo uscire a bordo di un canotto e sebbene fossi in grado di manovrarlo, Lupo Larsen non mi concesse mai il permesso di prendere parte a una spedizione di caccia. Certo, se avessi ottenuto quella concessione, avrei trovato qualche plausibile pretesto per riuscire a condurre con me la signorina Brewster. La situazione a bordo era tesa e si sarebbe detto che qualcosa stesse per accadere. Ma era un pensiero che cercavo di scacciare ogni volta che mi sfiorava la mente. Non osavo prevedere ciò che sarebbe accaduto, non osavo soffermarmi su quel pensiero ossessionante. Avevo letto alcuni romanzi marinareschi e vi avevo sempre trovato una protagonista femminile, sola fra tanti uomini; ma ora mi rendevo conto di non avere mai compreso del tutto il significato e la gravità di quella situazione, che gli scrittori sfruttavano di continuo, rappresentandola sotto mille aspetti diversi. Ed ecco che ora mi trovavo di fronte a un caso del genere, reso più complicato dal fatto che la donna in questione era Maud Brewster. Provavo per lei una forte attrazione, come già un tempo mi ero lasciato affascinare dalla sua poesia. Era una ragazza straordinaria. Era delicata, eterea, flessibile come un giunco e i suoi movimenti erano pieni di grazia. Il suo passo era così lieve che si sarebbe detto che, invece di camminare, si muovesse sull'acqua con l'eleganza di un gabbiano. Ricordava le porcellane di Dresda e quell'estrema fragilità mi impressionava e avvinceva. Mi sembrava che a ogni momento potesse frantumarsi al rollio della nave. Il suo spirito era in perfetto accordo con la sua figura che rispecchiava la spiritualità dei suoi versi. Era sorprendente il contrasto fra lei e Lupo Larsen. Osservandoli una mattina, mentre passeggiavano insieme sul ponte, mi apparvero come i due estremi della scala dell'evoluzione umana: l'uno rappresentava la forza bruta, l'altra un perfetto esempio di civiltà.

Lupo Larsen applicava la sua insolita intelligenza per esercitare unicamente i suoi istinti brutali e primitivi che lo ponevano alla stessa stregua di un animale selvaggio. Nonostante la corporatura vigorosa e l'eterno atteggiamento autoritario, la sua andatura non era pesante e ricordava l'agilità e l'eleganza di una tigre. Il lampeggiare del suo sguardo era simile a quello che avevo osservato negli occhi degli animali feroci in gabbia. Quel giorno, mentre passeggiavano l'uno a fianco dell'altra, lei si accostò alla scaletta della sala comune dove io mi trovavo e, sebbene non mostrasse alcun segno visibile di emozione, avvertii in lei un estremo turbamento. Fece qualche osservazione banale e sorrise guardandomi con forzata disinvoltura. Poi il suo sguardo si posò nuovamente su Lupo Larsen con espressione affascinata e atterrita al tempo stesso. Fissando l'uomo, intuii la causa del turbamento della ragazza. Quegli occhi, abitualmente freddi e duri come ghiaccio, apparivano dolci e carezzevoli, attraversati da strani bagliori. Occhi dominatori, imperiosi e, nel contempo, avvincenti, che esprimevano una domanda ansiosa, con un desiderio che nessuna donna, e tanto meno Maud Brewster, avrebbe potuto fraintendere. Il panico che intravedevo nell'espressione di lei fu trasmesso a me e, in quel momento, sentendomi attraversare il corpo da un fremito di spavento, compresi quanto quella ragazza mi stesse a cuore. Le tempie presero a pulsarmi violentemente e, mentre tutto il mio essere era scosso da due emozioni così contrastanti, mi parve che una forza superiore mi costringesse a cercare lo sguardo di Lupo Larsen. Egli si era ripreso: i suoi occhi erano di nuovo freddi e taglienti e la tenera espressione era del tutto scomparsa. Egli si inchinò bruscamente e si allontanò.

«Ho paura!», mormorò la ragazza rabbrividendo. «Una paura tremenda».

Ero sconvolto dal terrore per ciò che avevo intuito e per la rivelazione improvvisa del mio sentimento per lei. Ma quando parlai, la mia voce suonò calma.

«Andrà tutto bene, signorina. Si fidi di me».

Mi rivolse un sorriso così pieno di grazia e simpatia che fece accelerare i palpiti del mio cuore e si mosse dirigendosi verso la scaletta che conduceva nella sala comune. Rimasi immobile dove mi trovavo, rendendomi conto del nuovo aspetto che la mia vita aveva assunto e della necessità di una lunga riflessione. Finalmente avevo incontrato l'amore. Era giunto quando meno me l'aspettavo e, purtroppo, nelle condizioni meno favorevoli. Avevo sempre saputo che presto o tardi il richiamo dell'amore mi avrebbe raggiunto, ma i lunghi anni trascorsi in solitudine e in meditazione mi avevano reso impreparato ad accogliere il nuovo sentimento che Maud Brewster mi aveva ispirato. Il mio pensiero corse al piccolo volume sul mio scrittoio e agli altri allineati sulla mensola della libreria. Ciascuno di quei libri mi era stato molto caro e la loro pubblicazione aveva rappresentato per me un piacevole avvenimento. Li avevo divorati giudicandoli una prova di affinità estrema fra letteratura e spirito. Ma ora ogni parola che vi avevo letto sembrava incisa nel mio cuore. Il mio cuore? Fui come sopraffatto dalla forza di quel nuovo sentimento e, ancora incredulo per ciò che mi stava accadendo, mi parve di poter leggere nel profondo della mia anima. Maud Brewster! Humphrey Van Weyden, "l'essere freddo", il "mostro privo di emotività", il "dèmone analitico", come ero stato battezzato da Charley Furuseth, era innamorato! E senza ragione apparente, preso da un improvviso scoraggiamento, il ricordo di ciò che avevo letto su di lei nell'annuario biografico *Chi è?* mi attraversò la mente. Era nata a Cambridge e aveva ventisette anni. Mi chiesi se fosse ancora libera, se non avesse impegni sentimentali. Come saperlo? Una fitta dolorosa di gelosia mise in fuga ogni dubbio confermando la potenza del mio sentimento. Ero veramente, profondamente innamorato: ero geloso. E la donna che amavo era Maud Brewster.

Io, Humphrey Van Weyden, innamorato. Fui di nuovo assalito dall'incredulità. Non avevo paura di quel sentimento, non desideravo allontanarlo da me o soffocarlo. Idealista com'ero, avevo sempre considerato l'amore una sensazione sublime, grande, ne avevo sempre riconosciuto l'importanza, il valore, la forza che non conosce ostacoli. Credevo nell'amore ritenendolo lo scopo più alto e ineffabile dell'uomo, il sentimento degno di essere accolto in ogni cuore come un dono superiore, preziosissimo. E mi sembrava impossibile che un simile dono mi fosse stato concesso. Mi tornarono alla mente i versi di Simons:

Amica, per molti anni andai vagando
fra mille donne e mille voi cercando...

Da tempo avevo smesso di cercare convinto che dalla mia vita l'amore dovesse rimanere escluso. Pensavo che Furuseth aveva avuto ragione definendomi un "mostro privo di emotività", credevo che le sole emozioni che avrei potuto trovare nella mia vita fossero quelle che mi procurava la letteratura. Quantunque avessi trascorso buona parte della mia esistenza circondato da donne, la mia ammirazione nei loro confronti si era sempre limitata ad un giudizio puramente estetico. Mi consideravo destinato a un'esistenza quasi monastica, del tutto incapace di provare quelle passioni, effimere o profondamente radicate, che vedevo e comprendevo tanto negli altri. E ora l'amore era giunto! Non più sognato né atteso, non preannunciato, finalmente era giunto. Mi mossi lentamente come un sonnambulo e presi a passeggiare sopracoperta mormorando tra me i bei versi della Browning.

Con le visioni di un mondo morto,
solo, in disparte, tanti anni fa,
in esse sole vivevo assorto,
né rimpiangevo l'umanità...

Un'armonia dolce ora risuonava nel mio cuore e non vedevo più ciò che mi circondava, immerso in un sogno che mi trasportava fuori della realtà. Fui scosso improvvisamente dalla voce aspra di Lupo Larsen.

«Cosa sta facendo lassù?».

Senza accorgermene, mi ero diretto verso prua dove i marinai stavano verniciando e la voce del capitano mi aveva risvegliato dal sogno proprio nel momento in cui ero sul punto di rovesciare un barattolo di vernice.

«Una crisi di sonnambulismo o un'insolazione?», chiese ghignando Lupo Larsen.

«Indigestione», ribattei senza voltarmi e ripresi la mia passeggiata come se nulla fosse.

XXIV

Gli avvenimenti a bordo del *Fanthom* nelle quaranta ore che seguirono si impressero nella mia mente come uno dei ricordi più vivi della mia esistenza. Avevo trascorso trentacinque anni nella tranquillità più assoluta e, benché mi fossi trovato improvvisamente coinvolto nell'avventura più assurda, non avrei mai creduto che, nello spazio di quaranta ore, potessero accadere tanti avvenimenti e provare tante diverse emozioni. Fui però orgoglioso di me stesso nel constatare che, in quell'occasione, mi ero saputo comportare con abilità e fermezza.

Per prima cosa, Lupo Larsen, durante la seconda colazione, informò i cacciatori di foche che da allora in poi avrebbero dovuto prendere i loro pasti nella timoneria. Era consuetudine sulle golette da pesca che i cacciatori prendessero posto a tavola insieme agli ufficiali e quel cambiamento di abitudini era decisamente un sopruso. Lupo Larsen non diede spiegazioni per giustificare la decisione, ma il motivo era per tutti evidente. Horner e Smoke si comportavano nei riguardi di Maud Brewster con una specie di scherzosa galanteria che, se appariva alla ragazza del tutto innocua e accettabile, non era gradito a Lupo Larsen. L'ordine venne perciò accolto in silenzio dai cacciatori che si limitarono a lanciare occhiate significative ai responsabili di quell'allontanamento dalla tavola a cui avevano diritto di sedere. Horner si mostrò, come sempre, del tutto indifferente ma Smoke arrossì violentemente ed ebbe un involontario scatto subito trattenuto. Lupo Larsen l'osservava in attesa mentre un lampo minaccioso gli attraversava gli occhi, ma l'uomo non fiatò.

«Qualche obiezione, Smoke?», chiese il capitano in tono aggressivo.

Ma l'uomo ignorò la sfida contenuta nelle parole dell'altro. «A quale proposito?», chiese con un tono di tale innocenza che Lupo Larsen ne rimase deluso.

Gli uomini ridacchiavano sottovoce divertiti dalle parole del compagno.

«Oh, nulla», osservò il capitano. «Credevo che ti rifiutassi di incassare la pedata».

«Quale?», chiese Smoke imperturbabile e con espressione leggermente sorpresa.

I cacciatori ridevano. Lupo Larsen avrebbe potuto certamente uccidere il provocatore e certo, se non fosse stato per riguardo alla presenza di Maud Brewster, l'avrebbe fatto. Era appunto tale presenza che ispirava a Smoke quell'ardire, che gli permetteva di comportarsi a quel modo. Si era sempre dimostrato cauto e guardingo nei confronti di Lupo Larsen e in altre condizioni non avrebbe certo osato provocare la sua collera tanto apertamente. Infine un grido del timoniere si fece udire, salvando la situazione e impedendo che la cosa degenerasse in una rissa sanguinosa.

«Fumo in vista!».

Lupo Larsen andò ai piedi della scaletta. «In quale direzione?», gridò attraverso il boccaporto.

«A poppa, signore».

Latimer intervenne. «Forse è una nave russa», suggerì.

L'osservazione colpì i cacciatori di foche rendendoli subito nervosi e io vidi che i loro visi rivelavano l'ansietà. Una nave russa non poteva essere che un incrociatore. Per quanto quegli uomini non conoscessero con precisione la posizione della nave, si rendevano conto di trovarsi ai margini della zona vietata alla caccia. Inoltre, tutti erano al corrente della fama di cacciatore di frodo attribuita a Lupo Larsen. Tutti gli sguardi si posarono sul capitano con espressione di ansiosa interrogazione.

«Niente paura!», li rassicurò l'uomo con un breve sogghigno. «Sta' tranquillo, Smoke: non vi saranno miniere di sale per te, questa volta. Ma credo d'indovinare di che nave si tratta. Scommetto cinque contro uno che è il *Macedonia*». Tutti rimasero silenziosi ed egli continuò sarcastico: «E, in questo caso, scommetto dieci contro uno che ci sarà burrasca».

«No, grazie!», disse Latimer. «Non m'importa eccessivamente di perdere denaro in una scommessa ma non mi piace buttarlo via. E dato che non si è mai verificato che l'incontro con suo fratello non provocasse una burrasca d'inferno, non vedo proprio quale probabilità avrei di non perdere. Venti, non dieci contro uno scommetterei che balleremo presto».

Lupo Larsen stesso si unì alla risata che sottolineò le parole di Latimer e il pranzo proseguì abbastanza tranquillamente, anche se il capitano si mostrava eccessivamente caustico nei miei riguardi e mi parlava in un tono tale che spesso faticavo a dominarmi. Dovevo farlo di continuo per amore di Maud Brewster, lo sapevo. Inoltre incontravo spesso il suo sguardo consolatore che mi esortava alla pazienza, alla fiducia, e subito la mia collera si faceva più facilmente contenibile. Quando ci alzammo da tavola salimmo tutti sul ponte per poter dare un'occhiata alla nave a vapore che era stata segnalata. Si trattava di un avvenimento del tutto insolito e rappresentava un certo diversivo per l'equipaggio che da mesi non aveva visto che golette da caccia e canotti. Inoltre, la possibilità che si trattasse della nave di Morte Larsen, fratello di Lupo, aumentava la curiosità e l'eccitazione degli uomini.

Il vento e il mare grosso del giorno precedente si erano quasi del tutto placati, tanto che le lance vennero calate in mare per la caccia che si presentava assai promettente. Il *Fanthom* aveva navigato fin dal mattino in una zona battuta dalle foche e ora ci trovavamo esattamente nel mezzo del branco. Il fumo si levava ancora lontano, all'orizzonte, ma si avvicinava rapidamente. Le lance intanto si sparpagliarono intorno alla goletta e si diressero verso nord. Ogni tanto una vela veniva abbassata, alcuni spari giungevano alle nostre orecchie e subito la vela veniva nuovamente issata. Il vento cadeva, le foche erano numerosissime: tutto era favorevole ad una caccia molto proficua. Filavamo per raggiungere la nostra posizione sottovento delle lance, in un mare coperto da un vero tappeto di foche addormentate. Non ne avevo mai viste tante e in gruppi così fitti. Stavano distese sulla superficie dell'oceano, dormendo come cuccioli al sole. Intanto, sotto il pennacchio di fumo, lo scafo del vapore diveniva sempre più visibile e netto. Era il *Macedonia*. Riuscii a leggere il nome della nave attraverso le lenti del binocolo, mentre passava a non più di un miglio di distanza a sinistra. Lupo Larsen fissava la nave con espressione corrucciata, mentre Maud Brewster si mostrava assai interessata e incuriosita dall'avvenimento.

«Dov'è la burrasca che lei ha pronosticato?», chiese in tono gaio. «Crede ancora che si scatenerà, capitano Larsen?».

Egli la guardò e il suo sguardo si addolcì in modo inatteso. «Be' cosa credeva?», chiese. «Che salissero a bordo e ci tagliassero la gola?».

«Qualcosa del genere, veramente», ella confessò. «Per me questi cacciatori di foche sono un'assoluta novità e, per essere sincera, mi aspetto qualsiasi sorpresa da tipi del genere».

Egli annuì gravemente. «Esatto, è proprio così. Il suo errore consiste nel fatto che lei non sa immaginare il peggio».

«Non vedo che ci potrebbe accadere di peggio che essere sgozzati», osservò la ragazza in tono di viva sorpresa.

«Essere derubati», rispose Lupo Larsen ridendo. «La vita dell'uomo è determinata dal denaro che possiede».

Lei rise a sua volta. «Il ladro che deruberà me avrà ben poco da stare allegro!», esclamò.

«Ma chi deruberà me, mi toglierà anche il mio diritto alla vita!», fu la risposta. «Chi mi toglie il pane e il letto mette la mia vita in pericolo. Non ci sono abbastanza mense gratuite per i poveri, signorina, e quando un uomo possiede le tasche vuote in genere muore miseramente, a meno che non riesca a riempirle in fretta».

«Ma veramente non direi che quella nave abbia preso di mira la sua goletta, capitano».

Egli ebbe un sogghigno feroce. «Aspetti e vedrà!», pronosticò.

L'attesa non fu lunga. Dopo aver oltrepassato di molte miglia la linea delle nostre lance, il *Macedonia* prese a calare in mare le proprie molto sottovento dalle nostre ultime. Poi continuò a calarle trasversalmente alla nostra rotta e lasciò l'ultima sopravento della nostra prima, allontanandosi subito in quella direzione. Avevamo soltanto cinque lance dopo la fuga di Wainwrigth, da opporre alle quattordici del *Macedonia* e la nostra caccia era del tutto rovinata. Non c'erano foche dietro di noi e davanti alla nostra nave una linea di quattordici lance spazzava letteralmente il branco davanti a sé. Le nostre imbarcazioni continuarono la caccia nelle due o tre miglia d'acqua che le separavano dalle lance del *Macedonia* e infine tornarono a bordo. Il vento era del tutto caduto e il mare, divenuto calmo come olio, prometteva una splendida giornata di caccia, una delle migliori che si potessero incontrare in una fortunata stagione. Cacciatori, timonieri e rematori erano furibondi. Ognuno di loro si considerava derubato e le lance vennero issate a bordo tra violente imprecazioni di furore e maledizioni che certo avrebbero sistemato Morte Larsen per tutta l'eternità, se fossero state efficaci.

«...Che crepi e sia dannato per una dozzina di eternità!...», commentò Louis ammiccando con gli occhi nella mia direzione, mentre si riposava per la fatica sostenuta alle prese con la propria lancia.

«Li ascolti!», esclamò Lupo Larsen rivolgendosi alla ragazza. «Guardi se le riesce di scoprire se esiste per loro qualcosa di più importante, di più vitale del denaro. Forse la fede o l'amore o il bene? Forse la bellezza, la verità o gli ideali?».

«Non è così», rispose Maud Brewster sottovoce. «È il loro senso innato del diritto che è stato violato».Teneva una mano appoggiata con grazia alle sartie di maestra e il suo corpo oscillava leggermente accompagnando il rollio della nave. Si trovava a circa quattro metri di distanza da me, ma la sua voce mi giunse chiara e dolcissima all'orecchio. Non osavo quasi guardarla nel timore di tradirmi e tenevo gli occhi fissi sulla distesa del mare. Ella portava un berretto di foggia maschile e i suoi capelli di un castano pallido e dorato le formavano una specie di alone attorno all'ovale delicatissimo del viso. Era una donna estremamente affascinante e nel medesimo tempo dolcemente spirituale. Sentii rinascere in me tutto l'amore per la vita che avevo perduto, e compresi, guardando quella meravigliosa bellezza tutta l'essenza, tutta la gioia, lo scopo. E la fredda, bassa spiegazione che Lupo Larsen stava dando sulla vita e il suo fine mi parve improvvisamente meschina, ridicola, senza senso.

«Lei è sentimentale come il signor Van Weyden», disse sogghignando il capitano. «Quegli uomini imprecano e maledicono chi ha rovinato i loro progetti, ecco tutto. Sa che desideri nutrono? Buon cibo e letti soffici per quando si troveranno di nuovo sulla terra ferma. Cose che possono ottenere soltanto se la paga sarà alta. Sognano scorpacciate, sbornie solenni, orge. I loro desideri li rivelano come in realtà sono e veramente rappresentano i loro più alti ideali. Ogni contrarietà che li tocchi nella loro borsa rivela il meglio che è in loro e se assistere all'esibizione, che essi fanno dei loro sentimenti, non è ciò che si suol dire una scena toccante, dimostra però quanto ne siano rimasti toccati. È così, signorina. Per loro il denaro corrisponde a ciò che voi idealisti chiamate l'anima».

«Ma lei non si comporta come gli altri!», esclamò ridendo la ragazza. «La sua borsa non ha subito alcun danno?».

«Considerando la portata della caccia di una giornata come oggi e il prezzo corrente che hanno sul mercato le pelli di foca, posso asserire che la comparsa del *Macedonia* è costata al *Fanthom* circa millecinquecento dollari».

«Ma... lo afferma con una tale calma...».

«Ma non sono affatto calmo», la interruppe Lupo Larsen. «Ucciderei il maledetto che mi ha derubato!». Sorrise all'espressione esterrefatta della ragazza e proseguì: «Sì, capisco ciò che pensa. È mio fratello! Che stupidi sentimentalismi!». Il suo viso mutò improvvisamente espressione e la sua voce suonò meno aspra e sicuramente sincera. «Certo, voi sentimentali, dovete essere felici quando, dopo averlo sognato, scoprite il lato migliore delle cose, trovate il bello, il buono. Forse, comportandovi a quel modo divenite buoni voi stessi». Comprese Maud Brewster e me in un lungo sguardo. «Dite, voi due!», esclamò. «Cosa trovate di buono in me?».

«Be', il suo... aspetto, sotto un certo punto di vista», dissi esitando.

Maud Brewster sorrise. «Sono certa che in lei, capitano, il bene regna, sia pure allo stato potenziale».

«Qui la volevo!», gridò Lupo Larsen, arrossendo di collera. «Secondo me, le sue parole non hanno assolutamente senso. Il pensiero che lei ha espresso non ha nulla di definito, di chiaro, di deciso. Non significa nulla. E non è nemmeno un pensiero. È una sensazione, forse, un sentimento alla base del quale si trova l'illusione, ma non certo un prodotto della mente».

Lentamente la collera svaniva dall'atteggiamento e dal tono di Lupo Larsen che si andava sempre più addolcendo. «Creda», continuò in tono confidenziale, «anch'io spesso desidererei essere cieco e conoscere e vedere soltanto le illusioni e le fantasie. So che non si tratta che di falsità contro la logica più elementare, ma capisco anche che solo i sogni e le illusioni possono far godere la vita. La gioia è la ricompensa della vita e senza di essa l'esistenza non ha valore. Affaticarsi, darsi da fare per vivere e non essere pagati è peggio che non essere nati affatto o essere morti. Chi gode di più la vita, vive di più e forse le sue illusioni, i suoi sogni procurano a lei meno contrarietà e più soddisfazioni di quanto a me ne procuri la realtà». Lupo Larsen tacque e scosse il capo pensosamente. «Non sono certo del valore reale della logica», continuò. «I sogni devono essere assai più soddisfacenti e forse essenziali. La gioia emotiva è assai più duratura di quella intellettuale, di cui del resto si paga poi il piacere ottenuto con periodi di umore nero. Al contrario la tristezza che segue il piacere emotivo è leggera e può venire scacciata con facilità». Sospirò sorridendo. «Davvero vi invidio!», esclamò. «Vi invidio! Con il cervello badate, non con il cuore. È la ragione che mi fa desiderare tutto ciò. L'invidia è una sensazione puramente intellettuale. Potrei paragonarmi a un astemio che, osservando un gruppo di ubriachi, viene assalito dal desiderio dell'ebbrezza dell'alcool per dimenticare la propria stanchezza».

«O a un savio che, osservando due pazzi, desidera a sua volta perdere la ragione», aggiunsi ridendo.

«Precisamente. Siete due pazzi beati e falliti, direi. Nel vostro portafogli non vi sono che sogni».

«Ma possiamo spendere liberamente, esattamente come fa lei», osservò la ragazza.

«Più liberamente, anzi!», rise Lupo Larsen. «È una moneta che non vi costa nulla!».

«Non solo», lei replicò. «L'eternità ci fa credito all'infinito».

Il capitano si strinse nelle spalle. «Che ciò sia vero o una vostra illusione non cambia nulla», borbottò. «Spendete sempre denaro che non avete guadagnato e ne ricevete in cambio qualcosa che ha più valore di quanto io riesca a ottenere con i miei guadagni sudati».

«Perché non cambia la fonte del suo denaro, allora?», chiese la ragazza con un leggero sarcasmo.

«Troppo tardi! Mi piacerebbe poterlo fare, forse, ma non posso. Il mio portafogli è gonfio di moneta della vecchia emissione e nulla potrà indurmi a cambiarla con altra di cui non riconosco il valore».

Il suo sguardo vagava lontano sulla distesa del mare e io mi avvidi che era stato assalito da una nostalgia che lo commuoveva e avvinceva. Ma bisognava stare all'erta perché lo spirito diabolico che si trovava in lui sarebbe di nuovo balzato fuori, prima o poi. Considerando l'umor nero di cui Lupo Larsen aveva parlato e che spesso lo affliggeva, mi resi conto che questo non era altro che la pena che il materialista doveva pagare.

XXV

«È stato sul ponte vero, signor Van Weyden?», disse Lupo Larsen, l'indomani durante la prima colazione. «Che previsioni sul tempo?».

«Abbastanza buone», risposi lanciando un'occhiata ai raggi di sole che penetravano nella sala comune, attraverso il boccaporto. «C'è una brezza da ovest che dovrebbe rinforzare, sempre che i pronostici di Louis si dimostrino esatti».

Lupo Larsen annuì gravemente, compiaciuto. «Nessun indizio di nebbia?».

«Banchi piuttosto densi a nord e nord-ovest».

Di nuovo assentì e sembrò soddisfatto delle informazioni. «Che ne è del *Macedonia*?», chiese ancora.

«Fumo in vista!».

Prevedevo che le mie parole avrebbero provocato malumore in lui, ma non riuscivo a comprendere la ragione del disappunto che effettivamente vidi sul suo viso. Ma compresi quasi subito.

«Fumo in vista!».

Il grido del pilota riportò il sorriso sul viso di Lupo Larsen che sospirò di sollievo. «Bene!», esclamò.

Si alzò da tavola e, attraverso il ponte, si recò nella timoneria dove i cacciatori di foche stavano consumando la prima colazione. Maud Brewster e io toccammo appena cibo, lanciandoci di continuo sguardi ansiosi e non osando quasi parlare udendo la voce di Lupo Larsen che penetrava nella sala comune, attraverso il fragile tramezzo che la separava dalla timoneria. L'udimmo parlare a lungo e alla fine fra gli uomini scoppiarono applausi fragorosi ed entusiastici. Non potevamo distinguere le parole, naturalmente, ma ci rendevamo conto che i cacciatori di foche le avevano trovate di loro gusto perché nuovi applausi risuonarono nella timoneria accompagnati da risa e esclamazioni di gioia. Nel frattempo, mi giunse il tramestio abituale che i marinai provocavano quando venivano radunati sul ponte e compresi che si preparavano a calare in mare tutte le nostre imbarcazioni. Maud Brewster salì con me sopracoperta e io la lasciai a poppa, in un punto da cui avrebbe potuto assistere a ciò che sarebbe accaduto senza correre il minimo pericolo. Anche i marinai dovevano essere stati messi al corrente del progetto di Lupo Larsen, perché dimostravano uno zelo e una buona volontà per nulla abituali, che attestavano il loro entusiasmo. I cacciatori salirono sul ponte con i fucili a tracolla e le scatole di munizioni fra le mani. Cosa insolita, perché le carabine erano armi del tutto inutili per la caccia alla foca in quanto l'animale colpito si sommergeva istantaneamente senza lasciare il tempo alla lancia di accostarsi e catturare la preda. Ma quel giorno i cacciatori portavano anche un'abbondante provvista di munizioni e mi accorsi che, mentre osservavano il fumo del *Macedonia* che si andava sempre più avvicinando da ovest, sogghignavano soddisfatti e ridacchiavano fra loro.

Le cinque lance furono presto calate in mare e si sparpagliarono subito a ventaglio dirigendosi verso nord, come il giorno precedente, seguiti dalla nave. Li osservai a lungo considerando attentamente il contegno degli uomini che si trovavano a bordo, ma non notai nulla di straordinario o, comunque, di insolito. Abbassavano le vele, facevano fuoco sulle foche e issavano nuovamente le vele esattamente come avevano sempre fatto. Il *Macedonia* ripeté la manovra del giorno prima abbassando i propri canotti davanti ai nostri e attraverso la loro rotta. Le quattordici imbarcazioni, avendo bisogno di molto spazio per poter comodamente cacciare, vennero calate in mare una alla volta mentre il piroscafo, tagliata la nostra rotta, continuò a filare verso nord-est.

«Che cosa si sta preparando?», chiesi a Lupo Larsen non riuscendo più a contenere la mia curiosità.

«Non la riguarda», rispose in tono burbero. «Non lo scoprirebbe, nemmeno se stesse a scervellarsi per anni. Si limiti a pregare perché il vento sia sempre favorevole». Tacque per qualche secondo, poi stringendosi nelle spalle proseguì: «Be', posso anche dirglielo se desidera saperlo. Sto per dare a mio fratello un assaggio della sua stessa medicina. In parole povere sto per fargli il medesimo giochetto, ma non per un giorno solo. Spero per tutto il resto della stagione, se la fortuna mi assisterà».

«E nel caso la fortuna non l'assistesse?».

«Non bisogna considerare questa ipotesi!», rispose ridendo. «Se non saremo fortunati, tutto sarà finito per noi».

Si pose alla ruota del timone e io approfittai di quel momento di libertà per scendere nel castello di prua, trasformato in infermeria, dove giacevano feriti Nilson e Thomas Mugridge. Nilson era di ottimo umore perché la sua gamba si andava rapidamente rinsaldando, ma il cuoco dal giorno dell'incidente era caduto in uno stato di depressione tale che, oltre alla compassione, provavo per lui anche una certa simpatia. Era veramente un miracolo che vivesse ancora, dato il sangue perduto e l'operazione sommaria che avevo dovuto eseguire per tamponargli il moncone. La dura vita che egli aveva condotto aveva ridotto il suo corpo in uno stato pietoso, ma la scintilla di vita, l'attaccamento alla vita, ardevano sempre in lui in modo stupefacente.

«Con un piede artificiale di buona fabbricazione potrà infestare le cucine delle navi ancora per un'infinità di anni», gli dissi allegramente con l'intenzione di rincuorarlo.

La sua risposta fu pronunciata con voce grave, solenne. «Può darsi che lei abbia ragione, signor Van Weyden, ma la cosa non m'interessa eccessivamente. Ciò che desidero con tutto il cuore è di vedere morto quel cane diabolico e sanguinario e sento che non riposerò in pace finché ciò non mi sarà concesso. Quell'uomo non deve vivere quanto me. Non ha il diritto di vivere e, come dice la Bibbia, morrà di morte violenta. Mi auguro che avvenga presto. Amen!».

Quando risalii sul ponte trovai Lupo Larsen che governava il timone con una sola mano, mentre con l'altra reggeva il binocolo che di continuo si portava agli occhi per sorvegliare la posizione delle lance e dedicando una particolare attenzione a studiare quella del *Macedonia*. Il solo cambiamento visibile nella posizione delle lance era che avevano virato di bordo piegando verso ovest. Non capivo lo scopo della manovra dato che il mare era ancora intercettato da cinque lance sopravento del *Macedonia* che, a loro volta avevano mutato la rotta. Divergendo lentamente verso ovest, si allontanavano sempre più dal loro gruppo. Notai che le nostre imbarcazioni avevano messo in mare i remi e, con le vele issate, si allontanavano rapidamente. Poi anche i cacciatori imbracciarono i remi e la loro velocità aumentò sensibilmente. Il pennacchio di fumo del *Macedonia* era ormai simile a una piccola macchia oscura del cielo a nord-est e del piroscafo non vi era più nulla di visibile. Avevamo avanzato lentamente fino a quel momento, lasciando che le vele penzolassero per buona parte del tempo e ci mettemmo in panna due volte per fermare la nave per brevi periodi. Ma non perdemmo più tempo: le vele furono rialzate e Lupo Larsen fece filare il *Fanthom* a una velocità eccezionale. Oltrepassammo così la linea delle nostre imbarcazioni e ci precipitammo sulla prima lancia a sopravento della linea avversaria.

«Molli quel fiocco, signor Van Weyden!», comandò Lupo Larsen a gran voce. «E si prepari a bracciare le rande».

Corsi a prua e abbassai interamente il fiocco con un movimento rapido, nel preciso momento in cui sorpassavamo la prima lancia a una trentina di metri sopravento. I tre uomini che vi stavano a bordo ci fissarono con espressione di diffidenza. Erano uomini che avevano vissuto sul mare molti anni della loro vita e conoscevano la fama di Lupo Larsen. Notai che il cacciatore, un uomo colossale di tipo scandinavo che stava seduto a poppa, teneva la carabina fra le ginocchia a portata di mano. Quando si trovò di fronte alla lancia, Lupo Larsen si sporse sul parapetto e li salutò con un gesto cordiale della mano.

«Venite a bordo a fare un *gam*!», gridò.

Fare un *gam* nel gergo marinaresco usato dai cacciatori di foche significava far visita, scambiare quattro chiacchiere cordiali, il che rappresentava certo un diversivo in quella vita monotona e uguale.

Il *Fanthom* virò e io ebbi appena il tempo di finire il mio compito a prua per correre a poppa a dare una mano nella manovra alla randa di maestra.

«La prego di rimanere sul ponte, signorina Brewster», disse Lupo Larsen dirigendosi verso prua a incontrare gli ospiti. «E anche lei, Hump».

La lancia aveva abbassato la vela e si stava avvicinando alla nave. Poi il cacciatore dal tipo di vichingo, scavalcò il parapetto e saltò sul ponte. Nonostante la sua formidabile struttura, era evidente che era dominato da una certa apprensione. Il suo viso esprimeva il dubbio e la diffidenza in modo evidente. Notando che sul ponte non eravamo che in due, si rischiarò in volto e si girò verso i suoi uomini che nel frattempo lo avevano raggiunto. Ormai era convinto che ogni suo timore fosse del tutto ingiustificato, anche perché la sua corporatura gigantesca dominava Lupo Larsen. Era alto più di due metri e, come seppi in seguito, pesava oltre cento chili. Il suo corpo era tutto muscoli e assolutamente privo di adipe. L'apprensione apparve di nuovo sul suo viso, quando Lupo Larsen lo invitò a seguirlo sotto coperta. Ma un'altra occhiata all'uomo che lo precedeva lo rassicurò: il capitano, anche tenuto conto della sua vigoria non avrebbe potuto competere con lui. Senza esitazione, lo seguì nella sala comune. Intanto i due uomini del suo equipaggio si erano ritirati nel castello di prua secondo l'usanza marinara. Improvvisamente, dalla sala comune si levarono grida rauche seguite da un fragore assordante che si sarebbe detto causato da una lotta. Sembrava che due animali feroci si stessero sbranando per la conquista di una preda.

«L'ospitalità è sacra», commentai amaramente rivolgendomi a Maud Brewster.

Lei mi rispose con un cenno significativo del capo, mentre il suo volto esprimeva il disgusto che io stesso avevo assistendo alle lotte violente nei primi giorni in cui mi trovavo a bordo del *Fanthom.*

«Sarebbe meglio che lei andasse a prua e ci rimanesse finché tutto non sarà finito», suggerii.

Lei scosse il capo lanciandomi un'occhiata piena di amarezza. Non sembrava spaventata, ma sbalordita.

«Si renda conto», aggiunsi, «che sono costretto a prendere parte a quanto sta accadendo, se anche lei desidera come me uscire da questa orribile avventura. Devo farlo anche se la cosa è decisamente spiacevole».

«Capisco», rispose con voce fievole e con uno sguardo di simpatia.

Sotto coperta tornò improvvisamente il silenzio e dopo poco Lupo Larsen risalì sul ponte. Il viso abbronzato era leggermente acceso, ma non mostrava segni visibili della lotta sostenuta.

«Ordini a quei due di venire a poppa, signor Van Weyden», comandò.

Non risposi, ma mi affrettai a ubbidire: pochi minuti più tardi i due uomini si trovavano di fronte al capitano. Egli li osservò ghignando.

«Issate il canotto a bordo», ordinò. «Il vostro capo ha deciso di fermarsi a bordo per un po' di tempo e teme che la sua barca possa subire qualche avaria urtando contro il fianco della nave».

Gli uomini non si mossero, incerti sul da farsi.

«Issate il canotto, ho detto», ripeté Lupo Larsen imperiosamente. E continuò in tono dolce, ma dal quale trapelava una minaccia. «Chissà? Può darsi che per un certo tempo dobbiate navigare con me e sarà bene che voi accettiate di buon grado, fin da questo momento la nuova situazione. Svelti!», comandò mentre gli uomini si muovevano con riluttanza. «Morte Larsen vi ha insegnato a ballare meglio di così, credo!».

I due si affrettarono a compiere la manovra e, mentre la lancia veniva issata a bordo e passava sopra il parapetto, io mi recai a prua per alzare le vele di draglia. Lupo Larsen si portò alla ruota del timone e diresse il *Fanthom* verso una seconda lancia. Non avendo più nulla da fare, mi misi a considerare la posizione delle barche. La terza lancia del *Macedonia* era stata attaccata da due della nostra ciurma e gli altri tre avevano attaccata la quarta. La quinta, virando di bordo, accorse in aiuto dei compagni. Da lontano ci giungeva il crepitio dei fucili e rumori della battaglia.

Il mare agitato metteva in difficoltà i tiratori, e qua e là si vedevano i proiettili rimbalzare sull'acqua sollevando piccoli spruzzi. La lancia che stavamo inseguendo aveva virato di bordo e filava in pieno vento per sfuggirci, prendendo parte, allontanandosi, alla battaglia impegnata fra le imbarcazioni. Ora però, essendo impegnato nella manovra delle vele, mi rimaneva ben poco tempo per osservare quanto stava accadendo. Intanto Lupo Larsen aveva ordinato ai due marinai prigionieri di portarsi nel castello di prua. I due ubbidirono di malavoglia. Egli poi ordinò alla signorina Brewster di scendere sotto coperta ed ebbe un sorriso ironico osservando l'espressione terrorizzata del viso di lei.

«Non c'è nulla di spaventoso là sotto», disse. «Soltanto un uomo del tutto incolume legato come un salame. I proiettili possono raggiungere la nave e io temo per la sua vita».

Proprio mentre parlava, una pallottola, deviando su uno dei raggi della ruota, sibilò attraverso l'aria.

«Ha visto?», chiese. Poi si rivolse a me. «Prenda la ruota, signor Van Weyden».

Maud Brewster stava scendendo la scaletta, ma prima di sparire del tutto esitò. Lupo Larsen si era armato di una carabina e la stava caricando. Con una occhiata, supplicai la ragazza di scendere ed ella mi sorrise.

«Forse saremo deboli creature di terraferma senza gambe nostre su cui reggerci», disse. «Ma potremo dimostrare al capitano Larsen di possedere un coraggio pari al suo».

Egli le lanciò uno sguardo di ammirazione. «Lei mi piace sempre di più, signorina!», esclamò. «Colta, intelligente e coraggiosa. Una donna davvero degna di diventare la moglie di un capo pirata. Più tardi ne riparleremo».

Sorrise mentre un proiettile si conficcava contro la parete della cabina. I suoi occhi ebbero un lampo, e quelli di lei si colmarono di terrore.

«Noi siamo più coraggiosi», aggiunsi in fretta. «Per quanto mi riguarda, almeno, so di esserlo più di Lupo Larsen».

Egli mi lanciò un'occhiata sospetta, probabilmente chiedendosi se stessimo prendendoci gioco di lui. Diede tre o quattro colpi alla ruota spostando leggermente la rotta del *Fanthom*. Lupo Larsen mi fissava ancora come attendendo una spiegazione.

«Guardi», dissi accennando alle mie ginocchia. «Tremano! Non riesco a dominare la mia carne, ma il mio spirito ha ragione dell'istinto di conservazione. Ciò dimostra che io sono più che coraggioso. Lei non ha paura e affrontare il pericolo non la spaventa, anzi, le fa piacere. Lei ne gode. La paura in lei non esiste, signor Larsen, ma deve riconoscere che il vero coraggioso sono io».

«Dice bene», ammise. «Non avevo mai considerato la cosa sotto questo punto di vista. Ma, andando per assurdo, se lei è più coraggioso di me, ciò significa che io sono più codardo di lei?».

Ridemmo entrambi del nostro ragionamento paradossale; poi egli si lasciò cadere in ginocchio sul ponte appoggiando la carabina sul pavimento. Nel frattempo la distanza che ci separava dalle lance si era ridotta della metà. Lupo Larsen sparò tre colpi prendendo accuratamente la mira. Il primo proiettile passò a quindici metri dalla lancia, il secondo la sfiorò e al terzo il timoniere cadde riverso sul fondo della barca.

«Credo di averli sistemati», osservò Lupo Larsen rialzandosi. «Dovevo risparmiare il cacciatore e sono certo che il rematore non saprà governare la barca. Un fatto è certo: il cacciatore non può stare al timone e sparare nello stesso tempo».

La sua previsione si dimostrò esatta: infatti la barca sbandò in balia del vento e il cacciatore balzò a poppa al posto del timoniere. Egli cercava di riportare la barca in rotta, ma la nostra nave gli era ormai addosso. Quando ci trovammo a un centinaio di metri di distanza, potei vedere il rematore tendere una carabina al compagno. Lupo Larsen si spostò al centro della nave e prese un rotolo di cima. Poi si sporse dal parapetto e prese la mira con la carabina. Due volte il cacciatore abbandonò la barra, afferrando con una mano il fucile ma esitando. Ci trovavamo ormai al suo fianco e oltrepassammo l'imbarcazione.

«Ehi!», gridò improvvisamente Lupo Larsen al rematore. «Vira di bordo!».

Lanciò un capo della cima verso la lancia, che colpì l'uomo. Il rematore trasalì sotto la sferzata, ma non ubbidì. Guardò il cacciatore, ma questi sembrava esitare. Teneva la carabina fra le ginocchia, ma non poteva servirsene: se avesse abbandonato la barra, la lancia sarebbe di certo andata a infrangersi contro il fianco della goletta. Vedeva inoltre la carabina di Lupo Larsen puntata su di sé e si rendeva conto che il suo nemico lo avrebbe subito prevenuto.

«Vira!», ordinò al rematore con voce pacata.

L'uomo ubbidì e l'imbarcazione filò a fianco del *Fanthom* a cinque metri di distanza.

«Ora lascia cadere la vela e accosta!», ordinò Lupo Larsen.

Teneva sempre la carabina puntata e abbassò i paranchi compiendo la manovra con una sola mano. Mentre stava per salire a bordo, il cacciatore afferrò la carabina come per sistemarla in una posizione migliore, ma la lasciò subito cadere al grido minaccioso di Lupo Larsen. «Lascia quell'arma!».

Giunti a bordo, i due uomini issarono la lancia e, sotto la direzione di Lupo Larsen, trasportarono il timoniere ferito nel castello di prua.

«Se le nostre lance sapranno fare le cose bene come noi, presto avremo un equipaggio numeroso», mi disse Lupo Larsen.

«L'uomo ferito non è... spero...», mormorò Maud Brewster.

«L'ho colpito alla spalla», l'interruppe il capitano. «Nulla di grave. Il signor Van Weyden saprà fare in modo che possa riprendere la caccia in tre o al massimo quattro settimane». Indicò con un gesto la terza lancia verso la quale aveva diretto la nave e che si trovava già quasi vicino. «Ma il signor Van Weyden non potrà far nulla per quelli laggiù, a quanto pare. Si tratta di un lavoro combinato da Horner e Smoke. Avevo raccomandato loro di non esagerare e di cercar di portare a bordo uomini e non carcasse. Ma la soddisfazione di far centro è una tentazione molto difficile da vincere quando si sa sparare. Non le pare, signor Van Weyden?».

Scossi il capo in silenzio guardando la lancia presa di mira da Horner e Smoke. La lotta doveva essere stata spaventosamente irruenta. Il cacciatore e il rematore giacevano in fondo al canotto immersi in una pozza di sangue e il timoniere era caduto di traverso sulla poppa con il capo penzolante fuori dall'imbarcazione e le braccia tese in avanti a toccare l'acqua. La lancia, abbandonata a se stessa, rollava a ogni ondata con la vela che sbatteva e oscillava sotto il vento.

Avevo pregato la signorina Brewster di non guardare ed ero sollevato nel constatare che aveva seguito il mio consiglio e che quella visione orrenda le era stata risparmiata.

«Diriga la nave fra le lance, signor Van Weyden!», mi ordinò Lupo Larsen.

Mentre ci avvicinavamo, i colpi di carabina divennero sempre più rari, poi cessarono del tutto. La battaglia era finita. Le altre due lance appartenenti al *Macedonia* erano state catturate dai nostri che attendevano in gruppo di essere accostati dalla nave e di far ritorno a bordo.

«Guardi!», gridai improvvisamente indicando a Lupo Larsen il pennacchio di fumo che stava riapparendo all'orizzonte verso nord-est.

«Sì, ho già visto», rispose l'uomo con voce pacata. Misurò con un'occhiata la distanza che ci separava dal banco di nebbia e tese la mano per controllare la direzione e la forza del vento. «Credo che ce la faremo», osservò. «Ma certo il mio amato fratello ha indovinato il nostro progetto e farà di tutto per piombarci addosso. Guardi!».

Il pennacchio di fumo si andava sempre più allargando assumendo una tinta più scura, quasi nera.

«Ti batterò, fratellino!», esclamò Lupo Larsen sogghignando. «Spero che avrai la consolazione di vedere le tue vecchie macchine saltare in aria e ti auguro che non ti accada nulla di peggio».

Raggiungemmo le imbarcazioni e subito gli uomini presero a salire a bordo issando le lance, rendendo il ponte simile a una marea brulicante. I prigionieri vennero condotti nel castello di prua e le imbarcazioni abbandonate sul ponte in un ammasso disordinato. Eravamo già pronti con tutte le vele spiegate e, mentre l'ultima barca veniva issata a bordo, il *Fanthom* si mosse. Bisognava correre. Il *Macedonia*, lanciando attorno colonne di fumo nero e denso, si stava precipitando su di noi a tutto vapore. Senza preoccuparsi delle lance che aveva ancora in mare, Morte Larsen aveva mutato la rotta della nave in modo da tagliare la strada al fratello. Infatti non si dirigeva esattamente sulla nostra nave ma su un punto davanti a noi. Le due rotte convergevano come i lati di un angolo che aveva per vertice il banco di nebbia. Se il *Macedonia* non ci avesse raggiunto in quel punto potevamo ritenerci salvi. La nostra speranza di giungere al banco di nebbia in tempo, era fondata sulla nostra velocità.

Lupo Larsen era al timone e girava attorno uno sguardo colmo di soddisfazione e scintillante di piacere per il pericolo incombente. Poi osservava il mare e il cielo, come cercando la promessa di un vento più forte; il suo sguardo si posava sul *Macedonia*, poi sulle vele spiegate e gonfie. Lanciava di continuo ordini secchi, qui per far mollare una scotta, là per farne tendere un'altra. Riuscì a fare in modo che il *Fanthom* rendesse il più possibile e fece filare la nave a una velocità mai raggiunta. Le liti, le ostilità, le antipatie erano state del tutto dimenticate. Fui veramente sorpreso nel constatare con quanto zelo e prontezza gli uomini che per tanto tempo avevano sopportato in silenzio la brutalità del loro capitano covando l'odio, scattavano a ogni comando di Lupo Larsen e s'affrettavano a ubbidire. Mi tornò alla memoria la figura dello sfortunato Johnson mentre la nave filava veloce e leggera come un gabbiano, sollevando ai fianchi due ali di spuma candida. Se fosse stato presente, Johnson avrebbe goduto di quello spettacolo. Egli aveva amato il *Fanthom* e, da marinaio nato, avrebbe apprezzato l'abilità nautica di Lupo Larsen.

«Sarà bene imbracciare le carabine!», disse Lupo Larsen ai cacciatori.

I cinque uomini si allinearono lungo il parapetto della nave stringendo fra le mani le armi e attendendo. Il *Macedonia* non era ormai che a un miglio di distanza e il fumo nero che usciva dalla sua ciminiera formava un perfetto angolo retto con la nave.

Filava a una velocità folle, diciassette nodi circa, a quanto potemmo calcolare. Il *Fanthom* non era in grado di filare a più di nove, ma fortunatamente il banco di nebbia si trovava ormai molto vicino. Improvvisamente un fiocco di fumo, seguito da un cupo boato, apparve sul fianco del *Macedonia* e in una delle nostre vele di maestra si aprì un foro rotondo. Morte Larsen aveva aperto il fuoco con il cannoncino di bordo. L'equipaggio si radunò subito sul ponte agitando i berretti e lanciandoli in alto con applausi ironici diretti al *Macedonia.* Un nuovo sbuffo di fumo si levò con un rimbombo e una colonna di spruzzi si levò a poppa della goletta a cinque o sei metri di distanza. Non vi furono spari di carabine, poiché i cacciatori del *Macedonia* si trovavano in parte in mare, con le lance, e in parte a bordo della nostra nave, prigionieri. Quando ci trovammo a mezzo miglio di distanza dal piroscafo, un colpo di cannone aprì un nuovo squarcio nella nostra vela di maestra. Poi, finalmente, raggiungemmo il banco di nebbia. Eravamo al sicuro. La nebbia ci circondava e ci nascondeva nel suo velo denso e grigiastro. Il mutamento fu tanto improvviso e assoluto che ne rimasi colpito. Un attimo prima la nave filava sotto un cielo insolitamente terso sul quale spiccava la colonna di fumo della nave nemica che stava per piombarci addosso. E repentinamente, a un balzo del *Fanthom* il sole era scomparso, il cielo sembrava non esistere più e perfino le cime dei nostri pennoni non erano più visibili. Navigavamo in quel grigiore che ci bagnava come pioggia rendendo i nostri capelli, le barbe, gli abiti un ricamo di gocce iridescenti Le sartie erano inzuppate, le attrezzature gocciolavano sul ponte a ogni balzo della goletta. Fui sopraffatto da un senso di soffocazione come se mi fossi trovato chiuso in uno spazio ristretto. Il rumore prodotto dalla nave veniva ricacciato indietro dalla nebbia e sembrava che la stessa cosa accadesse ai miei pensieri. La mia mente indietreggiava nel ricordo del mondo esistente al di là del velo umido e denso che ci stringeva da ogni parte. Mi sembrava che quella nuvola rappresentasse l'intero universo e che i suoi limiti fossero tanto vicini da provare la tentazione di tendere le braccia per tenerli lontani. Mi sembrava impossibile che oltre quel grigiore si potesse trovare riposo. Il riposo non era più che un sogno, la memoria di un sogno. Un incantesimo strano, avvincente, indescrivibile. Guardai Maud Brewster e compresi dalla sua espressione pensosa che provava una sensazione simile alla mia. Guardai Lupo Larsen. Era accanto alla ruota del timone e governava la rotta calcolando il passare del tempo a ogni mossa della nave. Era del tutto assorto nell'immediato presente. La sua mente oggettiva, positiva, era tutta presa dal governo della nave e dal desiderio di beffare fino in fondo il fratello che lo inseguiva.

«Signor Van Weyden», disse sottovoce, «vada a prua e faccia mettere tutte le vele sottovento, badando di non fare il minimo rumore. Per prima cosa imbrogli le vele di gabbia e mandi tutti gli uomini alle scotte. E badi che non ci sia rumore. Silenzio assoluto, capito?».

Quando tutto fu pronto, l'ordine "tutto sottovento" fu passato da un uomo all'altro finché mi raggiunse a prua. Il *Fanthom* sbandò silenziosamente a dritta: il lieve rumore prodotto dal cigolio di qualche puleggia o dal crepitio di qualche terzaruolo fu soffocato dalla nebbia pesante che attutiva ogni suono. Avevamo appena virato di bordo, quando la nebbia improvvisa si diradò e di nuovo ci trovammo alla luce del sole.

Il mare si stendeva calmo di fronte a noi, fino all'orizzonte limpido. Non vi era traccia del *Macedonia.* Lupo Larsen virò nuovamente e ancora filammo lungo il limite del banco di nebbia. Ora mi appariva evidente il tiro che egli aveva giocato al fratello. Era penetrato nel banco a sopravento del piroscafo e, mentre Morte Larsen si era precipitato dentro alla nebbia con la speranza di raggiungerlo, aveva piegato di lato uscendo dal banco. Ora non doveva che seguire il limite per entrarci di nuovo dal lato sottovento. Se il suo progetto fosse riuscito, Morte Larsen avrebbe avuto meno probabilità di scovarci che se avesse cercato un ago nel proverbiale mucchio di fieno. La corsa non durò a lungo. Issate la vela di gabbia e quella di maestra, penetrammo di nuovo nel banco di nebbia. Nello stesso istante ebbi la sensazione di intravedere un'ombra oscura che ne usciva a sopravento e istintivamente lanciai un'occhiata a Lupo Larsen. Egli annuì lentamente, pensoso. Il *Macedonia* aveva indovinato la manovra e per un vero miracolo non ci aveva sorpreso. Eravamo già avvolti nella nebbia e non si poteva mettere in dubbio che eravamo riusciti a penetrarvi in tempo per non essere avvistati.

«Questo inseguimento non può durare a lungo», osservò Lupo Larsen. «Il *Macedonia* dovrà tornare a riprendere le sue lance. Mandi un uomo alla ruota, signor Van Weyden e dia ordine di mantenere questa rotta. Provveda anche per i turni di riposo: non faremo tardi, stanotte». Sogghignò allegramente. «Darei cinquecento dollari solo per potermi trovare per qualche minuto a bordo del *Macedonia,* ad ascoltare le imprecazioni di mio fratello e vedere la sua faccia».

Un uomo giunse subito a dargli il cambio alla ruota ed egli si accostò a me allontanandosi verso il boccaporto della sala comune.

«Dobbiamo dare il benvenuto ai nostri ospiti, ora», disse. «Farò servire un buon whisky ai cacciatori e ne farò portare qualche bottiglia anche a prua. Scommetterei che cambieranno presto opinione e che cacceranno per me con assai più entusiasmo e zelo di quanto non abbiano fatto con Morte Larsen».

«Ma non fuggiranno come Wainwright?», chiesi.

Ebbe un sorriso malizioso. «Oh, non potranno farlo finché la cosa non farà comodo ai nostri cacciatori», assicurò. «Ho promesso loro un dollaro per ogni pelle catturata dai prigionieri e stia certo che una buona parte del loro entusiasmo, nel combattimento di oggi, era dovuto a questa mia promessa. No, non ci saranno fughe finché loro non lo vorranno». Si allontanò aggiungendo: «Sarebbe bene che lei scendesse a prua a dare un'occhiata alle condizioni dei feriti. L'attende un lavoro tutt'altro che leggero!».

XXVI

Lupo Larsen s'incaricò personalmente della distribuzione del whisky e mentre io mi trovavo nel castello di prua, intento a svolgere i miei compiti d'infermiere, le bottiglie fecero la loro trionfale comparsa. Avevo visto spesso bere whisky al mio circolo, ma non sapevo che si potesse bere puro e in quella misura. Gli uomini bevevano in bicchieri da acqua, a lunghe sorsate, o direttamente dalle stesse bottiglie. Ogni sorso era un bicchiere. Nuove bottiglie venivano di continuo allineate davanti a loro e bevevano ciecamente, incoscientemente. Tutti, persino i feriti. Oofty-Oofty che mi assisteva mentre medicavo i nuovi arrivati, beveva. Soltanto Louis si limitò a bagnare le labbra nel whisky ma si unì ugualmente al baccano provocato dai suoi compagni ormai brilli. Era una vera orgia. A voce altissima chiacchieravano sulla battaglia sostenuta nella giornata, ne discutevano i particolari; poi si commuovevano sulla sorte dei prigionieri e rivolgevano loro sorrisi e occhiate di simpatia. Vincitori e vinti piangevano come bambini appoggiati l'uno alle spalle dell'altro e si giuravano eterna amicizia e rispetto. Piangevano sulla loro misera vita passata e piangevano sul loro nebuloso avvenire dominato dalla disciplina ferrea imposta da Lupo Larsen. Tutti lo maledivano, imprecavano contro di lui e raccontavano episodi terrificanti che mettevano in risalto la perfidia e brutalità di quell'uomo. Era uno spettacolo bizzarro e orribile nel medesimo tempo. Lo spazio ristretto limitato dalle file delle cuccette, il pavimento e le pareti continuamente in movimento, la luce fosca e spettrale, le ombre oscillanti che si allungavano e s'accorciavano mostruose sul pavimento, l'atmosfera pesante, fumosa, piena dell'odore dei corpi, dei medicinali, dell'alcool, i volti accesi degli uomini, tutto contribuiva a rendere lo spettacolo allucinante. Notai che Oofty-Oofty, reggendo per me l'estremità di una benda osservava la scena con quei suoi occhi di velluto, scintillanti come quelli di un cerbiatto. Ma sapevo ora che nel suo cuore si celava la barbarie, la violenza bruta che smentiva tutta la dolcezza e la mitezza dello sguardo e dell'aspetto delicato, quasi femminile. Guardai il viso infantile di Harrison e lo vidi alterato da una smorfia bestiale. Dov'era la sua abituale bontà? Egli stava narrando alcuni episodi di violenza accaduti sulla nave infernale sulla quale si trovava e mentre si scagliava selvaggiamente con improperi e maledizioni contro Lupo Larsen, il suo viso assumeva l'espressione feroce di un animale furioso. Lupo Larsen era il solo argomento della loro conversazione. Egli era il Lupo, il tiranno, il despota sanguinario e terribile ai piedi del quale quelle bestie pazienti si prosternavano, rivoltandosi contro di lui solo in stato di ubriachezza. Facevo anch'io parte delle bestie di Lupo Larsen? Non potevo negarlo. E Maud Brewster?

Digrignai i denti per la collera che improvvisamente mi aveva assalito e l'uomo che stavo medicando trasalì a una mia mossa brusca. Oofty-Oofty mi fissò con curiosità. Mi sentii d'un tratto pervaso da un vigore nuovo, da una forza sconosciuta. Avrei difeso il mio amore come un leone, aprendomi la strada a qualsiasi costo attraverso tutto, a dispetto di Lupo Larsen e nonostante i trentacinque anni che avevo trascorso fra i libri. Ora ero certo che tutto si sarebbe risolto nel modo migliore, che avrei saputo agire con saggezza e astuzia. E così esaltato e sostenuto da quella sensazione di potenza e sicurezza, volsi le spalle al ferito, che lanciava di continuo gemiti acuti, e salii sopracoperta. Dopo il tramonto, la nebbia aveva assunto un aspetto spettrale e l'aria era pura, tranquilla: un'atmosfera quasi irreale. La timoneria, nella quale erano stati ricoverati due feriti, mi apparve esattamente identica al castello di prua che avevo appena lasciato. La stessa scena si presentò al mio sguardo: l'unica differenza consisteva nel fatto che in quel luogo Lupo Larsen non veniva maledetto di continuo. Fu con gran sollievo che, terminato il compito di infermiere, risalii sul ponte e raggiunsi la sala comune dove, seduti a tavola, Maud e Larsen mi attendevano. Mentre l'intero equipaggio e i cacciatori di foche bevevano e si ubriacavano, egli non aveva toccato una goccia di alcool. Non si azzardava a bere, sapendo che a bordo non vi erano che due persone su cui contare: Louis e me. E Louis, in quel momento, si trovava alla ruota del timone. Navigavamo attraverso la nebbia senza una vedetta, alla cieca. Nemmeno i fanali di bordo erano stati accesi. Non riuscivo a comprendere il motivo che aveva spinto Lupo Larsen a distribuire tante bottiglie ma evidentemente, conoscendo a perfezione la psicologia di quegli uomini, sapeva che solo con l'alcool i rapporti iniziati nel sangue, avrebbero potuto divenire amichevoli. Sembrava anche che il successo riportato contro Morte Larsen avesse agito su di lui rendendolo di ottimo umore. La sera precedente, egli era stato assalito da una crisi di malinconia simile a quella che, di solito, precedeva e preannunciava una delle sue violente emicranie. Ma quella volta non era giunta. Probabilmente l'eccitazione della battaglia e l'emozione della vittoria avevano agito favorevolmente sul suo sistema nervoso. Appariva in uno stato euforico e sembrava che fosse incline alla comprensione e all'indulgenza. Ma più tardi, purtroppo, dovetti costatare quanto fosse errata quella mia impressione. Non lo conoscevo ancora abbastanza e non immaginavo che, proprio allora, egli stava meditando il suo più spaventoso eccesso. Lo trovai che stava discorrendo animatamente con Maud. Da più di una settimana il capitano non aveva sofferto emicranie, i suoi occhi erano di un azzurro pallido ma vivo, il colorito rivelava la perfetta salute. Tutto il suo corpo sembrava attraversato da scariche di energia. L'argomento in discussione era la tentazione e, da quanto riuscii a udire, compresi che egli sosteneva come la tentazione poteva essere definita tale, soltanto quando l'uomo che la subiva si lasciava trascinare e cedeva.

«Vede», stava dicendo mentre entravo nella sala comune, «secondo la mia opinione, l'uomo agisce sotto lo stimolo del desiderio. Vi sono migliaia di desideri che l'uomo prova. Può desiderare di evitare un dolore o desiderare un piacere, una gioia. Ma qualsiasi cosa faccia, stia certa che desidera farla».

«Ma supponiamo che un uomo desideri due cose in contraddizione, una delle quali non gli consenta di ottenere l'altra?», chiese Maud.

«Questa è la supposizione a cui stavo per giungere io stesso...».

«È appunto nella scelta fra questi desideri opposti e contrastanti che l'anima umana si manifesta», continuò la ragazza. «Se si tratta di un'anima buona, l'azione scelta sarà quella buona e viceversa se l'anima è malvagia. Ma è sempre l'anima che decide».

«Che assurdità!», proruppe l'uomo con impazienza. «È il desiderio che decide. Supponiamo che un uomo desideri, per esempio, di ubriacarsi ma che sappia di non doverlo fare, anzi non voglia farlo. Che cosa farà? Come deve comportarsi? Desidera e non vuole. È un fantoccio sballottato da due desideri opposti. Ma finirà con l'ubbidire al più forte. E la sua anima non ha nulla a che vedere con tutto questo. Come può essere tentato di ubriacarsi e rifiutare di ubriacarsi? Se il desiderio di rimanere sobrio prevale significa che è il più forte dei due. La tentazione non ha alcuna funzione, a meno...». Tacque un istante come per trovare le parole adatte a esprimere il pensiero che gli era balenato nella mente. «A meno che non sia tentato di rimanere sobrio». Scoppiò in una risata. «Lei che ne dice, signor Van Weyden?», chiese.

«Che sbagliate tutti e due», risposi senza esitare. «L'anima umana è formata di desideri. O se preferite la somma dei desideri umani forma l'anima. Perciò avete torto. Lei considera il desiderio soltanto ignorando l'anima, mentre la signorina Brewster considera solo l'anima trascurando il desiderio. Invece anima e desiderio sono esattamente la medesima cosa». Tacqui un attimo e proseguii: «La signorina Brewster ha comunque ragione nel contestare che la tentazione è tale solo se l'uomo cede o ne rimane sopraffatto. Il fuoco è ravvivato dal vento e il desiderio è simile al fuoco. Alla vista dell'oggetto viene ravvivato. Qui è la tentazione: è il vento che ravviva il fuoco del desiderio. Il fuoco può divampare altissimo o anche non sufficientemente per far alzare una fiamma, ma fino al punto in cui la fiamma giunge là è giunta la tentazione. E come dice lei, si può essere tentati sia per il bene che per il male».

Mi sentivo orgoglioso di me stesso mentre sedevo a tavola accanto a Maud. Avevo parlato in tono deciso e avevo posto fine alla discussione.

Ma Lupo Larsen appariva stranamente eccitato e propenso alla conversazione in maniera insolita. Sembrava che si contenesse a fatica e che la sua energia interiore cercasse una via qualsiasi per espandersi, per sfogarsi. E subito intavolò una discussione sull'amore. Come d'abitudine, egli ne vedeva esclusivamente il lato materialistico e Maud quello idealistico. Quanto a me, tranne pochi monosillabi, qualche parola di correzione e di suggerimento e qualche risata, non presi parte alla conversazione. Larsen esponeva le proprie idee con chiarezza usando parole efficaci, scelte, come del resto Maud. A un certo punto non seguii più la discussione e rimasi lungamente a fissare il viso di lei mentre parlava. Solitamente pallido, era quella sera roseo e vivace. Sfoggiava tutto il proprio spirito e godeva della discussione quanto lo stesso Larsen. Perduto com'ero nella contemplazione di un ricciolo bruno dei capelli di Maud, non seppi comprendere per quale ragione e a proposito di che, Lupo Larsen citò le parole di Isotta a Tintagel.

Sopra le donne sono benedetta
perché ogni loro vizio, ogni peccato
in una forma magica e perfetta
io l'ho perfezionato, raffinato.

Come aveva saputo apprezzare il pessimismo di Omar, così ora godeva nel leggere il trionfo e l'esultanza nei versi di Swinburne. E sapeva leggere. Aveva appena recitato i versi, quando il capo di Louis si sporse dal boccaporto e la sua voce sussurrò piano:

«Può salire un momento, signore? La nebbia si è alzata e a prua sono visibili i fanali di dritta di una nave che ci sta passando accanto».

Lupo Larsen raggiunse il ponte con un balzo. Quando salii a mia volta accompagnato da Maud, egli aveva già chiuso lo sportello della timoneria per soffocare il clamore degli uomini ubriachi e si stava dirigendo verso l'altra estremità della nave, per chiudere il boccaporto del castello di prua. La nebbia non si era dileguata ma, alzandosi sempre più, oscurava il cielo e spegneva le stelle, rendeva le tenebre della notte fittissime. Proprio davanti al *Fanthom* vidi brillare una luce rossa e una bianca e udii il pulsare delle macchine di un piroscafo. Senza dubbio si trattava del *Macedonia.* Lupo Larsen intanto era tornato a poppa, accanto a noi, e per un lungo tempo rimanemmo silenziosi a osservare i fanali che attraversavano rapidamente la nostra rotta a una certa distanza.

«Per fortuna non ha un riflettore!», esclamò Lupo Larsen.

«Che cosa succederebbe, se lanciassi un grido?», chiesi con voce sommessa.

«Porterebbe confusione, naturalmente», rispose. «Ma si rende conto di ciò che succederebbe a lei?».

Senza darmi il tempo di rispondere, mi aveva afferrato alla gola con le sue mani d'acciaio e con un lieve fremito dei muscoli mi diede l'idea di una torsione che avrebbe potuto, senza dubbio, spezzarmi il collo. Fu per un solo istante. Egli lasciò subito la presa e riprese a fissare con espressione pensosa i fuochi a bordo del *Macedonia.*

«E che accadrebbe se gridassi io?», chiese la ragazza.

«Lei mi piace troppo, perché io possa farle del male», rispose l'uomo con dolcezza. La tenerezza e la carezzevolezza di quel tono mi fecero trasalire. «Ma lei non lo farà», continuò Lupo Larsen, «perché spezzerei immediatamente il collo al signor Van Weyden».

«Quand'è così può gridare», dissi in tono di sfida.

Lupo Larsen sogghignò. «Non credo che lei vorrà sacrificare il "decano della letteratura americana"», disse sarcastico rivolto a Maud.

Rimanemmo a lungo in silenzio, troppo nervosi per esserne imbarazzati. E quando le luci furono del tutto scomparse, tornammo nella sala comune a terminare la cena interrotta. Ancora Lupo Larsen e Maud ricaddero in una discussione vivace intercalata da citazioni poetiche. Maud recitò *Impenitentia ultima* di Dowson interpretandola in modo superbo. Ma io non guardavo più la ragazza: guardavo Lupo Larsen. Lo sguardo affascinato che teneva fisso su lei mi avvinceva, mi colpiva profondamente. Sembrava fuori della realtà e notai che le sue labbra si muovevano, seguendo le parole pronunciate dalla ragazza.

E gli occhi suoi saranno la mia luce...
Sia pure ogni vision per me sparita
guida il tocco sarà delle sue dita
la voce musical che mi conduce...

Lupo Larsen la interruppe. «C'è una musica nella sua voce», disse in tono burbero.

Constatai con gioia che Maud sapeva controllarsi e conservare il suo sangue freddo. Giunse all'ultima strofa senza interrompersi, senza la minima alterazione nella voce. Poi condusse la conversazione su un argomento meno rischioso.

Rimasi muto, e come paralizzato, mentre il chiasso degli ubriachi nella timoneria giungeva a noi attraverso la sottile parete e l'uomo che temevo e la donna che amavo erano immersi in una nuova discussione. Nessuno venne a sparecchiare la tavola. Evidentemente il marinaio che aveva sostituito il ferito Mugridge si era unito ai compagni nel castello di prua.

Credo che quella sera Lupo Larsen raggiungesse le più alte vette della gioia e della vitalità. Ogni tanto mi sforzavo di seguire i suoi pensieri e ogni volta mi stupivo e venivo dominato dalla potenza delle sue espressioni, dalla forza della sua intelligenza, dal fascino della sua passione. Egli parlava appunto della passione della rivolta. Era inevitabile che il *Lucifero* di Milton venisse citato, ma Larsen ne analizzò e mise in risalto il carattere con un'acutezza eccezionale che era una vera rivelazione dell'ingegno che possedeva. Mi ricordava Taine per quanto mi rendessi ben conto che Lupo Larsen non aveva mai udito parlare di quel meraviglioso, brillante, pericoloso pensatore.

«Sosteneva una causa persa a priori ma non aveva paura del castigo di Dio!». diceva Lupo Larsen. «Venne precipitato nell'inferno, ma non vinto e condusse con sé un terzo degli angeli. Poi subito incitò l'uomo a ribellarsi contro il proprio creatore e si guadagnò per l'inferno la maggior parte di tutte le generazioni di uomini. Perché fu scacciato dal paradiso? Perché era meno coraggioso di Dio? Perché era meno ambizioso, meno orgoglioso? No! Dio era soltanto più potente. Lucifero era lo spirito libero. Servire è soffocare chiunque sia il padrone. Preferì le sofferenze in libertà piuttosto che la felicità comoda e beata di una vita da servo. Non volle servire Dio, non volle essere il servo di nessuno. Desiderava solo l'indipendenza, era un individualista».

«Il primo anarchico!», osservò ridendo Maud, alzandosi per ritirarsi nella propria cabina.

«Allora è giusto essere anarchici!», esclamò l'uomo. Si era alzato a sua volta, e ritto di fronte alla ragazza che si era fermata accanto alla porta, esclamò:

Infine qui noi liberi saremo
ove regno non ha l'Onnipotente;
sicuri, eterni, forti regneremo,
qui fra i dannati e la perduta gente.

Serto ricco di gloria è l'ambizione!
Meglio in Averno avere una corona
di libertà, che succubi a un padrone
stare nel cielo con la schiena prona.

Era la sfida di uno spirito potente, soprannaturale. La stanza risuonava ancora della sua voce ed egli sembrava un dominatore.

Il viso abbronzato era raggiante di una strana, terribile luce; il capo era eretto in una posa imperiosa e lo sguardo maschio e intensamente dolce era fisso sulla ragazza appoggiata alla porta. Negli occhi di Maud comparve ancora una volta il terrore inesprimibile che spesso vi avevo visto.

«Lei... è Lucifero», mormorò.

La porta si richiuse alle sue spalle.

Lupo Larsen rimase qualche istante immobile, fissando la direzione in cui la ragazza era scomparsa. Poi si rivolse verso di me.

«Darò il cambio a Louis al timone», disse brevemente. «La chiamerò a mezzanotte, perché lei venga a rilevarmi. Vada a dormire, ora: un po' di riposo le farà bene».

S'infilò un paio di guanti, si calò in capo il berretto e scomparve fuori dal boccaporto. Seguii il suo suggerimento e andai a coricarmi. Ma, per qualche ignota quanto provvidenziale ispirazione, non mi tolsi gli abiti e mi distesi sulla cuccetta interamente vestito. Rimasi qualche tempo ad ascoltare il clamore che ancora mi giungeva dalla timoneria e a fantasticare sul mio amore per Maud. Poi, abituato com'ero da tempo a beccheggio della nave e al baccano di bordo, mi parve che le grida si affievolissero sempre più, mentre le palpebre pesanti mi scendevano sugli occhi precipitandomi in un sonno di piombo.

Non riuscii a rendermi chiaramente conto di che cosa mi avesse svegliato di soprassalto, quando mi ritrovai in piedi accanto alla mia cuccetta con la sensazione di avere udito un richiamo di pericolo. Balzai in avanti e aprii la porta. La lampada era ancora accesa nella sala comune e vidi Maud, la mia Maud, che si divincolava e lottava fra le braccia di Lupo Larsen. Era una lotta inutile. Si puntellava contro il petto dell'uomo, nella vana speranza di allontanarlo da sé, di sfuggirgli. Feci un balzo. Lo colpii in pieno viso, mentre egli rialzava il capo. Ma fu come se avessi colpito una pietra. Lupo Larsen lanciò il grido rauco d'una belva inferocita e, tendendo una mano mi allontanò da se con una spinta. La sua forza era talmente formidabile, che bastò quell'urto a scagliarmi contro la porta della cabina, che un tempo era stata di Mugridge, e che crollò sotto il peso del mio corpo. Con uno sforzo mi rimisi in piedi fra le schegge della porta, senza provare alcuna sensazione di sofferenza. Non sentivo più nulla all'infuori della collera selvaggia che mi dominava e forse un urlo mi sfuggì dalle labbra mentre estraevo il pugnale dalla guaina e mi scagliavo nuovamente in avanti. Ma nel frattempo era avvenuto un cambiamento. Lupo Larsen aveva lasciato la preda e io mi trattenni con il pugnale levato, vedendolo vacillare. Rimasi disorientato. Maud era appoggiata alla parete, mentre Lupo Larsen, con la mano sinistra compressa contro la fronte e gli occhi, barcollava come un ubriaco. Si appoggiò alla parete e il suo corpo parve ritrovare l'equilibrio contro quel sostegno. La vista mi si annebbiò. Tutti i soprusi e le umiliazioni subiti mi ritornarono alla mente, tutte le sofferenze che quell'uomo mi aveva procurato passarono davanti ai miei occhi arroventando l'odio per lui Mi slanciai nuovamente su di lui e, ciecamente, pazzamente, gli conficcai il pugnale in una spalla. Capii subito di avergli prodotto soltanto una ferita superficiale perché la lama si era arrestata contro la scapola, e alzai nuovamente l'arma per colpirlo una seconda volta. Ma la voce di Maud mi fermò.

«No! Per carità, non lo faccia!».

Il mio braccio ricadde, ma subito un prepotente impulso di collera mi invase e levai ancora il coltello. Lupo Larsen sarebbe certamente morto, se la ragazza non si fosse interposta. Si era slanciata contro di me stringendomi le spalle con le braccia. La leggera carezza dei suoi capelli sul mio viso accelerò le pulsazioni del mio cuore, ma la mia furia non accennava a diminuire. Ella mi fissò con uno sguardo dolce e supplichevole.

«Non lo faccia per amor mio».

«Lo voglio uccidere per amor suo!», gridai cercando di liberare il braccio dalla sua stretta.

Mi pose le dita sulle labbra. «Zitto!».

Avrei baciato quella mano nonostante il furore che mi invadeva; ma non osai.

«Per carità!», implorò.

Quelle parole e il tono con cui vennero pronunciate mi disarmarono. In seguito mi resi conto che avrei sempre ceduto a ogni suo desiderio. Indietreggiai, allontanandomi da lei e rimisi il pugnale nella guaina. Lupo Larsen non si era mosso e teneva la testa china comprimendosi le tempie con la mano. Il suo corpo si piegava in avanti, le larghe spalle erano curve come sotto un intollerabile peso.

«Van Weyden», chiamò con voce rauca e rotta. «Van Weyden...!».

Lanciai un'occhiata alla ragazza che, senza parlare, mi fece cenno come per invitarmi a rispondere.

Mi accostai a Lupo Larsen.

«Eccomi», dissi. «Cosa c'è?».

La voce tremante dell'uomo aveva una insolita nota di spavento. «Mi faccia sedere», mormorò. «Mi sento male, molto male».

Si abbandonò su una sedia e subito la testa gli cadde in avanti sul tavolo e la strinse con le braccia agitandosi inquieto, mentre grosse gocce di sudore gli colavano dalla fronte.

«Mi sento male, molto male», ripeté più volte.

Gli appoggiai una mano sulla spalla. «Cosa c'è?», chiesi. «Posso aiutarla?».

Egli scostò la mia mano con un gesto impaziente e rimasi accanto a lui, immobile e silenzioso. Maud guardava la scena con espressione spaventata, senza comprendere ciò che stava accadendo.

«Hump», disse a un tratto Lupo Larsen, «mi dia la mano e mi aiuti a raggiungere la mia cuccetta. Fra poco starò di nuovo bene. Una di quelle mie dannate emicranie, temo. Me l'aspettavo... no, forse non mi rendo bene conto di ciò che dico. Mi accompagni in cabina».

Quando l'ebbi fatto distendere sulla cuccetta, egli si prese nuovamente il volto fra le mani, coprendosi gli occhi.

«Mi sento male, molto male», lo udii mormorare mentre mi allontanavo.

Quando tornai nella sala comune, Maud mi guardò in attesa di una risposta.

«Non riesco a comprendere», dissi scuotendo il capo. «È abbattuto e spaventato, credo, per la prima volta in vita sua. Qualche cosa gli è accaduto prima che ricevesse la pugnalata che, del resto, non gli ha prodotto che una ferita superficiale. Ma lei avrà ben visto che cosa è accaduto!».

Scosse il capo. «Non ho visto nulla e non riesco a spiegarmi il suo strano contegno. Improvvisamente mi ha lasciata barcollando e indietreggiando. Ma che faremo ora?».

«Aspetti un attimo», risposi. «Torno subito».

Salii sul ponte e mi accostai a Louis che stava al timone.

«Vada a riposarsi a prua», gli dissi afferrando la barra.

L'uomo ubbidì e dopo poco rimasi solo sul ponte del *Fanthom.* Con mosse furtive, cercando di provocare il minimo rumore possibile, imbrogliai le vele di gabbia, abbassai il fiocco e la randa, ammainai la vela di maestra. Poi tornai sotto coperta. Passando accanto a Maud le ordinai il silenzio con un gesto ed entrai nella cabina di Lupo Larsen. Egli si trovava nella medesima posizione in cui l'avevo lasciato e dondolava la testa sul cuscino con il movimento ritmico di un pendolo.

«Posso fare qualche cosa?», chiesi.

Egli non rispose che quando ebbi ripetuto la domanda.

«No, no», mormorò con voce spenta. «Basta così. Mi lasci solo».

Maud mi attendeva e io mi sentii fremere nell'osservare l'atteggiamento regale della sua persona e l'espressione serena del suo viso. I suoi occhi erano calmi e sicuri come la sua anima.

«Si sente di affrontare un viaggio di seicento miglia e più sotto la mia protezione?», chiesi. «Si fida delle mie capacità di marinaio?».

«Significa...?».

Compresi che ella aveva indovinato il mio progetto.

«Sì», risposi. «Non abbiamo altra scelta che la fuga con una delle lance».

«Lo fa per me, vero? Lei è al sicuro qui».

«No. Anche per me è l'unica via di scampo», risposi. «Si vesta, per piacere, si copra il più possibile e faccia un pacco di tutto ciò che desidera portare con sé. Ma faccia presto!», soggiunsi mentre si allontanava.

Presi una candela e, sollevando la botola che conduceva nel magazzino di bordo, mi lasciai scivolare fra i sacchi di provviste. Presi molte scatole di conserva e con l'aiuto di Maud le portai sopra coperta. Lavoravamo silenziosamente. Presi coperte, guantoni, impermeabili, berretti. L'avventura era rischiosa: avremmo dovuto affidarci a una piccola imbarcazione leggera su quel mare tempestoso e ostile. Dovevamo provvedere a proteggerci contro il freddo e la burrasca. I nostri movimenti erano febbrili e concitati, mentre accumulavamo il nostro carico al centro della nave. A un certo punto Maud si abbandonò esausta, lasciandosi cadere sui gradini della scaletta di poppa. Poi si distese supina sulla tolda in un atteggiamento di completa rilassatezza che, in poco tempo, le avrebbe ridonato le forze. Mi resi conto che avremmo avuto bisogno di armi e scesi nella cabina di Lupo Larsen per impadronirmi della sua carabina e del suo fucile. Provai a chiamarlo, ma egli non rispose, continuando a dondolare la testa sul cuscino.

«Addio, Lucifero!», mormorai mentre richiudevo silenziosamente la porta.

Mi occorreva inoltre una provvista di munizioni e, quantunque dovessi penetrare nella timoneria per procurarmele, l'impresa non fu difficile. Mi insinuai fra i cacciatori ubriachi e mi impadronii di due scatole di munizioni. Poi mi accinsi a calare in mare la lancia, impresa tutt'altro che facile per un uomo solo.

Sciolte le cime, issai l'imbarcazione sul paranco di prua, poi su quello di poppa. Quando la lancia ebbe superato il parapetto, abbassai per un mezzo metro prima uno, poi l'altro paranco, in modo che la barca rimanesse sospesa sull'acqua appoggiata al fianco della goletta. Mi assicurai che vi fosse a bordo il necessario equipaggiamento di remi, scalmi e velatura. Poi presi a ogni lancia che si trovava a bordo i barili di acqua dolce, nove in tutto. Le provviste sarebbero certamente bastate, l'unico pericolo poteva essere costituito da un eccessivo sovraccarico dell'imbarcazione.

Mentre Maud mi tendeva le provviste che io sistemavo nella barca, sopraggiunse sul ponte un marinaio del castello di prua. Si fermò accanto al parapetto sopravento, poi passeggiò lentamente al centro della nave soffermandosi di quando in quando, ma sempre volgendoci le spalle. Mi tenevo acquattato nella barca e potevo sentire le violente pulsazioni del mio cuore sul legno del fondo. Maud si era lasciata cadere silenziosa sul ponte, rimanendo distesa nell'ombra del parapetto. Ma l'uomo non si volse e, finalmente, stiracchiandosi e sbadigliando, ritornò sui propri passi e sparì nel boccaporto del castello di prua. In pochi minuti terminammo di caricare e la lancia venne calata in mare. Aiutando Maud a scavalcare il parapetto e sentendo il suo corpo appoggiato al mio mi trattenni a fatica dal gridarle il mio amore. L'aiutai a scendere nella barca sostenendomi al parapetto con una mano e con l'altra reggendola. Mi sentii orgoglioso della mia forza che certo non possedevo il giorno in cui pochi mesi prima avevo salutato Charley Furuseth ed ero partito per San Francisco su quel malaugurato *Martinez*. Mentre la lancia si sollevava sopra un onda, lei giunse sul fondo dell'imbarcazione, io mollai i paranchi e balzai accanto a lei. Non avevo mai remato in vita mia e feci non poca fatica ad allontanarmi dal *Fanthom*. Poi tentai di issare la vela, cercando di imitare le mosse dei timonieri e dei cacciatori. La manovra che, in genere, richiedeva due minuti, mi fece perdere più di un quarto d'ora. Ma alla fine la vela fu issata e, balzando al timone, virai, finché l'imbarcazione prese il vento.

«Il Giappone si trova da quella parte», osservai indicando davanti a me.

Lei mi lanciò un'occhiata di ammirazione. «Humphrey Van Weyden», disse, «lei è un uomo coraggioso».

«No», risposi. «È lei che ha coraggio».

Come spinti da uno stesso impulso ci volgemmo a dare un ultimo sguardo al *Fanthom*. Lo scafo si sollevava rollando sopra un'ondata sopravento. I contorni delle vele apparivano sfumati nelle tenebre; la barra, che avevo assicurato con la fune, scricchiolava a ogni scossa del timone. Poi non si udì più alcun rumore, la sagoma scura della nave scomparve e rimanemmo soli nella notte sul tenebroso oceano.

XXVII

Il nuovo giorno apparve in un alba grigia e fredda. La barca navigava sotto la spinta di una brezza vigorosa e la bussola indicava con il suo ago oscillante la rotta esatta verso il Giappone. Sebbene avessi infilato guanti caldi e pesanti, le mie dita erano gelide e provavo una certa sofferenza nello stringere la barra del timone. Avevo i piedi quasi intorpiditi dal freddo e attendevo con ansia e impazienza il sorgere del sole. Maud era distesa sul fondo della barca avvolta in pesanti coperte. Non potevo vedere il suo viso dato che, per ripararla dalla brina notturna, le avevo tirato il lembo di una coperta fin sulla testa. Non distinguevo di lei che il vago contorno del corpo, non vedevo che qualche ciocca ricciuta di capelli castani e scintillante di brina. La osservai a lungo con espressione rapita come se stessi contemplando un inestimabile tesoro. E forse fu l'insistenza di quello sguardo che la destò. Si mosse lentamente, scostò il lembo della coperta dal viso e mi sorrise aprendo gli occhi ancora assonnati.

«Buon giorno, signor Van Weyden!», esclamò. «La terra non è ancora in vista?».

«No», risposi, «ma filiamo a una velocità di sei nodi».

Lei ebbe una leggera smorfia di delusione e scoraggiamento.

«Equivale a centoquarantaquattro miglia ogni ventiquattr'ore», aggiunsi in fretta per rassicurarla. «Non è poco!».

«Quanto tempo occorrerà?», chiese un poco sollevata dalle mie parole e dal tono gaio con cui le avevo pronunciate.

«La Siberia è da quella parte», dissi accennando verso ovest, «e là, a sud-ovest c'è il Giappone che dista circa seicento miglia. Se questo vento durerà potremo coprire la distanza in cinque giorni».

«E se si scatenasse una tempesta resisterebbe il canotto?».

Mi fissò negli occhi con la sua caratteristica espressione inquisitrice.

«Dovrebbe trattarsi di una tempesta particolarmente violenta...», cercai di temporeggiare.

Ella mi interruppe. «E se lo fosse?».

Abbassai il capo senza rispondere alla domanda. «Potremmo comunque essere raccolti da qualche goletta da pesca», osservai in fretta. «Ne dovremmo incontrare parecchie da queste parti».

D'un tratto il suo viso assunse un'espressione preoccupata. «Ma lei sta gelando!», esclamò desolata. «Guardi, trema! E io che me ne sono stata al caldo delle coperte!».

«Non vedo come avrei potuto non gelare, se anche lei non si fosse coperta», risposi ridendo.

Rise a sua volta. «Mi insegni a portare la barca», disse.

Si alzò a sedere e cominciò a riordinarsi i capelli che, a una mossa del capo, scesero sulle spalle come una morbida nuvola. Avrei voluto affondarvi il viso, coprirli di baci, passarvi leggermente le dita in una tenera carezza. Fissai a lungo, affascinato, quella massa dorata e umida di brina finché la barca si volse verso il vento e la vista della vela afflosciata mi avvertì che stavo trascurando il mio dovere di timoniere. Ero sempre stato un idealista e un romantico e sino a quel momento non avevo preso in considerazione molte caratteristiche puramente fisiche dell'amore. Avevo sempre creduto che l'amore fra un uomo e una donna fosse un sentimento sublime ed elevato, radicato nel solo spirito. Lo consideravo un legame fra due anime, un sentimento che trascende dalla materia. Ma ora imparavo come l'anima avesse bisogno della carne per esprimersi, e mi rendevo conto che il contatto e la vista della donna che amavo avevano la stessa importanza del respiro dell'anima di lei, dell'essenza stessa del suo spirito. Sapevo ora che il solo spirito non poteva esprimersi direttamente nel mondo esteriore, se non attraverso la carne. Jehovah veniva concepito dagli ebrei come una nuvola, una fiamma, qualcosa di visibile e tangibile. Solo così loro potevano comprenderne il linguaggio e la volontà. Contemplando i capelli di Maud, desiderandoli, adorandoli, compresi dell'amore molto più di quanto non mi avessero insegnato musicisti e poeti con le loro sinfonie e i loro sonetti. Poi lei li ributtò indietro con uno scatto del capo e il suo viso apparve di nuovo roseo e sorridente.

«Perché le donne non portano sempre i capelli sciolti?», chiesi. «Sarebbe molto più bello!».

«Forse lo farebbero se non s'arruffassero di continuo!», rispose ridendo allegramente. Poi si guardò attorno come cercando qualcosa. «Ecco!», esclamò. «Ho perso una delle mie preziosissime forcine!».

Trascuravo il governo del canotto e spesso mi trovavo con la vela afflosciata, vuota. Contemplavo con una tenerezza infinita ogni movimento di lei, mentre cercava la forcina fra le coperte e in ognuno di questi scoprivo una grazia e un'eleganza veramente deliziose. Ero sorpreso e felice di costatare quanto Maud fosse profondamente donna e ogni suo gesto così caratteristicamente femminile mi deliziava e mi riempiva il cuore di gioia. Fino a quel momento non avevo fatto che elevarla, idealizzarla, ponendola troppo lontana dai comuni mortali, troppo lontana e irraggiungibile per me. Avevo fatto di lei, con la mia fantasia, una creatura quasi divina, da adorare. E ora ero felice di vederla donna, di saperla una creatura viva, di carne, e non mi stancavo di contemplare quella rivelazione di femminilità dolcissima. Una donna della mia stessa natura, della mia stessa razza, della mia levatura e io potevo sperare di godere con lei la meravigliosa intimità che unisce un uomo a una donna, potevo conciliarla con il rispetto e la devozione che avrei sempre, lo sapevo, nutrito nei suoi confronti. Ritrovò infine la forcina con una piccola esclamazione di gioia e io rivolsi la mia attenzione al governo della lancia. Pensai di legare la barra del timone fissandola a poppa, almeno finché la barca avesse potuto seguire da sé la direzione del vento, senza rendere necessaria la mia continua sorveglianza. L'esperimento mi riuscì. Ogni tanto, per qualche scossa delle onde, la barca sbandava leggermente e dovevo modificare la posizione della barra, ma per la massima parte del tempo la mia trovata si dimostrò ottima.

«Ora faremo colazione», dissi a un certo punto. «Ma si copra meglio, la prego».

Da un pacco che avevo trafugato al magazzino di bordo presi una camicia da marinaio di pesante tessuto da coperta e gliela porsi. Sapevo che quel tessuto era spesso e compatto, resistente alla pioggia e all'umidità. Poi, quando l'ebbe indossata, cambiai il berretto che portava con uno da uomo abbastanza ampio per coprirle interamente i capelli e anche le orecchie e la nuca quando le due falde laterali venivano abbassate. Mi apparve incantevole. Aveva un viso che s'adattava a qualsiasi copricapo, a qualsiasi acconciatura. Nulla poteva sciupare la purezza di quell'ovale squisito, la perfezione di quei lineamenti classici, le sopracciglia disegnate alla perfezione, i grandi occhi neri e profondi. Fummo a un tratto investiti da una violenta folata di vento e la lancia colpita in pieno mentre superava la cresta di un'onda, sbandò bruscamente imbarcando acqua. Lasciai la scatola, la mollai appena in tempo. La vela sbatté violentemente, oscillò e infine la barca ritrovò il proprio equilibrio. In pochi attimi la riportai sulla giusta rotta e potei ritornare ai preparativi della colazione.

«Non ho alcuna esperienza di navigazione ma, secondo le apparenze, si direbbe che tutto vada bene», disse la ragazza con un tono elogiativo nei miei confronti.

«Il sistema funzionerà fino a quando navigheremo con il vento in poppa», spiegai. «Ma quando avremo il vento sul fianco o contrario alla rotta sarò costretto a stare al timone».

Lei parve sorpresa. «Per essere sincera non ho capito molto dalle sue distinzioni», osservò, «ma ho compreso chiaramente che non può stare al timone notte e giorno per sempre! Chiedo perciò che, appena avremo terminato la nostra colazione, lei mi impartisca una lezione d'arte nautica. Così anche lei potrà riposare e io darle il cambio alla barra. Stabiliremo turni come sulle navi».

«Oh, non sono davvero in grado di insegnarle nulla!», protestai sorridendo. «Anch'io sto imparando. Lei si è fidata di me senza prendere in considerazione il fatto che io non avevo alcuna esperienza per le piccole imbarcazioni. Questa è la prima volta che governo una lancia».

Lei si strinse nelle spalle. «Quand'è così, impareremo insieme», disse. «E dato che lei ha una notte di vantaggio su di me, m'insegnerà ciò che ha imparato da sé durante questo tempo». Sorrise e aggiunse allegramente: «Ora facciamo colazione. Quest'aria mette appetito, non le pare?».

«Niente caffè!», esclamai con rammarico porgendole una galletta imburrata e una fetta di carne. «E non avremo né tè né minestra, nulla di caldo finché non saremo sbarcati in qualche luogo».

Terminata la nostra parca colazione accompagnata da un bicchiere d'acqua fresca, Maud volle che le spiegassi come governare la lancia. Mostrandole ogni manovra, imparai molto a mia volta, sebbene le mie cognizioni fossero limitate. Sapevo soltanto ciò che mi aveva insegnato l'esperienza a bordo del *Fanthom* e non facevo che mettere in pratica ciò che avevo visto fare dai timonieri. Maud era un'allieva attenta e volonterosa e imparò presto il modo di mantenere la rotta, a sfruttare il vento e manovrare, all'occorrenza, la scotta. A un certo punto, mi riaffidò la barra che aveva tenuto sino a quell'istante e, spiegate le coperte che avevo riposto, le distese nuovamente sul fondo della barca.

«Ora, signore, a letto!», esclamò poi. «Riposerà fino all'ora di colazione... la seconda, naturalmente», aggiunse con una risatina.

Non riuscii a dissuaderla. Insisteva con un tono tanto supplichevole che alla fine ubbidii, mentre lei passava al mio posto accanto alla barra. Provai un senso di distensione e di sollievo stendendomi sulle coperte che aveva preparato per me sul fondo del canotto. Sembrava che avesse comunicato a quelle coperte la sua calma e la padronanza di sé. Caddi quasi subito in una specie di torpore e, contemplando ancora a lungo il viso della ragazza incorniciato dal grande berretto da marinaio che spiccava scuro sullo sfondo grigio del cielo, mi addormentai.

Quando guardai l'orologio vidi che era l'una. Avevo dormito sette ore consecutive, lasciando che per tutto quel tempo Maud rimanesse a governare la lancia. Era esaurita di forze e le sue mani erano gelate come ghiaccio. Stanca e intirizzita com'era, dovetti quasi aiutarla a distendersi sulle coperte abbandonando barra e scotta.

«Sono così stanca...», mormorò sospirando, mentre le massaggiavo energicamente le mani e le braccia. Ma subito si riprese. «Non mi sgridi, eh!», aggiunse ridendo in tono di minaccia. «Non osi fare una cosa simile!».

«Non sono affatto in collera», risposi gravemente. «Spero che il mio viso non esprima nulla di simile».

Mi guardò attentamente. «No... no», disse. «Solo un rimprovero».

«Un viso sincero, allora», continuai sul medesimo tono. «Esprime esattamente ciò che provo. Lei non è stata leale né con me né con se stessa. Come potrò ancora fidarmi di lei?».

Maud assunse un'aria contrita. «Sarò buona», assicurò con il tono di una bambina colta in fallo. «Prometto...».

.... di ubbidire come un marinaio ubbidisce al suo capitano?», la interruppi.

«Sì. Sono stata una sciocca, lo so».

«Bene. Ma dovrà promettermi un'altra cosa».

«Volentieri, dica!».

«Non deve rivolgersi a me in tono di preghiera, con quel suo "per favore" o "per carità". Quando mi parla così non ho più alcuna autorità».

Scoppiò in una risata. Aveva notato il potere di quelle sue parole su di me.

«Sono espressioni graziose e gentili...», cominciai.

«Ma non devo abusarne, non è vero?», concluse interrompendomi.

La sua risata suonò debole e forzata, mentre la testa le si abbandonava sulle coperte. Lasciai la barra e, chinandomi su di lei, l'avvolsi nelle calde, pesanti coperte ricoprendole il viso con un lembo. Purtroppo, non era una ragazza robusta. Guardai con apprensione verso sud-ovest e pensai preoccupato alle seicento miglia che avremmo dovuto percorrere. E se fosse scoppiata una tempesta? Poteva accadere in ogni momento su quel mare infido e in quel caso la nostra piccola, leggera lancia non avrebbe potuto resistere. Ma non avevo paura. Non ero ottimista, anzi, mille dubbi, mille ansietà mi attraversavano la mente. Ma non avevo paura. Mi ripetevo di continuo che tutto *doveva* finire bene.

Il vento divenne violento nel pomeriggio e il mare si fece grosso in modo da mettere a dura prova sia la lancia che me stesso. Ma la provvista dei commestibili e i nove barili d'acqua dolce davano alla barca una stabilità inattesa, tanto che resistetti a lungo lottando contro le ondate. Nel tardo pomeriggio avvistai all'orizzonte il pennacchio di fumo di un piroscafo a sottovento e pensai si trattasse di un incrociatore russo o del *Macedonia* che batteva il mare ancora alla ricerca del *Fanthom*. Il sole non era comparso durante l'intera giornata e l'aria era rigida, tagliente. Mentre calava la notte il vento si rinforzò ancor più mentre grosse nuvole minacciose si addensavano nel cielo. Maud e io consumammo la cena portando il cibo alla bocca con le mani guantate. Non avevo potuto abbandonare la barra e masticavo qualche boccone fra una folata e l'altra, senza muovermi dal mio posto. Nel frattempo erano scese le tenebre. Il vento troppo violento e il mare agitato non permettevano di navigare durante la notte e con riluttanza ammainai la vela e preparai un'ancora di fortuna come avevo visto fare dai marinai. Legai strettamente la vela all'albero insieme ai remi di ricambio e lo lanciai in mare, dopo averlo assicurato alla poppa con una cima. Galleggiando bassa, e quindi non esposta al vento, l'ancora di fortuna avanzava a una velocità molto inferiore a quella della lancia, trattenendo l'imbarcazione e obbligandola a seguire la direzione del vento. Era il sistema migliore per evitare di venire travolti.

«E ora?», chiese Maud in tono gaio mentre, terminato il lavoro, mi infilavo nuovamente i guanti.

«Ora non navighiamo più in direzione del Giappone», risposi. «La nostra rotta è sud-est e sud-sud-est alla velocità di due nodi».

«Be', perderemo soltanto ventiquattro miglia, se il vento durerà tutta la notte», disse la ragazza in tono d'ottimismo.

«E se durasse, per esempio, tre giorni e tre notti?», obiettai. «Sarebbero centoquaranta miglia!».

«Non durerà!», disse Maud fiduciosa. «L'ho sentita, più di una volta, parlare con entusiasmo dei buoni venti alisei».

«Oh, se avessi preso il cronometro e il sestante di Lupo Larsen», esclamai con rimpianto. «Navigavamo in una direzione e ora il vento ci trascina in un'altra. E senza calcolare le correnti che possono spingere la lancia in una terza! Non so per quanto tempo non potremo sapere con precisione dove ci troviamo». Finii col chiederle perdono, promettendole che non mi sarei mai più lasciato vincere dallo scoraggiamento. Dietro le sue insistenze le affidai la barra per il turno dalle nove a mezzanotte, ma prima di coricarmi l'avvolsi con cura in numerose coperte e le posi sulle spalle un impermeabile. Dormii con un solo occhio. La lancia balzava alta sulle ondate e ricadeva oscillando nell'avvallamento successivo, mentre continui spruzzi venivano lanciati all'interno della barca. Disteso sul fondo potevo udire distintamente il rumore delle onde contro i fianchi dell'imbarcazione. Eppure non si trattava di una burrasca, nemmeno di una nottata di tempo cattivo. Non era nulla al paragone di ciò a cui avevo assistito sul *Fanthom,* nulla forse, in confronto alle notti che avremmo dovuto trascorrere a bordo di quel guscio di noce. Pochi centimetri di legno ci separavano dal fondo del mare, dalla fine. Ma nonostante le mie pessimistiche riflessioni, non ero spaventato. Non temevo più la morte che Lupo Larsen e Mugridge mi avevano fatto tanto aborrire con le loro orribili minacce. Sembrava che l'apparire di Maud Brewster mi avesse trasformato. Dopo tutto, riflettevo, era meglio amare che essere amati. Amare significa trovare un motivo, uno scopo di vita per il quale si è anche disposti a morire. Dimenticavo la mia vita nell'amore per un'altra, ma nel contempo non avevo mai tanto desiderato di vivere e amato la vita come in quel momento. Era un paradosso. Cercai di penetrare con lo sguardo attraverso le tenebre fissando il punto dove sapevo c'era Maud, rannicchiata a poppa, pronta a chiamarmi in caso di pericolo come una vedetta. Poi mi addormentai.

XXVIII.

Non mi dilungherò a descrivere le infinite sofferenze fisiche e morali che dovemmo sopportare durante i molti giorni in cui la nostra lancia andò alla deriva.

Il vento soffiò violento per ventiquattro ore consecutive, poi parve placarsi e durante la notte cambiò direzione soffiando da sud-est. Non potevamo lasciarci trasportare in quella direzione pericolosa per noi e fui costretto a ritirare dall'acqua l'ancora di fortuna e a issare la vela spostando la rotta, per quanto era possibile, verso la nostra mèta. Filammo così verso sud-sud-est.

Dopo tre lunghe ore, era mezzanotte e le tenebre erano fittissime, il vento mutò di nuovo direzione soffiando da sud-ovest con una forza tale che fui nuovamente costretto a lanciare in acqua l'ancora di fortuna; quando venne l'alba ero stanco, sfinito. Il mare era bianco di schiuma e la lancia si sollevava quasi perpendicolarmente, trattenuta com'era dal freno dell'ancora. Il pericolo di venire travolti era imminente. Di continuo, violenti spruzzi d'acqua penetravano nell'imbarcazione tanto che fui costretto a vuotarla più volte. Le coperte erano bagnate, tutto era inzuppato tranne Maud. Coperta da impermeabili e alti stivaloni di gomma, aveva bagnato soltanto il viso, le mani e una ciocca di capelli ribelle che sfuggiva dal berretto.

Mi dava il cambio alla barra e sfidava con coraggio il mare agitato vuotando la barca e aiutandomi nelle manovre. Non si trattava che di un vento con raffiche leggermente più violente del comune, ma per noi e per la nostra fragile imbarcazione rappresentava un vero uragano. Tristi, intirizziti, con il vento che ci sferzava tutto il giorno contro le grandi ondate che si precipitavano su di noi. Quando giunse la notte, nessuno di noi due dormì. Poi venne di nuovo la luce e ancora il vento ci sferzava il viso e le ondate ci investivano con violenza feroce, riempiendo di bianca schiuma la nostra imbarcazione. Durante la seconda notte, Maud si abbandonò esausta sul fondo della barca e si addormentò di colpo. La coprii con impermeabili e tela gommata e mi assicurai che si trovasse in un punto asciutto del canotto. Era irrigidita dal freddo e temetti veramente che non potesse resistere e che morisse durante la notte. L'alba spuntò con il cielo ancora rannuvolato, con lo stesso vento rabbioso, con le stesse ondate insidiose. Era una mattina fredda e desolata. Non dormivo da quarantotto ore e, bagnato fino al midollo delle ossa e intirizzito dal freddo, ero veramente più morto che vivo. Muovevo con difficoltà i muscoli indolenziti dalla fatica, provando ogni volta un dolore acuto alle giunture. E per tutto quel tempo non avevamo fatto che navigare nella direzione opposta al Giappone dirigendoci verso il mare di Bering. Per un miracolo eravamo ancora vivi, ma il vento soffiava senza posa in direzione sfavorevole. Fu la sera del terzo giorno che le raffiche divennero più frequenti e violente. La lancia incontrò un'ondata assai alta e ne emerse grondante, piena a metà d'acqua di mare. Lavorai freneticamente per vuotarla, dato che la pesantezza dell'imbarcazione avrebbe potuto causare un disastro nel caso fossimo stati investiti da un'altra ondata simile. Quando l'imbarcazione fu vuotata, spostai Maud sul fondo della barca stendendola a prua. L'idea risultò buona perché la lancia, coperta per un terzo, lasciò ricadere ai lati, nelle ore successive, buona parte dell'acqua che si abbatteva sulla sua prua. Maud si trovava in condizioni veramente pietose. Era accovacciata sul fondo della barca in atteggiamento affranto. Le labbra livide, il viso terreo dicevano chiaramente l'acutezza della sua sofferenza. Ma teneva fissi su di me i suoi meravigliosi occhi fermi e coraggiosi e le sue labbra non pronunciavano che parole confortanti di incoraggiamento e di forza morale.

La vera tempesta, probabilmente, si scatenò durante la notte, per quanto io non me ne accorgessi nemmeno. Mi ero lasciato vincere dalla spossatezza e dal sonno e mi ero abbandonato come uno straccio sulla panchetta di poppa dove sedevo accanto alla barra. La mattina del quarto giorno il vento diminuì lentamente, finché cadde quasi del tutto. Il mare si placò e finalmente il sole brillò nel cielo divenuto limpido. Oh, sole benedetto! Come i nostri poveri corpi tormentati dalla fatica, dall'acqua, dal gelo, godettero di quel delizioso calore! Il sorriso tornò sui nostri visi stanchi e di nuovo chiacchierammo animatamente, in allegria, e divenimmo ottimisti sulla nostra situazione e su ciò che ci attendeva. Eppure ci trovavamo assai lontani dal Giappone, molto più lontani di quanto vi fossimo la notte in cui abbandonammo il *Fanthom.* Pensai di calcolare approssimativamente in che punto ci trovavamo.

Navigando alla velocità di due nodi durante le settanta e più ore di durata della tempesta, ci eravamo certo spostati di almeno centoquaranta miglia verso nord-est. Ma non potevo sapere se avevo calcolato esattamente la nostra velocità. Non avevo esperienza in proposito e, per quanto ne sapevo, la velocità avrebbe potuto essere anche di quattro nodi anziché di due. E in questo caso avremmo dovuto aggiungere altre centoquaranta miglia alla distanza che ci separava dalla costa giapponese. Non potevo stabilire in nessun modo in quale punto ci trovavamo per quanto la logica mi suggerisse che, molto probabilmente eravamo tornati di nuovo nelle vicinanze del *Fanthom*. Vi erano molte foche intorno a noi e mi ero preparato ad avvistare da un momento all'altro una goletta da caccia. Ne apparì infatti una all'orizzonte nel pomeriggio, mentre la brezza proveniente da nord-ovest si andava di nuovo rafforzando; ma sparì ben presto alla nostra vista lasciandoci soli per miglia e miglia di mare.

Seguirono giornate nebbiose e tetre in cui perfino lo spirito di Maud venne meno e non seppe più trovare parole allegre e frasi di incoraggiamento per me; vennero giorni di bonaccia quando, galleggiando sull'infinita vastità dell'oceano, come oppressi da quella grandezza e maestosità, consideravamo con stupore il miracolo della tenacia della vita. Perché ancora eravamo in vita e lottavamo per vivere. Vennero giorni terribili di neve, di bufere di nevischio che ci accecavano, ci intirizzivano fino al congelamento; vennero giorni di pioggia fitta e insistente di cui ogni goccia pungeva la carne come la punta acuminata di uno spillo, mentre riempivamo i nostri barili vuoti al gocciolio delle vele.

E sempre amavo Maud e il mio amore cresceva ogni giorno. Lei era così mutevole, così piena di risorse, il suo carattere era tanto multiforme e complesso che mi stupivo e meravigliavo di continuo, incantato da ogni nuova rivelazione. Fantasticavo spesso su di lei mormorando fra me le parole dolci e i teneri nomi che mi venivano alle labbra, guardandola. Sapevo, mi rendevo conto che non era ancora giunto il momento adatto per rivelare a Maud che l'amavo e benché, spesso, durassi difficoltà a controllare l'impulso di stringerla fra le braccia e di sussurrarle le dolci parole che avevo sognato per lei, soffocavo dentro di me ogni tentazione. Non si può chiedere amore a una donna che si sta aiutando, proteggendo, forse salvando.

La situazione era oltremodo delicata per questa e mille altre ragioni, ma ero quasi certo che avrei saputo condurla a buon termine con una certa disinvoltura. Speravo inoltre di non tradirmi e di non rivelare alla ragazza, con sguardi o gesti, i miei sentimenti. I nostri rapporti erano quelli di due buoni amici e, a ogni giorno che passava, si facevano sempre più confidenziali ed amichevoli. L'assoluta assenza in lei di timidezza e di paura mi stupiva più di ogni altra cosa. Il mare in burrasca, la fragile imbarcazione, il freddo e le sofferenze, la situazione strana e imbarazzante, tutto ciò avrebbe senza dubbio spaventato una donna assai più robusta e spregiudicata di Maud. Ma nulla sembrava impressionarla. Eppure aveva conosciuto della vita soltanto il lato migliore, gli aspetti più raffinati ed eleganti ed ella stessa era tutta fascino, bellezza, possedeva tutte le dolci, meravigliose virtù della donna. Ma sbagliavo nel giudicarla. Era timida e paurosa, ma possedeva il coraggio. Aveva conosciuto la sofferenza fisica e forse la conosceva tuttora, ma sapeva dominare la sua carne con la forza del suo spirito.

Vennero giorni di tempesta, orribili giorni e nottate spaventose, e il mare s'abbatté su di noi come un titano furente, mentre il vento ostile e violento ci sospingeva sempre più lontano dalla mèta, sempre più verso nord-est. Fu durante una di queste terribili tempeste, forse la peggiore che si scatenò su di noi, che gettai uno sguardo distratto sottovento come a cercare qualcosa. Ero esausto e forse quello sguardo non era stato che una muta preghiera rivolta alla furia degli elementi perché si placassero e ci lasciassero vivere. Sul momento non riuscii a credere a ciò che vidi. Pensai che le notti insonni e l'enorme fatica sopportata mi avessero talmente esaurito da annebbiarmi lo sguardo o addirittura la mente. Fissai lo sguardo su Maud e la vista delle rosee guance umide, dei capelli svolazzanti, dei meravigliosi occhi della ragazza mi convinsero che non avevo avuto una visione. Di nuovo mi volsi sottovento e di nuovo il promontorio sporgente, altissimo e nudo, mi apparve davanti agli occhi. Le onde si frangevano alla sua base e lanciavano verso l'alto spruzzi candidi di spuma; la linea scura della parete strapiombante della costa che si stendeva a sud-est era orlata da una fascia biancastra.

«Maud!», mormorai. «Maud!».

Ella si volse e seguì la direzione del mio sguardo.

«Ma... non può essere l'Alaska!», esclamò.

«Purtroppo no», risposi. E aggiunsi: «Sa nuotare, Maud?».

Ella scosse il capo con aria desolata.

«Io neppure», dissi. «Dovremo trovare il modo di raggiungere la terra senza dover nuotare, cercare di passare fra qualche spiraglio, fra gli scogli. Ma dobbiamo agire con molta rapidità e con... sangue freddo».

Forse nelle mie parole suonò una nota stonata, perché mi guardò fisso in viso con uno dei suoi sguardi fermi ed indagatori.

«Non l'ho ancora ringraziata per quanto ha fatto per me, ma...».

Esitò impacciata cercando forse le parole più adeguate a manifestare ciò che provava.

«Dunque?», chiesi bruscamente. Non volevo che mi ringraziasse.

Sorrise. «Potrebbe aiutarmi», osservò con una punta di rimprovero.

«A manifestarmi la sua gratitudine prima di morire?», chiesi amaro. «Non pensi una cosa simile: non stiamo per morire. Sbarcheremo su quell'isola e sono certo che prima di notte vi saremo sistemati comodamente, bene al riparo».

Parlavo in tono sicuro, ma non credevo una parola di quanto andavo dicendo. Non era la paura a spingermi a mentire. Vedevo gli scogli aguzzi che affioravano sulla candida schiuma delle onde e, benché mi rendessi conto che la lancia veniva inesorabilmente trascinata verso quelle punte minacciose e che la morte era accanto a noi, non ero spaventato. Era impossibile sperare di issare la vela, per allontanarsi da quel luogo, perché il vento avrebbe istantaneamente capovolto l'imbarcazione che sarebbe stata subito inghiottita dalle ondate. Inoltre la vela, legata ai remi di ricambio, si trascinava davanti a noi immersa nell'acqua. Non avevo paura di morire, ma ero atterrito dal pensiero della sorte di Maud. La vedevo con l'immaginazione sbattuta, sanguinante, dilaniata contro gli scogli e un grido di angoscia mortale e di orrore mi saliva alle labbra. Cercai di convincermi che stavo esagerando il pericolo, che vi erano molte probabilità d'arrivare alla costa sani e salvi. E parlai alla ragazza con sicurezza e calma, dicendo ciò che non credevo, ma che desideravo ardentemente credere. Mi ribellavo all'idea di quella morte spaventosa e per un attimo ebbi la tentazione di afferrare Maud fra le braccia e di slanciarmi con lei in mare. Decisi infine di attendere sino all'ultimo e di mettere in atto il mio progetto, solo quando tutte le speranze fossero state irrimediabilmente perdute. Allora avrei stretto Maud fra le braccia, le avrei gridato il mio amore e la mia disperazione e sarei morto con lei. Istintivamente ci avvicinammo l'uno all'altra e ci rannicchiammo sul fondo della barca. E così, in silenzio, con la mente vuota, attendemmo la fine.

Ci trovavamo quasi sulla linea del vento e io speravo ancora di incontrare qualche corrente, qualche risucchio che facesse oltrepassare quel punto pericoloso alla lancia, prima che raggiungesse la linea degli scogli.

«Ce la caveremo!», esclamai con tono convinto, ma che certo

non avrebbe ingannato Maud. E poco più tardi ripetei gridando: «Perdio! Ce la caveremo!».

L'imprecazione mi era sfuggita dalle labbra nell'angoscia del momento e prima che potessi rendermi conto di ciò che stavo dicendo. Era forse la prima volta nella mia vita che imprecavo, a meno che l'espressione "al diavolo", che tanto spesso ricorreva nei miei discorsi quand'ero ragazzo, possa essere considerata un'imprecazione.

«Le chiedo scusa», dissi mortificato alla ragazza.

Maud ebbe un debole sorriso. «Lei mi ha convinta della sua sincerità, con quell'esclamazione», rispose. «Sono certa, ora, che ce la caveremo».

Avevo osservato una punta di terra, oltre il promontorio, e fissandovi lo sguardo vidi delinearsi il profilo di una profonda insenatura. Nel medesimo momento ci giunse all'orecchio un fragore sordo simile a quello provocato da un branco di animali muggenti. Era cupo e profondo come quello del tuono e giungeva da sottovento, superando lo scroscio della risacca. Quando oltrepassammo il limite estremo del promontorio, l'intera insenatura apparve alla nostra vista. Era a forma di mezzaluna, una mezzaluna di spiaggia dalla sabbia fine e chiara, sulla quale si rompeva la risacca, coperta da un'infinità di foche.

«Siamo salvi!», esclamai fuori di me dalla gioia. «Vi saranno certo uomini e incrociatori per proteggere questi animali dai cacciatori di frodo. Forse troveremo qualcuno a terra!». Studiai la risacca che s'infrangeva sulla spiaggia e aggiunsi: «Siamo ancora in pericolo ma non molto. Se gli dèi saranno tanto benigni come sono stati finora, arriveremo sino alla prossima punta di terra e potremo sbarcare senza nemmeno bagnarci i piedi».

E gli dèi furono benigni. La prima e la seconda punta di terra erano direttamente in linea con il vento di sud-ovest ma appena superata la seconda, e vi passammo spaventosamente vicino, ci dirigemmo verso una terza che limitava un'insenatura profondissima dove il mare era quasi calmo. Presi i remi e cominciai a vogare, dopo aver ritirato dall'acqua l'ancora di fortuna. La spiaggia si curvava dalla punta spingendosi verso sud-ovest dove si trovava un'altra piccola insenatura, simile a un minuscolo porto naturale, ma anche qui l'acqua era calma come quella di uno stagno, appena turbata da qualche lieve increspatura, da qualche spruzzo lanciato dai frangenti lontani e trasportati, fino lì, dal vento. Non vi era traccia di foche. D'un tratto la prua della lancia strisciò contro i ciottoli della riva e, balzando a terra, tesi la mano a Maud che subito mi seguì. Ma come lasciai la sua mano, lei barcollò e s'afferrò al mio braccio. Nello stesso momento vacillai a mia volta e fui sul punto di cadere in avanti. Dopo tanti giorni di movimento sul mare ondeggiante, la cessazione improvvisa del moto era stata un brusco arresto per noi. Ci sembrava che la spiaggia dovesse sollevarsi come il fondo di una barca, che le pareti rocciose intorno a noi dovessero oscillare come i fianchi di una nave. E come per abitudine eravamo pronti a quel movimento, così il nostro equilibrio fu turbato da quella immobilità. Maud sembrava in preda alle vertigini.

«Bisogna che mi sieda», disse con una risata.

Si lasciò cadere sulla sabbia della riva e io, messa la lancia in un luogo sicuro, la raggiunsi.

Eravamo sbarcati all'isola Endeavor e, ponendovi piede, soffrimmo per la mancanza di quelle ondate contro le quali avevamo tanto lottato.

XXIX

«Cretino!», esclamai ad alta voce contro me stesso. Avevo trasportato il contenuto della barca nell'interno della spiaggia, dove avevamo stabilito di accamparci, e avevo notato alcuni pezzi di legna asciutta sparsi sulla rena. E quando avevo trovato, tra le provviste trafugate, una scatola di caffè in polvere, mi ero sentito prendere dal desiderio della nera bevanda, calda e aromatica.

«Maledetto idiota!».

«Ssst!», Maud mi lanciò un'occhiata di dolce rimprovero. «Perché idiota?».

«Non abbiamo fiammiferi», borbottai cupo. «Nemmeno uno. Non potremo fare il caffè, e neppure avere qualcosa di caldo».

Ella sorrise. «Non fu... Crusoè che riuscì a ottenere il fuoco strofinando insieme due pezzetti di legno?».

«Avrò letto almeno una ventina di racconti su naufraghi che lo tentarono inutilmente», risposi scoraggiato. «Ricordo Winters, un giornalista celebre in tutta l'Alaska e la Siberia. L'incontrai una volta al *Bibelot* ed egli mi raccontò come avesse tentato l'esperimento dei bastoncini. Che ridere. Una storia davvero divertente, certo, ma sconsolante per quanto ci riguarda. Winters affermava che là dove può riuscire l'indigeno dei mari del sud o il malese, l'uomo bianco non può assolutamente cavarsela».

Ella si strinse nelle spalle. «Be', abbiamo rinunciato sino a ora al fuoco», disse sempre in tono allegro. «Possiamo farne ancora a meno per un po' di tempo».

«Ma il caffè!», proruppi costernato «Pensi, è un'ottima qualità di caffè. L'ho presa dalle provviste private di Lupo Larsen. E guardi quella bella legna secca!».

Provavo un vivo desiderio di una tazza di caffè che era, come seppi più tardi, anche la bevanda preferita di Maud. Inoltre, dopo tanti giorni in cui avevamo dovuto, per forza di cose, cibarci esclusivamente di scatolame e bere acqua fredda, ci sentivamo internamente ed esternamente gelati. Una bevanda calda ci avrebbe certamente ristorato e sollevato. Smisi tuttavia di brontolare e di lamentarmi e mi accinsi a fabbricare una tenda con la vela della lancia che avrebbe, se non altro, riparato Maud dalla pioggia dell'umidità notturna. Credevo che si trattasse di un lavoro facile e rapido ma, a causa della mia inesperienza, dovetti superare difficoltà del tutto inattese e, pur avendo a disposizione i remi, l'asta, l'albero del canotto e molti metri di cima, quando scese la notte la tenda non era ancora drizzata. Aveva cominciato a piovere, e Maud dovette rifugiarsi di nuovo nella barca. La mattina dopo, appena drizzata la tenda, le scavai tutto in giro una specie di fossato per evitare che l'acqua formasse le pozzanghere all'interno. Ma dopo un'ora un'improvvisa raffica di vento investì la tenda e la trascinò per trenta metri sbattendola infine sui ciottoli della riva. Maud scoppiò in una risata guardando il mio viso che esprimeva desolazione e sorpresa.

«Quando il vento sarà caduto, prenderò la barca e andrò a esplorare tutta la costa», dissi. «Dovrebbero esserci uomini su quest'isola e certo le navi vi fanno scalo. Questo branco di foche sarà ben protetto da qualche governo. Ma prima di andarmene voglio che lei sia sistemata comodamente».

«Vorrei venire con lei», osservò.

«Preferirei che rimanesse. Non ne ha avuto abbastanza di navigare? È salva per un vero miracolo. E del resto non sarà piacevole remare e governare la lancia con questa pioggerella fastidiosa. A lei occorre un lungo riposo e davvero vorrei che rimanesse».

Mi parve di vedere la commozione nel suo sguardo e forse una lacrima brillò in quei grandi occhi bruni, prima che abbassasse le palpebre.

«Preferirei venire con lei», disse con un leggero tono di supplica e volgendo la testa. «Potrei forse esserle di aiuto...». La voce le tremò e divenne un poco velata. «...Se le accadesse qualcosa che sarebbe di me?».

«Sarò prudente», promisi. «E non mi allontanerò troppo: farò in modo di essere di ritorno prima di notte. Davvero vorrei che rimanesse e si riposasse un poco».

Ella mi guardò con espressione di preghiera. «Per favore!», esclamò. «Per favore!».

Scossi il capo in silenzio, ma forse senza decisione sufficiente perché lei continuò a fissarmi con espressione d'attesa, e infine sorrise come se avessi già acconsentito. Non potevo che cedere: Maud conosceva il suo potere su di me. Durante il pomeriggio il vento cessò e prendemmo insieme la decisione di partire la mattina dopo. Le pareti rocciose che si elevavano tutto intorno alla baia dove ci trovavamo erano simili a muraglie e scendevano a strapiombo sul mare, agli estremi. Non era quindi possibile cercare di esplorare l'isola all'interno o seguire a piedi la costa.

L'indomani mi svegliai. La mattina era grigia e fosca, ma il mare appariva calmo e spirava una brezza leggera.

«Brutto stupido!», gridai quando, preparata la lancia, stavo per destare Maud che ancora dormiva. «Cretino che non sono altro!».

M'insultavo con voce gioiosa, muovendomi a passo di danza lungo la spiaggia. «Stupido, stupido!».

Il volto di Maud fece capolino al disotto della tenda. «Che succede?», chiese con voce assonnata guardandomi perplessa.

«Caffè!», cinguettai. «Che ne dice di una buona tazza di caffè? Caffè caldo! Bollente!».

«Santo cielo!». La ragazza trasse un sospiro di sollievo. «Mi aveva spaventata, sa! E la smetta con quel suo caffè, cattivo! Mi ero già rassegnata a rinunciarvi, ed ecco che lei mi fa venire di nuovo l'acquolina in bocca, per nulla».

Risi allegramente. «Guardi!», esclamai. Raccolsi alcuni ramoscelli secchi, fra le fessure delle rocce, e li ridussi in frantumi con un sasso. Poi strappai un foglietto dal mio taccuino e presi una cartuccia dalla scatola delle munizioni, aprendola con il coltello e vuotandone la polvere su di una pietra. Infine tolsi il detonatore dalla capsula e lo posi in mezzo al mucchietto di polvere.

Maud osservava la scena, con attenzione, con la testa che sporgeva dalla tenda. Presi nella mano sinistra il foglietto e battei sul detonatore con un sasso. Si levò una nuvoletta di fumo bianchissimo, una fiammata e l'estremità del foglietto s'incendiò.

La ragazza batté le mani allegramente. «Prometeo!», gridò.

Ma ero troppo assorto nel mio lavoro per prendere parte all'entusiasmo di Maud. Quella debole fiamma doveva essere sorvegliata e alimentata di continuo. Quando la polvere di legno che avevo preparata ebbe preso fuoco, vi aggiunsi con cautela fuscelli e ramoscelli finché infine il fuoco scoppiettò e crepitò allegramente sotto le mie mani. Non avevo naturalmente preso in considerazione la possibilità di dover sbarcare su di un'isola deserta, la notte in cui fuggimmo dal *Fanthom*, e non avevo preso di conseguenza nessun utensile da cucina. Fui quindi costretto a usare la scatola di latta che già ci era servita per vuotare la barca dall'acqua.

Mettemmo in serbo, da quel giorno, le scatole di conserva che consumavamo quotidianamente e in poco tempo fummo in possesso di una vasta batteria da cucina. Feci bollire l'acqua e subito Maud mi raggiunse per preparare il caffè. Che nettare! Aprii una scatola di carne e, accompagnando il tutto con galletta sminuzzata e acqua fresca, facemmo allegramente colazione. Poi rimanemmo seduti intorno al fuoco, troppo a lungo per due esploratori forse, sorbendo il nostro squisito caffè bollente e discutendo la situazione. Ero quasi certo che avrei trovato uomini sull'isola, perché sapevo che i grandi branchi di foche del mare di Bering erano vigilati e protetti di continuo. Ma Maud cercò di prepararmi a un'eventuale disillusione avanzando l'ipotesi che si trattasse di un branco non ancora scoperto. Era di umore ottimo e si mostrava pronta ad accettare di buon animo la situazione, per quanto difficile fosse.

«Nel caso in cui la sua ipotesi risultasse esatta», osservai, «dovremo prepararci a passare qui tutto l'inverno. Le nostre provviste non saranno sufficienti, naturalmente, ma ci sono le foche. Se ne andranno con il sopraggiungere del freddo e dovremo provvedere in tempo. Il grasso di foca ci sarà molto utile per l'illuminazione e il riscaldamento. Dovremo anche raccogliere tutta la legna che ci sarà possibile e cominciare a costruire una capanna. Certo il lavoro non mancherà, se l'isola risulterà disabitata, eppure sono certo che non lo è».

Ma mi sbagliavo. Costeggiammo la spiaggia, frugammo ogni insenatura con il binocolo e sbarcammo di quando in quando, senza trovare il minimo segno di vita umana. Scoprimmo, comunque, di non essere i primi ad aver preso terra sull'isola. Sulla spiaggia dell'insenatura confinante con la nostra, trovammo i resti di un canotto da caccia sulla cui poppa era ancora visibile in lettere bianche, in parte cancellate, la scritta “Gazzella 2”. Certo la barca si trovava in quel luogo da moltissimo tempo. La sua struttura era un poco antiquata e sul legno erano evidenti i segni del tempo. Il legno era certo stato esposto agli elementi per molti anni. Sulla panchetta di poppa trovai un vecchio fucile arrugginito e un coltello da marinaio con la lama spezzata e tanto corroso dalla ruggine che, appena l’ebbi raccolto, si sbriciolò quasi tra le mani.

«Pare che se ne siano andati», osservai allegramente.

Ma fui colpito subito da una scossa nervosa e violenta quando, volgendo attorno lo sguardo, mi sembrò di intravedere in un angolo della spiaggia un biancheggiare di ossa. Per evitare a Maud quell’orribile spettacolo, feci finta di nulla e, girando di nuovo la lancia verso il mare, vogai vigorosamente costeggiando la punta nord-est dell’isola. Non trovammo spiaggia sul lato sud e nelle prime ore del pomeriggio oltrepassammo di nuovo il promontorio, facendo ritorno alla nostra insenatura. Calcolai approssimativamente la vastità dell’isola. La circonferenza avrebbe dovuto essere di circa venticinque miglia, dato che la larghezza variava da due a cinque miglia, e lungo le sue spiagge si trovavano almeno duecentomila foche. L’isola raggiungeva il punto più alto verso l’estrema punta sud-ovest e il terreno declinava regolarmente, tanto che il lato nord-est si trovava solo a pochi metri sul mare. Ad eccezione della nostra insenatura, circondata da pareti rocciose, le altre spiagge s’inoltravano verso l’interno con vasti e dolci pendii circa mezzo miglio di larghezza il cui suolo era in parte coperto da muschio e da licheni. Le foche vi si trascinavano a gruppi: i vecchi maschi badavano alle loro femmine mentre i giovani animali se ne stavano in disparte. Non vi era altro. Umida e desolata dove non era rocciosa e aspra, investita di continuo dal vento e battuta dai frangenti, dominata dal rumore assordante prodotto dalle foche, l’isola era veramente un luogo malinconico, una terra nuda e triste.

Quando sbarcammo nella nostra insenatura, Maud, che si era dimostrata durante tutta la giornata allegra e d’umore ottimo, appariva abbattuta e preoccupata. Era evidente che cercava di dominarsi per non lasciar trapelare il proprio stato d’animo, ma mentre accendevo il fuoco e lei si era ritirata sotto la tenda, ebbi la sensazione che stesse soffocando i singhiozzi nelle coperte. Fu allora che cercai di mostrarmi gaio e sorridente e seppi sostenere quella parte con vera abilità. Ebbi successo: Maud ritrovò presto il sorriso e, prima di coricarsi, cantò per me una canzone. Era la prima volta che la udivo cantare e rimasi ad ascoltarla, incantato da quella voce leggera, ma dolcissima ed espressiva. Maud era una vera artista in ogni campo.

Mi coricai anche quella notte dentro la lancia, ma rimasi sveglio a lungo a considerare la situazione del tutto nuova e complicata in cui mi trovavo. Lupo Larsen aveva avuto pienamente ragione, quando aveva affermato che avevo sempre camminato sorreggendomi su gambe non mie. I miei legali e i miei agenti avevano amministrato il mio denaro, e io non avevo mai sostenuto alcuna responsabilità. Poi, a bordo del *Fanthom* avevo imparato a badare a me stesso. Ma ora dovevo proteggere Maud e quella responsabilità era enorme. Perché era una donna, l'unica donna, la mia unica piccola donna, come la chiamavo nei miei sogni.

XXX

Passammo due settimane intere a costruire una capanna. Maud aveva insistito a lungo per ottenere di aiutarmi nel lavoro e io alla fine avevo acconsentito. Ma avrei baciato piangendo quelle povere, delicate mani scorticate e gonfie sentendomi tuttavia orgoglioso di lei. Vi era un certo che d'eroismo in quella fragile donna che si sacrificava alle fatiche estenuanti e aspre con un coraggio incredibile e certo sostenuto dalla sua forza di volontà. Mi aiutò a raccogliere le pietre per costruire la capanna e fece finta di non udire quando la supplicai di rinunciare a quella fatica. Poi giungemmo a un compromesso: Maud si sarebbe occupata dei lavori più leggeri, come cucinare e raccogliere legna e muschio per la nostra provvista invernale, e io avrei svolto i compiti più pesanti. Presto le pareti della capanna furono alzate e tutto sembrava facile e divertente, quando mi si presentò il problema del tetto. Quattro pareti senza tetto non sarebbero servite a nulla! Ma con che cosa potevo costruire un tetto? Avrei potuto utilizzare come travi i remi di ricambio, ma con che cosa li avrei ricoperti? La vela era necessaria per la barca e la tela gommata che avevamo portato con noi si era squarciata in più punti.

«Winters adoperò... pelli di mucca marina per costruirsi la capanna», riflettei a voce alta.

«E noi abbiamo le foche!», suggerì la ragazza. «Con le pelli...».

La caccia cominciò la mattina seguente. Non sapevo sparare e dopo aver sciupato trenta cartucce in inutili tentativi, mi resi conto che le munizioni si sarebbero esaurite, prima che io avessi imparato a maneggiare il fucile. Avevo inoltre adoperato otto cartucce per accendere il fuoco e nella scatola non ne rimaneva che un centinaio circa.

«Dovrò tentare di ammazzare le foche a colpi di mazza», dissi scoraggiato dall'insuccesso. «Ho sentito spesso i cacciatori parlare fra loro di quel sistema per abbatterle».

«Oh, è orribile!», protestò la ragazza. «Che crudeltà! È diverso che ucciderle a fucilate».

«Infatti», risposi cupo. «Ma abbiamo bisogno di un tetto, non le pare? Presto sarà inverno e questo è l'unico mezzo per poterci riparare dal freddo. La nostra vita contro quella delle foche, dunque. Non si preoccupi troppo; non credo che soffriranno molto di più a essere uccise a colpi di mazza invece che con una fucilata. E comunque lei non vedrà: ci penserò da solo».

«Già, ma...», s'interruppe confusa.

«Certo se lei invece preferisce...».

M'interruppe ansiosa. «Ma che cosa farò io?».

«Be', raccoglierà la legna e preparerà il pranzo».

Maud scosse il capo. «No, è troppo pericoloso tentare da solo».

Aprii la bocca per parlare, ma lei mi prevenne. «Lo so, lo so!», brontolò ridendo. «Non sono che una debole femminuccia, eh? Ma chissà che la mia assistenza e il mio aiuto di essere debole non possano... evitare qualcosa di grave».

«Ma la caccia alle foche con la mazza?», obiettai.

«Be', se la caverà da solo, naturalmente. Io distoglierò lo sguardo e forse mi metterò a gridare quando...».

«Quando si troverà in grave pericolo», finii ridendo.

«Seguirò il mio buon senso e saprò quando potrò o non potrò guardare», replicò Maud con sussiego. La conclusione fu che l'indomani mattina mi accompagnò sulla lancia e insieme prendemmo il largo. Remai fino alla baia accanto e raggiunsi la spiaggia dove, nell'acqua bassa della riva, vi erano molte foche. Eravamo costretti a urlare per poterci udire in quel baccano infernale.

«So che si possono uccidere a colpi di mazza», urlai a Maud per rassicurare me stesso e tenendo d'occhio un grosso maschio che si dondolava guardandomi sospettosamente. «Ma il problema è come si fa!».

«Usiamo il muschio per il tetto», suggerì Maud.

Era spaventata di quanto immaginava stesse per accadere. Io stesso non mi sentivo del tutto sicuro e fissavo esitando le larghe bocche degli animali che si aprivano su file di denti candidi e aguzzi come quelli dei cani.

«Avevo sempre creduto che temessero l'uomo», osservai pensoso. «Ma come si fa a saperlo con certezza? E se scendessi a terra armato di coraggio ed esse fuggissero? Non ne prenderei nemmeno una!».

«Ho sentito raccontare tempo fa di un tale che capitò in una zona dove si trovavano nidi di oche selvatiche», disse Maud a un tratto. «Lo ammazzarono».

«Chi? Le oche?».

«Sì, le oche. Mio fratello mi narrò quell'episodio quando ero bambina».

Mi strinsi nelle spalle. «Sono certo che le foche si possono uccidere a colpi di mazza», insistetti con ostinazione.

«Ed io sono certa che il muschio potrebbe servire benissimo per il tetto», ripeté Maud con la speranza di farmi tornare sulla mia decisione.

Ma quelle parole e l'atteggiamento di lei m'irritarono per quanto li ritenessi dettati da lodevoli intenzioni. Non volevo apparirle codardo. Perciò balzai dalla barca e avanzai coraggiosamente verso un grosso maschio dalla lunga criniera che se ne stava fra le proprie femmine. Ero armato della mazza che comunemente i cacciatori usavano per finire le foche ferite, prima di issarle a bordo. Era lunga mezzo metro e, data la mia enorme inesperienza, non sapevo che, per abbattere le foche a terra, i cacciatori usavano mazze lunghe da un metro a un metro e mezzo. Le femmine si allontanavano al mio passaggio e la distanza dal maschio diminuiva a vista d'occhio. D'un tratto, l'animale si alzò e si agitò furiosamente. Io mi trovavo a circa quattro metri di distanza e avanzavo guardingo, pronto a fuggire al primo movimento d'attacco da parte sua.

Ma sarebbe fuggito lui per il primo, ne ero più che sicuro.

A due metri di distanza dalla foca, mi sentii improvvisamente agghiacciare. Se l'animale non fosse fuggito? La risposta mi si presentò alla mente: lo avrei ucciso a colpi di mazza. Ero giunto fino a quel punto per abbatterlo, non per farlo fuggire. Proprio in quel momento, il maschio lanciò una specie di grugnito, soffiò con furia e si slanciò contro di me. Gli occhi gli ardevano di collera e nella bocca spalancata i denti bianchi brillavano minacciosamente. Fuggii. L'animale correva goffamente trascinandosi, ma era abbastanza veloce. Era a non più di due passi da me quando raggiunsi la lancia, e quando tentai di respingerlo con un remo, i suoi denti stritolarono il legno come se si fosse trattato di un biscotto. Maud e io rimanemmo senza fiato dallo stupore. Un attimo dopo, il maschio si era immerso fin sotto il canotto e, afferrata la chiglia fra i denti, scoteva l'imbarcazione con inaudita violenza.

«Santo cielo!», esclamò Maud. «Torniamo indietro!».

Scossi ostinatamente il capo. «Se altri sanno ammazzare le foche a colpi di mazza, non vedo perché non dovrei riuscirci io», risposi. «Ma forse sarà bene che lasci in pace i maschi, la prossima volta».

«Vorrei, per favore, che non ritentasse l'esperimento», pregò Maud.

«La supplico di non cominciare con il suo "per favore", adesso!», esclamai in tono irritato.

Ella parve ferita dal mio tono e non rispose.

«Mi scusi», dissi, o meglio gridai per superare con la mia voce il coro fragoroso delle foche. «Se proprio insiste volterò la lancia e tornerò indietro ma, veramente, preferirei rimanere e ritentare».

Ella sorrise. «Be', poi non dica che queste sono le seccature che comporta la presenza di una donna», disse con malizia.

Remai per una cinquantina di metri lungo la spiaggia cercando nel frattempo di farmi coraggio. Poi balzai di nuovo a terra.

«Sia prudente!», gridò la ragazza.

Annuii e mi preparai ad attaccare di fianco un gruppetto di femmine. Tutto filò benissimo fino a che non colpii una foca che se ne stava in disparte. L'animale soffiò fragorosamente e si volse per fuggire mentre io, correndole al fianco, assestai un altro colpo che, invece di raggiungere il capo della femmina, colse la schiena. La voce di Maud mi raggiunse atterrita.

«Attento!».

Nell'entusiasmo del momento non avevo osservato i particolari della scena che si svolgeva sulla spiaggia. Levai lo sguardo al richiamo di Maud e vidi il maschio della foca inseguita che si precipitava contro di me. Ancora una volta mi salvai correndo verso il canotto con il maschio che mi soffiava alle spalle. Ma Maud non mi chiese di rinunciare all'impresa.

«Immagino che farebbe bene a lasciare in pace gli *harem* e tentare con gli animali solitari e dall'aspetto inoffensivo», disse gravemente. «Mi pare di aver letto qualcosa in proposito non so più dove... in un volume del dottor Jordan, credo. Bisogna attaccare i maschi giovani, quelli che non hanno ancora un *harem* proprio. Li chiamano... *holluschickie*, mi pare, o qualcosa dì simile. Dovremmo cercare di scoprire dove si trovano».

«Ehi!», esclamai ridendo. «Pare che in lei si vada risvegliando l'istinto della caccia!».

Arrossì leggermente. «Be', devo riconoscere che farmi sconfiggere da una foca non mi fa molto piacere», ammise. «Questo, anche se mi spiace uccidere e veder uccidere animali tanto graziosi e miti».

«Graziosi e miti!». Scoppiai in una risata. «Le assicuro che quei mostri che m'inseguivano con le loro orribili bocche spalancate non avevano nulla né di grazioso né di mite!».

«Dipende dai punti di vista», rispose la ragazza allegramente. «Mancava la prospettiva. Se lei non si fosse trovato tanto vicino al soggetto».

«È vero!», esclamai. «Ha ragione! Ciò che mi occorre è una mazza più lunga. Forse potrei tentare usando il remo spezzato».

«Ricordo che una volta il capitano Larsen mi spiegò come operano i cacciatori negli assalti ai grandi branchi. Attirano gli animali nell'interno, a piccoli gruppi, prima di ucciderli».

Scossi il capo. «Non me la sento di tentare una cosa del genere con uno di quegli *harem*», risposi.

«Ma ci sono gli *holluschickie*», continuò Maud. «Il dottor Jordan dice che se ne stanno isolati e che vi sono sentieri fra gli *harem*, perché possano passarvi indisturbati».

La interruppi eccitato. «Eccone uno!», gridai indicando un giovane maschio immerso nell'acqua. «Teniamolo d'occhio, vediamo dove va!».

L'animale nuotò fino alla spiaggia e s'inoltrò in un passaggio che separava due *harem* i cui maschi lo fissarono sospettosamente lanciando sbuffi a destra e a sinistra, ma senza attaccarlo. Lo seguimmo con lo sguardo mentre si avviava barcollando verso l'interno passando fra gli *harem*.

«Ci siamo», dissi uscendo dal canotto.

Ero veramente atterrito al pensiero di dover attraversare quel branco di animali.

«Sarebbe meglio assicurare la barca prima», disse la ragazza.

Me la trovai accanto e la guardai perplesso. «Sì, vengo con lei», esclamò. «Assicuri la barca alla riva e mi trovi una mazza».

La fissai per un attimo in silenzio. «Torniamo indietro», dissi infine con rammarico. «Potremo adoperare il muschio, dopo tutto».

«No! Non voglio. Devo precederla?».

Mi strinsi nelle spalle, ma mi sentii invadere il cuore da un'ammirazione infinita per quella donna meravigliosa. Le porsi il remo spezzato e mi armai di un altro legno. Muovemmo i primi passi, incerti e trepidanti. Maud lanciò un grido di spavento quando un grosso maschio allungò verso di lei il muso umido e sospettoso, e per la medesima ragione allungai il passo molte volte. Ma a parte gli sbuffi e gli atteggiamenti sospettosi, gli animali non ci attaccarono e non diedero altri segni di ostilità. I cacciatori non avevano mai attaccato quel branco e le foche erano tranquille non conoscendo il pericolo. Nel cuore del branco il fragore era assordante, da intontire. Mi volsi ad un tratto e sorrisi alla ragazza per rassicurarla: avevo ritrovato il mio sangue freddo e volevo quasi comunicare a lei la mia calma. Lei mi si accostò.

«Ho una paura terribile!», gridò.

Benché le prime esperienze fossero state spaventose e l'impressione che avevo provato non si fosse ancora del tutto dileguata, il contegno pacifico e l'atteggiamento tranquillo delle foche mi avevano rassicurato. Ma Maud tremava.

«Non sono spaventata», gridò, «ma ho paura. È il mio povero corpo che trema, non io».

«Non è nulla», la rassicurai, «va tutto bene».

E quasi istintivamente, con un gesto di tenera protezione, tesi un braccio e la strinsi alla vita. In quel momento ero un uomo, un uomo primitivo, maschio e forte, protettore della propria donna. Lei si appoggiò contro di me leggermente e mentre si placava il tremito che l'aveva scossa sino a quell'istante, mi parve che ritrovasse il coraggio e tutta la sua meravigliosa forza di volontà. In quel momento mi sarei sentito capace di affrontare il maschio più feroce del branco ed ero certo che, se fossi stato assalito, avrei saputo combattere accanitamente e stendere a terra l'animale, per quanto grande e grosso fosse stato.

«Sto benissimo, ora», disse la ragazza rivolgendomi un sorriso di gratitudine. «Andiamo pure avanti».

La costatazione che la mia forza, la mia prontezza, le avevano ridato la sicurezza e la fiducia in se stessa mi colmò di un'esaltazione felice. In me, uomo moderno, sembravano essersi risvegliati istinti primordiali e come in un sogno mi parve di rivivere con la fantasia i giorni di caccia e le tenebrose notti nelle foreste percorse dai miei lontani antenati. E di questo meraviglioso incanto dovevo ringraziare Lupo Larsen.

A circa un quarto di miglio all'interno c'imbattemmo negli *holluschickie*, i giovani maschi che vivevano appartati dal branco in attesa della maturità che avrebbe loro permesso di conquistarsi, con la forza, un *harem*. Procedevamo ora con facilità. Mi sembrava di sapere alla perfezione che cosa dovessi fare e come farlo. Gridando, agitando vertiginosamente la mazza e battendola sui più pigri, separai una ventina di animali dai compagni. E ogni volta che uno tentava di raggiungere il mare e di immergersi nell'acqua, lo affrontavo con decisione e lo respingevo indietro. Maud mi fu di valido aiuto con le sue grida. Lei agitava a sua volta il remo spezzato con una vigoria del tutto insospettata in una donna tanto fragile. Notai però che ogni volta che uno degli animali appariva stanco e rallentava l'andatura, lei lo lasciava furtivamente scivolare dietro di sé, in salvo. Ma dovetti anche notare come, ogni volta che una delle foche faceva per scivolare in mare o si mostrava combattiva, un lampo le attraversava le pupille e batteva con la sua mazza sulla schiena della ribelle.

«Oh! è eccitante!», esclamò, ansando per la fatica. «Bisogna però che mi sieda un momento. Non ne posso più».

Spinsi il piccolo branco formato di una dozzina di maschi a un centinaio di metri più lontano e, quando Maud mi raggiunse, ero già intento a scuoiare le carcasse degli animali uccisi.

Un'ora dopo ripassavamo attraverso il branco carichi del nostro bottino che trasportammo nella barca, ritornando quindi sui nostri passi. Facemmo ancora due volte la spola dal luogo dove si trovavano le pelli al canotto, fino a che non ci parve di averne a sufficienza per il tetto della capanna. Poi risalimmo a bordo, issai la vela e poco dopo sbarcavamo di nuovo alla nostra baia.

«Mi sembra di tornare a casa mia», disse Maud mentre trascinavo la barca in secca.

Quelle parole mi provocarono un brivido di piacere. Com'erano dolci quell'intimità, quella naturalezza!

«Mi sembra di aver fatto sempre questa vita», dissi a mia volta. «Il mio mondo di carta stampata mi appare così lontano, vago! Un ricordo nebuloso, un sogno remoto, sfumato. Ho l'impressione di aver cacciato, navigato, costruito capanne e cose simili durante tutta la mia vita. Anche lei sembra che ne faccia parte... Lei è...». Stavo per dire la mia donna, la mia compagna, ma mi trattenni in tempo e sostituii quelle parole audaci. «... è così coraggiosa», dissi, «e sopporta così bene questa dura vita di fatiche, di stenti...».

Maud però aveva avvertito la mia lieve esitazione e mi rivolse un'occhiata scrutatrice. «Non è questo che voleva dire», osservò. «Dica la verità!».

«Ecco... la Meynell americana vive come una selvaggia ed è ugualmente felice», dissi ridendo.

«Ah, si?».

Mi parve di avvertire nella sua voce una leggera nota di disappunto, ma rimasi silenzioso. Per molti giorni le parole che avrei voluto pronunciare in quell'occasione mi risuonarono nella mente. La mia donna, la mia compagna! Mi martellavano nel cervello, mi riecheggiavano nel cuore, quando quella sera la guardavo mentre toglieva il muschio umido dai carboni accesi (avevamo adottato quel sistema per conservare acceso il fuoco), mentre soffiava sul fuoco, mentre cucinava la nostra cena.

Quelle parole, così primitive, mi facevano fremere: si era probabilmente risvegliato il maschio barbaro che sonnecchiava in me da anni. E mi addormentai ripetendo all'infinito quelle parole, cullato dal loro suono dolcissimo.

XXXI

«L'odore non sarà piacevole», osservai. «Ma questo tetto conserverà all'interno il calore e ci riparerà dalla pioggia e dalla neve».

Il tetto di pelli di foca era ultimato e lo stavamo esaminando.

«Non è certo una meraviglia, ma ciò che conta è che serva allo scopo», continuai come in attesa di una sua parola di elogio.

Maud appariva entusiasta del lavoro e mi dichiarò la propria soddisfazione. «Ma dentro c'è buio», soggiunse perplessa.

«Avrebbe dovuto suggerirmi l'idea di una finestra, mentre stavo costruendo le pareti», obiettai. «La casa era per lei, dopo tutto».

«Già, non ci avevo pensato», replicò lei ridendo. «Ma credo che lei possa sempre praticare un foro nella parete».

«È vero, infatti. È una buona idea. Ma ha pensato a ordinare i vetri? Le raccomando la ditta... Red, 4451, mi pare... basta telefonare il formato e la qualità del vetro che ci occorre...».

Mi guardò perplessa. «Vuol dire...», cominciò.

Scossi il capo. «Niente finestra».

L'interno della capanna era nudo e buio, molto più simile a una stalla che a una abitazione civile. Ma per noi, abituati ai disagi del canotto scoperto in pieno oceano, era una casetta graziosa e confortevole. Risolto il problema del riscaldamento, assicurato dall'olio di foca e da uno stoppino fabbricato con fili di cotone intrecciati, ci occupammo delle provviste per l'inverno e iniziammo la costruzione di una seconda capanna. Abitualmente ormai partivamo ogni mattina e facevamo ritorno a mezzogiorno alla nostra baia con un carico di foche. Poi, mentre ero occupato alla costruzione della capanna, Maud estraeva l'olio dalle teste degli animali uccisi e affumicava le fette di carne a fuoco lento. Ricordavo come veniva preparato il bue affumicato al mio paese e certo anche le sottili fette di carne di foca sarebbero state eccellenti. Non trovai difficoltà nel fabbricare la seconda capanna, perché costruendola a ridosso della prima, dovetti alzare solo tre pareti. Ma il lavoro fu ugualmente duro e pesante. Maud e io ci davamo da fare dalla mattina alla sera e, quando scendeva la notte, ci coricavamo esausti con i muscoli indolenziti e piombavamo subito in un sonno pesante simile al letargo degli animali. Ciononostante Maud dichiarava di non essersi mai sentita meglio in vita sua. Sapevo per esperienza che ciò che asseriva era vero, pur preoccupandomi della sua fragilità e chiedendomi se avrebbe resistito a lungo. Spesso, troppo spesso, sembrava cedere alla fatica e io la osservavo mentre si distendeva supina sulla sabbia, allo stremo delle forze. Rimaneva in quella posizione per qualche minuto, poi improvvisamente balzava in piedi con rinnovata energia e riprendeva il lavoro interrotto con l'abituale alacrità. Non riuscivo a capacitarmi da dove attingesse tanta energia e ogni volta che mi mostravo preoccupato per lei, mi rassicurava con un sorriso.

«Avremo tanto riposo quest'inverno», diceva. «Allora rimpiangeremo queste giornate di fatica e ci annoieremo mortalmente».

La sera in cui posi il tetto sulla nuova capanna, pensammo di festeggiare l'avvenimento. Per tre giorni una violenta bufera aveva imperversato da sud-est a nord-ovest e ora si era scatenata direttamente su di noi. Il rumore della risacca era assordante e anche nella nostra piccola insenatura, chiusa fra pareti rocciose, le ondate si alzavano alte e spumeggianti. Le rocce non bastavano a ripararci dal vento che soffiava in raffiche violente intorno alle capanne sulla cui solidità non ero del tutto tranquillo. Il tetto di pelli teso come una pelle di tamburo si incurvava ugualmente producendo un suono cupo ogni volta che veniva investito da una raffica. Gli interstizi nelle pareti, che Maud credeva di aver chiuso saldamente con il muschio, si aprirono di nuovo. Ma all'interno l'olio di foca bruciava con una allegra fiammella dandoci una sensazione di conforto e di tepore. La serata fu veramente piacevole e brillante e convenimmo nel ritenerla uno dei più divertenti trattenimenti a cui avevamo preso parte. Ci sentivamo a nostro agio, tranquilli. Eravamo ormai rassegnati a passare l'inverno nell'isola, ma ci eravamo premuniti in tempo per affrontarne il freddo e i disagi. La nostra riserva di carne di foca sarebbe durata a lungo e non ci preoccupava più il pensiero che presto gli animali sarebbero emigrati verso il sud. Neppure la bufera poteva turbare la nostra serenità. Ormai eravamo al sicuro, riparati dal vento, nel tepore dei nostri rifugi nel cui interno avevamo steso soffici giacigli di muschio asciutto, raccolto da Maud. L'idea della ragazza era stata veramente ottima. Per la prima volta dopo tanto tempo avrei dormito su un materasso e il pensiero che fosse stato preparato dalle mani di lei, avrebbe reso il mio sonno più dolce e riposante. Quando quella sera lei si alzò per ritirarsi nella propria capanna, si fermò sulla soglia e mi rivolse uno dei suoi caratteristici sorrisi scherzosi.

«Sta per accadere qualche cosa», disse. «Lo sento. Qualcosa che ci riguarda sta per giungere. Non so di che cosa si tratti, ma ho il presentimento che qualche cosa o qualcuno stia per arrivare qui».

«Una novità piacevole o spiacevole?», chiesi.

Si strinse nelle spalle. «Non so», rispose. «Ma è qui, le dico, è qui». Fece un gesto vago in direzione del mare con aria pensosa.

«In una notte come questa e dato che la spiaggia si trova sottovento», dissi ridendo, «le assicuro che è assai preferibile trovarsi qui piuttosto che dovervi sbarcare». Le tesi la mano mentre le aprivo la porta.

«Non ha paura?», chiesi.

Mi rispose con uno sguardo fermo e coraggioso.

«Si sente bene? Proprio bene?».

«Mai stata meglio in vita mia».

Sostammo ancora un po' sulla soglia a chiacchierare, prima che lei si allontanasse, poi ci salutammo.

«Buona notte, Maud».

«Buona notte, Humphrey».

Ci eravamo abituati con naturalezza a chiamarci con i nomi di battesimo il che rendeva i nostri rapporti più confidenziali. In quel momento mi assalì un impulso invincibile di abbracciarla e di stringerla al cuore, e in un'altra situazione lo avrei fatto certamente. Ma ora non era possibile. Rimasi solo nella mia capanna a fantasticare sugli avvenimenti della serata con la sensazione che un legame che prima non esisteva fra noi ora ci univa misteriosamente.

XXXII

Mi destai oppresso da una spiacevole sensazione di soffocamento. Qualcosa mancava nell'atmosfera intorno a me. Ma dopo pochi minuti l'incubo svanì e mi resi conto che la mancanza del vento a cui ero abituato aveva provocato in me quell'impressione. Mi ero addormentato in preda a una tensione nervosa causata dal sibilo del vento e mi ero svegliato preparato ad affrontare rumore e violenza che viceversa erano cessati. Dopo parecchi mesi, quella era la prima notte che passavo al riparo. Sostai pigramente sotto le coperte per la prima volta non inumidite dalla nebbia e dalla rugiada, considerando con interesse la strana sensazione prodotta in me da quel cambiamento atmosferico e ancora godendo al pensiero di riposare sul giaciglio che Maud mi aveva preparato.

Quando mi fui vestito ed ebbi aperto la porta della capanna, mi giunse all'orecchio lo scroscio impetuoso delle onde che si rompevano sulla spiaggia e che mi riportarono alla memoria la tempesta della sera precedente. La luce del giorno era vivissima, e il sole brillava alto. Avevo dormito a lungo e uscii dalla capanna riposato e pieno di energia, deciso a riguadagnare il tempo perduto nel sonno, chiamato dai miei doveri di abitante di un'isola deserta.

Appena fuori, mi fermai di colpo. Ciò che si presentava ai miei occhi non era certo una visione, ma io rimasi a contemplare esterrefatto la scena incredibile come se ancora stessi sognando.

Sulla spiaggia, a non più di quindici metri di distanza, con la prua fuor d'acqua, gli alberi abbattuti, spezzati, vidi una nave apparentemente deserta, con lo scafo nero che rollava leggermente. Gli alberi e i pennoni, aggrovigliati con le vele, scotte e sartie, ricadevano di lato. Rimasi a fissare come inebetito la cucina che avevo aiutato a ricostruire, la familiare curva della poppa, il tetto della sala comune sporgente sopra il parapetto.

Era il *Fanthom.*

Quale bizzarro capriccio del destino l'aveva condotto in quel luogo lontano da ogni rotta? Perché proprio nella piccola baia sconosciuta? Volsi la testa e guardai alle mie spalle le scure, minacciose pareti rocciose, sentendomi invadere da una cupa disperazione. La fuga era impossibile. Il mio pensiero corse a Maud che ancora dormiva nella sua capanna, ricordai le sue parole della sera precedente, quel suo "Buona notte, Humphrey" pronunciato con voce dolce. La mia donna! La mia compagna! Quelle parole che mi erano tanto spesso risonate nella mente con dolcezza infinita, riecheggiarono ora come rintocchi funebri. La vista mi si oscurò e certo, per la frazione di un secondo, non fui capace di ragionare. Ma non potevo precisare per quanto tempo fosse durata quella disperata incoscienza. Quando riaprii gli occhi, il *Fanthom* mi apparve di nuovo con la sua sagoma minacciosa, la prua arenata, il bompresso scheggiato che si protendeva sulla sabbia, l'alberatura schiantata che sbatteva contro il suo fianco a ogni ondata.

Dovevo fare qualche cosa.

Un fatto strano mi colpì improvvisamente: tutto a bordo era silenzioso e immobile. Pensai che, spossato per la notte insonne e la lotta contro la furia degli elementi, l'equipaggio stesse riposando. Poi un lampo mi rischiarò la mente: Maud e io potevamo ancora metterci in salvo con il nostro canotto. Avremmo potuto raggiungere il promontorio e sparire al di là della punta prima che l'equipaggio della nave si destasse. Decisi di chiamarla e di tentare con lei la fuga. Stavo per bussare alla porta della sua capanna, quando il pensiero delle esigue proporzioni dell'isola mi scoraggiò. Non avremmo mai potuto tentare di nasconderci su quella terra. Dunque non ci rimaneva altra scelta: dovevamo affidarci un'altra volta alla vastità tenebrosa dell'oceano! Pensai al tepore intimo delle nostre capanne, alle provviste di carne di foca, di olio, di muschio e di legna e mi sentii stringere il cuore. Non avremmo potuto passare un inverno a bordo di un canotto su un mare che, durante la stagione fredda, diveniva orribilmente tempestoso . Non saremmo certo sopravvissuti. Esitai davanti alla porta, oppresso da un'orribile disperazione. Non vi era nulla da fare, nulla!

Ebbi la tentazione di precipitarmi nella capanna e di uccidere la ragazza che dormiva, evitandole così una morte più spaventosa e lenta, poi, in un lampo, la soluzione migliore, l'unica possibile, mi balenò alla mente. Avrei tentato di insinuarmi a bordo del *Fanthom*. Sapevo dove si trovava la cabina di Lupo Larsen: avrei potuto penetrarvi e uccidere l'uomo che certo vi giaceva addormentato. E... dopo? Allontanai quel pensiero. Quando egli fosse morto avrei preso in considerazione la situazione e avrei potuto decidere il da farsi. Qualsiasi condizione era comunque preferibile a quella presente.

Avevo sempre al fianco il coltello chiuso nella guaina di cuoio. Tornai nella mia capanna per prendere il fucile e mi assicurai che fosse carico. Poi mi diressi verso il *Fanthom* e raggiuntolo, mi arrampicai a bordo il più silenziosamente possibile.

Trovai aperto il boccaporto del castello di prua e tesi l'orecchio per accertarmi che gli uomini stessero realmente dormendo. Ma non udii il ritmico respiro e il leggero russare che sempre mi era giunto all'orecchio durante le notti passate di vedetta sul ponte. Trasalii al pensiero di un ammutinamento. Ascoltai più attentamente, ma non percepii il minimo rumore. La nave sembrava deserta. Scesi cautamente la scaletta e l'odore caratteristico, dei locali da tempo disabitati, mi pervenne alle narici. Sul pavimento erano sparsi vecchi indumenti ridotti a brandelli, stivaloni di gomma ormai inutilizzabili, impermeabili fuori uso. Tutto ciò che veniva scartato dagli uomini dell'equipaggio e dai cacciatori e che veniva raccolto, dopo un lungo viaggio, nei castelli di prua delle golette si trovava sparso sul pavimento.

Mentre risalivo sul ponte giunsi alla conclusione che certo la nave era stata abbandonata per una ragione a me sconosciuta. La speranza mi confortava ancora la mente e il cuore mentre volgevo lo sguardo sul ponte intorno a me. Le lance mancavano, la timoneria presentava il medesimo aspetto del castello di prua. Evidentemente i cacciatori avevano preparato il loro bagaglio in tutta fretta quando avevano lasciato la nave.

Non vi era nessuno a bordo: il *Fanthom* apparteneva a Maud e a me. Pensai alle provviste che si trovavano nel magazzino di bordo e sorrisi all'idea di poter preparare per Maud una gustosa colazione non più a base di quell'eterna carne di foca. Mi sentivo dominato da un'allegria e un'euforia quasi puerili costatando che non era più necessario che mettessi in pratica il mio spaventoso progetto, che non avrei dovuto uccidere né rischiare di venire ucciso.

Risalii a due per volta i gradini della timoneria con l'animo sollevato e nutrendo in cuore la speranza che Maud non si destasse fino a che non avessi preparato la sorpresa progettata. E mentre passavo accanto alla cucina mi sentii rallegrare anche al pensiero di tutte le pentole e le stoviglie che si trovavano nel locale e che avremmo potuto usare da quel momento in poi. Salii velocemente la scaletta di poppa e mi arrestai impietrito come davanti a uno spettro.

Egli era ritto sulla porta della sala comune e soltanto la testa e le forti, ampie spalle erano visibili. Mi guardava fisso, immobile, con un braccio appoggiato alla porta aperta a metà in atteggiamento di abbandono.

Lupo Larsen!

Tremavo mentre la nausea che ben conoscevo mi assaliva. Mi appoggiai con una mano alla parete per non cadere, con la gola serrata da un nodo, le labbra secche, riarse, il corpo improvvisamente debole ed esausto. Mi inumidii le labbra come se stessi per parlare, ma rimasi muto ed immobile senza riuscire a distaccare lo sguardo dal viso del mio nemico.

Nessuno dei due parlava. Vi era qualcosa di sinistro in quel silenzio, in quella rigida, fredda immobilità. L'analogia di questa situazione con quella in cui mi ero trovato pochi giorni prima mi colpì. Ero fermo, davanti a un animale enorme con una lunga, umida criniera, con l'intenzione di abbatterlo a colpi di mazza e un cupo terrore che mi immobilizzava, mi irrigidiva, mentre nel mio pensiero nasceva la speranza che il mostro si desse alla fuga. Anche ora, immobilizzato dallo spavento davanti al mostro, aspettavo atterrito non che egli prendesse l'iniziativa, ma sperando di trovare il coraggio di prenderla io stesso.

Finalmente mi mossi. Caricai le due canne del fucile e le puntai contro di lui. Se egli avesse fatto un movimento, se avesse tentato di lasciarsi scivolare lungo la scaletta, avrei fatto fuoco. Ma egli rimaneva immobile con lo sguardo sempre fisso su di me. E mentre gli stavo di fronte con il fucile che mi tremava fra le mani nervosamente strette, notai che il viso dell'uomo era disfatto, sconvolto da una terribile ansietà, devastato da una stanchezza mortale.

Le guance erano incavate, la fronte segnata da rughe profonde. Anche gli occhi apparivano strani, mutati, non solo per la bizzarra espressione, ma anche per la loro fissità, come se i muscoli dell'occhio non potessero sopportare la fatica di un minimo movimento. Un'infinità di pensieri e di idee si affollavano nella mia mente sovrapponendo, suggerendo mille consigli diversi. Ma non riuscivo a premere il grilletto. Abbassai il fucile e mi mossi lentamente verso la parete della cabina per vincere la tensione dei miei nervi e per avvicinarmi a lui. Egli si trovava ormai a solo un metro di distanza e di nuovo puntai il fucile. Ero deciso, ora: non vi era più speranza per Lupo Larsen. Per quanto fossi un pessimo tiratore non avrei potuto sbagliare bersaglio data la vicinanza ma, benché lottassi strenuamente contro me stesso, non riuscii nemmeno allora a premere quel grilletto.

«Ebbene?».

La voce dell'uomo mi si ripercosse nel cervello cupa e profonda. Aveva parlato con una sfumatura d'impazienza nella voce. Cercai invano di costringere il mio dito a pigiare sul grilletto e cercai invano di aprire la bocca e parlare.

«Be'?», chiese l'uomo. «Perché non spara?».

Mi schiarii la voce con un colpo di tosse, ma non fiatai.

«Non può farlo, eh, Hump?», continuò Lupo Larsen. «Forse non si tratta precisamente di paura ma delle sue abitudini, della sua educazione, della sua morale. Lei è schiavo delle opinioni del mondo in cui ha sempre vissuto, degli scrittori di cui ha letto le opere. Il codice della morale sociale le è stato inculcato nella mente fin dai primi anni di vita e, nonostante la sua filosofia, nonostante tutto ciò che io le ho insegnato con le mie parole e il mio contegno, lei non può, non sa agire. I principi che stanno a base della sua educazione, quegli sciocchi sentimentalismi di cui è infarcita la sua mente non le consentono di uccidere un uomo disarmato, un essere umano che non oppone la minima resistenza».

La mia voce suonò, finalmente, rauca e cupa.

«Lo so».

«Ma lei sa bene che io ucciderei un uomo indifeso con la stessa noncuranza con la quale mi accenderei un sigaro», continuò Lupo Larsen. «Lei mi conosce per quello che sono, conosce... il mio valore, misurato secondo il suo metro di uomo civile. Mi ha chiamato serpente, tigre, squalo, mostro. Eppure lei, piccolo fantoccio di stracci, piccolo pulviscolo parlante, è del tutto incapace di agire come farebbe contro una tigre o un serpente per il semplice fatto che io ho le mani, ho i piedi, ho un corpo modellato press'a poco come il suo». Sogghignò con espressione delusa. «Davvero, Hump, mi aspettavo di meglio da lei!».

Uscì sul ponte spingendo la porta e mi si accostò. «Abbassi quell'arma», disse con noncuranza. «Devo farle qualche domanda, perché ancora non ho dato un'occhiata attorno. Mi dica, dove ci troviamo? Che isola è questa? E dov'è Maud?... Oh, chiedo scusa: volevo dire la signorina Brewster. O forse sarebbe meglio dire la "signora Van Weyden"?».

Indietreggiai di qualche passo senza abbassare il fucile, ma quasi piangendo per la mia incapacità ad uccidere quell'uomo. Speravo che tentasse di colpirmi, di strozzarmi, che compisse almeno un gesto di ribellione e di ostilità nei miei confronti. In quel caso avrei saputo sparare.

«Questa è l'isola Endeavor», mormorai.

«Mai sentita nominare».

«Così almeno noi l'abbiamo battezzata», spiegai.

«Noi? Chi noi?».

«La signorina Brewster e io», risposi. «Come vede la prua del *Fanthom* è arenata sulla spiaggia».

Egli lanciò un'occhiata all'ingiro. «Quante foche!», esclamò. «Sono state loro a destarmi con i loro muggiti, altrimenti starei ancora dormendo. Le ho udite anche ieri sera, quando sono giunto qui e mi hanno fatto intuire che mi trovavo su una spiaggia sottovento. Che meraviglioso branco! Sono anni che cerco qualcosa di simile e, grazie a mio fratello, ho trovato la fortuna, finalmente! È una vera miniera! In che punto preciso si trova l'isola?».

«Ma... non ne ho la minima idea», risposi. «Lei, piuttosto, dovrebbe saperlo, almeno approssimativamente. Non può calcolarlo con il sestante?».

Ebbe un sorriso enigmatico ma non rispose. «Dov'è finito l'equipaggio?», chiesi. «Come mai è rimasto solo?».

Credevo che in quell'occasione evitasse di rispondermi, ma fui sorpreso dalla prontezza con la quale mi narrò l'accaduto.

«Mio fratello mi raggiunse in quarantott'ore senza che quasi me ne accorgessi. Mi abbordò di notte, quando sul ponte non c'era che una vedetta. Poi i cacciatori mi volsero le spalle, quando egli fece loro balenare la prospettiva di una paga più alta di quella che percepivano sul *Fanthom*. Lo udii personalmente fare le sue generose offerte. Anche l'equipaggio naturalmente, mi salutò. Dovevo aspettarmelo. Tutti gli uomini se ne andarono da un momento all'altro e io rimasi solo sulla mia nave. Morte me l'ha fatta, ma, per fortuna, tutto è rimasto in famiglia».

«E gli alberi?», chiesi. «Come li ha perduti?».

«Vada a dare un'occhiata», disse indicando con un gesto il punto dove avrebbero dovuto trovarsi le sartie di mezzana.

«Ma... sono state tagliate!», esclamai.

«Infatti», rispose ridendo. «Ma non del tutto, no! Il lavoro è stato veramente ben fatto. Osservi con più attenzione».

Guardai. Le stringhe erano state tagliate a metà al punto di permettere loro di reggere le sartie finché una forte tensione non le avrebbe del tutto spezzate.

«È stato Cooky», disse Lupo Larsen con un'altra risata. «Non l'ho visto, ma sono certo che è stato lui».

«Bravo Mugridge!», esclamai.

«Davvero! E lo pensai anch'io quando vidi precipitare giù tutto quanto. Ma lo dissi forse senza troppa convinzione».

«Ma che faceva lei mentre accadeva tutto questo?».

«Oh, del mio meglio, può crederlo!», rispose. «Ma, date le circostanze, non mi fu possibile fare molto».

Mi volsi e considerai ancora il lavoro di Mugridge. «Ho bisogno di mettermi a sedere e di prendere un po' di sole», disse Lupo Larsen.

Avvertii una leggera sfumatura di stanchezza, di debolezza fisica nella sua voce e la cosa era talmente insolita in quell'uomo forte e potente che mi volsi di scatto fissandolo stupito. Agitava nervosamente la mano davanti al viso come a scacciare un insetto molesto. Ero perplesso. Egli appariva così diverso dal Lupo Larsen che avevo sempre conosciuto!

«Come vanno le sue emicranie?», chiesi.

«Mi tormentano sempre, purtroppo», borbottò. «Anzi, mi sembra che me ne stia venendo un attacco proprio ora».

Si lasciò scivolare all'indietro e si distese sul ponte; poi si piegò su di un fianco con la testa appoggiata al braccio piegato, mentre con l'altro si riparava gli occhi dai raggi del sole.

«La situazione le è favorevole, ora, Hump», disse con voce debole.

«Non capisco che intende dire», mentii.

Sembrava che l'uomo stesse assopendosi. «Volevo dire che io mi trovo dove lei mi voleva», spiegò sottovoce.

«No, non è così», risposi. «Preferirei che lei si trovasse almeno mille miglia lontano da qui, le assicuro».

Egli rise cupamente e tacque. Rimasi immobile, mentre gli passavo accanto e scendevo nella sala comune. Giunto che vi fui, sollevai la botola che si apriva nel pavimento e considerai esitante le tenebre del profondo magazzino. Non sapevo se fidarmi a scendere. Lupo Larsen era un uomo astuto: avrebbe potuto fingere un attacco di emicrania per farmi cadere in un tranello. Non sarebbe stato piacevole essere rinchiuso, come un topo in trappola, nel buio del magazzino! Scivolai silenziosamente lungo la scaletta della sala comune, aprii il boccaporto e osservai l'uomo che non si era mosso dalla posizione in cui l'avevo lasciato. Allora scesi di nuovo la scaletta ma, prima di calarmi nel magazzino, presi le mie precauzioni. Con pochi colpi abbattei lo sportello che copriva la botola in modo che egli non potesse rinchiudermi dentro. Quando risalii nella sala comune, portavo con me una provvista di gallette, conserve, carne in scatola e altro. Presi tutto ciò che mi era possibile portare e rimisi a posto in qualche modo lo sportello. Risalii sul ponte e notai che Lupo Larsen giaceva sempre immobile nella medesima posizione. D'un tratto ebbi un'idea luminosa. Mi insinuai in fretta nella sua cabina e m'impadronii della sua pistola. Poi frugai accuratamente in ogni cabina, ma non trovai altre armi. Tornai allora sui miei passi e rovistai a lungo nella timoneria e nel castello di prua, per assicurarmi che non vi fossero fucili o armi, poi andai nella cucina e presi tutti i coltelli aguzzi che riuscii a trovare. Ricordai improvvisamente il grosso coltello da marinaio che egli portava sempre alla cintura e mi accostai all'uomo riverso. Gli parlai, prima a bassa voce, poi più forte ma non ottenni risposta. Allora mi chinai su di lui e gli presi il coltello.

Respirai sollevato. Lupo Larsen non avrebbe potuto attaccarmi a distanza: a bordo non vi erano più armi. Io, invece, avevo la possibilità di impedirgli di avvicinarsi e di uccidermi con le sue terribili mani.

Riempii una padella e una caffettiera con parte delle provviste trafugate; presi dalla dispensa della sala comune le tazze di porcellana e lasciai il *Fanthom*, mentre Lupo Larsen giaceva immobile sotto i raggi del sole.

Giunsi a terra che Maud dormiva ancora. Non avevamo ancora costruito una cucina e, soffiando sulle ceneri, preparai la colazione. Quando tutto fu quasi pronto, udii Maud che si muoveva nella propria capanna facendo la sua toletta mattutina. E quando la porta si aprì e la ragazza apparve sulla porta stavo versando il caffè fumante nelle tazze.

«Ehi, non è leale da parte sua!», esclamò con un gesto di saluto. «Cucinare è compito mio, almeno così abbiamo stabilito, no? Lei ha usurpato una delle mie funzioni».

«Solo per questa volta», assicurai scusandomi.

«Mi deve promettere che non lo farà più», disse la ragazza sorridendo.

«A meno, naturalmente, che le mie prodezze culinarie non l'abbiano stancata!».

Fortunatamente non si volse verso la spiaggia e io mi mostrai talmente gaio e disinvolto che lei sorbì il caffè nella tazza di porcellana, mangiò le patatine fritte e le gallette spalmate di marmellata senza nemmeno accorgersi del cambiamento. Ma mi rendevo conto che presto avrebbe dovuto intuire la verità. Infatti vidi improvvisamente sul suo viso un'espressione di estremo stupore. Si era accorta d'un tratto del piatto di porcellana sul quale stava mangiando. Fissò la tazza vuota accanto a sé, guardò con attenzione il cibo e guardò con espressione di attesa. Rimasi silenzioso e allora i suoi occhi si volsero lentamente verso la spiaggia.

«Humphrey!». Il terrore di un tempo le velò lo sguardo e impallidì. «È... lui?».

La sua voce tremava di paura. Io feci un cenno affermativo con il capo.

XXXIII

Passammo tutta la giornata in attesa che Lupo Larsen scendesse a terra. Spaventati e innervositi com'eravamo, ci scambiammo appena le parole necessarie lanciando continue occhiate in direzione del *Fanthom*. Ma egli non venne a terra, non apparve nemmeno sul ponte.

«L'ho lasciato a poppa con un attacco di emicrania», dissi. «Forse non si è ancora mosso e non posso permettere che rimanga tutta notte all'aperto. Penso che sia il caso di andare a dare un'occhiata».

Lei mi fissò supplichevole e spaventata.

«Stia tranquilla», la rassicurai. «Prenderò la pistola. Si ricordi che ho fatto sparire tutte le armi che si trovavano a bordo».

«Ma gli sono rimaste le braccia», obiettò Maud. «E le mani, quelle sue mani terribili!». Ebbe un convulso, secco gesto di disperazione. «Oh, Humphrey!», esclamò. «Non vada! Non vada!».

Appoggiò la mano sulla mia e il mio cuore prese a pulsare violentemente. E tutto il mio amore fu nei miei occhi mentre la guardavo teneramente. Cara la mia donna, la mia piccola donna! Quel suo gesto così femminile di aggrapparsi a me, di supplicarmi con gli occhi era un vero raggio di sole, una vera delizia per il mio orgoglio di uomo. Era come se una nuova linfa mi avesse rinvigorito, ispirandomi una forza nuova, un coraggio senza limiti. Fui sul punto di stringerla fra le braccia, di piegare quella vita sottile contro il mio petto ma, come sempre, mi trattenni e mi dominai.

«Stia tranquilla», ripetei. «Non correrò nessun pericolo. Mi limiterò a dare un'occhiata sul ponte dal parapetto di prua».

La sua mano premette leggermente la mia, poi d'improvviso la lasciò.

Trovai il ponte deserto: evidentemente Lupo Larsen era sceso sottocoperta. Allora feci ritorno a terra e, durante la notte, Maud e io ci scambiammo i turni di guardia per timore che Lupo Larsen ci piombasse addosso mentre eravamo immersi nel sonno. Quell'uomo era capace di tutto ed era bene stare in guardia. Lo attendemmo il giorno dopo e anche quello seguente ma Lupo Larsen non comparve, non diede alcun segno di vita.

«Quelle emicranie», rifletté Maud nel pomeriggio del quarto giorno. «Quei suoi attacchi... Forse è malato, molto malato! Forse è... Potrebbe essere morto». Attese una mia risposta, ma rimasi muto. «Forse moribondo...», concluse piano.

«Meglio così, allora».

«Ma Humphrey!», protestò la ragazza con voce supplichevole, «pensi! Un essere umano solo, in punto di morte. Solo!».

«*Forse* in punto di morte», precisai.

«Sì, forse, ma non possiamo saperlo. Sarebbe terribile che fosse così, e io non potrei mai perdonarmelo, né dimenticare. Dobbiamo fare qualcosa!».

«Forse», ripetei. «Sono tutte supposizioni».

Sorridevo commosso davanti a quella solidarietà verso un essere sofferente, anche se questo essere era Lupo Larsen. Ora non si preoccupava più del pericolo che avrei potuto correre. Dov'era il terrore che avevo letto nei suoi occhi pochi giorni prima quando mi aveva supplicato con la voce e con lo sguardo di non ritornare sul *Fanthom*? Maud possedeva un'intuizione e una perspicacia troppo acute per non comprendere subito il significato del mio atteggiamento, per non leggere nella mia mente i pensieri che la stavano traversando.

«Deve andare, Humphrey», disse. «Deve andare a vedere che cosa è accaduto. Dopo potrà ridere di me, se vorrà. La perdono fin da questo momento». Mi alzai e mi diressi verso la spiaggia. Non potevo che ubbidire.

«Sia prudente!», mi gridò la ragazza, mentre stavo per arrampicarmi lungo la murata del *Fanthom*.

Agitai un braccio dalla cima del castello di prua e saltai sul ponte. Giunto a poppa, mi accostai alla scaletta della cabina e chiamai a gran voce. Mi rispose la voce di Lupo Larsen e, come lo vidi muoversi verso la scaletta, caricai la pistola e tolsi la sicura. Durante la conversazione, tenni l'arma bene in evidenza, ma egli non parve accorgersene. Non era mutato nell'aspetto da quando l'avevo visto nell'ultima volta, ma appariva anche più cupo e stanco. Scambiammo infatti poche parole in fretta. Non gli chiesi il perché non fosse sceso a terra durante quei giorni, né lui mi chiese il motivo per cui ero tornato a bordo. Mi informai della sua salute e egli mi assicurò che l'emicrania gli era passata. E così ci lasciammo.

Maud mi ascoltò con evidente sollievo, quando le spiegai la situazione e la vista di un pennacchio di fumo che più tardi si levò dal tetto della cucina del *Fanthom* la rassicurò del tutto. L'indomani e anche il giorno seguente scorgemmo il fumo e alcune volte intravvedemmo la robusta sagoma di Lupo Larsen ritto sulla poppa. Egli non tentò mai di scendere a terra, ma noi continuammo a montare la guardia, a turno, durante la notte. Attendevamo un gesto da parte sua per riuscire a capire le sue intenzioni ed eravamo stupiti e imbarazzati. Trascorse così una settimana durante la quale la nostra unica preoccupazione, il nostro unico interesse erano rappresentati dalla presenza di quella nave scura nella nostra piccola baia. Che faceva Lupo Larsen? Eravamo del tutto incapaci di occuparci di qualche lavoro, di costruire le piccole cose che avevamo progettato di fare per le nostre capanne.

Alla fine della settimana il fumo smise di levarsi dal tetto della cucina e Lupo Larsen non si fece più vedere a poppa. Maud era in preda a un'ansia febbrile ma, forse per la sua naturale timidezza, forse per orgoglio, non osava rivolgermi nuovamente la preghiera di salire a bordo per informarmi della salute di Lupo Larsen. Provavo anch'io un senso di disagio pensando a quell'uomo solo, abbandonato da tutti, morente e triste sulla sua nave arenata. Aveva avuto ragione: l'educazione che avevo ricevuto nella mia infanzia era più forte di me e, come mi aveva impedito di ucciderlo, mi faceva sentire ora una grande compassione per quella meravigliosa quercia schiantata. Egli era solo, non poteva far nulla contro di me. Qualcosa mi spingeva ad accorrere in suo aiuto, mi chiamava con una voce che non potevo non ascoltare. Non aspettai perciò che Maud mi pregasse di farlo. Dissi alla ragazza che avevamo assolutamente bisogno di latte condensato e di marmellata e le annunciai che avrei fatto una puntata a bordo del *Fanthom.* Lei esitò a lungo prima di parlare e giunse al punto di definire superflui i viveri che mancavano dalla nostra provvista e quasi mi sconsigliò il tentativo. Ma subito la sua perspicacia le fece comprendere la verità; capì che non mi recavo a bordo del *Fanthom* per prendere il latte condensato e la marmellata, ma per poter alleggerire il cuore di lei dall'ansietà che l'opprimeva.

Giunto sul castello di prua, mi tolsi le scarpe e, a piedi scalzi, scivolai silenziosamente a prua. Non mi comportai come la volta precedente e non chiamai Lupo Larsen, ma scesi invece con decisione la scaletta che conduceva nella sala comune che trovai deserta. La porta della cabina di Lupo Larsen era chiusa. Sul principio pensai di bussare, ma subito rammentai che prima di ogni altra cosa avrei dovuto occuparmi delle provviste. Cercando di non produrre il minimo rumore, sollevai la botola e posi di lato lo sportello. Nel magazzino, oltre ai generi commestibili, vi erano pure indumenti vari e colsi l'occasione per prenderne una buona parte. Mentre risalivo nella sala comune, mi giunse all'orecchio un lieve rumore proveniente dalla cabina di Lupo Larsen. Mi lasciai scivolare sul pavimento e attesi. La maniglia della porta si abbassò lentamente con un leggero cigolio. Furtivamente, istintivamente, strisciai dietro la tavola e misi il proiettile in canna alla pistola. La porta si aprì ed egli finalmente comparve. Non avevo mai visto una disperazione così profonda, così completa come quella che gli vidi impressa sul viso, il viso di Lupo Larsen, la belva, il possente Calibano, il Lupo. Vi era qualcosa di terribile nel suo gesto di sollevare verso la testa i pugni serrati mentre un gemito lungo, simile al guaito di un cane gli usciva dalle labbra, qualcosa di sconvolgente in quella debolezza. Poi si passò le mani aperte davanti al viso con il gesto familiare che ben conoscevo.

«Dio!», gemette. «Dio!».

E ancora i pugni serrati si levarono verso l'alto, come per un'invocazione o una maledizione. Era una scena tremenda e io tremavo come una foglia mentre il mio corpo veniva attraversato da brividi e sudavo copiosamente. Non avevo mai visto uno spettacolo tanto pietoso, perché certo nulla muove di più alla pietà dell'essere forte, invincibile, indomabile, vinto dalla disperazione, finito, reso un debole verme che si contorce nello spasimo. Ma subito, con uno sforzo certo enorme della sua volontà, Lupo Larsen si riprese e recuperò il suo sangue freddo. Tutto il suo corpo tremò nella lotta della volontà contro il dolore e la debolezza, tanto da renderlo simile a un uomo scosso da un attacco epilettico. Il suo viso cercò di ricomporsi, ma cedette di nuovo poco dopo. Ancora una volta i pugni stretti si levarono verso l'alto e il gemito orribilmente straziante e lugubre mi fece rabbrividire. Trattenne il respiro a lungo, poi fu scosso da un singhiozzo.

Infine si calmò e quando, poco dopo, si mosse in direzione della scaletta, pareva di nuovo il Lupo Larsen di un tempo sebbene stanco e di pessimo umore. Camminò con la sua andatura morbida e elegante, come quella di un felino, turbata soltanto da una leggera sfumatura di indecisione e di debolezza. Si dirigeva verso di me, ed ebbi un fremito osservando che stava per giungere davanti alla botola spalancata. La mia presenza sarebbe stata immediatamente scoperta ed ero irritato contro me stesso per essermi messo nella condizione di venir sorpreso in una situazione simile, accovacciato come un vigliacco dietro alla tavola. Ma potevo ancora rimediare. Mi alzai e, del tutto inconsapevole di quanto stesse accadendo, fissai l'uomo con un'espressione di sfida.

Egli non si accorse della mia presenza, non vide la botola aperta. Prima che potessi ritrovare la calma e rendermi conto della situazione, egli stava alzando il piede davanti alla botola. Ma quando al piede mancò l'appoggio del pavimento, Lupo Larsen ritrovò improvvisamente la sua formidabile forza e, con un balzo felino, attraversò la botola e cadde con il petto, a braccia distese, dall'altra parte. Dopo un attimo, aveva ritirato le gambe che ancora penzolavano nella botola ed era rotolato di lato. Ma, purtroppo, finì sulle scatole di conserva e sugli indumenti che avevo ammassato accanto allo sportello. Improvvisamente, allora, il suo viso assunse un'espressione sarcastica di minaccia ed egli, afferrato lo sportello, lo abbassò sulla botola chiudendo il magazzino. E in quel momento compresi. Egli credeva di avermi rinchiuso dentro. Era cieco. Lo vidi alzarsi e dirigersi verso la sua cabina. Trattenni il fiato per non tradire la mia presenza con il lieve soffio del respiro ed egli, raggiunta la porta della cabina, ne cercò a tentoni la maniglia e, trovatala, l'abbassò.

Era l'occasione propizia per me. Attraversai in punta di piedi la sala comune e, in un istante raggiunsi la sommità della scaletta. Egli intanto uscì di nuovo dalla cabina trascinando una cassa pesante che pose sullo sportello della botola. Poi ritornò sui propri passi e comparve con un'altra cassa che pose sulla prima. Raccolse infine le scatole di marmellata e di latte e gli indumenti e depose tutto sulla tavola. Quando lo vidi dirigersi verso la scaletta, mi ritirai silenziosamente di lato. Lupo Larsen fece scivolare da una parte lo sportello mobile del boccaporto e vi si appoggiò con le braccia, tenendosi immobile sui primi gradini della scaletta. Sembrava che guardasse verso prua, attraversando con lo sguardo l'intera goletta. Ma piuttosto che guardare, fissava, verso prua, perché i suoi occhi erano immobili e senza battito di palpebre. Ero davanti a lui ad appena due metri di distanza. Era un fatto straordinario. Mi sembrava di essere uno spettro, di possedere un potere magico che mi rendesse invisibile.

Agitai una mano davanti al suo viso senza naturalmente alcun risultato, ma vidi che egli era sensibile all'ombra e alla luce. La sua espressione divenne attenta e tesa, come se egli stesse analizzando la sua impressione. Aveva avvertito il leggero mutamento ma, nonostante la sua sensibilità vibrasse sotto lo stimolo di quel mutamento, egli non riusciva a scoprire di che cosa si trattasse. Cessai di agitare la mano e allora Lupo Larsen mosse leggermente la testa in avanti e indietro, ora al sole e ora all'ombra, avvertendo l'ombra come se l'avesse vista o toccata. Non riuscivo davvero a comprendere come potesse avvertire una presenza tanto intangibile come l'ombra. Se fosse stata malata solo la parte esterna e mediana dell'occhio o se il nervo ottico non fosse stato del tutto staccato, la spiegazione sarebbe stata abbastanza semplice. In caso contrario, l'unica spiegazione logica al fenomeno era che egli percepisse con la pelle la differenza di temperatura fra i punti assolati e l'ombra. O forse, chissà, era il famoso sesto senso che agiva in lui.

Egli rinunciò d'un tratto al tentativo di stabilire le differenze nell'ombra e, salito sul ponte, avanzò con una sicurezza e un equilibrio che mi sorpresero profondamente. Ma c'era una sfumatura di indecisione, di debolezza nella sua andatura, come quella dei ciechi, e ora sapevo appunto a che cosa dovevo attribuirla.

Mi rammaricai di aver lasciato le scarpe sul castello di prua, perché egli le trovò e le portò con sé in cucina. Lo guardai preparare il fuoco e cucinare, poi m'introdussi di nuovo nella sala comune, presi le scatole di viveri e gli indumenti che si trovavano sulla tavola e, passando dietro la cucina, scesi sulla riva avviandomi a piedi nudi attraverso la spiaggia.

XXXIV

«È davvero un peccato che il *Fanthom* non abbia più i suoi alberi», osservò Maud. «Avremmo potuto cercare di raggiungere una costa abitata, altrimenti. Non le pare, Humphrey?».

Balzai in piedi eccitato da quell'idea.

«Perché no?», mi chiedevo ad alta voce passeggiando nervosamente lungo la spiaggia. «Perché no?».

Gli occhi di Maud mi osservavano e scintillavano in attesa del risultato delle mie riflessioni. Lei aveva un'illimitata fiducia in me. E ciò aumentava certo la mia forza e le mie possibilità. Ricordai le belle parole di Michelet: "La donna è per l'uomo ciò che la terra fu per il suo figlio mitologico. Egli non deve che cadere in ginocchio e baciarle il seno per ritrovare la sua forza".

Per la prima volta compresi profondamente la meravigliosa verità di quelle parole, forse perché stavo facendo di persona quella dolce esperienza. Maud era infatti per me una sorgente inesauribile di forza e di coraggio. Mi bastava pensare a lei, o guardarla, per sentire una nuova energia attraversarmi le membra.

«È possibile», continuavo pensando ad alta voce. «Deve esserlo. E io devo riuscire, dove altri sono riusciti, e se nessuno ha mai tentato una cosa del genere, io la tenterò».

«Che cosa?». Maud mi guardava perplessa. «Santo cielo, sia gentile! Mi dica che cosa è possibile!».

«Possiamo tentare», corressi. «Rialzare l'alberatura del *Fanthom* e andarcene di qui».

Lei mi fissò incredula. «Humphrey!», esclamò.

Mi sentii improvvisamente così orgoglioso del mio progetto che mi parve di averlo già messo in atto, con successo.

«Ma... come sarà possibile?», chiese la ragazza.

«Non lo so», risposi. «Ma so che in questi giorni sono capace di fare tutto ciò che voglio».

Le sorrisi gonfio di orgoglio e certo lei lesse nel mio sguardo ciò che provavo, perché abbassò gli occhi e rimase per un poco silenziosa.

«Ma a bordo c'è il capitano Larsen», obiettò infine. «Cieco e invalido», risposi con prontezza come per esaurire con quella risposta l'argomento.

«Ma quelle sue mani...», disse la ragazza rabbrividendo. «E la sua forza, la sua agilità... Ricordi come mi ha raccontato che balzò attraverso l'apertura del magazzino».

«E lei ricordi come scivolai via abilmente e come lo seppi beffare», ribattei in tono gaio.

«Rimettendoci le scarpe», sorrise.

«Be', non potevano fuggirsene da sole, dalle mani di Lupo Larsen, senza i miei piedi dentro», osservai ridendo.

Poi mi misi al lavoro per ideare un piano che ci permettesse di rialzare l'alberatura della nave e far ritorno nel mondo civile. Ricordavo abbastanza chiaramente la fisica studiata a scuola, e gli ultimi mesi a bordo del *Fanthom* mi avevano insegnato un poco di meccanica. Ma quando raggiungemmo la nave per ispezionare lo stato dell'alberatura e farci un'idea più chiara del problema che dovevamo risolvere, la vista dei grandi alberi riversi sull'acqua quasi mi scoraggiò. Non sapevo nemmeno da quale parte cominciare il lavoro. Non un albero era rimasto in piedi, non un pennone a cui attaccare gomene e bozzelli. Poi un altro problema mi si affacciò alla mente. Conoscevo benissimo il meccanismo della leva, ma dove trovare il fulcro? Vi era l'albero di maestra con trentasette centimetri di diametro alla base. Era lungo venti metri e pesava, secondo un calcolo approssimativo, dieci quintali. C'era poi l'albero di trinchetto, più massiccio alla base e pesante non meno di dodici quintali. Come fare? Da che parte iniziare?

Maud stava silenziosa accanto a me, mentre la mia mente lavorava e io ideavo il congegno conosciuto dai marinai con il nome di "forbice". Non sapevo che fosse conosciuto e, per quanto mi riguarda, fu inventato da me, quel giorno, all'isola Endeavor. Incrociando e legando insieme le estremità di due travi, sollevandole in aria con il vertice alto come una *V* capovolta, avrei potuto ottenere un punto assai elevato sul ponte, al quale assicurare il bozzello necessario per issare. A quel bozzello avrei potuto, all'occorrenza, fissarne un secondo.

E poi c'era l'argano.

Maud intuì che la soluzione era stata trovata e mi guardò eccitata, con gli occhi scintillanti.

«Che cosa vuol fare?», chiese.

«Per prima cosa districare quel groviglio», dissi accennando all'attrezzatura penzolante dal parapetto.

«Districare quel groviglio!». Il suono di quelle parole riuscì piacevole alle mie orecchie. Le avevo pronunciate con un insolita decisione, quasi in tono di comando, di trionfo. Certo l'-Humphrey Van Weyden di pochi mesi prima non avrebbe saputo farlo.

Forse vi era nel mio tono e nel mio atteggiamento qualcosa di melodrammatico, di retorico, perché vidi Maud sorridere. Lei possedeva uno spiccato senso dell'umorismo e lo vedeva e lo sentiva in ogni cosa, dovunque esistesse anche il ridicolo. Era quella qualità che dava tanto equilibrio e tanta profondità alla sua produzione letteraria. Si era imposta al mondo con quella sua seria autocritica accompagnata al senso umoristico e all'efficacia dell'espressione. Aveva l'istinto per le proporzioni, quello che solo gli artisti posseggono.

«Sono certa di aver letto in qualche libro quell'espressione!», esclamò la ragazza ridendo allegramente.

Possedevo anch'io il senso delle proporzioni e di conseguenza la mia enfasi cadde di colpo lasciandomi confuso. Non ero più il padrone della situazione: mi sentivo ridicolo e puerile. Lei mi tese la mano con un gesto affettuoso.

«Mi dispiace», mormorò.

Mi strinsi nelle spalle. «Non ci badi», dissi. «Non ha la minima importanza e del resto non mi fa male una lezione. Certe volte mi comporto proprio come un bambino. Ma ciò che dobbiamo fare ora è ciò che veramente ho detto: districare quel groviglio. Se la sente di seguirmi nella lancia? Ci metteremo subito al lavoro e riordineremo le cose».

«Quando il gabbiere districa il groviglio... coltello a serramanico fra i denti», citò la ragazza.

E per tutto il pomeriggio lavorammo senza interruzione chiacchierando allegramente. Il compito di Maud consisteva nel mantenere ferma e in posizione la lancia, mentre io lavoravo presso l'attrezzatura. Il groviglio era spaventoso. Drizze, scotte, stragli, sartie erano annodati fra loro, attorcigliati. E l'acqua del mare pareva averli saldati insieme. Cercai di tagliarli il meno possibile e, passando lunghe cime sotto e intorno ai pennoni e agli alberi, tirando le drizze, allentando le scotte, avvolgendo e svolgendo, mi trovai improvvisamente inzuppato fino alla cintola.

Dovetti praticare molti tagli alle vele e la tela, resa ancor più resistente dall'acqua salmastra, mise a dura prova la mia forza. Ma prima del tramonto avevo terminato quel lavoro e avevo steso le vele e i cavi sulla spiaggia per farle asciugare. Tornammo alle nostre capanne esausti per la fatica e ci parve di rivivere quando potemmo distenderci, dopo cena, sui nostri giacigli. Avevamo fatto un bel lavoro, anche se in apparenza sembrava insignificante.

La mattina dopo, con Maud come assistente, mi recai nella stiva della nave per riparare gli incastri dove doveva venir fissata la base degli alberi. Avevo appena iniziato il lavoro, quando i colpi di martello attirarono l'attenzione di Lupo Larsen,

«Ehi, laggiù!», gridò attraverso il boccaporto aperto. Al suono di quella voce, Maud rabbrividì, si strinse più vicina a me come a cercare protezione e rimase con una mano appoggiata alla mia spalla mentre parlavo con Lupo Larsen.

«Ehi, lassù!», gridai a mia volta. «Buon giorno!».

«Si può sapere che sta facendo?», tuonò l'uomo. «Vuole fracassarmi la nave?».

«Al contrario, la sto riparando».

«Che cosa sta riparando lei?».

La domanda era stata pronunciata con malagrazia, ma avvertii quel tanto di curiosità che conteneva.

«Sto cercando di rimettere in piedi gli alberi», risposi con noncuranza. «Sto preparando quanto occorre per fissarli alla base».

Ci fu un attimo di silenzio, poi la voce di Lupo Larsen suonò più cortese.

«Mi pare che lei abbia veramente imparato a reggersi sulle sue gambe, Hump». Tacque ancora per qualche secondo poi esclamò: «Ma, Hump, dico! Lei non può fare una cosa simile!».

«Oh, sì che posso», ribattei. «La sto già facendo».

«Ma questa è la mia nave», fece osservare Lupo Larsen. «Di mia proprietà personale. Se glielo proibissi?».

«Non deve dimenticare di non essere più quello di un tempo», replicai. «Solo poco tempo fa lei era certo in grado di distruggermi, di polverizzarmi, come si compiaceva di asserire. Ma si sono verificati alcuni cambiamenti per cui ora il più forte sono io».

Egli scoppiò in una debole risata che suonò falsa. «Vedo che lei sta applicando quella mia filosofia che un tempo disprezzava tanto», disse. «Ma badi a non sottovalutarmi. L'avverto per il suo bene».

Fu la mia volta di ridere. «Da quando in qua è diventato generoso?», chiesi in tono sarcastico. «Mi dà consigli per il mio bene. Lei è in assoluta contraddizione con le sue teorie».

Non raccolse il sarcasmo delle mie parole e del mio tono. «Supponga ad esempio che io adesso chiuda il boccaporto», disse. «Non credo che riuscirebbe a cavarsela, come ha fatto quando si è trovato nel magazzino».

«Lupo Larsen», dissi freddamente con voce dura. «Lei sa che sono del tutto incapace di uccidere un uomo disarmato che non oppone resistenza. Me l'ha dimostrato giorni fa con sua e anche con mia grande soddisfazione. Ma l'avverto, non tanto per il suo bene quanto per il mio, che farò fuoco su di lei nel momento stesso in cui farà un gesto ostile. Posso benissimo colpirla anche ora dal punto in cui mi trovo. Avanti, se ha intenzione di mettere in atto la sua minaccia, si sbrighi e tenti di chiudere il boccaporto».

Ancora un attimo di silenzio.

«In ogni caso», disse infine Lupo Larsen, «in ogni caso le proibisco nel modo più assoluto di toccare la mia nave».

«Senta!», gridai. «Senta! Lei vorrebbe far valere i suoi diritti come se si trattasse di diritti morali. Ha mai considerato lei i diritti morali degli altri? Non posso prendere e tenere in considerazione i suoi. Davvero!».

Mi ero portato sotto il boccaporto aperto in modo da poterlo vedere in viso. La mancanza d'espressione di quella faccia, un tempo tanto mobile, era aumentata da quando l'avevo vista l'ultima volta, dall'estrema fissità dell'occhio senza un battito di palpebra. Era uno spettacolo tutt'altro che piacevole.

«Credevo che lei possedesse un senso della giustizia più elevato, Hump», disse con ironia. «Strano che lei non s'inchini davanti al diritto».

L'ironia era soltanto nella voce: il suo viso era rimasto fisso e inespressivo. Stavo per parlare quando egli mi anticipò.

«Come sta, signorina Brewster?», chiese improvvisamente.

Trasalii. Maud era rimasta silenziosa, non si era mossa, non aveva fatto il minimo rumore. Aveva ancora qualche possibilità visiva o la vista gli era tornata improvvisamente?

«Come sta, capitano Larsen?», chiese a sua volta la ragazza. «Mi dica, la prego, come ha fatto a indovinare che mi trovavo qui?».

«Ho avvertito il suo respiro, naturalmente», rispose. «Che ne dice di Hump, signorina? Non pare anche a lei che stia facendo progressi notevoli?».

Lei mi sorrise. «Non saprei», rispose. «Non l'ho mai visto diverso».

«Avrebbe dovuto vederlo prima della cura del *Fanthom*».

«Lupo Larsen in grandi dosi», sogghignai. «Prima e dopo i pasti».

«Aggiungerò ancora, Hump», continuò in tono minaccioso, «che è molto meglio che lasci perdere questo lavoro».

«Ma non ha interesse, come noi, ad andarsene da quest'isola?», chiesi perplesso.

«No», rispose cupamente. «Ho intenzione di morire qui».

Trattenni il respiro e non risposi subito.

«Bene!», dissi dopo un po', in tono di sfida. «Noi non abbiamo questa intenzione».

Ripresi il martello e, come se nulla fosse accaduto, ripresi a battere negli incastri degli alberi.

XXXV

Il giorno seguente, terminata la riparazione degli incastri e preparato nella stiva tutto il necessario per issare gli alberi, procedemmo alla parte più importante del lavoro. L'alberetto di maestra era lungo dieci metri, quello di trinchetto poco meno. Ed era con questi che intendevo costruire la mia "forbice". Assicurata l'estremità di un robusto cavo all'argano e legata l'altra estremità alla base dell'alberetto di trinchetto, cominciai il difficile lavoro. Maud sorvegliava il cavo legato all'argano e l'arrotolava. La facilità con cui l'operazione riuscì ci sorprese. L'argano funzionava magnificamente e l'albero si alzava sempre più, mentre la gomena si tendeva sul parapetto, aumentando la tensione man mano che l'albero emergeva dall'acqua. Lavoravo alacremente per muovere l'argano, una manovra che richiedeva sempre maggior forza. Poi, quando la base del palo si trovò a livello del parapetto, non riuscii più a farlo funzionare.

«Avrei dovuto aspettarmelo!», borbottai con impazienza. «Ora dovremo ricominciare tutto da principio!».

«Perché non fissiamo il cavo a una certa distanza dalla base del palo?», suggerì la ragazza, pensosa.

Ero furioso contro me stesso. «Infatti», risposi. «Avrei dovuto farlo prima».

Lasciai scivolare l'alberetto nell'acqua e legai il cavo a un terzo circa della sua lunghezza, verso l'estremità inferiore. Un'ora dopo avevo issato l'albero fin dove mi era riuscito e cioè fino a quando la legatura si era trovata all'altezza del parapetto. Mi trovavo di nuovo al punto di prima. Tre metri di palo sporgevano oltre il parapetto e io ero ben lontano dall'aver risolto il problema di portarlo a bordo.

Mi sedetti cercando di riflettere con calma. Poco dopo avevo trovato la soluzione e balzai in piedi eccitato.

«Ci siamo!», esclamai. «Bisogna legare il cavo al centro di gravità del palo. Ecco la soluzione! Questo sistema ci tornerà utile ogni volta che dovremo issare qualcosa a bordo».

Di nuovo ripresi da capo il lavoro abbassando l'alberetto nell'acqua e assicurando il cavo nel punto in cui avevo calcolato si trovasse il suo centro di gravità. Ma probabilmente i miei calcoli non erano esatti perché, riprendendo il lavoro all'argano, vidi poco dopo la punta, invece della base, sporgere dal parapetto. Maud sembrava del tutto scoraggiata davanti a quel nuovo insuccesso, ma io risi allegramente e l'assicurai che me la sarei cavata ugualmente. Spiegai alla ragazza come fermare il giro del cavo sull'argano e le raccomandai di tenersi pronta ad allentare al mio ordine. Poi afferrai l'alberetto con le mani e cercai di issarlo a bordo facendo leva sul parapetto. Quando mi parve che il momento fosse giunto, ordinai a Maud di allentare il cavo ma il palo, nonostante i miei sforzi, si raddrizzò e ricadde verso l'acqua. Ripetei di nuovo la manovra perché, anche dopo quel nuovo insuccesso, ero convinto che, prima o poi, il mio piano sarebbe riuscito.

Mentre stavo assicurando un'altra cima tra l'estremità dell'albero e il parapetto diametralmente opposto, Lupo Larsen comparve sul ponte. Ci scambiammo appena il buon giorno e sebbene non potesse vedere assolutamente ciò che stavo facendo, si sedette sul parapetto in un punto poco lontano e seguì con l'udito e l'intuito ogni mia mossa. Dopo aver ripetuto a Maud la raccomandazione di allentare al mio ordine il cavo, presi a tirare con forza quello che avevo fissato alla cima del palo. Allora l'alberetto si inclinò raggiungendo lentamente la posizione orizzontale. Mi resi conto improvvisamente, e con viva sorpresa, che non era necessario che Maud allentasse il cavo. Anzi, avrebbe dovuto fare precisamente l'opposto. Legai quindi l'estremità libera del cavo superiore, manovrai l'argano e issai l'alberetto centimetro per centimetro finché la cima toccò la tolda e finalmente l'albero fu issato sul ponte.

Guardai l'orologio e constatai che era mezzogiorno. Mi sentivo i muscoli come spezzati, la schiena mi doleva per la fatica e mi sentivo enormemente stanco e affamato. E tutto il lavoro della mattinata era rappresentato dal lungo palo steso sul ponte, null'altro.

Per la prima volta mi resi esattamente conto di tutte le difficoltà del compito enorme che ci eravamo assunti, ma mi consolai al pensiero che oramai avevo acquistato una certa esperienza e sicurezza nella manovra e che non avrei più incontrato eccessive difficoltà. Certo il pomeriggio sarebbe stato più fruttuoso.

All'una infatti, ristorati da un buon pranzetto sostanzioso e dopo un po' di riposo, riprendemmo il nostro lavoro.

Dopo poco avevo issato, con il medesimo sistema, anche l'alberetto di maestra e avevo iniziato a costruire la "forbice". Legai insieme i due alberetti, tenendo conto della loro differente lunghezza, e al punto d'intersezione sospesi il doppio bozzello delle drizze di collare dell'albero di maestra il quale, con il bozzello semplice, e con la stessa drizza di collare, formò una specie di carrucola utile per issare la vela. Per impedire poi che la base degli alberetti scivolasse sul ponte, li assicurai inchiodandovi ai lati alcuni tasselli e, legata una cima all'estremità della "forbice", annodai l'altra estremità all'argano. Avevo fiducia in quell'apparecchio perché, mentre lo manovravo, mi dava la sensazione di essere dotato di una forza erculea. Maud era ferma davanti all'argano e svolgeva il suo compito guidando il giro della cima. Sudavo copiosamente e tutti i miei muscoli erano tesi nello sforzo. Infine la "forbice" si alzò sul ponte.

Il lavoro continuò fino al tramonto. Lupo Larsen ch'era rimasto silenzioso tutta la giornata a seguire con l'orecchio teso e in atteggiamento indifferente il progredire dei lavori, si levò e si diresse verso la cucina per prepararsi la cena. La mia schiena era talmente indolenzita dalla fatica che quasi non riuscivo a reggermi diritto. Osservavo con orgoglio il lavoro compiuto. Finalmente si cominciavano a notare i progressi. Provavo un puerile desiderio di collaudare presto, con una cosa qualsiasi, il mio esperimento, quello che credevo rappresentasse una mia invenzione.

«Vorrei che non fosse così tardi», dissi a Maud. «Mi piacerebbe vedere come funziona».

«Non sia esagerato, Humphrey!», mi rimproverò la ragazza. «Lei è stanco morto e inoltre non deve dimenticare che domani dovrà riprendere il lavoro. Adesso ha bisogno di riposo. Sembra che riesca appena a tenersi in piedi».

«E lei?», chiesi ansioso. «Dovrebbe essere stanchissima, povera Maud! Ha lavorato molto e bene. Sono veramente orgoglioso di lei».

«Mai quanto lo sono io di lei», mi rispose Maud guardandomi negli occhi.

Il suo viso aveva assunto un'espressione che non conoscevo e i suoi occhi brillavano in modo insolito dandomi una inspiegabile sensazione di gioia che mi fece fremere. Poi ella abbassò lo sguardo e rise.

«Se potessero vederla i suoi amici in questo momento!», esclamò. «Non ha mai considerato il suo aspetto?».

«Sì, ma ho anche considerato spesso il suo», risposi imbarazzato da quel brusco cambiare d'argomento.

«Grazie! Che cosa sembro?».

«Uno spaventapasseri, direi. Il suo vestito è strappato e infangato, guardi. Che camicetta! Non occorre essere Sherlock Holmes per dedurne che lei ha cucinato su un fuoco da campo ed estratto l'olio delle foche uccise. Questa sarebbe dunque la donna che ha scritto *Un bacio tollerato*!».

Lei accennò una comica ma altrettanto elegante riverenza. «Per servirla, signore...».

Nei cinque minuti che seguirono non facemmo che scherzare e canzonarci a vicenda, ma se il tono e le parole risuonavano scherzosi, vi era qualcosa di serio, di importante nel nostro sguardo. Era un impressione che non sapevo definire, una sensazione che mi assaliva a tratti e che svaniva prima che avessi potuto afferrarla. Cos'era? Forse i nostri occhi si parlavano superando il suono della nostra voce? Sapevo che i miei stavano esprimendo troppo chiaramente ciò che non volevo dire, e invano cercavo di padroneggiarmi e di costringerli a seguire la mia volontà. Arrivai fino al punto di passarmi la mano aperta sugli occhi, distogliendoli con sforzo dalla figura di lei. E mi chiedevo se lei avesse letto la loro muta preghiera, la loro ardente aspirazione.

E i suoi occhi mi avevano detto qualcosa? Che poteva significare quell'espressione fuggevole che li aveva attraversati e che mi aveva procurato quel piacere?

No, impossibile, impossibile...! Non ero mai stato perspicace né intuitivo, non potevo pretendere di saper leggere nella profondità degli occhi di una donna. Ero soltanto Humphrey Van Weyden, un uomo che aveva trascorso la sua vita sui libri. Ed ero felice di amare, felice ed esultante nell'attesa di essere amato.

I pensieri, si sovrapponevano nella mia mente, mentre Maud e io continuavamo ridendo a canzonare il nostro reciproco aspetto. Poi tornammo alle nostre capanne.

«È veramente ingiusto che, dopo una giornata estenuante di lavoro, non ci si possa proprio concedere una notte di sonno ininterrotto», osservai lamentandomi dopo cena.

Lei mi guardò pensosa. «Ma... credo che ormai noi non si corra più alcun pericolo», disse dopo un poco. «Non possiamo aver timore di un cieco».

«Non bisogna fidarsi di quell'uomo», replicai scuotendo il capo, «e tanto meno ora che è cieco. La sua situazione è terribile e non farà che renderlo ancor più malvagio e crudele. Da domani in poi dovrò prendere le mie precauzioni. Sa che cosa farò? Ancorerò la goletta lontano dalla spiaggia e ogni sera potremo tornare a terra con il canotto e riposare tranquilli, mentre Lupo Larsen sarà prigioniero a bordo. Questa sarà l'ultima notte che passeremo scambiandoci i turni di guardia, le assicuro. E forse questa prospettiva renderà meno faticosa la nostra veglia».

L'indomani ci destammo presto e l'alba spuntò quando stavamo facendo colazione. Maud volse in giro lo sguardo.

«Humphrey!», esclamò a un tratto con voce sgomenta. «Oh!...».

Guardai la ragazza. Teneva lo sguardo fisso sul *Fanthom*, seguendolo, non riuscii a scorgere nulla di insolito. Fissai la ragazza con espressione di sorpresa, attendendo una spiegazione.

«Il... nostro congegno!».

Guardai di nuovo e vidi che la mia "forbice" non c'era più.

«Se ha fatto...», cominciai stringendo i denti.

Lei mi interruppe con un gesto e appoggiò affettuosamente la sua mano sulla mia. «Bisogna rifare tutto da capo», mormorò.

«Oh! non abbia paura!», dissi sorridendo amaramente. «La mia collera non significa nulla. Non sarei capace di far male a una mosca, e Lupo Larsen lo sa, e ne approfitta. Farò come dice, Maud. Se ha distrutto il nostro lavoro ci limiteremo a rifare tutto da capo».Tacqui cupo, immerso nelle mie riflessioni. «Ma d'ora in poi rimarrò a bordo a fare la sentinella», soggiunsi. «E se Larsen avrà qualcosa da dire...».

«Ma io ho paura di passare la notte sola a terra!», mi interruppe Maud. «Certo se lui ci dimostrasse un poco, solo un poco d'amicizia e si decidesse a collaborare con noi sarebbe una gran bella cosa. Potremmo starcene tutti comodamente a bordo».

«Lo faremo!», esclamai ancora in preda alla collera per tutto il mio lavoro ch'era stato distrutto. «Ci stabiliremo a bordo con o senza il consenso di Lupo Larsen». Cercai di ritrovare la calma e mi sforzai di sorridere. «È puerile da parte sua comportarsi in questo modo», osservai. «Come del resto lo è da parte mia, lasciarmi trasportare dalla collera».

Quando salii a bordo del *Fanthom* e mi trovai davanti all'opera di distruzione compiuta da Lupo Larsen, mi sentii stringere il cuore per lo scoraggiamento e di nuovo mi sentii accecare dalla collera. Gli alberetti erano scomparsi, le gomene tagliate in più punti. Le drizze che avevo attrezzato con tanta cura erano state fatte a pezzi ed egli sapeva certo che sarebbe stato impossibile riannodarle. Poi fui assalito da un dubbio atroce e corsi all'argano. Non funzionava più. Guardai costernato Maud che mi ricambiò uno sguardo di angosciato sbigottimento. Corsi al parapetto e mi sporsi sull'acqua. Alberi pennoni, picchi... tutto era scomparso. Lupo Larsen aveva tagliato le corde che ancora li tenevano legati e li aveva lasciati andare alla deriva.

Vidi gli occhi di Maud divenire lucidi e io compresi che tutto il suo dolore era per me, per la disperazione che leggeva nella mia espressione stravolta. Il nostro progetto era miseramente naufragato. Lupo Larsen aveva saputo fare in modo che tutte le speranze dovessero cadere. Sedetti sulla cima del boccaporto e mi presi il volto tra le mani.

«Merita di morire!», esclamai in un impeto di disperazione e di dolore. «E, Dio mi perdoni, dovrò trovare la forza di fare giustizia!».

Maud mi si accostò e mi passò dolcemente, affettuosamente la mano nei capelli come se fossi stato un bambino.

«Su, su!», mormorò in tono di conforto. «Andrà tutto bene vedrà. Siamo dalla parte della ragione e le cose si sistemeranno, in qualche modo!».

Ricordai ancora le parole di Michelet e, chinando il capo verso di lei, mi parve veramente di ritrovare la mia forza e tutto il mio coraggio. Che importanza aveva, in fondo? Quali danni ci avrebbe causato? Solo un rinvio forse, un semplice ritardo nell'attuazione dei nostri progetti. La marea non poteva ancora aver trascinato troppo lontano l'alberatura e inoltre non c'era vento. Ciò significava la fatica imprevista di ritrovarla e riportarla a bordo. E la lezione sarebbe servita per l'avvenire. Ormai sapevo che cosa potevo aspettarmi da Lupo Larsen. Egli avrebbe potuto per esempio attendere che il nostro lavoro fosse quasi ultimato per distruggerlo di nuovo.

«Ecco», mormoro Maud: «Sta venendo».

Guardai verso il punto che la ragazza mi stava indicando e vidi Lupo Larsen che passeggiava tranquillamente sulla poppa al lato di dritta.

«Non gli faccia caso», sussurrai a Maud. «Viene a vedere come abbiamo preso la cosa e certo godrebbe se sapesse che ne siamo rimasti tanto colpiti. Dobbiamo negargli questa soddisfazione. Faccia finta di nulla e... tolga le scarpe... sì, così. Ora le tenga in mano».

Giocammo a rimpiattino con il cieco. Mentre egli si avvicinava dal lato di dritta noi scivolammo silenziosamente a sinistra e, dalla poppa, lo guardammo dirigersi a prua cercando di noi. Doveva aver capito, chissà come, che ci trovavamo a bordo perché a un certo punto pronunciò un "buon giorno" con molta sicurezza e rimase come in attesa che il saluto gli venisse ricambiato. Poi tornò verso poppa e silenziosamente noi scivolammo a prua.

«Oh, so benissimo che siete a bordo!», gridò Lupo Larsen tendendo subito l'orecchio come per cercare di captare qualche rumore.

Era un enorme gufo in attesa, dopo aver lanciato il suo grido, del panico della sua spaventata preda. Ma non ci scomponemmo e solo quando egli si mosse, riprendemmo a sfuggirgli. Continuammo per lungo tempo quella specie di fuga attraverso la nave, tenendoci per mano come due bambini inseguiti dall'orco finché Lupo Larsen, evidentemente stanco e seccato da quella beffa, lasciò il ponte e se ne tornò in cabina.

Avevamo ritrovato tutto il nostro buonumore quando scavalcammo il parapetto e scendemmo nel canotto. Quell'episodio ci aveva riportato il sorriso sulle labbra e i nostri occhi scintillavano divertiti come quelli di due ragazzi eccitati nel gioco. Ma io avevo dimenticato tutta la mia disperazione, guardando gli occhi della donna che mi stava accanto. In quel momento sapevo soltanto d'amarla e sapevo che, per merito suo e del mio sentimento, avrei saputo trovare ancora la forza e il coraggio necessari per aprire una strada di ritorno verso il mondo civile.

XXXVI

Per due giorni Maud e io frugammo il mare con il binocolo e cercammo lungo tutte le spiagge con la speranza di ritrovare l'alberatura lanciata alla deriva da Lupo Larsen. Ma solo il terzo giorno la ritrovammo, al completo, forbice compresa, e nel punto più pericoloso della costa. Era incagliata fra le punte della scogliera dove le onde si rompevano con fragore davanti all'aspro promontorio. Facemmo una fatica infinita e al tramonto tornammo esausti al nostro rifugio trascinando con noi l'albero di maestra che eravamo riusciti a districare dai cordami. Fummo inoltre costretti, per l'assoluta mancanza di vento, a remare sia all'andata che al ritorno.

Un altro giorno di fatica estenuante e di pericoli fu necessario per riportare sulla spiaggia i due alberetti. Il terzo giorno, preso dalla disperazione, decisi di tentare il tutto per tutto e legai insieme l'albero e i pennoni di trinchetto e di maestra con i due picchi. Avevo pensato che dato il vento favorevole avrei potuto tentare di portare alla spiaggia tutto ciò che rimaneva dell'attrezzatura Ma nel ritorno il vento diminuì sempre più fino a che cadde del tutto. Procedemmo allora remando, avanzando con una lentezza spasmodica. Era una fatica improba ed esasperante. Remavo con tutto il mio vigore, ma sentivo l'imbarcazione trattenuta nella spinta in avanti dalla pesante ancora che trascinavo dietro di me, a poppa. Ero profondamente avvilito.

Cominciavano a scendere le tenebre quando, ad aumentare la precarietà della situazione, il vento prese a soffiare in direzione contraria. Così, non solo ogni mio sforzo per avanzare divenne vano ma la barca incominciò a indietreggiare, spinta verso il mare aperto. Continuai a vogare, lottai con i remi fino a che ebbi forza. Maud, esausta, era sdraiata sulla panchetta posteriore. Non potevo più far nulla. Le mie mani gonfie e coperte di vesciche non sapevano più stringere i remi mentre i polsi e i muscoli delle braccia e della schiena mi dolevano atrocemente. E inoltre, sebbene avessi mangiato abbondantemente a pranzo, il mio lavoro era stato tanto faticoso che mi sentivo svenire dalla fame.

Ritirai i remi a bordo e mi chinai sulla cima che tratteneva gli alberi a rimorchio. Maud fu lesta a trattenermi la mano che si tendeva verso la fune. La sua voce suonò roca, quasi brusca.

«Che cosa intende fare?».

«Abbandonare il carico», risposi con decisione sciogliendo un giro di cima.

Le dita di Maud si strinsero sulle mie. «Per carità, non faccia una cosa simile!».

Scossi il capo. «È impossibile riuscire», risposi. «Presto sarà notte e il vento ci sta trascinando sempre più lontano da terra».

«Ma Humphrey!», proruppe. «Humphrey! Si rende conto che se non potremo andarcene con il *Fanthom*, saremo probabilmente condannati a finire la nostra vita sull'isola? Nessuno ha mai scoperto quella terra e chissà per quanto tempo rimarrà ancora sconosciuta!».

«Lei dimentica il canotto che abbiamo trovato sulla spiaggia di una delle insenature», osservai.

Lei mi fissò. «Era un canotto da caccia», disse lentamente. «È evidente che se gli uomini che si trovavano a bordo si fossero salvati, sarebbero tornati all'isola a fare la loro fortuna con tutte quelle foche. Lei sa bene che non si sono salvati».

Rimasi muto, colpito da quel tono freddo e grave. Non avrei mai immaginato che sapesse.

«E poi», soggiunse in fretta accennando all'attrezzatura che stavamo rimorchiando, «l'idea è stata sua e io sono certa che si rivelerà geniale come tutte le altre sue idee».

La sua voce non era più supplichevole e aveva posto la questione sotto termini lusinghieri per me. Potevo finalmente contraddirla.

«Meglio vivere per anni sull'isola, che morire stanotte o domani o dopodomani su questa lancia. Non siamo attrezzati per affrontare l'oceano: non abbiamo a bordo né cibo né acqua né coperte, nulla. Certo lei sa fino a dove può giungere la sua resistenza fisica e si rende esattamente conto che non potrà sopravvivere al freddo della notte. Se non sbaglio sta già tremando».

«Semplice nervosismo», rispose Maud con noncuranza. «Ho paura che questa volta, nonostante le mie preghiere, lei farà di testa sua e abbandonerà gli alberi». Si torse le mani in un gesto convulso. «Non lo faccia, Humphrey, la prego! Non lo faccia!».

Così la discussione finì e ancora una volta le parole e il tono di voce di Maud vinsero ogni mia resistenza. Obbedii.

Mi assopivo di quando in quando, ma venivo subito risvegliato dal freddo intensissimo e dal dolore che mi causava l'appoggiare il mio povero corpo indolenzito sul duro fondo del canotto. Non riuscivo a immaginare come Maud potesse resistere. Ero troppo stanco per cercare di riscaldarmi con il movimento, ma ogni tanto trovavo la forza di strofinarmi energicamente le estremità gelate per ristabilire la circolazione. E di continuo lei mi supplicava di resistere, di non abbandonare l'alberatura. Verso le tre del mattino Maud fu presa da un crampo di freddo e dopo che l'ebbi massaggiata a lungo e vigorosamente, rimase rigida sul fondo della barca. Ero spaventato. Rimisi i remi in acqua e l'obbligai a remare, sebbene lei fosse talmente debole ed esausta che sembrava ogni momento sul punto di perdere i sensi. Poi il giorno spuntò e subito, a quella luce grigia, girammo intorno lo sguardo in cerca della nostra isola. Infine la scorgemmo, piccolo punto oscuro all'orizzonte, a circa quindici miglia di distanza. Osservai a lungo il mare con il binocolo e, molto lontano, a sud-ovest, vidi il punto scuro divenire più grande e la distanza che ci separava diminuire sempre più.

«Vento favorevole!», gridai con una voce roca che stentai a riconoscere.

Maud tentò di rispondere e aprì la bocca, ma non riuscì a pronunciare una parola. Aveva le labbra livide e i suoi grandi occhi scuri, pieni di coraggio, mi guardavano dal profondo di due occhiaie incavate e brune. Il suo coraggio era commovente, la sua forza d'animo non aveva limiti.

Cercai ancora di riscaldarle le mani e l'aiutai ad agitare le braccia, finché non fu in grado di muoversi da sola. Poi la sostenni mentre tentava di rialzarsi in piedi e certo senza il mio aiuto sarebbe caduta sul fondo del canotto. L'obbligai, sempre sostenendola, a camminare su e giù parecchie volte lungo lo stretto spazio tra la traversa e la panchetta di poppa e infine a saltare.

«Lei è molto, molto coraggiosa», dissi mentre il suo viso si animava e le guance si colorivano. «Lo sapeva?».

«Oh, no!», esclamò sorridendo. «Non lo sono mai stata prima di conoscere lei. Il merito è tutto suo: è stato lei a rendermi quella che sono».

«Anch'io, prima di conoscerla, non ero per nulla coraggioso», dissi sinceramente.

Mi lanciò un'occhiata rapida e vidi nei suoi occhi quell'espressione luminosa e bizzarra che già mi aveva colpito. O forse qualcosa di più? Non fu che un attimo. Lei sorrise.

«La situazione e l'ambiente...», mormorò.

Sapevo che non era così e mi chiesi se anche lei se ne rendesse conto.

Infine soffiò il vento, forte e continuo. Il canotto filava sempre più veloce verso la nostra isola, alzandosi e abbassandosi sulle onde. Verso le tre e mezzo del pomeriggio superammo il promontorio a sud-ovest. Eravamo affamati e la sete ci tormentava. Non riuscivamo più a inumidire con la saliva le nostre labbra screpolate. Poi il vento cadde lentamente. Quando scese la notte eravamo in piena bonaccia e io faticavo ancora sui remi con la poca forza che mi rimaneva. Vogavo debolmente, sempre più debolmente. Alle due circa del mattino la prua del canotto toccava la spiaggia della baia interna nell'insenatura e io subito saltai a terra per tirarlo in secca. Maud non era capace di levarsi in piedi, né io avevo la forza di sollevarla. Entrambi ci lasciammo cadere sulla sabbia e quando dopo un po' mi fui ripreso, l'afferrai sotto le ascelle e la trascinai lungo la spiaggia fino alle capanne.

Il giorno seguente non lavorammo e dormimmo fino alle tre del pomeriggio. Quando mi destai e uscii sulla spiaggia, trovai Maud intenta a preparare la colazione. Aveva una forza di resistenza meravigliosa, una tenacia, una vitalità del tutto in contrasto con la sua fragile persona e il suo aspetto delicato.

«Sapeva che mi recavo in Giappone per ragioni di salute?», mi chiese mentre, terminato il pranzo, ci attardavamo vicino al fuoco gustando quel dolce riposo. «Non sono mai stata robusta, tutt'altro. I medici mi esortarono a fare un viaggio per mare e io scelsi il più lungo».

«Se avesse potuto immaginare allora dove l'avrebbe condotta la sua scelta!», esclamai ridendo.

«Ma sarò diversa d'ora in poi», continuò la ragazza. «Non solo una donna più forte, ma anche una donna migliore. Ora, dopo le esperienze vissute, saprò meglio comprendere la vita e il suo significato. E l'apprezzerò assai di più».

Mentre scendeva la sera cominciammo a discutere circa la cecità di Lupo Larsen. Era un fatto veramente inesplicabile.

La gravità del suo stato era evidente, se non altro per il fatto che egli stesso aveva espresso il desiderio di rimanere all'isola Endeavor e morirvi. Se egli stesso, che tanto amava la vita, e che possedeva una forza tanto indomabile, cedeva e ammetteva la sua prossima fine, certo non era a causa della sola cecità. Non si sarebbe arreso, se qualcosa di ben più grave non l'avesse turbato. Considerammo le spaventose emicranie che l'affliggevano di continuo e concludemmo che dovesse trattarsi di qualche grave malattia al cervello e che nei suoi attacchi egli dovesse provare una sofferenza al di là di ogni comprensione. Notai, mentre parlavo con Maud, che la simpatia e la pietà nei riguardi di Lupo Larsen andavano sempre più aumentando in lei. E per questa sua sensibilità tanto dolce e femminile, l'amavo sempre di più. Ma non c'erano falsi sentimentalismi nel suo punto di vista. Riconosceva che avremmo dovuto agire energicamente se desideravamo salvarci, per quanto non accettasse in alcun modo l'idea che, un giorno o l'altro, io mi fossi trovato a dover eliminare quella vita, per salvare la nostra.

La mattina dopo, all'alba, ci mettemmo al lavoro dopo aver fatto colazione. Trovai una piccola ancora da tonneggio nella stiva anteriore dove venivano ammassati cordami, vele di ricambio e altre cose necessarie alla navigazione. Con grandi sforzi riuscii a trascinare l'ancora sul ponte e a calarla nel canotto dove avevo posto un lungo cavo. Poi remai verso il centro della piccola baia e calai in mare l'ancora. Non spirava un alito di vento, la marea era alta e in quel momento la nave galleggiava interamente. Tornai a bordo e, tenendo fra le mani l'estremità del cavo a cui era legata l'ancora, Maud e io tirammo a forza di braccia finché la nave si staccò lentamente dalla riva. Ma l'ancora era troppo piccola per poter tenere immobile la goletta nel caso si fosse levato un forte vento, così feci scendere in mare anche la grossa ancora di sibistra lasciando la catena piuttosto lenta.

Nel pomeriggio mi occupai dell'argano che Lupo Larsen aveva guastato. Non avevo alcuna esperienza nel campo della meccanica e persi tre giorni in un lavoro che un operaio pratico avrebbe compiuto in poche ore. Non sapevo nemmeno maneggiare quegli strumenti di lavoro che un meccanico qualsiasi conosce come le proprie tasche. Alla fine del terzo giorno di continua fatica e di infinita pazienza, l'argano funzionava un po' grossolanamente, ma funzionava. Non rendeva certo quanto prima e manovrarlo era ora quanto mai faticoso, ma ci fu ugualmente di enorme aiuto.

In mezza giornata issai a bordo i due alberetti e rifeci il lavoro distrutto alzando nuovamente la "forbice" e puntellando i pali alla base. Passai la notte a bordo per poter sorvegliare la mia opera. Maud si era decisamente rifiutata di rimanere da sola a terra e dormì nel castello di prua. Lupo Larsen era rimasto tutto il giorno seduto sul ponte come sempre, in atteggiamento apparentemente indifferente e chiacchierando con Maud su vari argomenti senza importanza. Nessuna allusione venne fatta, né da parte sua né da parte nostra, su quanto era accaduto ed egli non ripeté più l'ordine di non metter mano alla sua nave. Ma lo temevo ancora. Era cieco, indebolito dalle sofferenze, ma quel suo strano modo di comportarsi, quel suo seguire con il vigile orecchio teso i miei movimenti mi innervosiva e spesso mi dava i brividi. Così, mentre lavoravo, evitavo di avvicinarmi a lui e mi tenevo lontano da quelle braccia poderose e micidiali.

Quella notte, mentre riposavo sul ponte, fui svegliato dal rumore dei suoi passi. La notte era stellata e potei vedere distintamente la sua figura che si muoveva nell'ombra. Silenziosamente mi tolsi di dosso le coperte e, scalzo, gli scivolai alle calcagna. Egli si era armato di una lima che aveva probabilmente trovato nell'armadietto degli attrezzi e con quello strumento si preparava a tagliare le drizze con cui avevo annodato alla mia "forbice". Egli le cercò a tentoni e scoprì con disappunto che erano tese. Non avrebbe potuto tagliarle con la lima e allora, tenendole ferme con una mano, prese a segarle con il suo rudimentale utensile.

«Non lo farei, se fossi in lei», dissi con voce pacata. Egli udì il lieve scricchiolio della sicura della pistola che veniva abbassata e sogghignò.

«Salve, Hump!», disse. «Sapevo che si trovava dietro di me. Lei non può ingannare le mie orecchie».

«Questo non è vero, Lupo Larsen», dissi sempre con calma. «Ma dato che non aspetto altro che un'opportunità per ammazzarla, continui pure il suo lavoro adesso».

Egli sogghignò di nuovo. «Lei è sempre stato molto fortunato con me», osservò.

«Avanti!», ripetei in tono di minaccia. «Avanti! Tagli pure!».

«Preferisco non darle questa soddisfazione».

Lupo Larsen si volse e ritornò verso poppa.

La mattina seguente raccontai a Maud l'incidente della notte. Lei rimase a lungo pensosa.

«Bisogna fare qualcosa», disse infine. «Se quell'uomo continuerà a circolare liberamente sulla nave potrà fare qualunque pazzia, come incendiare il *Fanthom* o trovare il modo di farla colare a picco. Chissà cosa è capace di escogitare! Dobbiamo prenderlo prigioniero».

«Ma come», chiesi scoraggiato. «Non me la sento di avvicinarmi a lui fino a trovarmi alla portata delle sue braccia. Ed egli sa che sino a quando continuerà a limitarsi a una resistenza passiva non potrò colpirlo».

«Ma... ci dev'essere un modo...». Lei fece una pausa. «Mi lasci riflettere», concluse.

«Certo!», esclamai in tono furioso. «Un modo c'è! Uno solo!».

Maud non fiatò e parve attendere che continuassi. Afferrai una mazza da foche che si trovava a portata di mano.

«No, non lo ucciderò», dissi considerando la mazza. «Prima che possa riaversi dallo stordimento, l'avrò legato come un salame».

Maud ebbe un brivido e scosse il capo. «Non così», disse. «Ci dev'essere una maniera meno brutale. Aspettiamo».

Non dovemmo attendere a lungo. Quella mattina, dopo mille tentativi infruttuosi, riuscii finalmente a trovare il centro di gravità dell'albero di trinchetto e legai la gomena da issare a pochi piedi dalla base. Maud era sempre all'argano e avvolgeva sorvegliando il giro del cavo. Se l'argano non fosse stato danneggiato non avremmo incontrato tante difficoltà ma, data la situazione, ero costretto a usare tutto il mio peso e la mia forza in quella manovra che procedeva assai lenta. E frequentemente dovevo fermarmi e riposarmi un poco. In realtà il tempo che dovevo passare a ritrovare le forze e a riprender fiato era più lungo di quello che potevo passare al lavoro. Anche Maud si dava da fare e, quando da solo non riuscivo a muovere l'argano, mi aiutava con una mano mentre con l'altra teneva fermo il giro di corda.

Finalmente, dopo un'ora, il bozzello semplice e quello doppio si unirono alla sommità della "forbice". La base del palo poggiava sul lato esterno del parapetto di sinistra. La mia "forbice" era troppo corta e tutto il mio lavoro non era servito a nulla. Ma ormai non mi lasciavo più tanto facilmente scoraggiare dagli insuccessi. Avevo inoltre acquistato una certa sicurezza e conoscevo le possibilità d'applicazione dell'argano, della "forbice" e di molti strumenti che prima non avevo mai usato. Il modo di cavarsela c'era: dovevo trovarlo.

Mentre stavo riflettendo sul problema, Lupo Larsen giunse sul ponte. Notammo subito qualcosa di mutato nel suo aspetto, qualcosa di strano nel suo contegno. L'indecisione o debolezza che fosse di ogni suo movimento si era accentuata e, mentre passava accanto alla cucina, il suo passo divenne incerto ed esitante. Giunto all'estremità della poppa vacillò, levò la mano al viso con il suo gesto abituale e, improvvisamente, perse l'equilibrio e cadde dalla scaletta di poppa rimanendo in piedi sul punto. Poi camminò barcollando come un ubriaco e agitando una mano davanti a sé come se cercasse un sostegno. Infine si aggrappò alla scaletta della timoneria e ritrovò l'equilibrio rimanendovi appoggiato. Era immobile, stordito dalla sofferenza e si comprimeva la fronte con la mano nervosa. D'un tratto le gambe gli si piegarono e cadde pesantemente al suolo

«Un attacco di emicrania», sussurrai a Maud.

Fece con il capo un cenno di conferma e notai sul suo viso un'espressione di viva pietà. Ci avvicinammo a Lupo Larsen che sembrava aver perso la conoscenza e respirava con difficoltà, con lieve rantolo. Maud si prese subito cura di lui gli sollevò la testa per detergergli il sangue che sgorgava da una ferita che si era prodotta nella caduta e mi prego di andare a prendere un cuscino. Ritornai anche con qualche coperta e insieme formammo per l'infermo una specie di giaciglio. Poi gli tastai il polso e constatai che le pulsazioni erano regolari, normali. Ciò mi mise in sospetto.

«E se fosse tutta una finzione?».

Maud scosse il capo con espressione di rimprovero, ma proprio in quel momento, la mano dell'uomo sfuggi dalle mie dita e mi sentii stringere il polso in una morsa d'acciaio. Lanciai un urlo di terrore, un urlo rauco mentre vedevo sul volto dell'uomo un espressione di perfido trionfo. L'altra mano di Lupo Larsen mi circondò la vita e mi sentii trascinare verso di lui in una terribile stretta.

Egli lasciò il mio polso e mi strinse alle spalle immobilizzandomi le braccia. Non potevo fare il minimo movimento. L'altra mano di Larsen si alzò verso la mia gola e in quel momento ebbi veramente la sensazione della morte, quella morte che io stesso mi ero procurato con la mia stupidità. Oh, perché, perché mi ero arrischiato a mettermi alla portata di quelle braccia? Sentivo la mano di lui sulla mia gola, poi mi parve che altre dita si fossero unite sulla mia pelle alla stretta ferrea di Lupo Larsen. Era Maud che tentava invano di scostare la mano che mi stava uccidendo. Infine udii il grido di lei. Mi giunse fin nel profondo dell'anima perché quell'urlo diceva una disperazione senza limiti, un terrore al di là di ogni comprensione umana. Avevo già udito simili grida sul *Martinez* che colava a picco.

Il mio viso era contro il petto di Lupo Larsen e non potevo vedere ciò che stava accadendo, ma udii distintamente che Maud si allontanava correndo. Non avevo ancora perduto la conoscenza, anche se mi pareva che fosse trascorsa un'eternità quando udii di nuovo il suo passo avvicinarsi rapidamente. Proprio allora il corpo di Lupo Larsen parve rilassarsi e si abbandonò sotto di me. Il suo respiro divenne affannoso e, senza comprenderne la ragione, udii uscire dalla sua gola un lungo gemito profondo. La mano che mi serrava alla gola allentò la stretta. Respirai. Ancora la sua mano si agitò e ritrovò il mio collo ma la volontà di Lupo Larsen non poteva, per quanto potente fosse, lottare contro la morte che lo stava per assalire. Svenne.

I passi di Maud erano molto vicini nel momento in cui la mano di Lupo Larsen ricadeva inerte e io ero finalmente libero. Mi lasciai scivolare di lato sul ponte ansimando e battendo le palpebre al raggio di sole che mi rischiarava il viso. Fissai istintivamente la ragazza e la vidi pallida e sconvolta. Ella stringeva tra le mani una pesante mazza da foche. Seguì il mio sguardo e la mazza cadde con un tonfo sul ponte. Il mio cuore era pieno di una gioia infinita. La mia donna, la mia compagna che combatteva al mio fianco! Si batteva con me, per me, come la compagna di un uomo primitivo, un uomo delle caverne, avrebbe fatto. L'istinto della donna primitiva si era svegliato in lei, superando educazione, cultura, un istinto rude e forte sotto il freddo controllo che ella aveva imparato a mantenere sempre. Mi levai in piedi a fatica.

«Cara ragazza!», mormorai.

L'ebbi tra le braccia e lei pianse convulsamente sulla mia spalla, mentre la stringevo al petto. Guardai la meraviglia dei suoi capelli splendere ai raggi del sole come una corona di gemme preziose. Chinai il capo e vi deposi un bacio leggero, tanto dolce e leggero che non se ne accorse.

Mi costrinsi a ragionare. Era, dopo tutto, una donna e certo piangeva per reazione all'incubo, ora che il pericolo era cessato, nelle braccia di un uomo che l'aveva sempre protetta e che si era salvato per un vero miracolo dalla morte. Se fossi stato il padre o il fratello di lei, la situazione non sarebbe stata in alcun modo diversa. Il tempo e il luogo non erano del resto opportuni e io desideravo poterle dire il mio amore in una situazione migliore. Non avevo il diritto di farlo in quel momento. Mi limitai perciò a baciarla ancora una volta leggermente sui capelli mentre lei, dolcemente, si staccava da me.

«Questa volta si tratta di un vero attacco», osservai accennando a Lupo Larsen. «Un attacco terribile, probabilmente come quello che l'ha reso cieco. In un primo tempo fingeva, ma ora è crollato davvero». Maud tentò di raggiustargli il guanciale sotto il capo, ma io la fermai.

«Aspetti!», dissi. «Non lo lasceremo qui e non lo trasporteremo nella sua cabina, ma nella timoneria. Nelle cabine staremo noi».

Lo afferrai sotto le ascelle e lo trascinai fino alla scaletta mentre Maud, sotto la mia direzione, preparava la corda e gliel'annodava intorno alla vita. Calai Lupo Larsen fino al pavimento della timoneria facendolo scendere con cautela lungo i gradini. Poi, non riuscendo a sollevare il corpo pesante fin sulla cuccetta, mi feci aiutare da Maud e, alzando prima le spalle e la testa e poi il corpo, lo feci scivolare in una delle cuccette inferiori.

Corsi nella cabina di Lupo Larsen e presi un paio di manette, quelle che egli faceva abitualmente applicare agli uomini dell'equipaggio invece degli antiquati e rozzi ferri usati in genere sulle navi. Lo lasciai ammanettato e con i piedi legati l'uno all'altro da una fune che lasciai un poco lenta. E per la prima volta dopo tanto tempo potei respirare liberamente. Mi sentivo sollevato e leggero mentre risalivo sul ponte: era come se un insopportabile peso mi fosse caduto dalle spalle. Sentivo che, dopo quanto era accaduto, Maud e io ci eravamo avvicinati ancor più l'uno all'altra, e mi chiedevo se anche lei provasse una simile sensazione. La guardavo, la studiavo, e cercavo di leggere in lei mentre le camminavo al fianco verso l'albero di trinchetto che pendeva dalla "forbice".

XXXVII

Ci stabilimmo sulla nave, occupando le cabine e cucinando i pasti nella comoda cucina. Tutto era accaduto in un momento molto opportuno, perché la stagione diveniva ogni giorno più fredda e il tempo piovigginoso avrebbe reso assai difficile la nostra vita nelle capanne. Ci eravamo sistemati molto comodamente e ora la forbice che si alzava con l'albero di trinchetto sul ponte sembrava una promessa di prossima partenza.

Lupo Larsen era prigioniero, e adesso, quella partenza non ci sembrava più tanto necessaria e importante. Il secondo attacco di Lupo Larsen gli aveva provocato l'invalidità. Maud si accorse della cosa nel pomeriggio, mentre cercava di somministrare all'uomo un poco di cibo. Egli aveva dato qualche segno debole di conoscenza, ma non aveva risposto alle domande della ragazza. Giaceva sul fianco sinistro e la sua sofferenza era evidente. Ad un tratto mosse il capo e scoprì l'orecchio che aveva tenuto premuto contro il cuscino. Ed allora udì la voce della ragazza e rispose. Lei corse subito da me e mi riferì la cosa.

Scesi nella timoneria e gli appoggiai di nuovo il guanciale contro l'orecchio. Gli chiesi se udisse la mia voce ed egli non rispose. Tolsi il cuscino e ripetei la domanda. Mi rispose prontamente di sì.

«Sa di essere sordo all'orecchio destro?», chiesi.

La sua voce era ancora forte e profonda. «Sì», rispose, «ma c'è qualcosa di peggio. Tutto il lato destro del mio corpo è stato colpito. Sembra come intorpidito, insensibile. Non posso muovere né il braccio né la gamba».

«Non si tratta di una nuova finzione?», chiesi bruscamente.

Scosse il capo e sulle sue labbra comparve un sorriso orribilmente contorto. Le labbra si sollevavano solo dal lato sinistro, mentre quello destro rimaneva immobile.

«Il Lupo ha fatto il suo ultimo scherzetto», disse. «Sono paralizzato e non potrò mai più camminare». Sollevò un poco il ginocchio sinistro alzando leggermente le coperte e di nuovo sorrise immaginando la mia espressione di diffidenza. «Oh, solo dal lato sinistro posso», aggiunse. E continuò in tono leggero:

«Sono proprio sfortunato, Hump. Mi sarebbe piaciuto farla finita con lei prima di andarmene e speravo che mi fossero rimaste abbastanza forze per farlo».

«Ma perché?», chiesi perplesso.

Di nuovo la sua bocca si contorse in un orribile sorriso. «Oh, solo per vivere, per sentirmi vivo. Per il piacere di schiacciare un altro essere più debole di me. Ma... morire in questo modo...».

«Non sa di che malattia si tratta?», chiesi ancora. «Qual è la parte colpita dal male?».

«Il cervello», rispose senza esitazione. «Sono state quelle maledette emicranie...».

«Quali sono i sintomi?».

Egli scosse il capo. «Nulla di preciso: non sono mai stato malato in vita mia. Posso soltanto supporre che nel mio cervello ci sia qualcosa che non va. Un tumore o un'altra cosa del genere... una cosa che divora, che distrugge. Sembra che abbia attaccato anche i centri nervosi rodendoli lentamente, cellula per cellula...».

«E anche i centri motori», osservai.

«Si direbbe, infatti. E il peggio per me consiste nel dover giacere qui, del tutto cosciente, mentalmente sano, con la sicurezza dell'avanzare del male. Il male che mi stacca sempre più dalla vita, me la toglie a pezzetti, poco per volta. Non vedo, non sento. E anche il senso del tatto si indebolisce. Presto, forse, non potrò più parlare. E tutto questo mi accade e mi accadrà mentre sarò vivo, ben vivo e paralizzato, impotente a combattere».

«Lei intende dire con le sue parole che la sua anima sarà presente», dissi. «Allude alla sua anima, non è vero?».

«Sciocchezze!», rispose. «Significa semplicemente che nella paralisi che m'ha colpito, il mio cervello è rimasto vivo e continuerà a lavorare. Posso ricordare, pensare, ragionare. Quando non potrò più fare nemmeno questo sarò finito». Sogghignò sarcasticamente. «L'anima?», soggiunse.

Girò la testa e pose l'orecchio sensibile sul cuscino come a far comprendere che non desiderava continuare la conversazione.

Maud e io tornammo al lavoro con l'animo oppresso per ciò che stava accadendo vicino a noi. Sapevamo che si trattava di un male terribile per quanto non ci fosse possibile stabilire di che cosa si trattasse. Parlavamo tra noi con voce sommessa e le nostre riflessioni erano gravi e cupe.

«Potrebbe togliermi le manette», disse quella sera Lupo Larsen mentre Maud e io ci avvicinavamo alla sua cuccetta. «Sono del tutto superflue per un paralitico».

Sorrise nel modo orribile che conoscevo e Maud volse il capo per nascondere il proprio orrore.

«Sa di non muovere il lato destro della bocca quando sorride?», chiesi. «Sa che il suo sorriso è divenuto una smorfia?».

«Quand'è così non sorriderò più», disse Lupo Larsen con voce pacata. «Mi sembrava infatti che vi fosse qualcosa di anormale. Ho avuto per tutto il giorno la guancia destra intorpidita. Negli ultimi tre giorni provavo strani sintomi. Tutta la parte destra del mio corpo sembrava formicolare e addormentarsi. A volte era una gamba, a volte un braccio, a volte un piede». Fece una pausa e soggiunse: «Dunque il mio sorriso è una smorfia impressionante! Be', d'ora in poi sorriderò con il pensiero, internamente: con l'anima, se preferite. Con l'anima! Potete considerarmi sorridente in questo momento».

Il suo carattere non era cambiato. Era sempre l'invincibile Lupo Larsen indomabile, tremendo, imprigionato in quel corpo che era stato tanto possente. E ora quella carne era divenuta la sua prigione e lo isolava da quel mondo che aveva sempre considerato il suo campo d'azione, gli impediva quel movimento che considerava la vita. Il suo credo era stato "agire", ora poteva soltanto "essere". Un essere senza movimento, senza vitalità. Volere ma non fare, pensare, ragionare, vivere nella mente, ma essere morto nella carne. Il destino era stato veramente terribile con lui.

Gli avevamo tolto le manette, ma non sapevamo abituarci né accettare del tutto quella condizione. La nostra ragione si ribellava. Egli era vivo, pieno di potenzialità. Forse la sua volontà indomabile poteva ancora lottare contro la materia e sollevarsi e vincere. Non sapevamo ancora che cosa potevamo attenderci da lui, che cosa fosse ancora capace di ideare e di compiere. Le esperienze passate giustificavano pienamente quel nostro stato d'animo e, mentre eravamo occupati nel nostro lavoro, ci sentivamo sempre oppressi da una viva ansietà.

Avevo risolto il problema della insufficiente altezza della "forbice". Con una carrucola, costruita per l'occasione, alzai la base dell'albero di trinchetto attraverso il parapetto e l'abbassai sul ponte. Poi, per mezzo della "forbice", issai a bordo l'asta di maestra. I suoi dodici metri di altezza sarebbero certo bastati per alzare l'albero. Attraverso un'altra carrucola che avevo assicurato alla "forbice", sollevai l'asta a una posizione perpendicolare facendone poi scendere la base sul ponte dove, per impedire che scivolasse, inchiodai tutto intorno tanti grossi tasselli. Con una gomena avevo collegato la cima dell'asta al bozzello della carrucola della "forbice" e avevo legato l'estremità della gomena all'argano. In tal modo, girando l'argano, potevo alzare e abbassare come volevo la cima dell'asta, mentre la base non si muoveva. Avevo inoltre assicurato alla cima dell'asta un'altra carrucola per issare e quando l'intero congegno fu pronto, constatai sorpreso quanto mi sarebbe stato utile.

Fu necessario, naturalmente, molto tempo per compiere il lavoro e solo nella mattina del terzo giorno alzai l'albero di trinchetto dal ponte e cominciai a limarne la base per introdurla nell'incastro. Spaccai, segai, limai il vecchio legno fino a renderlo simile a un pezzo di corteccia roso dai topi. Ma ora entrava nell'incastro, e nonostante l'aspetto, era ancora saldo e robusto.

«Andrà bene!», esclamai. «So che andrà bene!».

«Conosce il testo finale della verità riportato da Jordan?», mi chiese Maud.

Scossi il capo liberandomi dei trucioli di legno che mi erano scesi fin sul collo.

«"Possiamo adoperarlo? Possiamo affidargli la nostra vita?"», citò la ragazza. «È così».

«È uno dei suoi favoriti, Jordan», osservai. Lei sorrise. «Quando abbattei il vecchio Pantheon e mi liberai di Napoleone e di Cesare e dei loro simili, ne alzai subito un altro dove posi per primo il dottor Jordan».

«Un eroe moderno».

«Più grande perché moderno», aggiunse. «Diverso, troppo diverso dagli eroi del vecchio mondo».

I nostri punti di vista erano simili, le nostre opinioni uguali. Scossi il capo sorridendo senza più parlare. Non potevo discutere le mie stesse idee.

«Per essere due letterati andiamo troppo d'accordo», dissi poco dopo.

«E anche come costruttori navali», rispose ridendo la ragazza.

Chiacchieravamo allegramente, ma eravamo di continuo oppressi dalla preoccupazione del lavoro enorme da svolgere e dalla presenza sulla nave di un essere che si trovava fra la vita e la morte. Lupo Larsen era stato offeso da un nuovo colpo e aveva perduto quasi la voce. Parlava a fatica e a intervalli che si facevano sempre più lunghi. Egli scherzava sulle sue corde vocali dicendole simili ai titoli di borsa. Ora la voce saliva ora scendeva. Quando la voce era in rialzo, egli poteva parlare sebbene lentamente e con fatica; quando era in ribasso diveniva completamente muto. S'interrompeva spesso nel mezzo di una frase e taceva per ore in attesa che la voce gli ritornasse. Diceva di provare un dolore atroce alla testa e fu appunto accorgendosi di perdere sempre più la voce che egli ideò un mezzo di comunicazione che avrebbe dovuto servire, quando non fosse stato più capace di pronunciare una sola parola. Una pressione della mano significava "sì", due pressioni "no".

La voce gli venne a mancare del tutto quella sera stessa. Da allora rispose sempre con le pressioni della mano alle nostre domande e quando desiderava comunicare qualcosa scarabocchiava con la mano sinistra, su di un pezzo di carta, qualche parola appena leggibile.

Intanto era sopraggiunto l'inverno. Le tempeste si susseguivano senza tregua con pioggia e neve, le foche erano emigrate verso il sud e l'insenatura era deserta e silenziosa. Lavoravamo febbrilmente. Nonostante il freddo intenso, il vento, il tempo cattivo, ero sul ponte dall'alba al tramonto e il lavoro progrediva ogni giorno. Forte delle esperienze passate, divenivo sempre più abile e sicuro. Quel giorno legai il sartiame e le drizze alla cima dell'albero di trinchetto e, avendo come al solito fatto male i miei calcoli, persi molte giornate a completare l'opera. C'era ancora molto lavoro da sbrigare: le vele, per esempio, dovevano essere confezionate da capo. Mentre io lavoravo al sartiame dell'albero di trinchetto, Maud cuciva la tela, pronta in ogni momento a correre ad aiutarmi in caso di necessità. La tela era grossa e dura e cuciva con un grosso ago da vele, muovendo le mani delicate ricoperte di vesciche. Si mostrava però sempre sostenuta da un indomabile coraggio e, oltre a occuparsi della cucina, assisteva il malato premurosamente.

«Me ne infischio delle superstizioni», dissi un venerdì mattina. «Oggi sistemerò l'albero».

Ero pronto per il tentativo. Collegai il bozzello all'asta dell'argano e lo manovrai sollevando l'albero sul ponte. Poi collegai il bozzello della "forbice" all'argano e con pochi giri riuscii a portare l'albero in posizione perpendicolare. Maud batté le mani, felice, quando ebbe finito di guidare la cima sull'argano.

«Funziona!», esclamò. «Funziona! Possiamo "affidargli le nostre vite!"». Poi parve scoraggiata. «Ma non si trova sull'incastro!», si lamentò. «Bisogna ricominciare da capo?».

Sorrisi e, allentando da un lato l'asta e tenendola dall'altro, spostai l'albero finché si trovò esattamente al centro del ponte. Ma non si trovava ancora nella scassa e di nuovo io sorrisi con superiorità.

Allentai il bozzello dell'asta, issando una equivalente lunghezza di cavo sul bozzello della "forbice" e portai la base dell'albero direttamente sopra l'incastro. Poi diedi a Maud le necessarie istruzioni e scesi nella stiva dove si trovava la scassa dell'albero di trinchetto.

Come d'accordo gridai un ordine e vidi la base del palo muoversi precisamente, penetrare nella sede del ponte, scendere. Ma la base era quadrata e, nel discendere, girava su se stessa, tanto che quando giunse in fondo, non combaciava con il quadrato dell'incastro. Non ebbi neppure un attimo d'esitazione. Gridai alla ragazza di fermare tutto, salii sul ponte e legai strettamente con un nodo girato il bozzello all'albero. Poi tornai nella stiva. Vidi la base girare lentamente su se stessa in senso inverso finché i suoi lati coincisero con quelli dell'incastro. Maud fissò il punto e tornò all'argano. Lentamente l'albero ridiscese girando. Di nuovo la ragazza rettificò il giro con il bozzello e di nuovo abbassò.

La base penetrò nell'incastro.

Lanciai un grido di gioia e Maud corse a sua volta nella stiva a constatare il nostro successo. Alla luce di una lanterna contemplammo il nostro lavoro, poi ci guardammo e le nostre mani s'incontrarono. I nostri occhi erano umidi di felicità e di commozione.

«È riuscito abbastanza facilmente, dopo tutto», osservai. «Tutta la difficoltà consisteva nella preparazione».

«È meraviglioso!», esclamò Maud. «Riesco appena a credere che l'albero sia a posto. Sembra incredibile che lei l'abbia tolto dall'acqua, sollevato nell'aria e riportato al suo posto. È un lavoro da titani».

«Oh, anche i titani erano inventori...», cominciai allegramente.

Annusai l'aria. Guardai la lanterna, ma non faceva fumo. Di nuovo fiutai.

«C'è qualcosa che brucia!», esclamò Maud improvvisamente.

Insieme balzammo verso la scala, ma io raggiunsi per primo il ponte. Un denso fumo usciva dal boccaporto della timoneria. Era tanto denso e scuro che dovetti cercare a tastoni la strada per scendere. E tanto grande era il timore che avevo della forza e della resistenza di Lupo Larsen, che immaginavo di sentirmi afferrare alla gola in una stretta mortale. Esitai sulla scala con un desiderio vivissimo di tornarmene di nuovo sul ponte, ma ricordai Maud. La vidi come poco prima, nella stiva, con gli occhi brillanti di gioia alla luce incerta della lanterna e compresi che non potevo fuggire. Raggiunsi la cuccetta di Lupo Larsen sentendomi asfissiare e tesi la mano per cercare il suo corpo. Giaceva immobile e si mosse appena al contatto della mia mano. Toccai sopra e sotto le coperte. Nessun segno d'incendio, nessun calore sospetto. Dov'era la sorgente di quel fumo accecante e soffocante? Persi per un attimo la testa e corsi attorno nella timoneria alla cieca finché andai a battere contro una tavola e ritrovai la calma. Riflettei. Un uomo immobilizzato non poteva aver appiccato il fuoco troppo lontano da dove si trovava. L'incendio doveva trovarsi nelle vicinanze di Lupo Larsen. Tornai alla cuccetta e incontrai Maud che era scesa a sua volta nella timoneria. L'atmosfera era soffocante.

«Torni sul ponte!», ordinai alla ragazza in tono perentorio.

«Ma... Humphrey!», protestò con voce roca.

«Per favore!», gridai. «Per favore!».

Ubbidì, e allora fui assalito dal dubbio che non riuscisse a trovare i gradini. Corsi verso la scaletta e mi fermai. Era salita? Mentre me ne stavo esitante davanti al primo scalino, mi giunse la voce lamentevole di lei.

«Oh, Humphrey, mi sono smarrita!».

La trovai che si stava dirigendo a tentoni verso il tramezzo di poppa e un po' sostenendola, un po' trascinandola, la condussi sul ponte. L'aria pura parve farla rivivere. Era soltanto un poco stordita e io la lasciai sdraiata sul ponte, quando per la seconda volta scesi nel fumo.

Ora sapevo che il principio dell'incendio doveva trovarsi molto vicino a Lupo Larsen e mi diressi con sicurezza verso la cuccetta. Mentre tastavo di nuovo tra le coperte, una scintilla mi cadde sul dorso della mano. Ritirai rapidamente il braccio e compresi. Attraverso le fessure della cuccetta superiore, Lupo Larsen aveva appiccato fuoco al materasso. Il suo braccio sinistro poteva ancora allungarsi e arrivare alla cuccetta sopra la sua. La paglia umida del materasso, priva d'aria e accesa dal disotto, aveva covato il fuoco producendo tutto quel fumo. Tolsi rapidamente il materasso dalla cuccetta e, appena si trovò nell'aria, il fuoco divampò. Strappai dalla cuccetta i residui di paglia incendiata, poi corsi un attimo sul ponte a respirare una boccata d'aria pura. Bastarono pochi secchi d'acqua per spegnere il piccolo incendio sul pavimento della timoneria e dieci minuti dopo, quando il fumo si fu del tutto dileguato, permisi a Maud di scendere sottocoperta. Lupo Larsen era svenuto ma rinvenne subito, appena l'aria cominciò a penetrare dalla porta aperta della timoneria. Maud e io eravamo accanto alla sua cuccetta ed egli ci fece subito un cenno per comunicarci che desiderava scrivere.

Appena ebbe carta e matita, scrisse rapidamente poche parole quasi indecifrabili.

«*Vi prego di non interrompermi: sto sorridendo*».

Più tardi volle ancora la matita e scrisse:

«*Posso ancora agire, vedete? Sono ancora vivo*».

«Sono lieto che sia vivo ma anche che il suo campo di movimento sia limitato», dissi.

«*Grazie*», scrisse. «*Pensi come sarà piccolo quel campo prima di morire*».

Poi, più tardi afferrò di nuovo la matita e scrisse in fretta: «*Eppure sono qui, Hump, e la mia mente è attiva come sempre. Meglio di sempre. Nulla mi distrae e la mia concentrazione è perfetta. Sono presente, più che presente*».

Sembrava un messaggio dalle tenebre. Il corpo di Lupo Larsen era simile a un mausoleo dove lo spirito palpitava e viveva. Sarebbe vissuto in quel possente sepolcro fino a che l'ultimo filo che l'univa alla vita non si sarebbe spezzato. E chi poteva dire fino a quando avrebbe continuato a vivere, dopo?

XXXVIII

«*Ho l'impressione che anche il lato sinistro* si *vada intorpidendo*», scrisse Lupo Larsen la mattina dopo. «*La rigidezza aumenta e mi è appena possibile muovere la mano. Parli a voce alta. Sto per scrivere le mie ultime parole*».

«Si sente male?», chiesi.

Fui costretto a ripetere a voce molto più alta la domanda, prima che prendesse di nuovo la matita per scrivere: «*Non sempre*».

La sua mano si muoveva con difficoltà sul foglio e solo con grande difficoltà riuscivo a decifrare quegli scarabocchi. Era come se stessimo ricevendo messaggi dall'oltretomba, durante una seduta spiritica.

La matita gli sfuggi e dovetti rimettergliela fra le dita.

«*Quando scompare il dolore fisico provo una pace e una tranquillità perfette. Non ho mai pensato e capito con tanta chiarezza. Posso riflettere sulla vita e sulla morte come un saggio indù*».

Maud gli si chinò all'orecchio. «E l'immortalità?», gridò.

Per tre volte egli tentò di scrivere, ma inutilmente. Andava sempre più perdendo le forze. Ancora la matita gli sfuggì tra le dita e invano cercammo di fargliela stringere di nuovo. Maud allora pose la matita fra quelle dita inerti e, stringendo con la sua la mano dell'uomo, seguì il suo movimento. La mano si muoveva lentamente.

«SCIOCCHEZZE!».

Fu l'ultima parola di Lupo Larsen, scettico e materialista sino alla fine. Il braccio ricadde inerte sulla coperta, il corpo dell'uomo si agitò leggermente, poi ogni movimento cessò. La matita era rotolata sul pavimento.

«Mi sente?», gridai tenendogli la mano e attendendo la lieve pressione affermativa.

Ma non vi fu risposta e la mano ricadde senza vita.

«Mi è sembrato che muovesse le labbra», disse Maud.

Di nuovo formulai la domanda e le labbra si mossero in un leggero fremito. Lei vi appoggiò la punta delle dita e di nuovo ripetei la domanda.

«Sì!», annunciò Maud.

Ci guardammo perplessi.

«E ora?», chiesi. «Cosa possiamo dirgli?».

Lei esitò. «Oh, domandiamogli... Ci vuole qualcosa che non richieda una risposta... una domanda alla quale possa rispondere con un monosillabo, sì o no». Si rivolse verso Lupo Larsen. «Ha fame?», gridò.

Le labbra si mossero sotto le dita della ragazza.

«Sì».

«Vuole una fetta di carne?», chiesi.

«No», disse Maud.

«Brodo?».

«Sì, vuole del brodo», disse Maud guardandomi. «Finché ci udrà potremo ancora comunicare con lui, poi...».

I suoi occhi erano stranamente fissi, e si riempirono di pianto mentre le labbra le tremavano. Barcollò e io la sostenni stringendola fra le braccia.

«Oh, Humphrey!», singhiozzò la ragazza. «Quando sarà tutto finito? Non ne posso più, non ne posso più!».

Nascose il viso sulla mia spalla mentre io stringevo il suo povero, stanco corpo scosso da violenti singhiozzi. Mi sembrava di stringere una piuma, una farfalla.

«Dunque ha ceduto», pensavo. «Che cosa potrò fare senza il suo aiuto?».

Cercai di calmarla e di confortarla e dopo poco lei ritrovò il proprio coraggio. Si dominò con la propria volontà e si rimise con la rapidità con cui si era lasciata, per un attimo, abbattere.

«Dovrei vergognarmi di me stessa», disse. E aggiunse subito con quel sorriso malizioso che adoravo: «Ma in fondo non sono che una piccola donna!».

Trasalii come se una scossa elettrica mi avesse attraversato le membra. Erano le “mie” parole, quelle che avevo sognato per lei e che mi ripetevo di continuo. Era la mia espressione prediletta, il mio segreto, il mio vezzeggiativo amoroso per lei.

«Dove ha trovato quell'espressione?», chiesi con un tono strano che la fece a sua volta sussultare.

«Quale espressione?».

«Una piccola donna».

«È... sua?».

«Sì», risposi. «È mia, l'ho creata io».

«Allora si vede che lei ha parlato nel sonno», osservò la ragazza sorridendo.

La strana luce era ancora nel suo sguardo. Mi rendevo conto che i miei occhi stavano parlando e che ancora dicevano parole che la mia volontà non aveva mai lasciato intendere. Mi chinai verso di lei; e benché non volessi, mi chinai verso di lei come una pianta piegata dal vento. Eravamo vicini. Lei scosse il capo come a scacciare all'indietro una ciocca ribelle.

«Ho sempre conosciuto quell'espressione», disse. «Così mio padre chiamava mia madre».

«Ma è anche mia», dissi.

«Per sua madre?».

«No».

Lei tacque e mi parve che nei suoi occhi balenasse una maliziosa espressione di sfida.

Ora che l'albero di trinchetto era sistemato, il lavoro proseguiva rapidamente. Quasi senza accorgermene e senza fatica, rimisi a posto anche l'albero di maestra e in pochi giorni avevo sistemato al loro posto le drizze e le sartie e l'intera attrezzatura. Le vele di gabbia e di parrocchetto non occorrevano, anzi, avrebbero rappresentato un pericolo per un equipaggio di due persone. Così mi limitai a issare sul ponte i due alberetti che assicurai saldamente a prua. Occorsero parecchi giorni per finire la confezione delle vele e per issarle. Ne avevamo solo tre, il fiocco, la vela di trinchetto e quella di maestra. E rattoppate, mal tagliate e storte com'erano, formavano un curioso contrasto con l'aspetto lindo e lustro del *Fanthom*.

«Ma funzioneranno lo stesso!», esclamò Maud felice. «Le faremo funzionare e affideremo a loro la nostra vita...».

Decisamente non ero nato per fare il fabbricante di vele: sapevo manovrarle alla perfezione e non avevo alcun dubbio circa la mia capacità di condurre la goletta verso la costa giapponese, ma certamente non ero stato capace di confezionarle. Avevo imparato l'arte della navigazione per mezzo dei libri di testo che si trovavano a bordo e la "scala stellare" ideata da Lupo Larsen l'avrebbe potuta consultare un bambino.

Intanto le condizioni del malato erano stazionane. Era del tutto sordo e le sue labbra si andavano sempre più indebolendo, tanto che trovavamo difficoltà a decifrarne i fremiti. Ma il giorno in cui issammo le vele della goletta, il suo orecchio riuscì, chissà come, ad afferrare qualche suono e l'ultimo movimento delle sue labbra cessò, ma non prima che gli avessi rivolto la mia ultima domanda.

«È sempre presente?».

«Sì».

Gli ultimi fili che l'univano al mondo esterno si erano spezzati. In un angolo di quella tomba di carne, viveva ancora, indomabile, l'anima dell'uomo. Chiusa nella bara, la bella intelligenza che conoscevo continuava ad ardere, a lavorare. Ma nel silenzio, nelle tenebre. Il mondo non esisteva più. Quell'intelligenza era priva di corpo, conosceva solo se stessa, e la serenità, l'infinità e l'eternità delle tenebre.

XXXIX

E giunse il giorno della nostra partenza. Nulla più ci tratteneva nell'isola di Endeavor e i tozzi alberi del *Fanthom* si levavano sul ponte, le brutte e vecchie vele erano tese. Tutto era solido, robusto ma l'aspetto di ogni cosa era orribile. Sapevo, però, che tutto avrebbe funzionato e, guardando la mia opera, mi sentivo colmo di orgoglio, mi sentivo uomo.

«L'ho fatto io!», avrei gridato con esultanza. «L'ho fatto io, con le mie mani!».

E Maud, che sembrava captasse ogni pensiero che mi attraversava la mente e che sempre sapeva dar voce a quei pensieri, disse mentre ci preparavamo a issare la vela di maestra:

«Guardi, Humphrey! È lei che ha fatto tutto questo! Lei con le sue mani!».

«Ma con la collaborazione di altre due», risposi. «Due piccole, delicate manine... Non dica, la prego, che anche quest'espressione l'ha udita da suo padre».

Lei rise scuotendo la testa e accostò le mani al viso per osservarle. «Non riuscirò mai a renderle di nuovo candide», sospirò. «E non riuscirò mai a far sparire questi calli!».

«Rappresentano una medaglia al merito», dissi stringendo le sue mani fra le mie.

Dov'era finita la nostra buona amicizia? Avevo sino a quel momento dominato il mio amore, ma ora l'amore spadroneggiava su di me. Disubbidiva alla mia volontà e costringeva i miei occhi a parlare, mi spingeva a baciare con le mie labbra avide quelle mani che tanto rudemente e pazientemente avevano lavorato per noi.

Vi era dentro di me un grido che mi spingeva verso di lei, un vento, una raffica alla quale non sapevo resistere, che scuoteva il mio corpo e lo chinava verso di lei, ancora, ancora. Lei lo sapeva. Lo sapeva e ritrasse in fretta le mani, ma prima di distogliere lo sguardo mi lanciò un'occhiata, quell'occhiata.

Con i bozzelli avevo collegato le drizze di prua all'argano e ora issavo la vela maestra con picco e collare. La manovra avrebbe probabilmente fatto inorridire un marinaio, ma in compenso richiedeva pochissimo tempo e ben presto anche la vela di trinchetto fu spiegata e si gonfiò di vento.

«Non credo che sarà possibile levare quell'ancora in uno spazio tanto ristretto, una volta che si sarà staccata dal fondo», dissi pensoso. «Andremmo a battere contro qualche roccia prima di aver finito».

«E allora? Che cosa possiamo fare?».

«La trascineremo con noi», risposi. «Mentre io la staccherò dal fondo, lei sbrigherà il suo primo compito all'argano. Io dovrò correre immediatamente alla ruota del timone e lei in quel preciso momento dovrà alzare il fiocco».

Avevo studiato e messo in atto, con la fantasia, quella manovra di partenza almeno una ventina di volte. Con la drizza del fiocco all'argano, sapevo che Maud sarebbe stata capace di issare la vela. Un vento fresco soffiava nella baia e quantunque l'acqua fosse calmissima, dovevamo agire con molta rapidità e precisione se volevamo uscire sani e salvi in mare aperto. Allentai il verricello, la catena cigolò, si mosse e scese in mare attraverso l'occhio di cubia con un fracasso cupo. Volai a poppa e girai la ruota. Il *Fanthom* ebbe un sussulto, sbandò sotto la spinta del vento che gonfiava le vele, balzò in avanti. Il fiocco si alzò, mentre si gonfiava, la prua della nave virò e io mossi un poco la ruota per riportarla nella giusta rotta. Avevo ideato una scotta meccanica per il fiocco e non era necessario che Maud sorvegliasse di continuo la vela ma quando girai la ruota lei era ancora intenta a issare. Passai un attimo d'ansietà, perché il *Fanthom* filava veloce verso la spiaggia poco distante. Ma infine la goletta virò, obbediente. Le vele e i bracci batterono e cigolarono, la nave inizio un'altra virata.

Maud aveva terminato il suo lavoro e ora mi aveva raggiunto a poppa. Mi stava accanto con i capelli scomposti dal vento e le guance arrossate per la fatica. I suoi grandi occhi brillavano d'emozione, le narici fremevano sotto il morso della fredda aria salmastra. La osservai a lungo e vidi che, quando il *Fanthom* si slanciò contro la parete rocciosa che limitava da un lato l'ingresso alla baia, le sue labbra si socchiusero mentre il respiro si arrestava. I grandi occhi ricordavano quelli di una cerbiatta inseguita e la loro espressione selvaggia era assolutamente nuova per me.

Poi la nave girò nel vento e filò sicura verso l'oceano aperto.

L'esperienza che avevo acquistato come secondo ufficiale durante la caccia delle foche mi fu di enorme aiuto per uscire senza incidenti dalla baia interna. Poi feci un lungo bordo lungo la spiaggia dell'insenatura, mutando infine rotta, finché il *Fanthom* uscì in mare aperto. Ora la goletta seguiva il respiro dell'oceano e sembrava veramente respirare sul ritmo delle ondate sulle quali si alzava e si abbassava mollemente. La giornata era nebbiosa e grigia ma d'un tratto il sole apparve tra le nubi come un lieto presagio e brillò sulla spiaggia dove insieme, Maud e io, avevamo affrontato i signori degli *harem* e avevamo ucciso tanti *holluschickie*. L'intera isola Endeavor splendeva sotto i raggi del sole e anche il cupo promontorio di sud-ovest sembrava meno tetro e minaccioso. Qua e là, dove gli spruzzi giungevano a bagnarne il fianco, brillava nel sole come una montagna di vetro.

«Penserò sempre con orgoglio alla nostra avventura», dissi allora a Maud.

Ella scosse il capo per ricacciare indietro i capelli che le invadevano il viso. «Cara isola Endeavor!», esclamò. «Mi ci ero affezionata...».

«Anch'io», mormorai.

I nostri occhi evitarono d'incontrarsi. Vi fu un silenzio pesante.

«Guardi quelle nubi nere sopravento», dissi imbarazzato per rompere quel silenzio inspiegabile. «Ricorda che ieri sera le dissi che il barometro stava abbassandosi?».

«E il sole è scomparso», osservò la ragazza tenendo gli occhi costantemente fissi sulla terra che si andava allontanando.

Là su quell'isola, avevamo vinto con la nostra volontà e la nostra intelligenza la materia e avevamo raggiunto la più pura amicizia che possa esistere fra un uomo e una donna.

«Vela verso il Giappone!», gridai in tono di giubilo. «Non ci occorre che un buon vento che gonfi le vele!».

Legai la ruota e corsi a prua dove mollai le scotte di trinchetto e di maestra e misi le cose in modo d'approfittare il più possibile della brezza costante che spingeva la nave. Era un vento piuttosto forte, ma mi proponevo di filare velocemente, finché fosse durato. Purtroppo soffiava al traverso e mi fu impossibile fissare la barra. Dovetti passare l'intera notte al timone e benché Maud insistesse per darmi il cambio, dovetti convincerla a desistere. Lei poteva imparare la manovra, ma non avrebbe avuto la forza di tenere la ruota con il mare grosso. Davanti alla prova evidente, la ragazza parve delusa ma subito si riprese e si diede da fare ad arrotolare cavi, drizze e altro cordame che era in disordine. Poi cucinò, si occupò di Lupo Larsen, rifece i letti e finì la sua laboriosa giornata ripulendo e riordinando la sala comune e la timoneria.

Rimasi al timone tutta la notte senza prendermi un attimo di riposo, mentre il vento si faceva sempre più violento e il mare si sollevava in ondate sempre più fitte e alte. Alle cinque del mattino, Maud mi portò una tazza di caffè bollente e una manciata di biscotti, e alle sette un'abbondante colazione calda che mi ristorò e mi diede nuova energia. Durante tutta la giornata il vento continuò ad aumentare lentamente. E il *Fanthom* sollevava due bianche ali di schiuma e filava rapidamente miglio su miglio a una velocità non inferiore agli undici nodi.

Al tramonto ero sfinito. Sebbene mi trovassi in ottime condizioni fisiche, trentasei ore alla ruota avevano schiantato la mia resistenza. Così, anche se mi piangeva il cuore di dover abbandonare la ruota e perdere così quella meravigliosa velocità, misi la prua del *Fanthom* contro il vento per ridurre le vele.

Non avevo considerato quale compito impossibile fosse per un uomo solo prendere i terzaruoli di tre vele. Quando correvo sul mare non mi ero reso ben conto di quanto il vento soffiasse. Ma quando la nave smise di correre, mi accorsi con preoccupazione che il vento violento si opponeva ai miei sforzi, strappandomi la vela dalle mani e rovinando in un attimo il lavoro svolto in dieci minuti di lotta accanita. Alle otto ero riuscito a legare il secondo terzaruolo alla vela di trinchetto, alle undici non avevo fatto grandi progressi. Il sangue mi sprizzava dalle dita e le unghie erano orribilmente spezzate. Mi occorsero ancora tre ore per ridurre la vela di maestra e il fiocco, e, alle due del mattino, mezzo morto di fatica, ebbi appena la forza di rallegrarmi: la vela di trinchetto funzionava sotto gli stretti terzaruoli, il *Fanthom* era diritto nel vento e non dava segno di volersi spostare.

Ero affamato, ma Maud tentò inutilmente di farmi mangiare qualcosa. Con la bocca piena mi addormentavo improvvisamente e mi svegliavo di soprassalto con una sensazione di soffocamento. Ero talmente esausto che fu costretta a tenermi saldo sulla sedia, per evitare che cadessi sul pavimento a ogni sbalzo della nave sulle onde. Non ricordo come raggiunsi la sala comune. Ero come un sonnambulo e Maud mi sosteneva e mi guidava. Non capivo più nulla e non riuscii a connettere fino a quando mi svegliai, dopo un periodo di tempo di cui non conoscevo la durata, sdraiato nella mia cuccetta e completamente vestito. Solo gli stivali mi erano stati tolti. Era buio.

Il corpo mi doleva a ogni movimento e quando l'orlo della coperta sfiorò la punta delle mie dita, lanciai un grido rauco di dolore. Pensai che non fosse ancora mattina e, chiusi gli occhi, mi riaddormentai. Non sapevo di aver dormito l'intera giornata e la sera seguente. Mi svegliai ancora una volta e mi parve strano di non riuscire a riprendere sonno. Accesi un fiammifero e guardai l'orologio. Era mezzanotte. Avevo lasciato il ponte alle tre, lo ricordavo. Feci un rapido calcolo e certo mi sarei trovato imbarazzato se non avessi d'un tratto compreso la soluzione del problema. Non c'era da meravigliarsi se non riuscivo a riprendere sonno: avevo dormito per ventuno ore consecutive.

Tesi l'orecchio seguendo i movimenti della nave, lo scroscio delle ondate e l'urlo soffocato del vento fra le sartie. Poi mi volsi sul fianco e dormii tranquillamente fino al mattino dopo.

Quando alle sette mi destai, Maud non apparve e ne dedussi che si trovasse in cucina intenta a preparare la colazione. Risalii sul ponte e constatai con piacere che il *Fanthom* filava splendidamente. Nella cucina, sebbene il fuoco fosse stato acceso e l'acqua bollisse in un tegame, non vi era traccia di Maud.

La trovai nella timoneria accanto alla cuccetta di Lupo Larsen. Guardai l'uomo, ormai precipitato dal pieno della vita in una sepoltura peggiore della morte. Il suo viso era rilassato: non l'avevo mai visto così sereno. Poi Maud mi fissò e compresi.

«È come se il vento stesso della burrasca se lo fosse portato con sé», mormorai colpito.

Lei mi guardò gravemente. «Vive ancora», affermò.

Annuii. «La sua forza, la sua volontà non possono morire».

«Sì!», Maud fissò il volto del morto. «Ma non è più incatenato al suo meraviglioso corpo. È uno spirito libero».

«È così».

La presi dolcemente per mano e la guidai sul ponte. La burrasca cessò durante la notte diminuendo lentamente come si era levata. La mattina seguente, dopo colazione, trascinai sul ponte la salma di Lupo Larsen. Il vento soffiava ancora a lunghe, violente raffiche e grandi ondate si alzavano sulla superficie dell'oceano. Il ponte era spazzato di continuo dall'acqua che superava il parapetto e fuoriusciva attraverso gli ombrinali. Improvvisamente il vento fece sbandare la goletta con una violenta raffica e il parapetto sottovento fu sommerso, mentre dalle sartie si levava un lungo ululato.

L'acqua ci giungeva alle ginocchia, quando mi tolsi il berretto.

«Ricordo una sola parte dell'ufficio dei defunti», dissi in tono deciso. «"E il corpo verrà sepolto in mare"».

Maud mi lanciò un'occhiata, sorpresa e forse un poco urtata, ma io avevo un ricordo fisso nella mente che mi spingeva a seppellire Lupo Larsen come egli aveva sepolto un altro uomo. Sollevai l'estremità dello sportello del boccaporto e il corpo chiuso nella tela scivolò, con i piedi in avanti, nella profondità del mare. Il peso che avevo posto nel sacco di tela trascinò giù la salma e in un attimo la fece sparire.

«Addio, Lucifero, spirito orgoglioso!», sussurrò Maud in tono tanto sommesso che il vento portò via subito il suono delle sue parole. «Addio!».

Seguii il movimento delle sue labbra e lessi, parola per parola, ciò che non potevo udire.

Mentre, aggrappati al parapetto sottovento, tentavamo di raggiungere la poppa, lanciai un'occhiata distratta sul mare. In quel momento il *Fanthom* si stava sollevando su un'onda e vidi chiaramente un vapore rollare e beccheggiare a due o tre miglia da noi. Era dipinto di nero, e da ciò che avevo udito narrare dai cacciatori di foche quando parlavano delle loro imprese di frodo, ne dedussi che si trattava di un *cutter* da ricognizione della dogana degli Stati Uniti. Lo indicai a Maud, mentre la accompagnavo verso poppa dove saremmo stati al riparo dalle ondate. Corsi sotto coperta all'armadio che conteneva le bandiere, ma ricordai improvvisamente che, nell'attrezzare la goletta avevo dimenticato le drizze del pavese.

«Non credo sia necessario fare segnali di soccorso», osservò Maud. «Si dirigono verso di noi e certo basterà che diano un'occhiata alla nave per capire la situazione».

«Siamo salvi!», dissi in tono enfatico e solenne. E aggiunsi sinceramente: «Non so se devo o non devo rallegrarmene».

Ci guardammo. Fu un attimo e Maud era fra le mie braccia.

«È necessario...», cominciai.

«No, non lo è», mi interruppe Maud. «Ma sarebbe tanto dolce parlarne!».

Le nostre labbra si unirono e, per uno strano scherzo della fantasia, mi passò davanti agli occhi la scena avvenuta nella sala comune quando Maud, con le dita sulle mie labbra, mi ordinava il silenzio.

«Amore!», dissi accarezzandole una spalla, mentre con l'altra le cingevo la vita in un atteggiamento familiare a ogni innamorato. «Mia piccola donna!».

Lei mi guardò per un istante, poi le palpebre discesero lente a nasconderle lo sguardo e appoggiò il capo alla mia spalla con un sospiro. «Amore!», sussurrò. «Caro!».

Guardai in direzione del piroscafo e vidi che si trovava molto vicino. Stavano calando in mare una imbarcazione.

«Un bacio, tesoro», mormorai commosso. «Un bacio ancora prima che vengano».

Maud fece un sorriso strano, capriccioso, che non avevo mai visto perché era pieno d'amore. «Vengono per salvarci», disse. «Per salvarci da noi stessi».

FINE